大单元 微专题

高中语文名师教学实录

必修 上册

主编 褚树荣

高中语文名师教学实录丛书

课件下载

复旦大学出版社

序　摸着石头过河

河流从不催促不想过河的人。只是每个面临渡口、向往远方的人，都要想方设法摆渡自己。从2017年新课标颁布，到2023年新教材推开，六年时间，把我们都推到了渡口。

课改的“巨流河”汹涌而至。单篇精读与群文联读、项目学习与专题教学、整本书阅读、综合实践活动，语文之河惊涛拍浪。我们有现成的桥吗？我们有熟悉的船吗？都没有！但是我们必须过河，等不得，盼不得，退不得。每个教师都在寻找合适的方式过河。那么，就让我们“摸着石头过河”吧！

为什么是微专题？

新教材推开以后，教学领域出现了很多探索，如“项目化学习”“大单元教学”“专题教学”“整本书阅读”“综合实践活动”等等。我们认为，所有这些来自一线的实践探索都有价值，都值得敬重。但我又觉得所有探索，都要顾及现实语境——固定不变的教学周时数、扩充的新教材内容、绕不过去的选考和高考、学生在时间投入上的现实主义选择等。换句话说，我们的教学，只能在“螺蛳壳里做道场”——在有限的时间里完成扩充的教学内容，而且要走“中庸之道”——既要渗透新课标理念，又要基于学情、教情；既要完成教学任务，又不能随便扩张教学时空；既要落实新教材追求，又要照顾教师的教学习惯。这时候，就要改变原先一课一课铺开了、拆散了教的做法，而尽可能把每个单元里蕴含的重要知识、核心概念、关键能力、审美基因、文化话题提取出来，聚焦为微、精、深的教学点，然后通过短、平、快的教学，完成新教材的任务。伤其十指，不如断其一指；面面俱到，不如选点开掘；天女散花，不如一枝独秀。这就是我们选择微专题的初衷。

为什么是这180个微专题？

我们将统编高中语文教材的教学点提炼为180个微专题，包括必修上册50个，必修下册50个，选择性必修上册23个，选择性必修中册27个，选择性必修下册30个。为什么是这180个微专题呢？可以是其他主题的微专题吗？可以是其他数目的微专题吗？完全可以。教师就是课程，尤其是语文课程内容的开发，你对课程怎么理解，你的知识结构和专业擅长如何，你就有怎样的课程。所以，这180个微专题，没有“法定意义”上的规定性，但是它又是有学理依据的，是恪守教学原则的。从专题来源上讲，是我们对单元导语、课文文本、学习提示、单元任务进行“四位一体”式统整的结果。从专题取向而言，是依标而学、因体而教的结果。教材的每个单元都是直接对应课标中的学习任务群，这个单元的微专题学些什么，要到课标里寻找方向，要到单元主题里校准目标。因体而教，就是是什么文体，文体有什么特点，就教什么，就怎样教。同样是整本书阅读，《乡土中国》和《红楼梦》的学习专题就有所不同；同样是文选型单元，文学类文体单元和实用类文体单元学习的专题要有所区别；而文选型单元和综合实践活动单元，前者重阅读与鉴赏，后者重实践与活动，微专题活动就大有区别。这里特别要提出的是"核心概念"一词，除了通常意义的语文知识之外，我们引进了逻辑学、学习理论、文学理论、文艺批评领域那些新的、形成共识的，又适合中学生学习的知识，化作我们的微专题内容，如文化母题、图尔敏论证、申论、思维导图等。

需要指出的是，这 180 个微专题，仅仅是给一线老师提供的一份选择性的"菜单"——你如果对其中几个"菜"感兴趣了，觉得对你的学生的胃口了，你不妨拿去尝一尝。

为什么有三种微专题教学课型？

必修和选择性必修教材有三种类型的单元——22 个文选型单元、2 个整本书阅读单元和 4 个综合实践活动单元，共 28 个单元。明眼的老师很快就能发现，本丛书除了整本书阅读单元和综合实践活动单元之外，每个单元都有阅读、写作和综合实践活动微专题。文选型单元以阅读微专题为主，阅读微专题主要是落实阅读与鉴赏、梳理与探究等关键能力的培养，如体验感知、信息提取、理解阐释、推断探究、赏析评价、积累整合、筛选提炼、归类分解等。另外每单元还有一次写作微专题和综合实践活动微专题。每单元一次写作训练，这是教材规定必须要有的，主要基于单元学习任务来设计。按每单元两个教学周来计算，写作微专题大约每两周安排一次，每次集中训练学生某一种写作能力。综合实践活动微专题相当于义务教育阶段语文教材的"综合性学习"，是以学生的实践活动为主，又有项目化学习的特点。4 个综合实践活动单元是必修上册的"家乡文化生活""词语积累与词语解释"，必修下册的"信息时代的语文生活"，选择性必修上册的"逻辑的力量"。前 3 个单元，每单元安排 4 个综合实践活动微专题。逻辑非常重要，是需要补课的，所以"逻辑的力量"安排了 5 个综合实践活动微专题。也许大家对于文选型单元为什么也要安排综合实践活动微专题不理解。我们认为，除了阅读与写作之外，学生还缺乏聆听理解、讨论交流、制作展示、调查访问等社会化的语文能力，而这些能力恰恰是走入社会、参加工作最需要、最常用的语文能力。所以，我们将实践与阅读、写作结合，特地安排展示会、推荐会、交流会、讨论会、报告会等综合实践活动微专题。实践证明，这些活动是深受学生欢迎的。

为什么是专题目标＋预习任务＋教学实录＋教学反思的形式？

微专题要联读哪些文本？要掌握哪些核心概念？要训练什么样的关键能力？"专题目标"是言简意赅的说明。"预习任务"是非常重要的一环，我们的实践证明，没有充分的预习就没有成功的微专题教学。"教学实录"和"教学反思"，属于"课堂行为分析"，这应该是一线老师最需要、最欢迎的内容。这个阶段我们已经有了很好的践履："大单元统筹·微专题教学"《统编高中语文必修教材名师设计百例》在《语文教学通讯》(2021 年 7、8 合刊)发表，《统编高中语文选择性必修教材名师设计八十例》在《语文教学通讯》(2022 年 1、2 合刊)发表。虽然，大部分设计都经过了课堂教学的实践，但"没有最好，只有更好"，微专题教学还需不断改善。改善的最好途径，就是重新备课，重进课堂，再整理教学实录，撰写教学反思。

我以为，通过教学实录的整理，来反观自己的课堂行为，是否符合教学设计的预期，是否符合新教材的意图和新课标的理念，这是一线教师实现“双新”背景下教学转型的“不二法门”。换句话说，课程标准、教材意图、各类专业部门的指导意见，能否落实在课堂上，完全要看我们的教学行为。语文同行有无借鉴的例子，研究人员有无研究的样本，就要看一线老师对自己的教学行为有无记录。更重要的是，我们的课堂效果能否优化，我们的专业水准是否在提升，特别需要我们对自己的课堂行为反观自照。我相信广大老师都有自己的眼光和识力。与教学设计相比，“教学实录”是教学现场的还原。当然，有些实录，经过了修饰，我们不能因此说实录不“实”，经过合适而节制的删减修饰，实录会有更多的参考价值。与专家点评相比，“教学反思”，是执教者的夫子自道，老师们结合自身经验和教学实际，告诉我们该专题在教什么，为什么这样教，教学过程的得意和遗憾之处是什么，当然还有一些实操建议——过来人的经验和教训，这是特别值得记取的。

2017 年 12 月 30 日，教育部新闻发布会上，语文课程标准正式颁布；2019 年秋季，全国部分地区开始使用新教材；2023 年秋季，全国所有高中全部使用新教材。在微专题教学这条路上，我们已经走了六年。180 个微专题教学实录，就是这六年的教学践履。

教学之河，有惊涛如雪，也有静影沉璧。课标、教材和教学上的亮点与创意，犹如浮光跃金的水面，让人欢欣鼓舞。而新课标和新教材带来的与传统教学理念和教学习惯的落差，则如汹涌暗流，使人望而却步。多数一线老师没有“到中流击水，浪遏飞舟”的条件，但可以“摸着石头”，彼此照应，谨慎过河。180 个微专题教学实录，就是摸索着过河的样子。

2023 年 4 月 4 日

目　录

第一单元

第二单元

第三单元

第四单元

第五单元

第六单元

第七单元

第八单元

第一单元

阅读微专题

意象与情思:现代诗歌的意象和情感表达

执教/温州市第二外国语学校　陈智峰

本课课件

【专题目标】

精读《立在地球边上放号》和《红烛》,参读《峨日朵雪峰之侧》和《致云雀》,感受现代诗歌的意象和情感表达,感受诗人们的青春激情。

【预习任务】

1. 查阅资料,了解五四新文化运动、白话文运动以及20世纪20年代中国新诗的发展情况。

2. 了解郭沫若和闻一多的生平、思想、成就和影响;了解《女神》《红烛》两本诗集的创作背景,如郭沫若《序我的诗》:“个人的郁积,民族的郁积,在这时找到了喷火口,也找出了喷火的方式,我在那时差不多是狂了”;了解两位诗人的艺术主张,如闻一多提出的“新诗格律化”主张——“音乐美”“建筑美”“绘画美”。

3. 了解诗学中“意象”概念的传承。

【教学实录】

任务一:溯源流,知意象

师:(播放PPT第1页)诗歌,是一种抒情言志的文学体裁。《毛诗序》云,“诗者,志之所之也。在心为志,发言为诗”。南宋严羽《沧浪诗话》云,“诗者,吟咏性情也”。我们在分析诗歌情感的时候,往往会侧重于直抒胸臆的诗句。其实,这样往往失之偏颇。在诗人抒情言志的过程中,意象是绕不开的一个存在。那何为意象?请这位同学来说一说。

生:意象就是诗词中的事物。

师:简单来说可以这么认定。不过意象是有着更加具体的深刻含义的。请大家想想,我们平时都积累过哪些重要意象?它们有着怎样的内涵和意蕴?同学们谁来说一说?

生：月亮往往和思乡紧密相连。

生：松、梅、竹、菊象征着诗人品行高洁。

生：杜鹃是凄凉、哀伤的象征。

生：长亭、杨柳等常常与送别相关。

师：不错。意象是中国诗歌理论中的一个重要概念。（播放 PPT 第 2 页）

圣人立象以尽意。（《周易·系辞》）
见今之失，不敢斥言，取比类以言之。（郑玄注《周礼·春官·大师》
神与物游……窥意象而运斤。（刘勰《文心雕龙》）
会景而生心，体物而得神，则自有灵通之句，参化工之妙。（王夫之《姜斋诗话》）
意象是从感觉到感觉的一些锐化。意象是纯感官的，意象是具体化了的感觉。（艾青《诗论》）

师：古人以为“意”是内在的、抽象的心意，“象”是外在的、具体的物象；“意”源于内心并借助于“象”来表达，“象”其实是“意”的寄托物。中国诗学一向重视“意”与“象”的关系，亦即“情”与“景”的关系，“心”与“物”的关系，“神”与“形”的关系。

师：今天我们就以“意象”为核心，一起来感受一下第一单元第二课的四首现代诗。

任务二：寻意象，品内涵

师：胡应麟《诗薮》中说，“古诗之妙，专求意象”。请同学们找出《立在地球边上放号》《红烛》两首诗中的主要意象，并品味，探究其内涵。

（播放 PPT 第 3 页，展示表 1）

表 1

诗歌	主要意象	内　　涵
《立在地球边上放号》		
《红烛》		

生：《立在地球边上放号》的主要意象是“白云”“北冰洋”“太平洋”“洪涛”；《红烛》的主要意象是“红烛”“火”“灰”“泪”。

师：嗯，从诗歌直接的内容呈现上我们可以找到这些主要意象。

生：“白云”作为一个主要意象是不是不太合适？

师：哦？说说你的想法。

生：“白云”单独作为一个物象给人的感觉是轻柔的、飘忽的。而诗句中“无数的白云”“怒涌”是一种强劲的冲击。既然意象是心意的寄托，是情与景的关系，这里直接用“白云”作为意象肯定是不合理的。

师：这位同学回归到意象的内涵去提取诗歌中的意象，非常好。那你觉得怎样概括这个意象比较合适?

生:云浪?云涛?云海?(教师板书)感觉都可以,但是又总觉得还缺点味道。

师:你是一个追求完美,努力做到严谨的人。(生笑)

师:那大家能不能帮他一下,你们觉得哪个词比较合适?

生:云涛!

师:好的。其实经过刚才这个问题的讨论,大家应该已经可以感受到《立在地球边上放号》意象所呈现出来的内涵,那就是?

生:海洋的雄奇、壮阔、瑰丽、博大、气势磅礴。

师:诗人借助这样的意象想要表达什么呢?

生:展现大自然的宏伟壮丽,充满激情地赞美大自然。

师:闻一多先生用"红烛"又呈现了怎样的内涵?这位同学,请你来谈一谈。

生:将蜡比作躯体,把火比作灵魂。展现的应该是自我牺牲、无私奉献的精神。

师:为什么用"红烛",只用一个"烛"字可以吗?

生:"红"有着特定的含义,带有热烈和赤诚的意蕴,就像我们的国旗和党旗都是用红色作为底色的。

师:同学们很好地理解了两首诗歌中重点意象的内涵。在中国文学的长河中,意象的内涵是具有一定的延续性的,同学们通过这些意象能想到哪些古诗句?他们中间有着怎样的联系和延续性?

(播放 PPT 第 4 页,展示表 2)

表 2

意象	课文诗句	古诗诗句	共同点

生:我想到的是"云涛"。"明月出天山,苍茫云海间",云海、云涛在这里是相似的,云海很好地契合了蔚为壮观的场景。

师:李白的《关山月》,后面两句"长风几万里,吹度玉门关",壮观而博大。

生:由《立在地球边上放号》中的"洪涛",我想到了曹操的《观沧海》"东临碣石,以观沧海。水何澹澹,山岛竦峙"。两者都呈现出波涛汹涌、吞吐日月、气象壮阔的场面。

生:古诗中与"红烛"直接相关的就比如李商隐的《无题》"春蚕到死丝方尽,蜡炬成灰泪始干"。闻一多先生也将此作为题记,用的也是蜡烛无私奉献,默默燃烧自己,用自己的光亮照亮他人的意象内涵。

任务三:析意象,探情感

师:同学们用自己的积累和所学很好地提取、概括了诗歌中的意象,解读了意象所富有的内涵。诗人借助这样的意象表达自己内心的情感。接下来就请同学们有感情地诵读两首诗歌，并梳理两首诗歌的行文脉络，进一步探究诗人的情感意蕴。诵读的时候给大家提一个“三好”要求，读好语调、读好重音、读好节奏。

（播放 PPT 第 5、6 页，展示表 3）

表 3

诗歌	行文脉络	情感意蕴
《立在地球边上放号》		
《红烛》		

（学生诵读、梳理）

生：《立在地球边上放号》全诗一共七行。前面四行展示了海洋雄伟壮丽的景色；第五、六、七行是对力的讴歌与赞美。

生：三、四两行呈现了海洋的景色，但是好像不仅是呈现景色。

师：这位同学很敏锐，那这两句你感觉诗人在写什么？

生：“无限的太平洋提起他全身的力量来要把地球推倒”，我感觉这里的“要”字很重要，“要”说明这是诗人在用自己的感受去关注景象。

师：所以这两句，诗人是在呈现一种强烈的主观感受。

生：是的。

师：那在这样一首现代诗歌里你感受到诗人怎样的情感？

生：诗人表达情感直接而热烈。诗人对“力”的歌颂，表现出一种勇敢进取、积极创造的奋发昂扬精神和对其的热烈向往、执着追求，以及摧毁旧事物的勇气和坚定。

师：作为一首新诗，《立在地球边上放号》把整个大自然当作了生命的化身。

师：那么《红烛》呢？请这一组同学来说一说。

生：《红烛》第一节突出“红烛”意象，并由此联系到诗人热烈的心。

生：第二节和第三节，是对红烛自我牺牲精神的讴歌。

生：第四节，是诗人对红烛的寄语，也是诗人的自勉自励。

生：第五节至第七节，是自伤与自慰，基调是热烈而忧伤的。红烛无私无畏地牺牲，但毕竟世界太黑暗了，但红烛的泪不会白流。

生：第八节和第九节，是自白，诗人从红烛的外在形态上提取了红烛精神之后，画龙点睛，揭示了红烛精神的本质和灵魂所在。

师：同学们分析得很到位，诗人在整首诗中讴歌红烛，同时，在这首诗中，红烛就是诗人，诗人就是红烛。“莫问收获，但问耕耘”，既是对红烛精神的提炼，也是对诗人自己的勉励——不惜牺牲，无私奉献。诗歌的每一节都以“红烛啊”的呼唤开头，形成浓郁的抒情氛围，继之以自问、自悟、自励、自答、自勉、自慰、自白，一步步展示执着追求的心迹。

师：刚才同学提到诗人最后画龙点睛，揭示了红烛精神的本质和灵魂所在，这在诗歌的艺术手法里面就是？

生：卒章显志。

师：很好！带着以上情感的解读与感受，你认为这两首诗中的诗人是怎样的形象？比如说年龄气质、神态外貌、行为动作等，为什么会是这种形象？请同学们来说说看。（播放 PPT 第 7 页）

生：我心目中的《立在地球边上放号》的作者形象是一个约莫二十出头的青年巨人，浓眉大眼，有着异于常人的魁梧身形，迈开双脚立于地球边上，仰首吹奏着号角。

生：从题目看，诗人把自己想象为一个站在地球边上、目光遍及广阔天地，并发出激情的呼唤的人。

生：诗歌紧扣“立在地球边上”这一着眼点，借助极目远望的开阔眼界，将自然物的形象以超乎人们常见的面积、数量、力量呈现出来，显示出它们的宏伟、壮观。

生：从这首诗对大自然的抒写中，可以看出抒情主人公的高大形象，窥视其充实的内心，感受其如沸的激情。

师：没错，诗人所显示的这种独特感情心理，正反映了被“五四”时代怒潮唤醒的革命知识青年的共同特征。

生：在《红烛》中，我仿佛看到一位瘦削而挺拔的青年，眉头紧蹙，眼含深思。

生：诗人将自己比作红烛，要用那微弱的光和热来照亮险恶的前途，去烧破世人的迷梦，捣毁禁锢着人们灵魂的监狱，为人间培养出慰藉的花和快乐的果。尽管是“流一滴泪，灰一分心”，但是即使“蜡炬成灰泪始干”也在所不惜。

任务四：觅意象，悟情感

师：嗯，意象与情意紧密相连，读懂了意象就可以更好地理解诗人表达的情感。请同学们利用本节课所学方法有感情地诵读《峨日朵雪峰之侧》和《致云雀》，体味诗歌的意象，感悟诗人的情感。（播放 PPT 第 8、9 页，展示朗诵十字诀“快慢、停连、高低、长短、轻重”，及表 4）

表 4

诗歌	主要意象	情感
《峨日朵雪峰之侧》		
《致云雀》		

（学生诵读，梳理，解读情感）

生：《峨日朵雪峰之侧》的主要意象有“雪峰”“太阳”“岩壁”“雪豹”“雄鹰”“蜘蛛”等，“雪峰”“太阳”“岩壁”“雄鹰”“雪豹”意象壮丽、高大，让读者感受到征服的过程。“石砾”“罅隙”“蜘蛛”比较生僻，尤其是“蜘蛛”与“雪豹”“雄鹰”相比很弱小，这里可能是对自己生命弱小的感叹吧。

师：再去读一读与“蜘蛛”相关的诗句，“在锈蚀的岩壁，/但有一只小得可怜的蜘蛛/与我一同默享着这大自然赐予的/快慰”。

生：“一同默享着这大自然赐予的/快慰”，作者肯定不是通过“蜘蛛”感叹生命的渺小，应该是表现对生命的满足与赞美。

师：“雪豹”“雄鹰”令人敬慕，“蜘蛛”也同样让人感动。

生：所以，“蜘蛛”应该是诗人通过弱小、卑微的意象来表达对生命力的赞颂。

师：无论强大还是弱小的生命，都有着同样的价值和意义，是平等的！

生：《致云雀》的主要意象是“云雀”，通过对云雀形象的呈现，热情赞美云雀，抒发对欢乐、光明、自由和理想的深情向往，反映诗人向往美好未来的欢乐心情，也表达了诗人对自由的渴望。

师：一个欢乐的精灵，满含着自由的精神。

生：《致云雀》这么长的一首现代诗歌，反反复复一直在极力赞美云雀的自由、欢快，总感觉似乎有些单薄。

师：这位同学有些疑惑？

生：总感觉不至于这么简单。

师：那老师来补充一下关于雪莱的相关信息。（播放 PPT 第 10 页）

雪莱(1792 年 8 月 4 日—1822 年 7 月 8 日)：英国浪漫主义民主诗人、作家，第一位社会主义诗人、小说家、哲学家、散文随笔和政论作家、改革家、柏拉图主义者和理想主义者，受空想社会主义思想影响颇深。

师：大家结合诗人信息再来齐读一下诗歌的最后一个小节。

（生读：交给我一半，你的心/必定熟知的欢欣，/和谐、炽热的激情/就会流出我的双唇，/全世界就会像此刻的我——侧耳倾听）

生：“我”成了云雀，全世界倾听“我”的欢欣，以云雀指自己！

生：“我”受到云雀的影响，全世界受到“我”的影响。雪莱又是改革家，雪莱有着改变世界的坚定决心。

师：所以，云雀不单单是欢快、自由的精灵，还是改变世界的精灵。

师：王夫之说，“会景而生心，体物而得神，则自有灵通之句，参化工之妙”。王国维所谓“一切景语皆情语也”。移情于景，存心于物，凝神于形，寓意于象，实际上只是中国传统诗学关于诗的意象手法的不同表述。由意象而意境，进而到诗人情意，就是我们解读诗歌，理解作品的非常重要的方式方法。希望同学们能利用我们今天所学完成新的文学作品的解读。

课后请同学们细读闻一多创作于 1925 年的另一首诗歌名作《死水》(诗人第二本诗集《死水》中的代表作)，品析诗歌的意象，探究诗人的情感，并尝试梳理诗人从创作《红烛》到《死水》几年里的心路历程。（播放 PPT 第 11 页）

下课。

【教学反思】

四首诗歌出自统编教材必修上册第一单元，单元导语特别提到“理解诗歌运用意象抒发感情的手法……学习从语言、形象、情感等不同角度欣赏作品，并获得审美体验”。针对这一要求展开本次课堂教学。相关情况交代如下：

1. 立足核心素养，聚焦典型意象

郭沫若的诗歌《立在地球边上放号》的内容和形式有着鲜明的“五四”色彩，诗作形神兼备，其“狂飙突进”的格调通过“云海”“北冰洋”“太平洋”“洪涛”等重点意象呈现给读者。作为民主斗士的闻一多先生将自己为民主、自由而献身的精神全部熔铸在了“红烛”的意象之中。学生早已远离那个时代，但是意象的延续性可以让学生更加快速地把握诗歌的情感倾向，理解作者的内心情感，且学生一旦掌握了这样的理解方法，就可以举一反三。诗人昌耀的《峨日朵雪峰之侧》情感较为沉郁，既有激情的表达，又有理性的思考，内涵深广。《致云雀》通过对云雀的描写和赞美，歌颂理想、欢乐和光明。学生只要掌握了意象这一抓手，看似跳跃而抽象的诗歌就会变得简单易懂。所以，我最后将教学点聚焦于“意象”。引导学生体悟意象在诗歌内容组织以及情感表达中的重要作用，以唤醒学生的审美体验，激发学生去探寻诗歌的深层情感。

2. 做好任务驱动，促进自主生成

本课以“溯源流，知意象”“寻意象，品内涵”“析意象，探情感”“觅意象，悟情感”四个任务来建构课堂。前三个任务让学生回顾、深化对“意象”内涵的理解。通过《立在地球边上放号》《红烛》两首诗歌意象的解读及与古诗词意象的勾连，明确“意象”的象征意义。在此基础上，结合作品的时代及作者经历完成情感的解读，让学生在自主理解中形成由意象到情感的链条，培养个性化的解读能力。学生以此为基础进行意象更为复杂丰富的《峨日朵雪峰之侧》的解读，就能更好地理解其复杂的情感及生命关注。《致云雀》中云雀理想、欢乐、光明的象征意义是容易解读的，而诗人以云雀自比所表达的改造社会的坚定决心，则需要学生把意象的解读和具体的诗句进一步相联系才能感悟到。所以，“觅意象，悟情感”是在掌握意象、品析情感的基础上的进一步提升，为学生理解更难解读的文学作品提供一定的路径。教学过程中前三个任务比较容易推进。最后一个任务，尤其是《致云雀》，由于学生生命感悟还不够深厚，对于雪莱所处时代背景以及诗人经历比较生疏，深层次解读相对不那么顺利。教师需要有意识地引导学生能从作品中提取意象，也能把意象放回作品中去，从而更好地解读文本。

3. 开放深度学习，形成学科思维

学科核心素养概念的提出，标志着教育领域的知识观、学科观和学科教育观的根本转型。知识不再是惰性的，而是鲜活的。学科教学不再是琐碎的学科知识的堆积，而是呈现“少而精”的学科“大观念”以及这些观念之间的相互联系。以学习任务为框架，打破单篇文本的单一解读，可以让学生改变被动接受的学习方式，真正进行自主、探究式学习，并形成科学的学科思维。本节课围绕意象的解读，通过不同诗歌的转换，让学生进入情境又不断转换情境，由解决一个问题变成进行持续性、连续性思考。通过现代诗歌意象解读的专题，学生举一反三、触类旁通地进行从意象到情感的理解解读，形成学科“大观念”。有了这样的积累，学生的语文学习才能真正从知识点的学习转向语文素养的养成。当然，如果学生能够把对意象内涵的理解更自觉地运用到自己的表达与创作中去，那学科思维的层次又会是一个新的提升。

清新与俊雅:赏析诗化小说的气韵之美

执教/浙江省宁波市姜山中学　郁雪琳

本课课件

【专题目标】

联读《百合花》《哦,香雪》《荷花淀》三篇带有诗化特色的小说,体会小说的诗意之美和诗化之因,领略作家独特的艺术风格。

【预习任务】

阅读三篇小说,梳理主要人物,概述中心事件,摘录动人片段,诵读动人片段,为动人片段批注,为课堂探究风格特质的细节品读做好准备。

【教学实录】

任务一:联系“主流作品”,比较差异

师:(播放 PPT 第 1 页)同学们,今天我们通过联读《百合花》《哦,香雪》《荷花淀》三篇带有诗化特色的小说,尝试体会小说的诗意之美和诗化之因,以此领略作家独特的艺术风格。在你的印象中,有关战争和改革开放的作品有何特征?能否列举几部?

生:比如《长津湖》《决战中途岛》《战争与和平》,这些作品带有疾风骤雨的气息,在残酷的战场上,讴歌每一位英雄高尚的灵魂。

生:我看过《血战钢锯岭》《西线无战事》《红岩》,有流血,有牺牲,是人性的较量、揭露和批判。

生:《红星照耀中国》《长征》等,弥漫着杀气和血的味道,以叙事为主,从上帝视角出发,批判战争的残酷,表达对人民艰苦生活的同情。

生:比如《解冻》《创业史》《平凡的世界》,读来比较沉重,政治感较强。

师:确实如此。《战争与和平》《永别了,武器》《红岩》等小说,《亮剑》《敦刻尔克》《血战钢锯岭》等影视,这些战争作品整体上给人场面宏伟、色调阴暗、残酷血腥、动荡离乱、命如草芥

之感;《乔厂长上任记》《平凡的世界》《人生》《大江东去》(改编为电视剧《大江大河》)等,这些有关改革开放的作品大多反映成长蜕变、艰难拼搏、命运浮沉、生活变迁、历史命脉等,叙事宏大,有波澜壮阔之感。(播放 PPT 第 2 页,展示图 1)

图 1

师:那么,《百合花》《哦,香雪》《荷花淀》这三篇小说与上述作品相比,有何特点?

生:我觉得这三篇小说并不直接写战场,而是写在战争这一大背景下的小人物,用美好的人物反衬战争的残酷,用纯洁的灵魂来传递向上的正能量。

生:寻常的战争和改革开放作品更在乎事物的本身和意义,而这三篇小说更在乎事物的情感与美好。通过景致的渲染和细腻的描写来体现。

生:三篇小说都有美丽的景色描写,具有诗意之美,凸显战争、改革开放中的温馨和美好,都对女性进行描绘,体现女性的力量和对她们的赞美。

生:我也觉得这三篇小说好像都没有宏大的场面,切入点小,描写普通百姓和士兵的小事,语言清新,富有诗意。

师:说得好!干净质朴、诗情画意、淡化沉痛、切入口较小,于淡雅中饱含诗情,是一曲曲深情的咏唱,我们称之为"诗化小说"。但诗化小说具体有什么特征呢?我们一起来品读文本。(播放 PPT 第 3 页)

任务二:聚焦"诗化描摹",细腻品析

师:这些诗化小说在具体的场景描摹中如何体现诗意呢?请大家举例分析。(播放 PPT 第 4 页)

(学生根据学习任务单提示,分成形象组、景致组、手法组,小组讨论,形成结论)

(形象组汇报交流,探究"形象特质——人性之美")

生:《百合花》里的小通讯员腼腆内向,一定要和"我"这个女同志保持距离;当谈及娶媳妇时,忸怩不安,羞涩紧张,十分可爱;但同时也是一个英勇善战、舍己为人的青年,当他扑向炸弹的一刹那,形象很高大。

生:他给"我"留下两个馒头,温暖体贴,好像是个"暖男";与新媳妇之间又有点羞涩嗔怪,是这个年龄的人特有的性格。而新媳妇善良淳朴,把唯一的百合花被子献了出来;她对生活充满热爱,从她细腻的装扮和家里的布置可见一斑;对解放军又有着真挚的感情,最后

给小通讯员盖上被子的瞬间，情绪到达高潮。

师：新媳妇的形象很饱满，从“惜被”时的笑而不语、腼腆羞涩，到“借被”时的含蓄俏皮、深明大义，再到“献被”时的隐忍克制、疼惜痛苦，新媳妇的复杂心理由隐而显、由淡而浓、由弱到强，立体动态。（播放 PPT 第 5 页）

生：《哦，香雪》里面，大多数女孩子给我的印象是，大大咧咧，不拘小节，充满好奇，向往美好的未来生活，而香雪少言寡语，文静腼腆，是一个至纯、至真、至善、至柔的女孩子。

生：我觉得“大大咧咧”不对，她们是直爽明媚的，就像凤娇对“北京话”毫不张扬的喜欢。和香雪一样，她们的情感表达是细腻的，都是有尊严感的女孩。她们的形象、言行、追求，好像都透露着诗一样的气息。

师：的确，台儿沟的少女有着如诗的外表——“洁如水晶的眼睛”“宛若红缎子的嘴唇”；也有着如诗的性格——凤娇对交换之外情义的珍视、香雪对单纯世界的坚守、少女们迎回香雪的情谊，都体现了人性之美；更有着如诗的追求——少女们向火车的积极靠拢，香雪实现自我超越后的动情抒发，从平静到波澜再到骄傲的心路历程——少女的成长本身就是一首绝美的诗歌。（播放 PPT 第 6 页）

生：我们解读的是《荷花淀》里的水生嫂。她很贤惠，把家里照顾得井井有条，夜深了，还在等待丈夫的归来；她也很温柔，虽然对丈夫又要离去内心触动很大，手指震动，被苇眉子划破了手，但是她只是“吮”了一下手指，不曾多言语，是个深明大义、坚强隐忍的女人。

师：说得真好！在日常而又平实的对话中，水生嫂牵挂、无奈，但又理解、支持，这些充满矛盾的心理在话语和心理断层之间，产生了巨大的情感张力。女人用泪水将传统而纯朴的夫妻之情深埋，含而不露、语短情长。

生：其实水生这个男人看起来是个“直男”，憨厚、直爽，可能也没有听懂女人话里有话的含蓄，但其实粗中有细，最后伏击战成功后，他嘴上说女人们是“一群落后分子”，但行动上又顺手一丢，把战利品留在了女人的船上。言行不一，男人们大都羞于直接表达爱意的吧。

师：你的发现很细致哦！在言语上抱怨嗔怪，但在行动上的“顺手一丢”，是他心里对女人们的歉意与弥补的含蓄表达——夫妻间似嗔实喜、似怨实爱的小儿女情态，真是富有生活气息！白洋淀的男人们内心也有柔情与爱意，那些深贮于日常的真挚情感最是动人。（播放 PPT 第 7 页）

师：那么，这些人物身上有没有什么共通的地方？

生：他们身上有着真实的青春美和人性美，识大体、顾大局，热爱生活，有家国情怀。

生：都是普通的老百姓，质朴、友善，有着纯粹的赤子之心，向往着更加美好的生活，他们仿佛是一个个时代的镜像，映照出特定年代里生活、生命的气息。

师：“镜像”二字说得真好！《百合花》中的人物均没有姓名，《哦，香雪》中的乘务员仅以“北京话”代称，《荷花淀》中的水生嫂们只是泛称，女人们也没有留下姓名，作者有意淡化人物，体现特定时代中人物特质的普遍性。小通讯员形象的华丽蜕变、新媳妇情感的立体升华；香雪至真至美的善意与诚恳、从自卑到自信的执着与跨越；寻常夫妻之间的爱意表达，战火硝烟之中的家国情怀，均从不同角度烛照出特定年代的人性、人情之美。小通讯员、新媳妇、香雪、凤娇、水生、水生嫂、女人们，他们都有一个共同的特点——年轻。青春的形象、梦想、历程，或华丽谢幕，或震撼开场，都在超越自我的过程中奏响属于诗意青春的交响曲。普

通、美好、青春，大概是他们的代名词吧！（播放 PPT 第 8 页）

（景致组汇报交流，探究“诗化景致——抒情之美”）

生：《百合花》开头部分的描述，“早上下过一阵小雨，现在虽放了晴，路上还是滑得很，两边地里的秋庄稼，却给雨水冲洗得青翠水绿，珠烁晶莹”，实在是美好清新的景致，与战争背景形成鲜明的对比。

生：小通讯员“肩上的步枪筒里，稀疏地插了几根树枝，这要说是伪装，倒不如算作装饰点缀”，这样的描写简洁明了，把树枝插在枪筒中，看起来这个小通讯员挺热爱生活。

生：还有对小通讯员故乡生活的想象，也很有味道——“立即在我眼前出现了一片绿雾似的竹海，海中间，一条窄窄的石级山道，盘旋而上……竹梢长长的拖在他后面，刮打得石级哗哗作响”，不仅有叠词的音韵美，还有视听的动态美，清新俊逸。

师：《百合花》中“雨后赶集”“天目山拖毛竹”“故乡中秋”三个片段是景致描摹的集中点，作者将战争空间拉向富有生活意味的乡村空间，表达了“我”对小通讯员的亲近感，体现了他年轻、平凡、勤劳、纯朴的特质。不仅扩大了人物活动的虚实空间，唤起了熟悉的历史想象，实现了情感的无限延伸，更是增加了叙述的抒情意味。

生：《哦，香雪》里“一轮满月升起来了，照亮了寂静的山谷、灰白的小路，照亮了秋日的败草、粗糙的树干，还有一丛丛荆棘、怪石，还有漫山遍野那树的队伍，还有香雪手中那只闪闪发光的小盒子”，这个场景像一幅油画，颜色鲜明，清静而富有诗意。

生：我找的是这一处，“它勇敢地盘旋在山腰，又悄悄地试探着前进，弯弯曲曲，曲曲弯弯，终于绕到台儿沟脚下，然后钻进幽暗的隧道，冲向又一道山梁，朝着神秘的远方奔去”。台儿沟虽然封闭保守，贫穷落后，火车来得不容易，但它特有的静谧、安详，给人质朴纯洁的感觉，仿佛火车都不敢停留在这大山的褶皱里，怕打扰了它的宁静。

生：香雪换回铅笔盒后，在三十里归途中发现的“山间秋景图”，在我看来，具有童话般的诗意境界。通过“一轮满月”“寂静的山谷”“秋日的败草”“柔和的晚风”等意象的描摹，确实像刚才同学讲的，有着一幅幅油画的质感。

师：是啊，再加以景物之上美好心灵的熨帖表达，普通夜晚的大山风物也显得真挚感人，触动心灵，具有诗意之美。

生：《荷花淀》中写道，“她像坐在一片洁白的雪地上，也像坐在一片洁白的云彩上”，两个比喻，不仅体现水生嫂的勤劳能干，更是把劳动场景诗化了，有一种朦胧、纯净的美感。

师：水生嫂坐在一片洁白的“雪地”“云彩”上编席的场景，给人无限联想。夏夜的淀中、皎洁的月光、干净的院落、薄雾与凉风、荷叶与荷香、潮润的苇眉子，女人静默守候，等待归人——有声有色有光有味有诗有画，还有爱——让我们在具有古典诗境的韵味中感受“荷花淀派”的诗意与唯美。（播放 PPT 第 9 页）

（手法组汇报交流，探究“表现手法——含蓄之美”）

师：这些作品有没有什么共同的手法？

生：“百合花”“铅笔盒”应该象征着对和平的向往和对新事物的追求。托物言志，用乡村的一些小事物，衬托大的形象，甚至反衬战争的残酷。

生：不仅有小事物，三篇小说中的细节描写也很传神，写人物的神态、心理、动作，所处的特有的环境，都是独一无二的存在。

生：这样说来，我觉得用“以小见大”来形容更为恰当。通过时代中的一小段插曲来反映整个时代，《百合花》体现战争年代中人与人的美好情感，《哦，香雪》体现的是改革开放后人们从闭塞落后到开放进步的改变，《荷花淀》写的是战争年代人们用坚强勇敢守护家园的故事。

生：截取极为普通的生活横断面来深入描写，表现战争，表现改革开放，视角确实独特。

师：三篇小说在情节上看，护送借被、以物换物、夫妻话别等均为日常小事；物象上，被子、铅笔盒、饼干等均为日常小物；人物上，大多是只有青春符号而没有姓名的小人物；题材上，以日常生活作为切入口；主题上，表现抗日战争、解放战争、改革开放这样宏阔背景下的人情、人性。“三小一大”的共同之处的确是运用了“以小见大”这种含蓄蕴藉的表现手法，散发着特定年代中爱与美的柔和光芒。（播放 PPT 第 10 页）

师：《荷花淀》中的自然景物被赋予了斗争的力量与精神，象征着子弟兵正如“铜墙铁壁”般保卫着家乡，情绪高昂、情感充沛，具有了诗的隐喻性。《哦，香雪》中香雪意欲征服的不仅是黑夜与大山，更是落后与闭塞；火车带来的不仅是陌生、新鲜的清风，更是裹挟着工业文明的冲击与挑战。“百合花”不单指绣在被子上寓意“百年好合”的花朵，更是象征着纯洁美好的心灵，以及简单质朴却饱满浓烈的情感，体现了茹志鹃“清新俊逸”（茅盾语）的诗化风格。（播放 PPT 第 11、12 页）

任务三：概括“诗化特征”，整体理解

师：我们解读到这里，大家是否能用几句话简要概括诗化小说的特征？

生：这些小说富有民间气息，善用环境描写表现人性之美，而且表达上较为含蓄。

生：我感受到这些小说没有激烈的矛盾冲突，有着生动细腻的细节描写、清新自然的人物特点、富有诗意的景物描写。

生：语言清新自然、朴素洗练，用朴实的语言塑造个性鲜明的人物，多用明亮的环境描写，散文化，抒情化。

师：好！我们把同学们的小结串联起来。“诗化小说”有着普通的人物、纯美的人性、平淡的情节、丰富的情感、诗化的隐喻、舒缓的节奏、空灵的景致、抒情的语言等特色，作家既坚持现实主义，又追求浪漫主义和乐观精神。除了以上三个维度——人物、景物、手法之外，我们也可以从情节结构、散文笔法、抒情节奏、主题表达等角度加以探讨。但本质上，诗化小说是以对抒情味极浓的语言的精雕细琢，构成小说诗化的风格特质。（播放 PPT 第 13 页）

任务四：感悟“诗化之因”，透视观照

师：三位作家这样诗化地处理小说缘于何故呢？

生：在孙犁这里，作家想通过诗化写出人们的质朴，反面衬托战争的残酷，诗化可以加深人们善良质朴的美好形象。加上作者本身对乡村的偏爱、善良纯粹的本心体现、对文艺创作的态度等，都可能是其中的原因。

生：抗日战争时期，面对血雨腥风的中国，孙犁另辟蹊径，用温情表现残酷，似乎字字不

提战争，但字字不离战争，反而给人无限的希冀。用一份美好的人性表达换来一份柔情的心灵慰藉。

师：你的语言也像诗一样，真美！从战争观念看，孙犁认为，人性美的、善的力量应该比战争中恨的罪恶走得更远；从生命姿态看，战争中“善良的东西和美好的东西”曾深深地感动着他；从情感投射看，因为想念冀中、父母、妻子，于是写出所有离家抗日战士的感情；从女性写作看，孙犁认为女孩子的心中埋藏着“人类原始的美德”，故而常以崇拜的心情写她们；从文学底色看，不仅与他学生时代对词的青睐有关，更与母亲、结发妻子的影响有关；再者，孙犁的文士局限——没有真正打过仗，亦是制约其审美理想的一大原因。（播放 PPT 第 14 页）

生：我了解到，茹志鹃在写这篇小说时，正值“反右”斗争处于紧锣密鼓之际，她的家庭成员成了在这场扩大化运动中的受害者，这样冷峻的现实生活使她想到了以前战时的情形——虽然艰苦，但是人与人纯粹、温和。

生：那个时期人心浮躁、急于求成，作家是想借助诗意化的表达，抚慰这个时代给她带来的疼痛吧。

师：这大概是“世界以痛吻我，而我报之以歌”的形象写照吧，你说得很深刻。《百合花》与《荷花淀》堪称“现代诗化小说双璧”，茹志鹃受孙犁风格影响颇大。在以英雄、革命、无性别文本为主的“十七年文学”中，她清新的风格拓宽了战争文学的审美边界，具有深远的意义与价值。除了作家的学识修养、艺术能力与价值取向外，茹志鹃对生活的认知亦是重要原因——她因时代、家庭的变故导致的“焦虑”在诗化的审美中获得了心灵缺失的填补。那么，铁凝缘何呢？

生：铁凝创作的时候，正是文坛复生，百花齐放的时候，视野更加开阔。诗化小说便是她对光明前路的憧憬。

生：女作家好像从中国历史的阴影中走出，眼见山村、城镇的巨大变化，用柔弱的臂膀去拥抱文明与进步带来的阵痛与喜悦。

师：你这个“阵痛”说得很形象。与茹志鹃一样，铁凝自觉地继承了“荷花淀派”的艺术风格。孙犁称赞《哦，香雪》“从头到尾都是诗”，铁凝说孙犁是真正告诉她文学本质是什么的人。正如大家所说，铁凝所处的文化环境更为宽松，也就有将宏大叙事和日常琐事结合得更好的可能性。（播放 PPT 第 15 页）

师：艺术的本质是诗。一个作家如果没有灵魂深处的深情，没有善良与悲悯，没有对人性真善美诚挚的呼唤，是绝不能表现出诗意的。三位作家在不同的时代氛围中，坚持独具特色的文学守望，从边缘文学努力实现风格定位，为清新雅致的诗化小说争得了一席之地。

任务五：改写诗化小说，体悟韵味

师：理性的意蕴浸润在语言之中，让我们回过头来再去品读诗化小说的语言，运用作品中的文字改写成属于你的小诗。（播放 PPT 第 16 页）

示例：

女人坐着的
是雪地
还是云彩
看吧
淀里一片银白
水面上一层薄雾
拢着风
带着荷花香　浮来
吱呀
戴草帽的人
回来了

生：列车不再飞奔/山谷一片寂静/灰白的小路亮了/唯有一轮满月高升/女孩们端详着盒子/作别了草木几簇、石荆数横/她们向前跑去/寻觅着、幻想着奄奄一息的碎梦。

生：铁轨铺进深山/我挽紧鸡蛋篮/三十里的下一站/“凤娇！我该怎么办?”/来到西山口/我紧握铅笔盒/月光笼罩山谷/她仿佛在轻抚我的面颊/“台儿沟在哪儿?”/我迈着溪水也赶不上的步伐/喜悦的泪水在眼眶里画画/快把好消息带给大家!

师：同学们，这节课，无论在品评上还是诗歌创作上，你们给了我很大的启发。我仿佛可以看到两年多后你们成功的样子，祝福你们！同学们，再见！

【教学反思】

本次微专题学习是通过联读《百合花》《哦，香雪》《荷花淀》三篇带有诗化特色的小说，体会小说的诗意之美和诗化之因，以此领略作家独有的艺术风格。

1. 以分层目标实现结构化认知

由整体教学目标而来的分层目标如下：第一层级，联系“主流作品”，比较差异。立足学生对传统战争小说风格的认知，初步定位诗化小说的特征。第二层级，聚焦“诗化描摹”，细腻品析。以品读三篇小说的细节为抓手，分别从形象特质体味人性之美，从诗化景致体会抒情之美，从表现手法感受含蓄之美。这是本次学习的主体部分和提升语言素养的落脚点。第三层级，概括“诗化特征”，整体理解。这是对第二层级学习的收束和提炼，整体上定位“诗化小说”的特征。第四层级，感悟“诗化之因”，透视观照。以孙犁的“荷花淀派”的创作风格为起点，茹志鹃、铁凝均在不同程度上继承了该流派的创作特点。他们对悲苦灵魂的深情、对自然人性的悲悯、对边缘文学的守望，使得小说真正体现了“艺术的本质是诗”的精髓。第五层级，改写诗化小说，体悟韵味。理性的意蕴浸润在语言之中，学生回过头再去品读诗化小说的语言，运用小说中的文字改写成属于自己的小诗。总体上，以层进式螺旋上升的方式帮助学生建构起学习作家作品风格的结构化认知体系。

2. 风格专题教学的不同尝试

随着课标精神的深入，这几年，我就作家作品的风格探究做了一些尝试。在微专题教学这个概念的引领下，我选取师陀的《说书人》以及小说集《果园城记》中的《桃红》《颜料盒》《一吻》《灯》《邮差先生》这六篇小说，以刘西渭对师陀风格特质的评点“诗是他的衣饰，讽刺是他的皮肉，而人类的同情者，这基本的基本，才是他的心”为线索，用几个关键词——“美好与悲惨”“薄凉与感动”“回归与离去”“清晰与模糊”作为抓手，让学生建构起对师陀作品的整体认知。这种系统化建构，我又在郁达夫《故都的秋》的教学中加以应用。以《故都的秋》作为精读，用郁达夫《北平的四季》、方忠《郁达夫传》作为参读，设计了作家风格阅读教学《秋天，邂逅一场温熟了的旧境——从悖论处看〈故都的秋〉中的郁达夫》。还尝试了以品读孙犁诗化小说为主线的红色经典群文阅读的教学实践，以孙犁为圆心，建立“作者群”，侧重内容方面的建构，以“诗化小说”为半径，重点品读《荷花淀》《芦花荡》等作品，带领学生领略孙犁小说的诗意之美和诗化之因。通过领略作家独有的艺术风格，以期建构学生更高位的思维、审美能力。

3. 取法乎上的标准与冷思考

褚树荣老师提出微专题教学成功的“六要素”：在教学过程中创设情境、自始至终聚焦探究点、短平快的符合逻辑的课堂结构、学生有深度的语言活动体验、在聚焦点上形成认知建构、有物化的学习成果。这六点，无论是对风格专题教学实践的检测，还是对已经进入课堂的统编版新教材学习活动设计的标准，都是取法乎上的意义所在。而这些案例也引发了我一些思考：情境创设的预设成分是否多了些？学生的深度语言活动体验到底占了多少比重？聚焦点上的认知建构是否过于闭合？除了写作，物化的学习成果还可用何种方式呈现？这种关于风格教学的模式是否趋于固化？还可以何种方式打破这种固化的模式？这节课和关于风格的教学还存有诸多问题与疑惑，更需“走一步，再走一步”。

感人心者，莫先乎情：体会小说的情感

教学设计/北京市第十八中学　赵长河

执教/中国人民大学附属中学丰台学校　金　亚

本课课件

【专题目标】

联读《百合花》《哦，香雪》，从微妙情感冲突的角度，体会诗化小说特有的情感特点，感悟不同年代、不同背景下的青春风采。

【预习任务】

用表格的形式，分别梳理、列举、概括《百合花》中“我”、小通讯员、新媳妇，《哦，香雪》中香雪、凤娇等姑娘和同学们对同一事件或细节的不同情感。

【教学实录】

师：（播放 PPT 第 1 页）同学们，我们在鉴赏小说时常常会从小说三要素——人物、情节、环境入手。如果从这三要素来说，《哦，香雪》和《百合花》的哪些内容给你留下了深刻的印象呢？

生：我对香雪下火车之后的那段人物的心理描写和环境描写印象比较深刻。

生：我觉得《百合花》没有波澜起伏的情节和激烈的矛盾冲突，反而小通讯员、“我”，还有新媳妇这三个人物之间淡淡的、微妙的情感互动非常吸引我。

师：两位同学有非常敏锐的文学鉴赏直觉。其实《百合花》和《哦，香雪》并不以情节取胜，它们属于诗化小说。（播放 PPT 第 2 页）诗化小说往往以不同人物围绕同一细节展开的微妙的情感冲突，或者同一人物对同一事件前后不一的微妙的情感冲突，实现情节推进和人物刻画。所以不能简单地套用“人物、情节和环境”的模式来分析。那么大家在之前的阅读经验中，还读到过哪些诗化小说？也就是这类不以情节见长，而以人物微妙的情感取胜的小说呢？

生：我觉得《边城》中沈从文笔下翠翠和傩送的爱情，以及翠翠和爷爷的亲情就是这样微妙。

生：在初中学过的曹文轩的《孤独之旅》，也比较注重通过人物内心的情感冲突来推进情节、刻画人物。

师：同学们接受新知识的能力太棒了！反应也非常迅速，这些的确都是一些诗化小说的经典佳作。今天我们学习的小说《百合花》中的情感描摹也非常细腻微妙，现在我给大家几分钟时间，请同学们速读《百合花》，找一找“我”、小通讯员、新媳妇之间围绕同一件事或同一个细节有什么样的微妙的情感冲突。（播放 PPT 第 3 页）

任务一：《百合花》不同人物情感的差异性和独特性

师：同学们批注得非常仔细。我们就先请第一排的同学来分享，后面的同学可以随时进行补充和完善。

生：我想跟大家分享小通讯员和“我”在路上的这段细节。小通讯员故意和“我”保持距离，而“我”故意用敏感话题打趣小通讯员。我觉得这段细节非常有意思，虽然不是波澜壮阔的情节，但是可以读出“我”对小通讯员半是喜欢半是恼的心情。

师：很细腻的情感体察！有哪位同学可以补充一下小通讯员的心理呢？

生：因为小通讯员年龄相对年轻，所以他故意和“我”保持距离，这既表现出青春期少年的羞涩敏感，还能体现担心“我”跟不上的责任心，这也是一位战士的本色。后面小通讯员在枪筒里插花，给“我”留馒头等细节，说明小通讯是一个细心又浪漫的年轻人。

师：非常好，大家刚刚都聚焦在小通讯员和“我”的人物互动上，那么我们再来看看小通讯员和新媳妇之间的微妙情感。

（学生沉思片刻。一生举手回答）

生：小通讯员一开始没借到被子，还觉得是群众的觉悟不高；后来得知是借人家的新婚被子，又觉得过意不去，要还给人家。这说明他与年轻女性沟通十分腼腆，还有一点小孩子脾气，如没借到被子的赌气。不过最后两人化开心结，两人关系就变得相对轻松。

师：那小通讯员和新媳妇是不是典型的军民鱼水情呢？

生：我认为是的。一方面，新媳妇要给小通讯员缝补肩头破洞，体现了百姓对战士们的关爱和体贴。但小通讯员还是不肯，不仅仅是为了不麻烦老百姓，还因为他的羞涩。另一方面，新媳妇东张西望寻人，问同志弟到哪里去了，看见躺着的小通讯员，两次“‘啊’了一声”，为牺牲的小通讯员擦拭身子、缝补破洞，把新婚被子盖在小通讯员身上等细节，都体现了老百姓对小通讯员的关心。但同时也不仅仅是关心，还有因为“借被”事件对小通讯员的歉疚之情。

师：细节找得很全面，新媳妇做这些不仅仅是出于老百姓对战士的关心和爱戴，还有因为“借被”事件对小通讯员的歉疚之情。看见同志弟牺牲的惊愕，为牺牲的他擦身、缝补破洞的郑重，铺垫新婚被子的悲伤等复杂微妙的情感，这些细微之处正是《百合花》这篇诗化小说的魅力所在，同学们需要细细体味。还有对于同一件事情，不同人物的情感态度的不同也可以仔细琢磨。“我”低声劝新媳妇不要再为牺牲的小通讯员缝补破洞时，新媳妇对“我”异样地瞟了一眼，继续缝补。大家怎么理解这样的情感冲突？

生：我觉得可以从“我”和新媳妇两人的身份来分析。“我”尽管喜欢小通讯员，但作为军人，“我”又是理智的。在有着中国农村传统生死观的新媳妇看来，小通讯员已经是亲人，走也要体面干净地走。

任务二:《百合花》同一人物情感的多重性、深刻性

师:《百合花》属于诗化小说,不注重情节,重在表现人物多重而微妙的内心情感,小说展现出来的不仅有同志、战友、同乡、军民之情,还有男女青年相互吸引的爱慕之情,是“没有爱情的爱情牧歌”。请同学们从“我”、小通讯员、新媳妇中任选一位,结合具体细节,谈谈自己的理解。(播放 PPT 第 4 页)

生:我找了一处,“我看她头上已硬挠挠地挽了髻,便大嫂长大嫂短地向她道歉,说刚才这个同志来,说话不好别见怪等等。她听着,脸扭向里面,尽咬着嘴唇笑。我说完了,她也不作声,还是低头咬着嘴唇,好像忍了一肚子的笑料没笑完”。新媳妇面对“我”的道歉,忍不住笑了起来,这是一种顽皮亲切的笑。她通过这样的笑,表达对小通讯员和“我”的亲切。

师:真棒!你从人物的动作神态这方面的细节进行分析。还有别的角度吗?比如语言和对话?

生:有。新媳妇称呼小通讯员为“同志弟”,说明他们既有军民同志的关系,还有更亲近的关系。

师:真是心细如发,通过一个小小的称谓,就能看出他们的关系既是政治的,也是伦理的,这里不仅有对同志的关怀,还有对亲近之人的关爱。还有其他细节吗?

生:“我”面对小通讯员坐下,开始逗他,拿娶媳妇的话题打趣他。在他面前,“我”仿佛是爱搞恶作剧的大姐。分别后,“我”对他的牵肠挂肚中,有同志之爱、朴实乡情,也有刚萌发的青春男女的好感。

师:的确,“我”对小通讯员的情感是复杂而微妙的,这也取决于“我”的身份,既是年龄稍大的大姐,又是战友,还是同乡。那么小通讯员是如何面对“我”和新媳妇的呢?

生:小通讯员面对“我”的打趣,是这样的,“他飞红了脸,更加忸怩起来,两只手不停地数摸着皮腰带上的扣眼。半晌他才低下了头,憨憨地笑了一下,摇了摇头”,这说明他是一个害羞的人。

师:小通讯员在“我”和新媳妇面前,显得手足无措、词不达意,其实是青春少年面对异性的微妙的羞涩敏感,这种微妙的情感是可爱的,“无感”才是违背人性的。这样真实而细腻的情感出现在一篇以战争为背景的小说中,正是这篇小说的可贵之处!同学们已经品味到了《百合花》的精髓!老师看咱们班同学文学鉴赏能力这么高,那么给大家一个额外的挑战。(播放 PPT 第 5 页)

> 新媳妇解释说“刚才借被子,他可受我的气了”,其实主要还是各种因素导致的微妙的情感冲突。请据此想象第一次借被时是怎样一种场景和情感冲突,并写下来,200 字左右。

师:这里老师给大家几点提示——新媳妇是否有意刁难?小通讯员看到新媳妇是否手足无措,结结巴巴,让人发笑?这种手足无措中也许更多的是慌乱、焦躁、期待等。不借被子

也许只是新媳妇在是否“借被”的矛盾中开的玩笑，小通讯员却当真了，由此造成第一次“借被”不成功的误会。

任务三：《哦，香雪》不同人物情感的差异性和独特性

师：经过刚刚的学习，老师确信同学们掌握了独立分析诗化小说中细微情感的方法。接下来请大家按照我们分析《百合花》的思路和方法，总结《哦，香雪》中香雪、凤娇等姑娘和同学们对铅笔盒有什么微妙的情感冲突。（播放 PPT 第 6 页）请大家找到对应的文章细节。

（生默读文本，思索）

生：香雪因为自己没有能打听清楚铅笔盒而感到懊恼；为了铅笔盒，香雪不禁跟着火车跑；后来获得铅笔盒，十分开心地自我激励。

师：香雪为什么这么在意铅笔盒？

生：因为同学们多次故意问香雪为啥没带铅笔盒，其实是为了炫耀自己拥有的物质，嘲笑香雪贫穷。

师：那香雪也是一个追求物质的人吗？和同学们追求的物质有何不同？

生：不是。香雪的“物质”是象征文化知识的人造革书包、自动铅笔盒，是对文化知识的渴盼；她心疼用鸡蛋换铅笔盒，是对父母的怜惜。同学们的“物质”是象征城市富裕的“一天吃三顿饭”，自动铅笔盒也是对物质的炫耀。

师：其实啊，香雪和同学们其实是价值观不同，香雪认为物质的功用是“提升文化水平”，而同学们认为物质就是用来炫耀的。读文章就是要“打破砂锅问到底”，那老师再追问一句，香雪和凤娇等人在对待物质的态度上有什么区别呢？

生：香雪看重“铅笔盒”，而凤娇等人喜欢“头上的金圈圈”和“小手表”。

师：老师又要“打破砂锅”了（同学们笑），为什么呢？

生：因为凤娇她们不上学了，而香雪还在读书。

师：对，香雪和凤娇等姑娘因受教育程度不同，产生了对生命价值认知的差异。但是这种矛盾并不是不可调和的，从“谁叫咱们香雪是学生呢”和香雪走了一夜路，凤娇等伙伴迎接香雪这两个细节可以看出，凤娇等人从不理解香雪的行为到后来理解、支持香雪。

任务四：《哦，香雪》同一人物情感的多重性、深刻性

师：与《百合花》“没有爱情的爱情牧歌”不同，《哦，香雪》中凤娇对年轻的列车员“北京话”的情感，可以说是“没有希望的爱情牧歌”，你怎么理解凤娇对“北京话”微妙又复杂的情感呢？这次咱们借助集体的智慧，四人小组合作，用五分钟讨论一下，尽量说得全面一些，每组派一个代表总结发言。（生讨论五分钟）

生：首先，凤娇回敬“北京话”称她们为“小姑娘”，质疑“北京话”老待在车上，凤娇的回敬和质疑实际上是想引起对方的注意，这是份情感的萌动。其次，凤娇在别人面前会主动维护自己的这份“心意”，这是情感的发展和滋长。凤娇心里认定列车员天生白，这是维护青春偶

像的情感；当别人打趣“凤娇，你哑巴啦”，凤娇回怼姑娘们，要是喜欢人家就跟人家走，其实是希望自己拥有这一份代表文明、美好的“喜欢”。最后，凤娇的确是一个大胆热情的姑娘，跟列车员做生意故意磨蹭以便多接触，通过这种“磨蹭”来表达自己的“喜欢”。而且还常回赠一斤挂面给列车员，用实际行动表达“喜欢”。

师：看来集体的力量就是不一般！这一小组不仅分析得全面，而且有条理、有层次，让我们给这一小组热烈的掌声！（全班鼓掌）咱们的“诗化小说微妙情感之旅”还有最后一个关卡，也是最重要的关卡——主人公香雪的内心情感起伏变化。老师已经给大家找出了香雪的一些“奇怪”的行为细节，请大家尝试体味其中的微妙情感，用3分钟时间完成表1。（播放PPT第7页，展示表1）

表1

细节1	情感1	细节2	情感2
总第一个出门		缩到最后去了	
没呼应凤娇捏手		又把手递给凤娇	
想用鸡蛋换铅笔盒		但又觉得对不起父母	
成功换铅笔盒		被带往下一站	
红着脸换铅笔盒		硬塞鸡蛋给人家	
走夜路		端详铅笔盒	

（学生独立完成表格，教师巡视答疑指点）

师：咱们班同学真是可动可静，动能口若悬河，静则沉稳细致。老师刚刚在下面巡视的时候，发现大家填得非常仔细、认真。大家可以对照PPT，完善自己的表格。（播放PPT第8页，展示表2）

表2

细节1	情感1	细节2	情感2
总第一个出门	好奇	缩到最后去了	害羞
没呼应凤娇捏手	羞怯	又把手递给凤娇	温厚
想用鸡蛋换铅笔盒	对“铅笔盒”的渴望	但又觉得对不起父母	孝顺
成功换铅笔盒	欣喜急切	被带往下一站	急躁害怕
红着脸换铅笔盒	害羞	硬塞鸡蛋给人家	自尊
走夜路	害怕	端详铅笔盒	欣慰开心

师：其实除了表格中所列举的细节和微妙情感，香雪还有一些“激烈又隐忍”的情绪波动，比如香雪从乘客和列车员身上感受到他们对自己的怜贫惜弱，香雪感受到莫大的委屈，而后自己又释怀了。（播放PPT第9页）

细节 1:他的话倒更使她感到了委屈,她替凤娇委屈,替台儿沟委屈。

细节 2:忽然发现生养她的台儿沟很美,相信将来的台儿沟姑娘不再求人,不再被盘问,漂亮小伙子都会求上门来。

师:具体来说,列车员的话让香雪意识到外界的人对台儿沟的不解和误解,所以感到委屈。后来香雪基于对家乡的热爱,对包括懵懂爱情的未来的憧憬,坚定相信台儿沟和自己的小伙伴未来会更好,所以想通释怀。大家还能想到哪些类似的复杂的细节?

生:还有香雪面对同学们多次询问自己"为什么没有铅笔盒"的不同反应。

生:香雪用鸡蛋换铅笔盒后又开始怜惜爹娘辛劳,不过最终还是为找到花费鸡蛋是为读书上进的理由而高兴。

师:大家的思路都很好!今天我们学习了《百合花》《哦,香雪》两文,细致分析了两篇诗化小说中的微妙情感。课堂的时间有限,但文本解读和语文学习之旅没有尽头。希望课后大家运用自己学到的知识做进一步解读。老师设置了两项课后作业,大家可以任选一项完成,下课!(播放 PPT 第 10 页)

作业(二选一)

1. 请从微妙情感的角度,想象小通讯员第一次借被时是怎样一种场景和情感冲突,并写下来,200 字左右。

2. 请结合《哦,香雪》的具体内容,分析香雪的微妙情感变化,尝试画出香雪的情感曲线图。

【教学反思】

在使用高中统编教材时,微专题教学是落实语文核心素养的有效途径。大单元微专题教学,能助力学生形成核心概念,并优化知识结构。结合本次教学,教学反思如下:

茹志娟的《百合花》和铁凝的《哦,香雪》两篇小说以细腻的笔触展现生活,彰显着人情之美、青春之美。这两篇小说都不是传统意义上典型的小说,其中"小说三要素"中的"情节"特征不明显,没有波澜起伏的情节变化,也没有激烈尖锐的人物矛盾和冲突。两篇小说都以描摹人物细腻微妙的情感见长,属于诗化小说。结合选文的文体特征,本专题聚焦于人物情感的差异性、独特性、多重性和深刻性设置学习任务。

本专题聚焦《百合花》《哦,香雪》两文,整合两篇小说中出现的能体现人物微妙情感的细节,引导学生体悟细节在表达人物情感、塑造人物形象、彰显作品风格等方面起到的作用,并以此激发学生的审美体验,进而激发学生去探寻小说鉴赏的独特角度。

在课堂教学过程中,学生被充分调动起研读文本的积极性,能够主动地、细致地走进文本,表达自己的真实想法。但学生的思维是"散点式"的,学生并没有按照任务一至任务四的顺序思考。任务一探讨《百合花》中不同人物情感的差异性和独特性、任务二探讨《百合花》同一人物情感的多重性、深刻性,都涉及小通讯员作为年轻人的害羞腼腆和作为战士的责任,只是两处涉及的细节和事件不一样。从这个角度来看,教师应当根据学生的课堂反应灵活调整教学顺序，让学生来引导课堂，教师给予适当的点拨、引导和评价。

任务四原本的教学设计是通过问答法和学生完成“情感曲线图”的活动，探讨人物情感的多重性、深刻性，根据教学的实际情况，将任务四修改为让学生完成表格，更加聚焦人物情感的复杂和深刻，教学重点更加突出。并将原任务四中的“绘制情感曲线图”改为家庭作业。所以，教师还需要根据所教授班级的具体学情，对教学设计进行适当的调整。

寻常之物有深意:赏析小说的物象

执教/浙江省宁波中学　孙　瑾

本课课件

【专题目标】

精读《百合花》《哦,香雪》两文,整合两篇小说中出现的重要物象,体悟物象在塑造人物形象、调控叙述节奏、彰显作品主旨等方面起到的重要作用。

【预习任务】

细读两篇小说,完成课前任务单上的预习任务:

1. 列出《百合花》和《哦,香雪》中的物象,分类整合。

2. 圈画新媳妇与百合花被子、香雪与自动铅笔盒的相关细节,概括人物形象。

3. 思考《百合花》中物象反复出现的作用,探究《哦,香雪》中自动铅笔盒出场时间上的安排用意。

4. 探讨百合花被子和自动铅笔盒的象征义。

【教学实录】

师:同学们,我们在品读传统诗词时常常需要一把很重要的密钥,它是蕴藏着作者主观情感的客观事物,大家说说它是什么。

生:意象。

师:不错。其实在小说中也往往出现这样的客观之物,它们是小说家借以探寻人生、世界奥义的载体,我们把它称为"小说中的物象"。请大家说说自己阅读的小说中出现过的物象有哪些。

生:我觉得蒲松龄《促织》中的"虫"和莫泊桑《项链》中的"项链"是物象。

生:欧·亨利《最后一片叶子》中的"常春藤叶"也属于物象。

师:(播放 PPT 第 1、2 页)大家罗列的都是一些经典佳作中的典型物象,今天我们学习的两篇小说《百合花》《哦,香雪》中也出现了大量的物象。

任务一：物象大盘点，聚焦核心处

师：现在我们给大家几分钟时间，请同学们浏览两篇文章，在文本中勾画出你认为举足轻重的物象。（播放 PPT 第 3 页，展示表 1）

表 1

物象类型	《百合花》	《哦，香雪》
自然环境类物象		
社会环境类物象		
日常生活用品类物象		

师：同学们有了很多发现，我们以小组“开火车”的方式进行回答和补充，就从教室正中的这组开始如何？

生：我在《百合花》一文中找的物象有树枝“野菊花”“满月”“枪”“馒头”“衣肩上的破洞”“百合花被子”等。

师：哦！找得全面，在《哦，香雪》中又有哪些啊？

生：“大山”“月亮”“火车”“台儿沟小山村”“发卡”“纱巾”“尼龙袜”“小手表”“四十个鸡蛋”“铅笔盒”。

师：大家选择的这些物象有些是自然环境类的，比如“满月”“大山”；有些是社会环境类的，比如“枪”和“火车”；还有一些是日常生活用品类的，可谓不一而足。如果我们要从那么多物象中分别挑选出两文最核心的物象，大家觉得会是什么？（播放 PPT 第 4 页）

（学生沉思片刻，一生举手回答）

生：《百合花》一文中的核心物象是“百合花被子”，因为题目就是“百合花”。（众生笑）

师：这是一个绝佳的破译口，那《哦，香雪》从题目中可看不出“破绽”了，你觉得是？

生：我个人觉得应该是“铅笔盒”。

师：我们期待着你的理由。

生：因为这篇文章主要讲述了香雪的一段“历险经历”——她在火车停靠的一分钟间隙里，毅然踏上了火车，用积攒的四十个鸡蛋换来了一个向往已久的带磁铁的泡沫塑料铅笔盒。感觉整篇小说一直围绕着香雪的“铅笔盒”。

师：慧眼如炬啊。卡尔维诺曾经在《新千年文学备忘录》中有过这样的论述，“一个物件出现在叙述中，就立即充满某种特殊力量，恍如一个磁场的极，恍如那个不可见的关系组成的网络中的一个结”。我想，大家都能感知到无论是《百合花》中的百合花被子，还是《哦，香雪》中的铅笔盒，它们都是小说情节中不可或缺的基本线索，据此，我们将这两者定义为文本的核心物象是恰切的。

任务二：人物面面观，物象识其真

师：上课伊始，我们说意象是打开诗词世界的密钥，而物象也是打开小说空间的密钥，它打开的第一重大门叫“人物形象”。大家请看投影，我设计了这张表格（见表 2），请同学们深入阅读文本，试着填写。（播放 PPT 第 5、6 页，展示表 2）

表 2

作品	与物象有关的细节	人物形象特征
《百合花》		
《哦，香雪》		

师：在大家的随文批注中我看到了同学们思考的诚意，能不能让我们一起来分享你的思想火花？先从与百合花被子有关的细节描写开始吧。

生：我找了两处。“她听着，脸扭向里面，尽咬着嘴唇笑。我说完，她也不作声，还是低头咬着嘴唇，好像忍了一肚子的笑料没笑完”“这一次，她不笑了，一边听着，一边不断向房里瞅着”，从“低头”“咬着嘴唇”“一边听着，一边不断向房里瞅”等动作和神态描写中，我看出新媳妇是一个非常羞涩和腼腆的乡村妇女。

师：是啊，的确是一个有着中国传统文化烙印的女性，你刚才抓住的是人物的动作和神态，仔细看，这里还有一处心理描写，能不能再品味品味？

生：她“好像在掂量我刚才那些话的斤两”，这之后她就转身去抱被子了。

师：她是毫不犹豫地转身还是？

生：不是，她是思考了“半晌”，经过一番心理斗争的。

师：好的，从“掂量”“半晌”“转身”这些细节中你一定有了新的发现。

生：因为这床百合花被子是新媳妇的合欢被，她的内心其实是很不舍的，可正是因为新媳妇对它的珍视，最后决定借出被子的行为，就更凸显她的深明大义。

师：深明大义，这个词语概括得很准确。还有其他细节吗？

生：我关注到的是小说结局的一处细节。“新媳妇这时脸发白，劈手夺过被子，狠狠地瞪了她们一眼”“‘是我的——’她气汹汹地嚷了半句，就扭过脸去”，这里的新媳妇似乎和刚才的形象截然不同。

师：愿闻其详。

生：“劈手夺过”“狠狠地瞪”“气汹汹地嚷”看出了她的愤怒。

师：愤怒？怒从何来？

生：因为之前新媳妇和小战士在借被的过程中有小误会，现在面对牺牲的小战士，新媳妇内心感到后悔和自责，与其说愤怒，不如说是生自己的气，心中有内疚感，所以最后她义无反顾地将被子铺在了棺材底并为小战士盖上。

师：对啊，合欢被变成了裹尸布，从中我们看到了后悔自责、悲痛难抑、重情重义的新媳妇。《百合花》中新媳妇的形象在“惜被”“借被”“献被”的细节中逐渐丰满，她复杂的心理情绪由隐而显，由淡而浓，层层地立体地动态呈现。那么在《哦，香雪》中的香雪是否也是如此呢？

生：小说中有一处细节让我印象深刻，香雪看到同学的自动铅笔盒想到自己做木匠的父亲为自己制作的小木盒时，写到小木盒“有几分羞涩地畏缩在桌角上”，“羞涩”和“畏缩”的恐怕不是小木盒而是香雪自己。从中我看到单纯、善良，但是又有自卑感的香雪。

师：单纯、善良、自卑，但是绝不自弱，相反还有自尊的一面，你们认同老师的看法吗？从文本中找一找我的认知立足的依据。

生：当火车上的小姑娘打算把铅笔盒送给香雪的时候，香雪还是把篮子塞到女学生的座位下面，迅速离开了，因为她明白台儿沟再穷也不能白拿别人的东西。用鸡蛋交换铅笔盒恰恰是香雪对自尊的维护，也是她试图改变命运的努力。

师：是的，正是因为这份韧劲，我们才能理解文章最后香雪独自回到台儿沟的三十里路上，举起铅笔盒向人群跑去的那份“从未有过的骄傲”。我们是不是可以这么说，铅笔盒见证和助推了香雪的成长，给了香雪改变命运的勇气和自信，它让香雪的形象“清晰起来、独特起来、成长起来”？塑造人物形象是小说创作的首要任务，通过刚才的探讨，大家能总结物象在塑造人物形象方面起到的作用吗？

生：似乎随着物象在小说中的反复出现，人物也越来越多面。从这些围绕着物象对人物的动作、语言、心理不断的刻画中，我们看到了主人公不同的性格特征。

师：我认同你的观点，人物从扁平走向了丰满，因为物象的存在使得人物形象动态而立体。（播放 PPT 第 7 页）

任务三：张弛贵有度，物象控节奏

师：其实，物象除了在小说人物形象的塑造中不可或缺，它在文章的谋篇布局中也有着不可替代的作用。茅盾先生在评价《百合花》时就指出，“《百合花》可以说是在结构上最细致严密，同时也是最富于节奏感的”。比如，同学们提到的三次出现的百合花被子，有层次地表现出新媳妇对通讯员的感情，最终完成了对新媳妇形象的塑造，同时把情节的发展逐渐推向高潮。此外，还有其他反复出现的物象吗？这样的写法有什么用意呢？（播放 PPT 第 8 页）

（生默读文本，思索）

生：我注意到的是文章中两次出现通讯员枪筒里插着树枝和野菊花，说明小通讯员也是爱美的。（众生笑）

师：在战争岁月中没有泯灭对美的欣赏、对生活的热爱，可见是一个天真、纯洁的年轻人。

生：正是因为这样一个天真、纯洁、对生活充满着热情的人，最后选择了舍身就义，前后形成了鲜明的对比，让人觉得他的行为特别崇高，很震撼人心！

师：精彩的发言！思维在碰撞中不断迸射着火花。还有呢？

生：我发现还有两次出现“两个干硬的馒头”和四次出现“衣肩上的破洞”，这些都是借助小说中“我”的目光出现的，让我们读者也能随着“我”的“睹物思人”，生发对英雄的敬仰之情，还有对小战士牺牲的无比痛惜。

师：小战士牺牲自己的生命来保全担架员生命的英雄壮举，是至高至善的人间至美，展现了他崇高的人格美，也流露出作者对美好人性的呼唤，这一切都离不开看似细小却又无处不在的物象。而在《哦，香雪》的预习作业中，我发现有同学有一处非常有价值的质疑，她有这样的疑惑,“小说从‘火车到台儿沟’到‘香雪打听铅笔盒价格’,再到‘换铅笔盒’和‘夜归’,整体上是顺叙;‘香雪被取笑’是其打听并换取铅笔盒的原因,是文中的插叙,可从时间上看,这一情节发生在‘火车到台儿沟’之前,作者为什么不把这一内容设置为文章的开头呢?”

生:我想这是作者有意为之,作者把“香雪被取笑”的情节隐藏起来为小说创设了悬念,能够激发读者的阅读兴趣。

生:因为受伤害,所以香雪才会询问铅笔盒的价格,并义无反顾地用鸡蛋进行换取,这样写能让情节在“意料之外”却又在“情理之中”。如果小说一开始就交代“香雪被取笑”,文章就失去了悬念感,也与“火车进台儿沟”的情节难以对接。

师:节奏是一切艺术的灵魂,结合这部分的问题探究,我们或许可以梳理总结出物象在小说叙述节奏中的作用——物象作为情节的重要元素,在小说中重复再现,成为故事往前发展的链条,使故事前后呼应,浑然一体;用物象来结构文章,调控叙述节奏,在层层蓄势和铺垫中推动情节发展;物象在小说中“穿针引线”,在徐缓从容的情节叙述中渲染情调,蕴藉地传达浓郁的感情,使作品表达的思想感情更加深沉,增强了作品的艺术感染力。(播放 PPT 第 9 页)

任务四:达意寻有径,物象藏深意

师:艺术是一种表情达意的符号,作家运用文字进行创作时,往往“言不尽意”,于是“立象以尽意”,物象由此诞生。可以说物象是小说题旨和思想倾向的象征,给人以深远的启示和无穷的联想。最后,我们有必要进行这样的追问,大家觉得百合花被子和自动铅笔盒象征着什么呢?(播放 PPT 第 10 页)四人小组可以用几分钟时间讨论一下,派一个代表总结发言。

(生讨论五分钟)

生:《百合花》中的百合花被子象征着新媳妇对美好婚姻和幸福生活的向往,而她却借给了部队,百合花被子是新媳妇美好心灵的写照。

生:百合花被子是小通讯员和新媳妇之间情感的纽带,象征着新媳妇对通讯员纯洁的感情,是歉意,是痛惜,也是致敬。

生:小通讯员把生命献给了人民,新媳妇把百合花被子献给了军队,象征着深厚的军民情谊。

师:美好的心灵写照、纯洁的情感依托、深厚的军民情谊,多么熨帖的解读啊!想来主题的多义性成就了小说的丰富性与艺术感。那么,如何看待铅笔盒的象征意味呢?

生:铅笔盒象征现代文明,蕴含着摆脱落后、融入现代文明的渴望。

生:象征知识、文化,表达了对知识和文化的追求,还象征自尊、自信,表现了人的觉醒。

师:(播放 PPT 第 11 页)程翔老师说,“一个人,一个企业,一个国家,在其发展过程中,‘香雪铅笔盒阶段’是一个必经的少年期,正是因为有了这样一个起点,才会有未来的辉煌”。大家从核心物象具有的隐喻、衬托等功能探寻到了其背后的深意,实在是很了不起的发现。

师:今天我们学习了《百合花》《哦,香雪》两文,整合了两篇小说中出现的重要物象,体悟到物象在塑造人物形象、调控叙述节奏、彰显作品主旨等方面起到的重要作用。希望课后大

家运用自己学到的知识解读新的文本。（播放 PPT 第 12 页）

在茹志鹃的小说中，像“百合花被子”这样的物象信手拈来，比如《如愿》中的“苹果”、《里程》里的“大石头”、《春暖时节》里的“虾”、《草原上的小路》里的“丁香花”……请你选择几个物象，谈谈它们在行文起承转合中的重要作用和丰富意蕴。

师：下课！

【教学反思】

使用部编教材，专题教学是落实核心素养的有效途径，且大单元微专题教学，能助力学生形成核心概念，并优化知识结构。下面结合本次教学，交代相关情况如下：

1. 立足单元，聚焦精微

统编高中语文教材必修上册第一单元以“青春激扬”为主题，选文包括五首诗歌和两篇小说，或感时忧国，或感悟人生，都是作者对青春的吟唱。茹志娟的《百合花》和铁凝的《哦，香雪》两篇小说以细腻的笔触展现生活，彰显着人情之美、青春之美。结合选文的文体特征，我将两文整合为一个教学专题，考虑到教学议题过大，学生不容易深入文本内里，探寻小说奥义，所以尽可能选择精而细的切入点。经过再三斟酌，最后将教学点聚焦于“小说中的物象”。物象来自中国古典诗学，而在小说中，它显得丰富而多元，它虽然独立于小说的三要素之外，却是构成这两篇小说的重要元素。因此，本专题引导学生精读《百合花》《哦，香雪》两文，整合两篇小说中出现的重要物象，体悟物象在塑造人物形象、调控叙述节奏、彰显作品主旨等方面起到的作用，并以此唤醒学生的审美体验，激发学生去探寻小说鉴赏新的生长点。

2. 问题引领，课堂生成

统编教材教学适合用“学习任务”来串联和统率单元中的课文，使课文成为完成学习任务的学习素材，从而促使学生理解文本深意，形成个性化的解读能力。因此，笔者在课前设置了一份预习任务单，以四个“驱动点”由浅入深地把握“物象”的要义：一是列出《百合花》和《哦，香雪》中的物象，分类整合；二是圈画新媳妇与百合花被子、香雪与自动铅笔盒的相关细节，概括人物形象；三是思考《百合花》中物象反复出现的作用，探究《哦，香雪》中自动铅笔盒出场时间上的安排用意；四是探讨百合花被子和自动铅笔盒的象征义。在课堂教学过程中，对于第一、第二个问题的完成比较顺利，当推进至第三个问题探讨物象在行文构思中的作用时，由于学生在课前浅阅读中并未较多关注物象的重复以及叙述顺序的安排，又因为高一学生对于“小说叙述节奏”这一知识的缺失，导致课堂动态生成的欠缺，这也警示教师在设置学习任务时，需立足学情，并注重给予学生知识支架、思考时间和合适的实践抓手。在第四个问题中，学生通过小组探讨的形式，有层次、多元化地解读出百合花被子和铅笔盒多重意蕴，教师进而启迪学生从人物、环境、主题等角度去探寻物象的丰富意蕴是行之有效的抓手。

3. 举一反三，深度学习

学习任务群的关联性有利于打破单篇文本的单一、封闭结构，有利于改变学生被动接受的学习方式，真正进行自主、合作、探究式学习。本堂小说专题阅读课，学生可以习得触类旁通的物象评析法，实现从“这一物”到“这一类”的探究。课堂的最后，我又出示了茹志娟其他小说中出现的物象，引导学生从学习“面”的广度转向注重学习“点”的深度，这或许也是有意义的专题教学探索中不可或缺的组成。如果在预习任务中，介绍物象知识支架，比较诗歌、散文物象和小说物象的异同，在课堂最后环节，对物象这个核心概念进行纵横参照（既联系作者其他小说的物象，又和诗歌散文中的物象进行比较），这样，学生对于物象这个核心概念又会有更系统和深入的认知，而且能够通过新的角度，来鉴赏小说之美。

青春的颂歌:筹备现代诗歌朗诵会

执教/浙江省宁海中学　王巧飞

本课课件

【专题目标】

以举办五四青年节现代诗歌朗诵会为背景,通过编撰《五四青年节朗诵会诗歌集》、为诗歌撰写朗诵脚本、朗诵诗歌等活动,品味诗歌语言的丰富性、形象的多样化、情感的饱满丰盈,进一步感受诗歌的无穷魅力。

【预习任务】

与朗读相比,朗诵对于学生而言,难度更大。因为朗诵需要朗诵者带着丰富的情感,具有艺术表演性地把文学作品转化为有声语言。所以在举办现代诗歌朗诵会之前,学生需要了解五四运动的背景、经过、意义等,整体性把握符合五四青年节这一情境的现代诗歌,并初步学习朗诵的要点,在朗诵实践中加以操练。

建议收集相关资料,就以下问题做好准备:

1. 五四运动的背景与意义是什么?有哪些诗歌符合五四青年节这一节日主题?
2. 抄录一首适合本次活动的诗歌,写好推荐语,制作诗人档案卡。
3. 诗歌朗诵需要注意些什么?搜索名家的朗诵视频,模仿学习。
4. 成立活动筹备组,为本次朗诵会拟定一个活动简案,设计活动的主要流程。

【教学实录】

师:同学们,还有一个多月就是五四青年节了。五四运动狂飙般的呐喊早已散去,五四运动的精神却一直积淀在中华民族奋斗的血脉里。今年是五四运动 104 周年,同学们也将度过进入高中后的第一个青年节。老师想与同学们一起通过举办诗歌朗诵会来纪念五四运动,迎接五四青年节。大家已经为此做了一些准备,这节课我们将完成三个主要的准备任务。(播放 PPT 第 1 页)

任务一:编制朗诵会诗歌集

师:下面的活动组织交给课代表。

生(课代表):同学们好!首先,我们将为这次朗诵会编撰一本《五四青年节朗诵会诗歌集》,这本诗集里要收集适合朗诵会的诗歌。课前我们阅读了一些现代诗歌,每位同学都精心挑选了一首并写了推荐语。现在请同学上台为大家展示。

生:我要给大家推荐的是食指的《相信未来》。(播放 PPT 第 2 页)"荒芜穷困的年代被雪花融化,生命的鲜亮黯淡被大地包容,自己的真挚坦诚被孩子的笔体承载。《相信未来》如同一首无休止符的乐章,奏出了诗人心里的最强音,使我们青年人于压抑和痛苦的吟哦中汲取了为理想、为光明奋斗挣扎的力量",以上是我的推荐语,写得不好,还是请允许我与大家一起朗读全诗感受吧。(生齐读食指《相信未来》全诗)

生(课代表):说句实话,这首诗我今天第一次读,感谢你为我们推荐了一首充满力量的诗歌。请各个小组根据组员抄录的诗歌与推荐语,选出适合朗诵活动的诗歌,修改相应的推荐语并附在推荐单上。

(各小组选择诗歌,修改推荐语。课代表播放 PPT 第 3 页,展示讨论成果)

五四青年节朗诵会诗歌推荐单

(1)《祖国啊,我亲爱的祖国》舒婷
(2)《相信未来》食指
(3)《热爱生命》食指
(4)《女神》郭沫若
(5)《炉中煤》郭沫若
(6)《天上的街市》郭沫若
(7)《回答》北岛
(8)《这也是一切》舒婷
(9)《初春》舒婷
(10)《预言》何其芳
(11)《我为少男少女们歌唱》何其芳
(12)《死水》闻一多
(13)《一句话》闻一多
(14)《祈祷》闻一多
(15)《热爱生命》汪国真
(16)《挡不住的青春》汪国真
(17)《我用残损的手掌》戴望舒
(18)《〈青春万岁〉序诗》王蒙
(19)《青春》塞缪尔·厄尔曼
(20)《青春》沈庆
(21)《黎明的通知》艾青
(22)《给太阳》艾青
(23)《生命幻想曲》顾城
(24)《哀国难》穆旦
(25)《前夕》穆旦
(26)《火浴》余光中
(27)《青春》阿莱桑德雷
(28)《生如夏花》泰戈尔

生(课代表):了解诗人的生平经历与创作风格有助于我们更好地体会诗歌情感。下面请两位同学展示"诗人档案卡"。(播放 PPT 第 4 页)

(一生展示食指的档案卡,见图 1;一生展示舒婷的档案卡,见图 2)

图 1

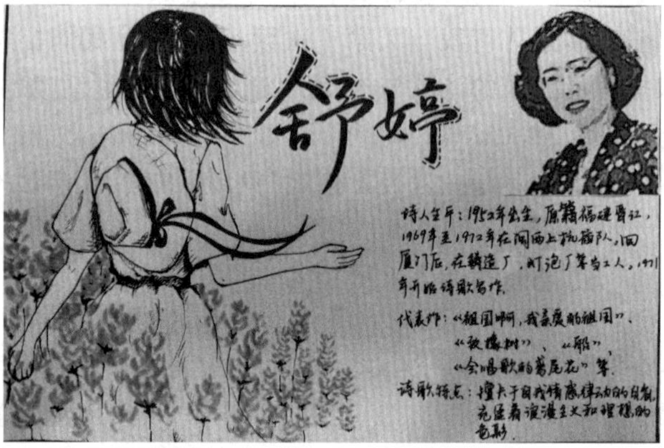

图 2

生（课代表）：刚才两位同学的“诗人档案卡”里包括诗人照片、生平简介、代表作、诗歌风格等。图文并茂，富有创意，设计形式与内容风格一致。下面请大家在组内分享展示自己的设计，推选出图文兼美的“诗人档案卡”，我们将一起收入本次朗诵会诗歌集。

任务二：朗诵知多少

师：在大家的努力下，我们这本朗诵会诗歌集的内容越来越丰富了。现在我们将开启这次活动的重头戏。我们先一起观看表演艺术家方明《沁园春·长沙》的朗诵视频，想一想朗诵和一般意义上的朗读有什么区别，完成表 1 的填写。（播放 PPT 第 5 页，展示表 1）

表 1

	形式	文本
朗读		
朗诵		

(生观看视频,填写表格)

生:朗读只要读出来就可以了,主要用于读懂文章。朗诵不仅要读,而且还要借助手势、动作、音乐,表演的成分比较多。

师:朗读是清晰响亮地把文章念出来,重在了解文章内容。朗诵则是更高层次的艺术表现形式,需要借助语速、轻重、停顿等表现技巧。朗诵可不是歇斯底里地"吼读",还要求形体、手势、表情、眼神等的配合,具有表演的成分。这是目的与手段的不同。还有不同吗?

生:只要是有文字的东西都可以朗读吧;朗诵大概只限于诗歌吧。

师:朗读的使用范围较广,凡有文字就可以朗读。无论是诗词曲赋、散文、小说、戏剧、相声,还是招聘广告、寻人启事,甚至物理、化学习题等,无一不可读;而朗诵的使用范围则相对较窄,朗诵的文本要求文质兼美,一般以诗歌与散文为主。不是有"诗朗诵""散文诵"之称吗?(播放 PPT 第 6 页,展示表 2)

表 2

	形式	文本
朗读	侧重读:读准字音、读顺语句	涵盖各种文体
朗诵	不光注重读,还要注意演:眼神、表情、手势、身姿;音乐、服装、灯光、布景等	文质兼美的文学作品

师:在提高朗诵能力上你们有什么妙招?

生:我想应该先理解诗歌的情感,把握其中的情感脉络。

师:只有把握朗诵的情感基调,才能贴近作者的内心,才能找到将文字语言转化为声音的内在依托。

生:我小学时学过朗诵,不过水平不怎么样。我知道朗诵有很多要注意的地方,比如轻重音的把握,语调的升降,节奏的快慢,还要设计表情、动作等。

师:的确,掌握一定的朗诵技巧十分重要。技巧是表达情感的手段,恰当的选取和使用技巧,会让情感表现得更充分。设计表情、动作,以及站位、走位,就是设计朗诵的副语言。所谓副语言,就是辅助诗歌朗诵的一种方式。

师:优秀的朗诵都是怎样的?你们有何标准?大家小组合作,选择角度,制订一份《诗歌朗诵会评分标准》,总分 100 分。

(小组合作制订《诗歌朗诵会评分标准》,成果如表 3。播放 PPT 第 7 页)

表 3

序号	角度	标　　准	分值(共 100 分)
1	正确	发音准确,吐字清晰,不读错字,不添字,不漏字,不改字	20 分
2	流利	语调自然、流畅,不停顿、忘词	20 分
3	感情	感情丰富,情绪饱满,忠实于原作品,能领会作品内容,准确把握作者的思想感情	20 分

（续表）

序号	角度	标　　准	分值(共100分)
4	节奏	语速快慢得当，断句停顿恰当，声音能够传达出作品意境	15分
5	仪态	仪态自然、大方，着装得体；声情并茂（有肢体语言和表情变化）地反映作品内涵	10分
6	音乐与PPT	选用恰当的背景音乐，与作品意境相一致；PPT画面内容、风格与诗歌的风格相契合	10分
7	时长	时间不得超过五分钟	5分

任务三：设计朗诵脚本

师：阅读《沁园春·长沙》朗诵脚本，脚本中每一个符号都表示一种朗诵时的处理方式，你们能说说这些脚本符号的含义吗？（播放PPT第8页，展示《沁园春·长沙》朗诵脚本）

《沁园春·长沙》朗诵脚本

独立寒秋—，湘江北去，橘子洲头。（前三句慢读，“橘子洲头”这句要稍稍拉长）

看/万山红遍↗，层林尽染—；漫江碧透，<百舸争流↗。（语速适中，不快不慢）

鹰击长空↗，鱼翔浅底，万类霜天竞自由。（第一句读出力量感，第二句读出轻松的感觉）

//怅↘寥廓，问苍茫⌒大地<，谁>主沉浮？（“问苍茫大地”的语调要升高，“谁主沉浮”要读得稍微长些）

（上阕要读出作者乐观、积极的感情以及作者以天下为己任的民族责任感）

携来百侣曾游—，忆往昔/峥/嵘/岁月稠。

恰—/同学少年↗，<风华正茂；书生意气，挥斥方遒↗。（读出当时那个年代那一群革命青年的蓬勃朝气与活力）

↘指点江山，<激扬文字，粪土/当年万户侯。

曾记否，/到中流击水，浪遏飞舟？↗（快读，和上阕要求基本相同）

（下阕要读出革命者对于中国革命必胜的信心）

生：单斜杠是短暂停顿，双斜杠是长一些的停顿。着重号是重读。左尖括号是声音变大，右尖括号是声音变小。圆弧是连读。右上的箭头、右下的箭头与尖括号有什么区别？不是很懂。横直线是声音拉长吧。

师：每个符号的形容真是精准！具体作用解说得比较合理。关于你的疑问，其他同学能否解答？

生：我想应该是情绪的变化吧？右上箭头和右下箭头分别表示情绪转向高昂或情绪转到低沉。

师：如此，所有符号的作用都理清了。我们再总结一下。（播放 PPT 第 9 页，展示脚本符号作用）

/	短暂停顿
//	较长时间的停顿，换气
字（字下加点）	表示重音，读的时候饱满有力
字（字下加波浪线）	表示轻声，读的时候声音放慢、放低
<	渐强，读的时候声音逐渐增大、增强
>	渐弱，读的时候声音逐渐变小、减弱
⌒	连音，读的时候要连贯而迅速
↗	上扬音，表示由低平转为高昂
↘	下沉音，表示由高昂转为低平
—	尾音拉长

师：现在大家尝试依照《沁园春·长沙》的朗诵脚本，自由朗诵。

（生自由朗诵）

师：了解了脚本符号的作用后，大家能不能使用脚本符号呢？还有疑惑吗？

生：刚才在朗诵《沁园春·长沙》时，有些地方我跟脚本不一样。就像最后一句，“曾记否，到中流击水，浪遏飞舟”，高昂的情绪我是认同的，但是我觉得“曾记否”三字可以拉长，“到”字可以拉长，不需要太快，就保持一般语速就行。这样读的话，更能表现毛泽东从容不迫、自信豪迈、胸有成竹的形象。

师：朗诵是个性化的，只要与诗歌情感、与语言逻辑不冲突，我们完全可以用个性化的表达来朗诵。如何做到与诗歌情感、语言逻辑不冲突？我们需要反复揣摩诗句的含义，寻找恰当的停顿、轻重音、语调，感受诗的节奏与韵律，把声音形式与自我理解、感悟相统一。大家尝试着为自己推荐的诗歌撰写朗诵脚本。（播放 PPT 第 10 页）

（生边读边标注，开始写脚本）

师：大家完成得差不多了。（播放 PPT 第 11 页，展示学生撰写的朗诵脚本）

师：现在结合自己刚刚撰写的“滚烫”的朗诵脚本，在组内练习朗诵，组内成员交流评价。为了人人都有机会，每位成员朗诵一小节。

（生朗诵、交流）

师：刚才各小组在朗诵练习中，遇到了哪些问题？把问题提出来，大家集思广益，共同解决。

生：我们组的情况是好多同学嗓子没放开，不自然，像朗读，表现力不够。

师：如何让声音洪亮浑厚？你们有解决方法吗？

生：这应该是先天条件决定的吧，像我的声音就是细的，想洪亮太难了，说话久了嗓子累。

生：我记得老师说过“气沉丹田”，声音要从丹田里发出，而不是用嗓子喊出来。

师：是的，我们声音细，说话累，可能跟我们的发声习惯有关系。发声洪亮却又不伤嗓子，最好采取腹式发声，就是“气沉丹田”。如何练习呢？可以用“说悄悄话”的方式。有三个要点，一是嘴巴用力，二是表情夸张，三是嗓子不要有气息，不要有声音。老师给你们示范一下吧。

（生笑并模仿）

生：我们组也有嗓子发声不对的问题，还有呢，有些同学朗诵得太夸张了，我鸡皮疙瘩都起来了。

生：有些节目中的朗诵也给我这样的感受。

师：朗诵是表演艺术，需要一定程度的夸张。但是又不能过于放纵、夸张，会让人感觉到不自然。要把握表演的度和分寸，还是有难度的。我们的原则是不能弱化情感的感染力，有时候节制比夸张更感人。

生：我们组成员总是笑场，没法进入状态。

生：如果给我一个舞台，我就不会笑场了。

师：看样子我们还需要练习，本周五老师给你们真正的舞台。我们的设计可不止于单人朗诵，还可以设计多人朗诵的节目形式。此外，别忘了设计朗诵的副表情，根据诗歌风格制作背景 PPT、选择配乐——形式与内容相得益彰才是好的朗诵。各小组根据自己选择的诗歌开始自行设计吧。

（生设计朗诵脚本及演出形式等）

师：这些设计目前还停留在纸上谈兵阶段，我们还需要制作 PPT、配乐和排练。住校的同学可以在课后借用老师的电脑制作 PPT 和设定配乐。排练我们放到周二与周四的早自习。最后的朗诵比赛是本周五语文课加自修课，时长 90 分钟。准备中有需要帮助的，大家找筹备组成员。

（附学生举办班级诗歌朗诵会活动流程）

（1）每组推荐 4 名学生上台展示，共 6 组。

（2）学生评委按照评分标准打分。

（3）摄影组同学负责录制视频和摄影。

（4）学生代表点评。

（5）教师总结，公布获奖名单。

（6）将本次活动台前幕后的所有照片剪辑成一个 5 分钟的小视频，由学生配上解说词与音乐。

【教学反思】

综合实践活动课强调以学生语文学习活动为核心，引导学生在真实的语文生活情境中体验语文、应用语文，形成特定的语文素养。下面结合本次教学，交代相关情况如下：

1. 立足单元，依循课标

举办现代诗歌朗诵会，既连接教材的单元学习任务，又依循课标中的“教学提示”。本专题的单元学习任务之一是“有感情地朗读，把你对诗作的理解通过朗读表达出来”。本单元属于“文学阅读与写作”任务群，课标对此任务群的“教学提示”是“鼓励与引导学生自主组织、举办诗歌朗诵会，丰富学生的审美体验”。举办现代诗歌朗诵会是对单元学习任务与课标“教学提示”的具体落实与实践。通过本次综合实践活动课，学生反复朗诵诗歌，品味意象和语言，探讨欣赏诗歌的方法，揣摩诗歌意蕴和情感，从而获得审美体验。

2. 设置情境，激发兴趣

真实情境是综合实践活动课开展的重要依凭。为何要以庆祝五四青年节作为本专题的情境？本单元人文主题是“激扬青春”，五四青年节的节日意义与单元主题相协。可以说，举办现代诗歌朗诵会是贴合单元人文主题的，也指向真实情境中的问题解决。在真实情境中密切联系学生的自身生活和社会生活，让学生在亲身参与中增强语文学习的兴趣、体会语文学习的价值。在庆祝五四青年节这一情境下，学生在阅读新诗、了解诗人、展示档案卡、撰写推荐语、举办诗歌朗诵会等活动中，不仅训练了听说读写的能力，还能兼顾其他社会化的语文能力提升，比如策划活动，制作诗集、PPT 等，使语文学习更多地延伸到真实的语文生活中。

3. 细化活动，完成任务

恰切的小任务是完成本专题任务的有效手段。在举办诗歌朗诵会这个大任务之下，又细化出三个准备任务——编撰朗诵会诗歌集、了解朗诵的特点、设计朗诵脚本，最后举办朗诵会。在课堂教学过程中，对于任务一、二的完成比较顺利，当推进至任务三中按照朗诵脚本练习时，场面“异常热闹”“笑声不断”，紧接着在盘点朗诵问题的环节，多名学生对小组成员的练习情况没有准确的认知，更没有建设性的意见。这些现象折射的是学生对待活动课的随意，全然不同于阅读课、写作课的认真态度。这也警示教师在设置学习任务时，需立足学情，并注意明晰任务要求。从开始的预习任务到准备课，再到 PPT 制作、配乐下载、脱稿排练以及最后的朗诵，本次专题任务共花五个课时再加课外两个小时的时间。活动课的时间花多少合适？怎样分配更合理？如何分配更有效？都是值得思索的问题。

缪斯的眼神:诗歌语言的形象性与音乐性

执教/浙江省余姚中学　程载国

本课课件

【专题目标】

在了解现代诗歌创作基本原则与方法的基础上,从名家诗歌修改的案例中获得启示,捕捉创作灵感,创造青春形象,充分利用现代汉语的音乐性特点,追求语言表达的积极效果及美好感受,完成现代新诗的创作。

【预习任务】

1. 创作一首现代新诗。借鉴必修上册第一单元诗歌在意象选择、语言锤炼等方面的手法,将自己对高中学习生活的体验写成一首现代新诗,诗歌不少于十行。由于多数同学是第一次写作新诗,对诗歌写作的内容和手法不做过多限制。

2. 小组同学交流点评诗作。既要肯定诗歌在语言上的独创之处,也要指出诗歌在意象选择、语言锤炼、情感表达方面的缺点与不足。

【教学实录】

师:(播放 PPT 第 1 页)据朱光潜先生的研究,诗歌、音乐、舞蹈这三种艺术形式同根同源。早期,它们甚至是融为一体、密不可分的。大家能举出一些实例来印证朱光潜先生的观点吗?

生:《诗经》里的大多数作品都是可以配合着音乐吟唱的。

生:《诗经·颂》主要用于周代宫廷祭祀,因而与舞蹈密不可分。

生:宋词最初有词谱和曲谱,是文学与音乐的完美融合。

师:上周我们班的同学都创作了新诗,当你们把自己的诗作朗读给同学们听时,觉得自己诗歌在音乐性方面的表现如何?

生:我的诗歌隔行押韵,只是有些机械。另外,我的诗作好像读不出名家诗作那样激情澎湃的感觉。

师:我们可以抱着玩的态度去创作某一两首诗歌。但诗歌既是技术,更是艺术,必须经过严格的艺术训练才能领略一些基本技巧。今天我们一起来评改几首诗作,以提升这些作品的形象性和音乐性。

任务一：他山之石，且看名家改旧作

师：（播放 PPT 第 2 页）北岛是中国当代最负盛名的诗人，也是中国诗人中离诺贝尔奖最近的那位。即使像北岛这样的顶级诗人，他的诗歌也有由青涩走向成熟的过程。下面我们请一位同学为大家朗读北岛青年时期的习作《你好，百花山》。（播放 PPT 第 3 页）

你好，百花山

北岛

洁白……冰凌……雪地，
断路……古松……峰峦，
呵，多么壮丽呀，
——百花山！

深深的呼吸在山谷轰鸣，
雪中的脚印被湍云溢满。
我采集无数不肯报名的野花，
仿佛拾贝在银白色的海滩。

顺着原始林间的小路，
绿色的阳光在缝隙里流窜。
一只褐色的苍鹰落在古松上，
用鸟语翻译这林中恐怖的谣传。

我猛地喊了一声：
"你好，百——花——山——"
"你好，孩——子——"
回声来自遥远的瀑涧。

这回音多么真切呵，
大自然的慈祥使我深深不安。
泪水顺着面颊缓缓淌下，
浸润了孩子久已干涸的心田。

"该起来了，孩子。"
轻轻的气息拂在耳边。

雪地……冰凌……洁白，
眼前是母亲慈祥的容颜。

（生朗读）

师：有谁能起来解说一下这首诗歌在意象运用上的特色？

生：这首诗歌围绕“百花山”这一核心意象，组合了诸如“冰凌”“雪地”“古松”“峰峦”“野花”“瀑涧”“雪花”等一系列意象，这些意象能较好地表现生命在大自然冷酷环境下的活力绽放。

生：根据我所读到的一些诗歌理论，我又觉得这些意象好像更多来自直觉，而缺乏对意象的整合与升华。

师：大家觉得这首诗在节奏和押韵方面的表现如何？

生：全诗押“an”韵，读起来自然、和谐。节拍是不是合理我说不上来。

师：刚才大家所读的《你好，百花山》是北岛最初发表在《今天》杂志上的诗稿。与现今广为流传的北岛诗作《你好，百花山》在文字上有许多不一样。接下来我们请语文课代表来为大家朗诵通行版的《你好，百花山》。（播放 PPT 第 4 页）

你好，百花山

北岛

琴声飘忽不定，
捧在手中的雪花微微震颤。
当阵阵迷雾退去，
显出旋律般起伏的峰峦。

我收集过四季的遗产，
山谷里，没有人烟。
采摘下的野花继续生长，
开放，那是死亡的时间。

沿着原始森林的小路，
绿色的阳光在缝隙里流窜。
一只红褐色的苍鹰，
用鸟语翻译这山中恐怖的谣传。

我猛地喊了一声：
“你好，百——花——山——”
“你好，孩——子——”
回音来自遥远的瀑涧。

那是风中之风，
使万物应和，骚动不安。
我喃喃低语，
手中的雪花飘进深渊。

师：请各个小组对比两首诗歌中的意象，说说作者为什么要做这些修改。

生：作者将诗歌首节的“冰凌”“雪地”“古松”“峰峦”这些意象，调整为“琴声”“雪花”。原作中让人觉得是百花山景物的堆叠，修改后的意象带来听觉、视觉、触觉上的感受，由手中近景的“雪花”视觉延伸到远处的山峦，拓展了诗歌的空间，诗歌的审美性也得到加强。

师：经过修改之后，诗歌的节奏与韵律有没有发生明显的变化？

生：我们组找原作和修改后作品中的各两行诗来做讨论。原作中“深深的呼吸在山谷轰鸣/雪中的脚印被湍云溢满”这两行诗都是普通的主谓句，每行四个音步，音步很整齐，但略显呆板，朗读时缺少节奏的变化。而在修改后的作品中，“沿着原始森林的小路，/绿色的阳光在缝隙里流窜”，这两行一行三个音步，一行四个音步，朗读时会有参差之美，而且这种参差之美是与诗歌总体意境和谐一致的。（播放 PPT 第 5 页）

师：看得出来，你们已经将自己的创作经验融入刚才的讨论中了。接下来就来讨论你们自己的诗歌作品吧。

任务二：朗诵吟哦，增强诗歌音乐性

师：请徐熠同学诵读诗作《思想悼亡者》，并谈谈她在创作该诗时对音步、分行、韵脚的处理。（播放 PPT 第 6 页）

思想悼亡者

徐熠

这个时代太荒唐
声音太响
塑造你的模样
用把一切扭曲的力量

他们说
你要像个正常人一样
于是
千百只手千万张嘴
肢解，拆分，重新组装
逼你接受他们所想

太荒唐
像守在地狱门口的阿努比斯像
羽毛和心脏比比重量
你和正常人比比
是谁在离经叛道

（徐熠同学朗读自己的诗作）

生（徐熠）：说实在话，我在写这首诗歌时主要是想着借诗歌抒发内心愤懑，没有太多考虑诗歌音乐性的问题。朗读之后，才感觉到自己在音步、分行方面做得很差，我很想听听老师和同学的建议。

生：我觉得徐熠的作品情真意切，很能引起我们的共鸣。但是她传递情感的方面更像是演讲家而不像是诗人，诗歌的意象提炼是不够的。

师：你的点评先扬后抑，很有水准。

生：诗歌第二节，“他们说”“于是”做这样的分行处理似乎缺少理据，我把她的诗歌第二节做一番调整，大家看看可不可行——千百只手，千万张嘴/肢解拆分，重新组装/告别那多彩庄园/我被扔进鲁镇赵庄。

师：徐熠，你认可这样的修改吗？

生（徐熠）：这样修改之后，朗读起来的确要舒服很多，音节上相对整齐而又错落有致，隔行押韵轻松自如。另外，我觉得他用“鲁镇赵庄”这样的典故来替代我过于直白的“逼你接受他们所想”，表达效果也要更好一些。

师：既然第二节可以做这样的修改，那第三节应该也可以，各组同学合作一把，试着改改徐熠诗歌的第三节。

生：我们小组将第三节改成了这个样子。“也许，他们并不知晓/没人愿意穿甲胄闯四方/也许，他们并不知晓/羽毛和心脏各有分量/也许，他们并不知晓/自己成了阿努比斯像”。

师：（播放 PPT 第 7、8 页）徐熠，请你根据大家的修改，再朗读一遍自己的诗作吧！

（徐熠同学朗读作品）

思想悼亡者

徐熠

子曰诗云，车鸣马啸
让你不由阵阵心慌
舞台炫酷，流量张狂
用把一切扭曲的力量
按照教材塑造你的模样

千百只手，千万张嘴
肢解拆分，重新组装

告别那多彩庄园
我被扔进鲁镇赵庄

也许,他们并不知晓
没人愿意穿甲胄闯四方
也许,他们并不知晓
羽毛和心脏各有分量
也许,他们并不知晓
自己成了阿努比斯像

任务三:整合删改,增强诗歌形象性

师:这次诗歌创作有多位同学以“春”为主题,描绘了校园以及大自然多姿多彩的春色。现在我们请沈思远同学朗读她的诗作《百合》,并谈谈自己创作的灵感来源,以及自己创作诗歌时在意象选择方面的考虑。(播放 PPT 第 9 页)

百合

沈思远

远方有浓香浮来
郁郁幽芳
掩着腕骨细瘦。
扶着茎与叶与花与芬芳与
浓情一脉
忽飘散在穆夏的画里外,
忽零落在染着地中海盐腥的仕女画中。
你的花不是花不是花
是少女裙边无瑕
洁白的蕾丝一串一串
串着心,我的心,我的灵魂与火。

你是死的物!
无知地单纯地随意地
与一片荒芜,废墟,人生的残片里
雪白了花朵。
你是活的爱,是月色
一再朦胧。

你是灵魂之光，
你是欲望之火。
你只是突出的腕骨，细瘦。

（沈思远同学朗读自己的诗作）

生：周末回家，进门就闻到一股浓郁的香气，原来是母亲栽种的百合花开放了。我放下书包，与花君子对视许久，然后写下了这首诗。在与百合花对视的过程中，我觉察到了百合花形与香气的反差，写作时也有意加强了这组对比。

师：大家说说这首诗歌在意象提炼方面的长处与短板吧。

生：首节选择“地中海盐腥的仕女画”“腕骨，细瘦”来写百合，意象选择别具一格，给人留下深刻印象。但是“远方有浓香浮来”一词的“浮”运用失当，“浮”适合形容轻盈、淡雅的事物，“浓香”更适合用“袭来”与之搭配。

生：“洁白的蕾丝一串一串/串着心，我的心，我的灵魂与火”中“一串一串”与下行的“串着”形成粘连，富有表现力。

生：我觉得沈思远诗歌第三节“荒芜”“废墟”“月色”等意象显得突兀而晦涩，我还没有想清楚如何替换这些意象，但是应该可以进行整体调整。

师：（播放 PPT 第 10 页）大家的修改建议能给沈思远同学以启迪，也希望思远同学课后再好好修改一下诗作的意象运用，尽量做到意象鲜明而协调。

任务四：推敲锤炼，提升诗歌审美性

师：刚才我们对徐熠和沈思远两位同学的诗作进行了评改。这两次评改是各有侧重的，对徐熠诗歌的评改，我们重在调整诗歌节奏，增强诗歌的音乐性。而对沈思远的诗歌，我们主要是修改其意象，增强诗歌的形象性。接下来，我们再一起来评改沈珂宇同学的诗作《夜莺》。（播放 PPT 第 11 页）

请沈珂宇同学朗读《夜莺》原作节选。（播放 PPT 第 12 页）

夜莺

沈珂宇

哪一天她能走向林中的草地；
哪一天她能倾听神明的旨意；
哪一天她能摆脱束缚和针剂；
哪一天她能化身飞鸟在空中悲泣。

旧往的颜色崩解，唇口紧闭。
她是光明与洁净的机器。
再无人朝圣，她便是唯一的崇信。

教殿、笼子，遗弃。
她已被恩泽永生的神迹，
凡心四辟，无从拾起。

白色的阳光里传出鸟儿的欢啼；
白色的阳光里锐器扎入骨隙；
白色的阳光映出一注晶莹的液体；
白色的阳光里一切归于平静。

（沈珂宇同学朗读自己的诗作）

生：在我看来，沈珂宇的诗作已经非常成熟，而且具备了一定的艺术水准，他的诗作在音步安排、押韵方面都超过了我们大多数同学。意象也是连贯统一，并且富有张力的。

生：三节诗歌依时序写出了夜莺蜕变之前内心的纠结与矛盾，蜕变之时的挣扎，以及蜕变之后的平静。

生：我觉得第一节中的"夜莺""化身飞鸟"是说不通的，"飞鸟"这个意象是不是可以调整为"天使"？

生：我不认同你的修改。我觉得这是你没有理解诗歌所描绘的情境，第一节所描绘的是"她"蜕变为"夜莺"之前的情景，因此"飞鸟"是恰当的，无需修改。

生：为求得韵脚和谐，"归于平静"可改为"归于宁寂"。

生：将"归于平静"改为"归于宁寂"之后，不仅韵脚更和谐，而且更加贴合全诗的意境。

生：为求表达的简洁，同时也为使主题更贴近对神圣性的吟咏，第二节中"她是光明与洁净的机器""她已被恩泽永生的神迹"这两处"她是""她已被"均可删除。

生：我同意将"她是光明与洁净的机器"中的"她是"删去，并且将这里的标点改为破折号。但"她已被"不能删除，因为这里一旦删除主语，就无法体现镜头的切换，会显得特别突兀。

师：新诗写作要破除神秘化的偏见，即认为新诗是灵感的产物，不可改，不能改。如果我们能遵循新诗的审美特性，从音乐性、形象性和思想性三个方面着手，新诗也能越写越好，越改越好。

【教学反思】

诗歌写作能不能放到课堂上来教，在业界尚未达成共识。据我所知，新教材实施以来，至今还有一大半的高中班级从未尝试过新诗写作。我想通过这样一堂课来打破一部分教师的顾虑：诗歌写作并没有那么神秘，只要我们遵循言语实践的基本规律，现代新诗的写作技巧是可以传授的。

本堂课的四项学习任务主要针对新诗写作过程最容易遇到的两个具体问题：一是诗歌写得像说明文或议论文，平淡无味，面目可憎，缺乏形象性；二是为了追求新诗的自由风格，而不顾及汉语的语音、字形特点，从而让诗歌失去其不可或缺的音乐性。

我从所教班级学生的上百篇诗稿中找出了三篇样例。这三首诗歌从艺术水准上来看处于不同层次，所暴露出来的问题也有一定的代表性。课堂上评改这三篇诗歌能起到较好的示范效果。

我们的诗歌评改遵循这样几条原则：首先，要大体理解作者的创作情境，并以此为诗歌修改的起点；其次，修改诗歌必须遵循原诗既定的情感基调，不能改弦更张，另起炉灶；再次，尽量在小组讨论中进行评改，让更多的同学从修改的过程受到启迪；最后，其他人的讨论只能作为修改建议，最后的成稿要由作者本人来定夺。

诗歌评改活动的成败在很大程度上取决于参与者的共情性。这堂课之所以能引起同学的兴趣，一是之前每位同学都有过新诗创作的实践，因此他们对如何改进诗歌技巧充满热情；二是我所选的例作在选题和情感上能引发他们的共鸣。

这堂课也有许多尚待改进的遗憾。“诗无达诂”的道理大家都懂，可是老师在授课过程中还是难以客观公正包容各种不同的修改建议。我们总想着从自己的言语经验出发，为一首诗歌的修改找到定论。但非常遗憾的是，每一首诗歌可能都会有无数的修改方法，而我们并不一定真能找出最好的那种。

这是一堂有许多留白的课。三首例作的修改远未达到师生都满意的效果，给其他同学所提供的示范效果也非常有限。但我依然觉得这是一次有意义的探索，因为在这堂之后我又收到了许多经过多番修改的诗稿。我们班刊《书缘》上所登载出来的二十余首诗作也都有模有样了。

第二单元

精雕细琢塑典型：人物通讯的材料和结构

执教/天津市汇文中学　袁耀龙

本课课件

【专题目标】

联读人物通讯《喜看稻菽千重浪——记首届国家最高科技奖获得者袁隆平》《心有一团火，温暖众人心》与《“探界者”钟扬》，了解优秀人物的典型事迹，感受其优秀的精神品质，体悟人物通讯的结构特点与写作技巧。

【预习任务】

1. 了解三位不同岗位的优秀劳动者的生平与事迹。
2. 了解人物通讯的相关知识，如人物通讯的概念、常见结构模式与写作要求等。
3. 掌握绘制简单思维导图的方法。

【教学实录】

第一课时

师：同学们，革命先驱李大钊先生曾说，我觉得人生求乐的方法，最好莫过于尊重劳动。一切乐境，都可由劳动得来，一切苦境，都可由劳动解脱。（播放 PPT 第 1 页）的确，劳动改造了世界，创造了文明，推动了人类社会的发展。而崇尚劳动，热爱劳动，也是中华民族的传统美德之一。今天，我们就认识三位不同岗位上的优秀劳动者，他们是——

生（齐）：袁隆平、张秉贵和钟扬。

师：（播放 PPT 第 2 页）《喜看稻菽千重浪——记首届国家最高科技奖获得者袁隆平》《心有一团火，温暖众人心》《“探界者”钟扬》这三篇文章写于不同的时代，体现出不同时代的文化精神；文章的主人公也来自不同的岗位，具有不尽相同的精神品质。下面我们一起来看一看。先检查一下预习任务的完成情况。（播放 PPT 第 3、4 页）

环节一：交流预习情况

师：通过预习，咱们虽然对三位优秀人物有了一定的了解，但还缺乏对人物生平、主要业绩以及写作背景的全面了解。现在咱们请第一组的同学简单介绍一下三位优秀人物。

生（第一组）：袁隆平的主要贡献是培育了有“东方魔稻”之称的杂交水稻。他是享誉全球的“杂交水稻之父”，荣获国家发明特等奖、首届国家最高科学技术奖、“世界粮食奖”等20多项国际国内大奖，并当选为中国工程院院士、美国国家科学院外籍院士。他的杂交水稻比常规水稻增产20%以上，不仅在很大程度上解决了中国人的吃饭问题，而且被认为是解决当下世界性饥饿问题的法宝。

生（第一组）：张秉贵出生于北京，11岁到纺织厂当童工，17岁到杂货店当学徒。50年代初成为北京市百货大楼的售货员，30多年时间接待顾客近400万人次，没有跟顾客红过脸、吵过嘴，没有怠慢过任何一个人，练就了令人称奇的“一抓准”“一口清”技艺（所谓“一抓准”，就是指一把就能抓准分量；“一口清”则是非常神奇的算账速度）。1957年被评为北京市劳动模范；1979年被国务院授予“全国劳动模范”称号，成为商业战线上的一面旗帜，被称为“燕京第九景”。1988年北京市百货大楼在大门广场处为其竖立半身铜像，陈云同志亲笔为其题词——“‘一团火’精神光耀神州”。2009年张秉贵被评为“100位新中国成立以来感动中国人物”。

生（第一组）：钟扬生于1964年，湖南邵阳新宁人。生前是复旦大学研究生院院长，生命科学学院教授、博士生导师，长期从事植物学、生物信息学研究和教学工作，取得一系列重要成果。长期致力于生物多样性研究和保护，率领团队在青藏高原为国家种子库收集了数千万颗植物种子。援藏16年，足迹遍布整个西藏，为西部少数民族地区的人才培养、学科建设和科学研究做出了重要贡献。2017年9月25日在前往内蒙古出差途中遭遇车祸逝世，年仅53岁。2018年被中宣部追授“时代楷模”称号，被评为“感动中国2018年度人物”。

师：咱们刚才了解了三位典型人物生平事迹，下面再来了解一下人物通讯的相关知识，有请第二组的同学谈谈对人物通讯这种新闻体裁的认识。

生（第二组）：人物通讯是以写人物的思想和事迹为主的一种新闻文体。它以人物的新近行动为报道内容，重在表现人物的品质、性格和精神面貌，通过个别显示一般，通过平凡突出伟大，达到揭示时代特征、感染并且教育读者的目的。

生（第二组）：通讯第一要义是呈现事实，写好人物通讯的关键是通过现实中的典型事例，抓住人物特点，表现人物的精神风貌。根据基本内容的不同，人物通讯可分为三种类型，即传记式、特写式、群像式。

生（第二组）：人物通讯中的人物要具有新闻性。从实际情况看，大致上有各行各业的英雄模范人物、人们普遍关心的社会名流、在平凡的生活和工作中体现了某种人生价值或者为人民做出贡献的普通人等。人物通讯的常见结构包括横式结构（层次与层次呈现并列关系）、纵式结构（层次与层次之间呈现纵深发展态势）和纵横交错式结构（在同一篇通讯中既采用纵式结构又采用横式结构）。

师：你们的资料是从什么渠道获得的呢？

生（第二组）：百度百科。（众生哄笑）

师：实际上，自晚清报人黄远生先生首创近代新闻通讯以来，优秀的人物通讯还是有很多的。比较经典的有魏巍的《谁是最可爱的人》，这篇通讯是群像式的，塑造了英勇的志愿军战士的群体形象；也有穆青、冯健、周原的《县委书记的榜样——焦裕禄》，这篇是特写式的，主要讲述了焦裕禄同志带领兰考人民改天换地除“三害”的感人事迹；还有顾迈南的《华罗庚》，是以传记形式讲述了数学家华罗庚的传奇一生等。大家在课下可以从网上找一下这些文章，自己读一读，相信大家对人物通讯的理解会更为真切一些。另外，在网络时代我们要获取信息还是十分方便的，关键在于要对信息进行加工与整合，找出最核心的内容。第一组、第二组同学对信息的整合非常简洁、准确。

环节二：梳理与概括

师：同学们，通过检查预习情况，咱们也了解了人物通讯的相关知识。下面进入下一个学习任务——对文本内容进行梳理概括。请大家梳理三篇课文中优秀人物的主要事迹，并思考其中所蕴含的优秀精神品质。

生：老师，课文的内容挺多的，我们又该如何梳理呢？

师：这个问题非常直接哈！（众生哄笑）不知道大家有没有好的方法？

生：《喜看稻菽千重浪——记首届国家最高科技奖获得者袁隆平》讲的是袁隆平院士研究杂交水稻的过程，而《心有一团火，温暖众人心》讲的是张秉贵如何为群众服务的事迹，二者有着不同的样貌，可以围绕“过程”“事迹”进行梳理。

师：非常棒，顺便也把文章的主要内容概括了。那么《“探界者”钟扬》又该如何梳理呢？

生：既然是“探界者”，可以围绕钟扬探索的“边界”进行梳理，看看他都探索了哪些“边界”。

师：嗯，这位同学的思路很是新颖！咱们给一些掌声好吗？（师生鼓掌）实际上，要想梳理出文中优秀人物的主要事迹，咱们先要弄清楚两个概念——“新闻事实”与“新闻背景”。“新闻事实”是新闻工作者选择、加工后，报道出来的事实，而“新闻背景”则是新闻中的事实发生发展的历史条件和环境条件，能对新闻事实起到补充、说明和衬托作用。比如，《喜看稻菽千重浪——记首届国家最高科技奖获得者袁隆平》中的“20世纪五六十年代我国普遍发生的饥馑”就是“新闻背景”，而青年袁隆平在20世纪60年代立志战胜饥饿，并在1961年发现天然杂交稻株就是“新闻事实”。咱们可以从作者的叙述、细节描写或场面描写中概括出人物的典型事迹，提炼出人物的精神品质。比如从以上新闻事实中，可以概括出青年袁隆平“担当使命、敏于发现”的优秀品质。给大家15分钟时间，边梳理边填写表格。（播放PPT第5页，展示表1）

表1

典型人物	典型事迹	精神品质
袁隆平		
张秉贵		
钟　扬		

师：咱们请第三、四、五组的同学进行课堂展示，大家看看他们梳理概括得怎么样。

生（第三组）：在文中作者选取了袁隆平院士的四件事——发现天然杂交稻的杂种第一代；发现天然雄性不育株；以事实回应贬斥杂交水稻的观点；培育超级稻，引领杂交水稻走向世界。这四件事分别体现了他目光敏锐、勇于探索、坚持真理和开拓进取的精神特质。

师：第三组的同学很清晰地从文中梳理出了袁隆平院士的四件往事，也很准确地抓住了这四件事情中所能表现出的人物的精神品质。咱们为他们点赞！（学生鼓掌）

师：你们在概括梳理的过程中，又能体会到作者对袁隆平院士什么样的情感倾向呢？

生（思考）：我想作者更多地表达了对袁隆平的肯定与赞扬吧！

师：是的，袁隆平院士研究杂交水稻，几十年如一日地努力奋斗！他的作为当得起人们的钦佩与敬仰，更值得我们去学习！同时也希望大家关注一下另外两位作者对人物的情感倾向。下面再来看一看第四组同学的成果。

生（第四组）：北京市百货大楼的售货员张秉贵的主要事迹有这样几点——第一，照顾接待女顾客，照顾赶车的顾客，耐心开解不讲道理的顾客；第二，女儿生病还坚持工作；第三，刚进百货大楼时，先是为照顾买得多的顾客而忽略了买得少的顾客，后又为面带病容的顾客选糕点；第四，利用业余时间主动学习，提升业务水平。分别体现了张秉贵对顾客关怀备至、体贴入微，知错就改，刻苦钻研业务的精神品质。

师：这位同学的概括与梳理也较为准确，不知道大家还有没有其他看法？

生：我觉得第二条概括得不够准确。

师：愿闻其详！（众生乐）

生：原文中是这样的——张秉贵先把女儿送往医院，然后努力克制住因女儿生病带来的焦虑情绪，依旧精神抖擞、面带笑容地接待顾客。这件小事实际上体现了他的爱岗敬业精神。

师：的确，灯不拨不亮，理不辩不明。这位同学的陈述更接近事实的真相。如果简单地概括为“女儿生病还坚持工作”，就显得他太“工作狂”了！（众生哄笑）这样的人又怎么能“心有一团火，温暖众人心”呢？

生：我读完这三篇文章以后，发现袁隆平的贡献很大，钟扬的成就也很多，张秉贵的事迹却显得很平凡。这三个人物又如何能放在一起“相提并论”呢？我想大家心中也会有这样的疑问吧！

（部分学生点头回应）

师：这个问题很值得探讨，我想可以从两个方面来解答——其一，张秉贵的事迹实际上是一种“平凡的伟大”，像抗疫进程中涌现出来的医务工作者、社区干部、快递小哥等平凡英雄一样，他们为了人民群众的健康与平安，把平凡的事情做到极致，成就了平凡中的伟大。其二，任何新闻报道都会或多或少地留下时代的印记。这篇报道发表于 1977 年 12 月，当时“十年动乱”刚刚结束，各行各业百废待兴，市场物资供应紧张，由此带来的供需矛盾也常常表现为柜台内外的冲突，营业员脸色难看，话难听，服务态度恶劣的现象很常见，在这种背景下我们再看张秉贵的“心有一团火”服务态度和敬业精神，就会发现是多么难能可贵——他给全国人民带来了特殊的温暖与幸福！难怪他能在全国范围内感动无数的人。当然，这个问题大家可能还有其他看法，我们课下有时间再进行探讨，现在请第四组的同学来进行展示。

生(第五组):与前两位人物相比,钟扬的一生可以说是“色彩斑斓”。在青少年时期,他勇敢追求喜欢的专业与幸福的婚姻,表现出敢想敢做的品格;作为植物学家,他长期到西藏收集种子,并成为援藏干部,表现出执着追求的一面;他还致力于科普工作,体现了热心服务大众的意识;对转导师的学生“接盘”与“兜底”,鼓励和帮助少数民族地区学生报考自己的研究生,更多地表现了他关爱学生、勇于担当的特质。

师:“色彩斑斓”一词很形象!作者选取这些事迹,实际上向读者呈现了一个立体、丰满的钟扬形象。第五组同学的概括也非常到位。那么,后两篇通讯的作者又在文中表现出什么样的情感倾向呢?

生:更多的是赞美与肯定吧。

师:三位之中,钟扬英年早逝,实际上在字里行间还渗透着作者的——

生(齐):遗憾与惋惜之情。

师:三个小组的同学分别展示了他们的成果,也基本把握住了人物的典型事迹和精神品质。下面咱们一起来看一下老师的总结与概括。(播放 PPT 第 6—8 页,展示表 2)

表 2

典型人物	典型事迹	精神品质
袁隆平	① 立志战胜饥饿,发现天然杂交稻的杂种第一代 ② 挑战世界性难题,寻找并发现天然雄性不育株 ③ 捍卫农民福祉,以事实回应贬斥杂交水稻的观点 ④ 规划并培育超级稻,引领杂交水稻走向世界	担当使命、敏于发现 敢于探索、勇于创新 实事求是、坚持真理 放眼世界、不断进取
张秉贵	① 帮助抱小孩儿的女顾客,照顾赶火车却排在队尾的顾客 ② 耐心开解不讲道理的女顾客。克服焦虑情绪,满面笑容迎客 ③ 从刚到百货大楼时“注意抓大号买卖”,到主动为面带病容的顾客选糕点 ④ 业余时间到糖果厂参观,向医生学习营养知识,虚心向顾客请教	和蔼可亲、体贴入微 耐心周到、爱岗敬业 知错就改、积极转变 勤奋学习、精研业务
钟扬	① 青少年时期,勇敢追求喜欢的专业与幸福的婚姻 ② 作为植物学家,长期到西藏收集种子,并成为援藏干部 ③ 致力于科普工作,与自然博物馆、科技馆合作,并撰写、翻译科普著作,向中小学生义务科普 ④ 对转导师的学生“接盘”与“兜底”,鼓励和帮助少数民族地区学生报考自己的研究生 ⑤ 长期超负荷工作,不断探寻生命的“边界”	雷厉风行、敢想敢做 执着勇敢,不懈追求 热心勤劳,富于远见 勇于担当、严谨细致 甘于奉献,不怕牺牲

师:三位典型人物分别处于不同的年代和工作岗位,因此他们身上体现了不同的时代精神——袁隆平勇立潮头、引领“绿色革命”的创新精神;张秉贵爱岗敬业、全心全意为人民服务的“一团火”精神;钟扬勇于担当、甘于奉献、不断探求生命的价值与意义的“探界者”精神。他们身上都表现出了优秀人物强烈的责任意识与高度的奉献精神。希望他们的事迹与精神也能给我们的人生带来启发与指引。(播放 PPT 第 9 页)

师:请各小组在课后结合文章内容,绘制关于人物生平与事迹的思维导图,并尝试比较文章的结构特点。（播放 PPT 第 10 页）下课！

第二课时

环节三：作业展示

师：同学们，咱们上一节课重点对三个人物的主要事迹和精神品质进行了系统的梳理和概括，这节课咱们要尝试分析比较三篇文章的结构特点。先检查上一节课留的绘制关于人物生平与事迹思维导图的作业。后面的几组，哪一组愿意展示关于袁隆平的思维导图？（播放 PPT 第 11、12 页）

生（第七组）：我们第七组来吧！（学生展示思维导图，见图 1）

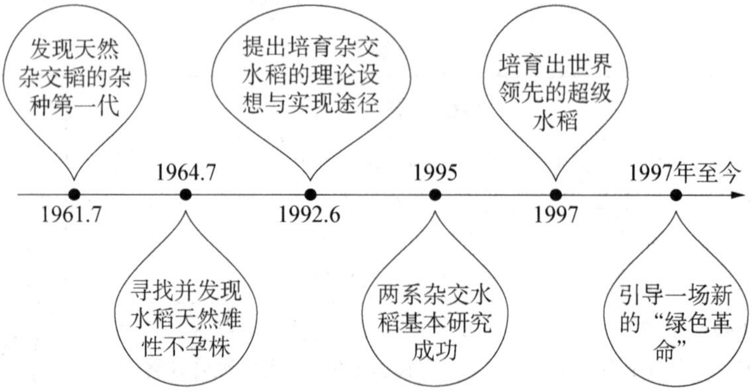

图 1

师：能不能给大家做一下简单的说明？

生（第七组）：作者运用不同的小标题，以袁隆平研究杂交水稻的进程为线索。结构特点是以时间为轴线，按照人物主要事迹的发生、发展的顺序来安排内容的纵式结构。

师：这一组的同学非常敏锐地抓住了字里行间的时间节点，用一条时间轴来完成思维导图，非常形象和直观！（教师竖起大拇指）

师：好，现在来看第二篇人物通讯的思维导图，请哪一组呢？

生（第八组）：这次我们第八组来吧！（学生展示思维导图，见图 2）

作者围绕张秉贵“热心服务人民群众”的主题，从张秉贵在柜台前为顾客服务的工作场景写起，连续写了四个典型事例，分别写出了他细致耐心、爱岗敬业的精神品质，又追述他解放前的职业生涯以及曾经的错误做法，再谈到他在业余时间钻研业务的经历。结构特点是围绕一个主题，从不同侧面来表现人物、安排内容的横式结构。

师：咱们应该给她掌声。第八组的同学找到了整篇通讯的核心——张秉贵一以贯之的关爱顾客、体贴群众的服务精神，把整篇通讯的结构特点勾画了出来，也很不错。下面咱们有请最后一组——第六组的同学来展示。

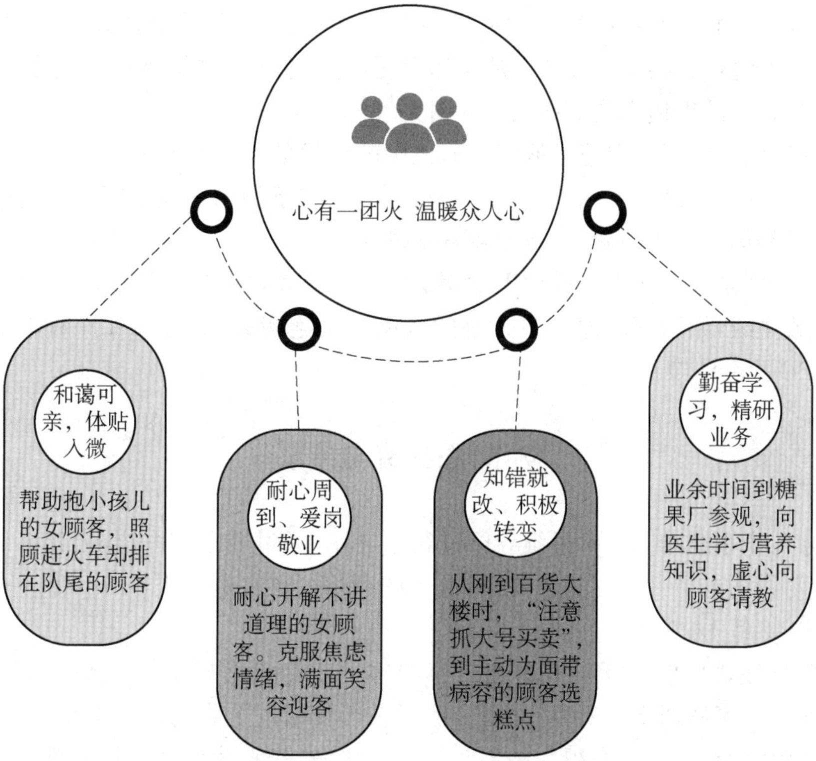

图 2

生(第六组):我们这张思维导图(图 3)比较复杂,它是我们全组智慧的结晶!(展示图3)我们认为,作者以人物的成长经历为时间轴,分别写出他青少年时期、2000 年以后两个阶

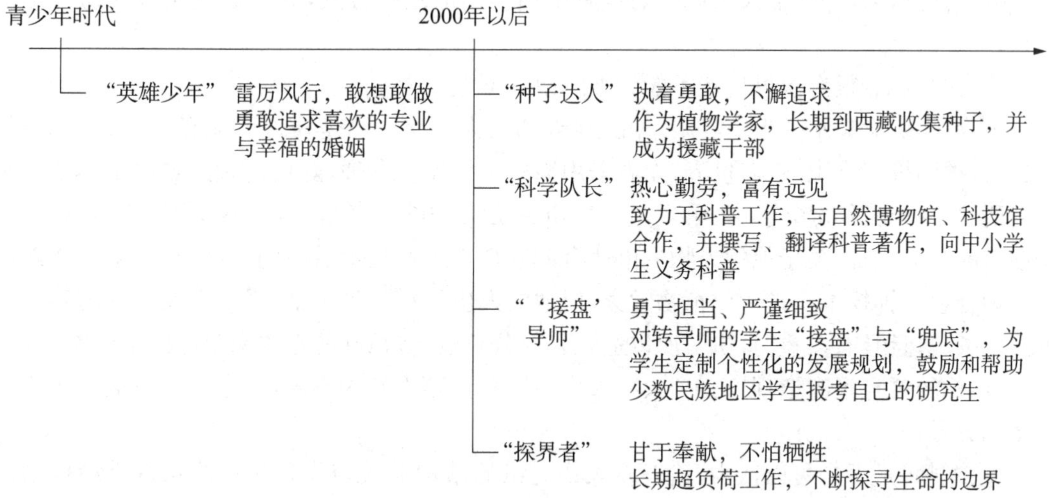

图 3

段，在面临人生选择时的出色表现，以及在不同领域的杰出贡献。非常有意思的是，作者使用的小标题，给不同时期、不同场合的钟扬贴上了“援藏干部”“种子达人”“科学队长”“‘接盘’导师”等很有时代感的身份标签。从整体上看，这篇通讯的结构特点是以时间为轴线、以“探界”活动为核心的纵横交错式结构。谢谢大家！

师：第六组的同学很有智慧！他们把通讯中的钟扬的人生阶段划分为“青少年时期”和“2000 年以后”，同时也抓住文章的小标题做文章，将文章的结构梳理得非常清晰明了。咱们也把掌声送给第六组的同学。（师生共同鼓掌）

师：思维导图是我们在学习过程中常用的辅助工具，要想画好这三张思维导图，需要我们找出中心或主线，用清晰的思路将人物的典型事迹连缀起来，进而加深对文章结构的理解。（播放 PPT 第 13 页）

环节四：探究与感悟

师：刚才几个小组的同学对思维导图进行了展示，通过展示和介绍，大家一定也对三篇文章的内容与结构有了一个更为直观的、深入的理解。现在进入下一个环节——探究与感悟！（播放 PPT 第 14 页）

哲学家黑格尔曾说，“内容之所以为内容，即由于它包含有成熟的形式在内”。从这个意义上来说，这三篇人物通讯之所以吸引人，除了在于作者对于人物素材的精心选取之外，还与它们各具特色的结构形式有很大关系。请大家思考，作者为什么这样安排文章的结构形式？其深层原因是什么？可以进行组内讨论，时长为 8 分钟。一会儿请各组的同学谈一谈对这个问题的看法。

（学生讨论 8 分钟）

师：时间到，咱们现在看看大家对这个问题的看法。

生：我们认为，这三篇人物通讯的作者采用不同的结构方式，其依据是典型人物的主要贡献。

师：这个观点很有意思！能不能详细解说一下？

生：科学家袁隆平一生历经艰辛几十年，都在为杂交水稻这一件事儿努力，杂交水稻从无到有，再到推广全国，走向世界，作者采用纵式结构比较合理，好让读者清楚地了解杂交水稻的研发历程与巨大影响。张秉贵是北京市百货大楼的一名售货员，本身不可能有多少惊天动地的业绩，所以关于他的人物通讯适合截取日常工作和生活中的点滴小事，采用横式结构较为合理。钟扬本身是一位植物学家，但他的人生历程很是丰富，贡献涉及不同的年代和不同的领域，且具有多重“身份”，所以适合采取分阶段、多角度的方式来塑造典型形象。

师：你的观点很有道理！三个人物人生经历和业绩贡献的不同，决定作者只能采用不同的结构方式。

生：老师，是不是可以认为，这三篇人物通讯的结构形式与作者比较擅长这种结构模式有关呢？就像我们习惯了某种结构模式一样！（学生哄笑）

师：你们的观点很新颖，不过却缺乏有力的材料做支撑。咱们课下可以再读一下这几位作者的其他作品来比较验证一下，看看你的结论是否成立。

师：不知道大家注意到没有，前两位人物通讯的作者都直接采访了人物本人，而第三篇通讯的作者却没有采访过钟扬？

生：是的，因为那个时候钟扬已经不幸离世了，作者没有机会见到钟扬本人。

生（举手发言）：是不是可以说，前两篇文章更具整体性是因为作者直接采访了人物本人，材料搜集得非常充分，而第三篇通讯是一种“复盘”的结果呢？因为里面的材料很多都是作者通过采访钟扬身边的人——母亲、妻子、同事、学生间接获得的材料，这些材料都只是反映了钟扬人生的一个侧面而已。

师：你的思维很敏捷，观点也很有道理。我们可以换一种说法，创作材料来源不同导致作者的创作条件不同，创作条件的不同，也会影响作品的结构形式。

师：从文学创作的角度来说，作者的创作过程其实也是创作材料“形式化”的过程。在这一过程中，材料会以它本身自然的情感倾向和固有逻辑召唤作者，与作者的思想情感发生碰撞，然后作者再将自身的生命体验与创作经验融注到材料中，对材料进行取舍、安排与重组，于是材料和语言形式便逐渐地、隐秘地融合在一起，就变成了具有独特审美价值的艺术品。

生：创作的过程确实很神秘。

师：相信你们有了一定的创作经验后，体会会更为深刻，如果你们有志于成为作家或新闻记者的话。

师：咱们现在对这个学习任务进行小结。为了更好地刻画典型人物，作者可以根据人物不同的人生经历与自身的创作条件，选择合适的主题，对材料进行合理的取舍，采用恰当的结构方式，完整统一地再现典型环境中的典型人物，展示其个性风采，揭示时代精神。（播放PPT 第 15 页）这就引出咱们这节课的标题——“精雕细琢塑典型”。（教师板书标题，并板书“人物的主要事迹”“不同的时代形势”“作者的创作条件”）

师：这一节课我们主要请同学们展示了关于人物主要事迹与精神品质的思维导图，进而又对文本的结构特点进行了总结和梳理，最后还探究了作者安排文本结构的深层原因，希望能对大家的写作有所启发。下面我们来看看这节课的实践作业。请同学们从下面两个题目中选取一个，进行写作训练。（播放 PPT 第 16 页）

(1) 结合你的阅读经历，从经典名著中（如《三国演义》《红楼梦》《儒林外史》等），选取一个你感兴趣的人物，尝试为他写一篇人物通讯。

(2) 在抗击新冠肺炎疫情的斗争中，全国各地、各行各业涌现了许多先进人物，他们中有著名的专家学者，也有普通的医护人员、社区干部、快递小哥、建筑工人……请你选取其中让你感触最深的一个人物，尝试为他写一篇人物通讯。

要求：主题鲜明，运用细节描写或场面描写，选择纵式、横式或纵横交错式三种结构中的一种成文，字数不少于 800 字。

师：下课！

【教学反思】

本单元的单元主题是“劳动光荣”，目的在于“彰显劳动的伟大意义，体现劳动精神的传承和发展”，进而引导青年学子树立正确的劳动观念。本课的教学内容为三篇人物通讯联读，根据教材中的“单元导语”和“单元学习任务”，我把教学重点放在了梳理典型人物的事迹、概括其优秀精神品质以及分析人物通讯的结构特点三个方面。在具体实施过程中，设置了四个学习任务：梳理主要人物事迹，概括其精神品质；分析比较文章的结构特点；探究作者安排情节结构的“奥秘”；尝试创作人物通讯。具体如下：

1. 检查预习，充分铺垫

在落实学习任务之前，先布置了预习作业，主要是了解人物生平事迹与人物通讯的相关知识两个方面。在具体的教学中，我发现学生尽管已经预习了文本，但充分了解人物的主要事迹与写作背景还是相当必要的。这些内容有助于学生认识人物业绩的价值，理解人物的独特的个性风采，更好地把握文本蕴含的时代精神。

2. 条分缕析，把握人物

把握典型人物的事迹与品质是阅读人物通讯的第一要务。为此，我为学生设置了通过对文本内容的梳理与概括，把握典型人物优秀品质的学习任务。在完成学习任务过程中，大部分学生能够区分新闻事实与新闻背景，能够把人物的主要事迹整理出来。但在概括人物品质时，出现了种种分歧——不同学生对人物品质的理解也不尽相同，所以最后我又把教师整理的结果作为参考展示给学生，这样既纠正了学生的一些错误认知，也为学生完成下一个学习任务打下基础。从实际教学效果来看，这样做是有必要的。

3. 层层深入，感悟技巧

在熟练使用 XMind 等思维导图软件简单功能的基础上，学生在完成学习任务二时，表现出了较强的动手能力与协作意识，尤其是关于钟扬的思维导图，可以说相当令人惊艳。较为遗憾的是，受预习时间与阅读经验的限制，学生对人物通讯的结构特点缺乏更为直观的理解与认识，在任务三探究作者安排结构形式的深层原因时，显得有些吃力，不能通过思维的碰撞自主生成更为深入的认知。

4. 以写促读，读写结合

在学生完成前三个学习任务后，我以课后作业的形式引导学生进行了写作人物通讯的尝试。从课后反馈来看，作业完成的情况不错，基本达成了以读促写、读写结合的目的。

总体来看，本课的前两个学习任务难度较小，而后两个学习任务较有难度；课堂整体氛围稳重有余，灵活不足。在以后的教学中，还是应该更为充分地考虑学情，设置更为新颖合理、生动活泼的学习任务，采用更为灵活多样的作业形式，以达成更好的教学效果。

传播的力量:新闻评论的观点与思路

执教/浙师大附属泽国高级中学　马　驹

本课课件

【专题目标】

联读分析《以工匠精神雕琢时代品质》《匠心之道“守破离”》《用城市温度呵护劳动者的幸福生活》三篇新闻评论,学习新闻评论中心观点的特征及写作思路,感受新闻评论强大的传播力量。

【预习任务】

1. 熟悉写作背景及工匠精神、新闻评论等相关知识。

2. 阅读《以工匠精神雕琢时代品质》《匠心之道“守破离”》[①]和《用城市温度呵护劳动者的幸福生活》[②]三篇新闻评论,并分别写出它们的中心观点和论证思路。

3. 分学习小组活动:某新闻部门举行一个新闻评论评奖活动,你是评委之一,请针对观点和思路两方面,设计一张量化评价表。

【教学实录】

任务一:展示评价量表,阐述设计理由

师:同学们,今天我们一起来学习“传播的力量:新闻评论的观点和思路”。(播放 PPT 第 1、2 页)课前老师给大家布置了一个预习任务——如果你是新闻评论评奖活动的评委之一,请针对观点和思路设计一张量化评价表。(播放 PPT 第 3 页)现在,老师想请各小组推荐一位同学,向大家展示你们小组设计的量化评价表,并说一说设计的理由。(播放 PPT 第

① 刘根生:《匠心之道“守破离”》,载《人民日报》,2016-07-26。

② 汪轩:《用城市温度呵护劳动者的幸福生活》,https://baijiahao. baidu. com/s? id=1684963594446833007&wfr=spider&for=pc,2020-12-02

4、5 页）

生(第一小组)：(展示表 1)我们小组是从观点的新鲜性、思路的严密性进行评价的。我们觉得新闻评论的观点要新鲜，没有新鲜的观点不能抓住读者的眼球，无法吸引读者来阅读。作为论述文，论证的思路一定要严密，紧扣观点组织材料。

表 1

评分内容	评分指标	分值
新鲜性(观点)	观点新鲜，能抓住读者眼球，引起读者阅读兴趣(50 分)	
严密性(思路)	思路严密，紧扣观点组织材料(50 分)	

师：能用这些维度来评价，不错。其他小组还有什么想法？

生(第二小组)：(展示表 2)我们小组从观点的准确性，思路的严密性、条理性、深刻性进行评价。新闻的基本观点要正确，合乎情理。同时，论证的过程思维要严密、清晰，能用材料严密地论证中心观点，也要挖掘出新闻背后的内涵。

表 2

评分内容	评分指标	分值
准确性(观点)	观点准确，合乎情理(25 分)	
严密性(思路)	论证过程思维严密(25 分)	
条理性(思路)	论证过程条理清晰(25 分)	
深刻性(思路)	能挖掘出新闻背后的内涵(25 分)	

生(第三小组)：(展示表 3)我们小组和前两个小组想法比较相似，我们从观点的准确性、针对性，思路的严密性、逻辑性进行评价。我们觉得新闻的观点要准确，并且要有针对性，不能泛泛而谈，让读者对文章造成理解上的偏差。所以在对观点的论证中，论证的思路必须严密，要有一定的逻辑性，不能想到什么写什么。

表 3

评分内容	评分指标	分值
准确性(观点)	观点准确，合乎情理(25 分)	
针对性(观点)	不能泛泛而谈，要针对具体现象(25 分)	
严密性(思路)	论证过程思维严密(25 分)	
逻辑性(思路)	不能随意，要有一定逻辑性(25 分)	

任务二：构建知识支架，修改完善量表

师：大家展示的量化评价表有各种样式和内容，设计理由也很充足，那新闻评论的观点

和思路到底有怎样的特点？我们的评价表有没有需要修改和完善的地方？接下去，我们进行下一个任务——通过对三篇新闻评论的分析，修改完善我们的量化评价表。（播放 PPT 第 6、7 页）首先请同学们看预习任务 2，你能分别说说这三篇新闻评论的中心观点和论证思路吗？

生：《以工匠精神雕琢时代品质》这篇文章的中心观点为工匠精神是手艺人的安身之本，亦是我们生命的尊严所在，是企业的金色名片，亦是社会品格、国家形象的荣耀写照。论证思路是先引出工匠精神的话题，再论证工匠精神的重要意义和内涵，倡导人人践行工匠精神。

师：预习得很充分，也找到了一些关键句，但文章的中心观点，我们最好能概括得再简洁一些。其实，标题也是我们解读新闻评论的一把钥匙。

生：我觉得《以工匠精神雕琢时代品质》这篇文章的中心观点是用工匠精神雕琢时代品质，弘扬工匠精神。论证思路和同学想的一样。

师：嗯，观点更加简洁明了了。从标题中，我们也可以发现新闻评论的标题往往也就是文章的观点。那么《用城市温度呵护劳动者的幸福生活》这篇文章呢？

生：《用城市温度呵护劳动者的幸福生活》的中心观点是只有城市传递出对劳动者应有的关怀，人们才会安心放心留下来，充满信心地打拼，凝聚起推动城市不断向前发展的强大力量。论证思路是先引用浙江宁波的一则新闻，再结合新闻进行议论——每一位劳动者都值得尊重，并引用鲁迅名言论证。然后举例论证应温暖对待农民工，最后呼吁城市要善待每一位劳动者。

师：不错。也找到了文章的关键句，讲述论证思路的时候还用上了表示顺序的连接词，表达更加清晰了。联系标题，文章的观点能更简洁些吗？

生：中心观点应该是每一位劳动者都值得尊重，我们要善待每一位劳动者，让他们感受到城市的温暖。

师：没错，概括得既简洁又全面。《匠心之道“守破离”》这篇文章的观点和思路呢？

生：《匠心之道“守破离”》的中心观点是匠心之道贵在“守破离”。论证思路是先用草婴和贺友直的事例引出论述的话题——“守破离”，再分别论述什么是“守破离”，最后强调匠心之道贵在“守破离”。

师：在思维火花的碰撞之中，我们明确了三篇新闻评论的中心观点，还梳理了文章的论证思路。现在，请同学们朗读课文及联读文章《匠心之道“守破离”》《用城市温度呵护劳动者的幸福生活》，思考一下这三篇文章的中心观点是在什么背景下提出来的。（继续播放 PPT 第 7 页）

生：我在预习的时候找到一些资料，《以工匠精神雕琢时代品质》和《匠心之道“守破离”》两篇文章的创作背景是在 2016 年的政府工作报告中，李克强总理说“要培育精益求精的工匠精神”，两篇文章都是积极响应党的号召。

师：了解了写作背景，可以很好地帮助我们理解文章。另一篇文章呢？

生：《用城市温度呵护劳动者的幸福生活》的发表是因为一则新闻。

师：你能为大家介绍一下这则新闻吗？

生：我记得是一对夫妇穿着脏衣服去学校接孩子，他们怕给孩子丢脸，没想到孩子非常体谅他们。

师：谢谢你们的分享，看来大家预习得都非常认真。三篇文章都是应时代而生的，我们一起来看看三篇文章的写作背景。（播放 PPT 第 8 页，展示表 4）

表 4

文章名	写作背景
《以工匠精神雕琢时代品质》	“工匠精神”一词，最早出自著名企业家、教育家聂圣哲。2016 年的政府工作报告中，李克强总理说“要鼓励企业开展个性化定制、柔性化生产，培育精益求精的工匠精神”。有媒体将“工匠精神”列入“十大新词”予以解读。《以工匠精神雕琢时代品质》发表于 2016 年，是对中央精神的积极回应。
《匠心之道“守破离”》	
《用城市温度呵护劳动者的幸福生活》	浙江宁波的谈女士和丈夫从工地干完活后，穿着脏衣服去学校接孩子。夫妻俩担心给孩子丢脸，没想到儿子听到他们的顾虑后说：“我爸爸妈妈又不偷不抢，有什么好嫌弃的。”谈女士听完儿子的话非常感动：“有点想哭，孩子还是非常体谅我们的。”（2020 年 12 月 2 日腾讯网）

师：通过刚刚对预习任务 2 的交流，我们发现新闻评论的题目基本上就是中心观点，那么，根据三篇文章以及你对新闻评论的了解，你觉得新闻评论的中心观点应具备什么特征？

生：观点要准确。

生：观点要鲜明，具有针对性。

生：新闻的中心观点还应该新颖，不然吸引不了读者。

生：观点要明确，不能模糊不清

师：大家说得都很有道理，新闻评论讲究有的放矢、就事论理、有感而发，其观点贵在“准”“新”。（播放 PPT 第 9 页，展示表 5）

表 5

评价标准	具体阐释
准	基本观点正确、切合实际，符合法律与政策，又恰如其分，合乎情理，这也是保证评论的舆论导向正确的必要条件。
新	见解新颖、论点新颖，能给读者以思想启迪，给实际工作以新的启示。

师：新闻评论属于论说文的范畴，观点确立后，论证过程尤为重要，新闻评论立意的深刻性取决于分析的透辟性。什么是新闻评论呢？（播放 PPT 第 10 页）

新闻评论，是对新近发生的有价值的新闻事件和有普遍意义的紧迫问题，运用分析和综合的方法，就事论理，就实论虚，有着鲜明针对性和指导性的一种新闻文体，属于论说文的范畴。

师：了解了新闻评论的概念，请同学们再读课文，思考课文是如何围绕中心观点进行论

述的，并概括出文章的思维过程。（继续播放 PPT 第 10 页）

生：课文就是围绕“以工匠精神雕琢时代品质”这个中心观点，分别写了时代呼唤工匠精神、工匠精神的内涵，呼吁每个人都要践行工匠精神。

师：你概括了课文论述的具体层次。课文每一部分每一段话又都有严谨的论证思路，比如第二段首先解释“匠”的含义，接着从作家的话引出人的职业品质、专业精神不同，最后指出工匠精神对于企业和国家的意义。从思维过程上看，是按什么顺序写的？

生：总分总。

师：没错，课文就是按总分总的结构来布局的。具体来说，是先引出主题，再？

生：再分析内涵，最后总结评价。

师：可见，文章的思维流程是纵深推进的，引出主题——说明本质——辩证分析——探讨内涵——总结评价，也分别对应课文的五段话。我们用四个字来概括，也就是“引”“议”“联”“结”。（播放 PPT 第 11 页，展示表 6）

表 6

中心观点	具体层次		思维过程
以工匠精神雕琢时代品质	第一部分(1)：时代呼唤工匠精神	引(总)	纵深推进：引出主题——说明本质——辩证分析——探讨内涵——总结评价(对应5段话)。
	第二部分(2—3)：阐述工匠精神的当代价值	议(分)	
	第三部分(4)：阐述工匠精神的内涵	联(分)	
	第四部分(5)：呼吁每个人都要践行工匠精神	结(总)	

师：接下来，请同学们按照这样的思路，速读《用城市温度呵护劳动者的幸福生活》和《匠心之道“守破离”》两篇文章，这两篇文章又是按怎样的论证思路展开的？（播放 PPT 第 12 页）

师：谁来说说《用城市温度呵护劳动者的幸福生活》这篇文章的论证思路？

生：我认为这篇文章的论证思路基本上和课文的论证思路一样，也是“引”“议”“联”“结”。“引”是从浙江宁波一条新闻引出话题，“议”是结合材料和引用鲁迅名言进行分析议论，“联”是联系实例论证温暖对待农民工是政府和全社会的责任，“结”是呼吁城市善待每一位劳动者。

师：你很会举一反三。（播放 PPT 第 13 页）

《用城市温度呵护劳动者的幸福生活》论证思路

引(总)　①引述材料：浙江宁波一条新闻温暖人心。

议(分)　②结合材料分析议论：每一位劳动者都值得尊重。③引用鲁迅名言佐证。

联(分)　④⑤联系实例论证：温暖对待农民工是政府和全社会的责任。

结(总)　⑥呼吁城市要善待每一位劳动者，让他们感受到像家一样的温暖。

师：通过分析，我们发现这篇文章的论证思路和课文思路比较相似。那么，《匠心之道

“守破离”》的思维过程和前两篇相比呢？（播放 PPT 第 14 页）

生：这篇文章也是总分总结构。

师：还有其他发现吗？

生：这篇文章的思路好像不是纵深推进的，在论述过程中，都是围绕“守破离”的内涵展开论证的。

师：这种结构我们称之为？

生：并列结构。

师：没错，这篇文章与前两篇论证思路同中有异，我们来概括一下。（继续播放 PPT 第 14 页）

同：整体都是总分总结构。本文以《战争与和平》导入本文的主题“匠心”和《匠人精神》一书，引出“守破离”，再一一阐述何谓“守”“破”“离”，最后再进行总结。

异：前两篇主体部分用层进式推进，本文主体部分用了并列结构。

师：由此可见，新闻评论一般采取总分总的结构，而在中间主体部分可以采取不同的结构思路，比如层进式、并列式、正反论证、因果论证等。但不管怎样都要能有力、透彻、精辟地论证中心观点。对于新闻评论的结构与思路，还要特别注意以下三点。（播放 PPT 第 15 页）

(1) 对内容的组织安排要具有内在逻辑性，必须根据论点与论据之间的内在逻辑联系来确定结构的方式。如何开头，先用什么材料，后用什么材料，如何过渡承接，段落层次如何安排，如何收尾，各个部分之间都要有逻辑性。

(2) 结构的安排必须服从于和服务于表达主题思想的需要。材料运用和结构安排都要全力为中心论点服务。即使文中有好几个分论点，但这些分论点都是服从于中心论点的。另外还要从读者情况出发，适应读者的认识规律和认识水平。

(3) 结构还应做到：完整、严谨、匀称，有独特风格。完整，指文章的中心线索要连贯，有过渡有照应，有头有尾，不要顾此失彼、残缺不全。严谨，指结构的精细严密，无懈可击。各个部分、各个环节联系紧凑，顺理成章，不颠三倒四、前后脱节、顾此失彼、漏洞百出。匀称，是指层次、段落的大小不能过分悬殊，主次详略得当，各个部分之间的搭配比较得体。

师：根据前面的学习，同学们都已经更加明确了新闻评论观点和思路的特点，大家一定也发现自己的评价量表有需要完善的地方。接下去请同学们以小组为单位，对各自的量化评价表进行修改完善，修改后请同学们再次推荐小组代表，重新展示你们的量化评价表并阐述理由。

生（第一小组）：（展示表 7）我们小组修改补充了量化评价表，我们把新鲜性改为了“新颖性”，这样表述更准确。新闻要做到及时性，但我们觉得新闻评论更要提出一个新颖的观点，这样才能有更强的影响力。此外，我们还增加了观点的准确性，观点只有符合实际才能被大众接受。

表7

评分内容	评分指标	分值
新颖性(观点)	观点新颖,能抓住读者眼球,有强大影响力(30分)	
准确性(观点)	符合实际,被大众接受(30分)	
严密性(思路)	思路严密,紧扣观点组织材料(40分)	

生(第二小组):(展示表8)我们小组也增加了一条“新颖性”,新的论点才能给我们思想的启迪,并且我们觉得深刻性应该是就“观点”来说的,而不是“思路”。

表8

评分内容	评分指标	分值
准确性(观点)	观点准确,合乎情理(20分)	
新颖性(观点)	观点新颖,给人启迪(20分)	
深刻性(观点)	能挖掘出新闻背后的内涵(20分)	
严密性(思路)	论证过程思维严密(20分)	
条理性(思路)	论证过程条理清晰(20分)	

生(第三小组):(展示表9)我们小组讨论很激烈(笑),除了同学们刚刚说到的这些,我们还增加了“全面性”,我们觉得进行论证的素材要全面,这样才能更好地为观点服务。

表9

评分内容	评分指标	分值
准确性(观点)	观点准确,合乎情理(20分)	
针对性(观点)	不能泛泛而谈,要针对具体现象(20分)	
严密性(思路)	论证过程思维严密(20分)	
逻辑性(思路)	不能随意,要有一定逻辑性(20分)	
全面性(思路)	论证素材全面,更好为观点服务(20分)	

任务三:实操评价量表,撰写评论提纲

师:众人拾柴火焰高,通过交流讨论,我们共同完成了量化评价表的设计与修改。老师也给大家提供一张参考范例。(播放PPT第16、17页,展示表10)

表 10

评分内容	评分指标 （每项 20 分。其中，上档 16—20 分，中档 11—15 分，下档 1—10 分）	分值	修改意见
准确性	基本观点正确、切合实际，恰如其分，合乎情理。		
条理性	中心观点简明有力，论证透彻精辟，思维过程清晰明确，内容组织安排逻辑性强		
深刻性	挖掘新闻背后的新闻，揭示事物（事件）深层的、发人深省的内涵与本质		
严密性	使用恰当准确的材料证明观点，论证服从、服务于表达观点的需要		
新颖性	题材、见解、语言、手法新颖，能给读者以思想的启迪，给实际工作以新的启示		

师：别小看这张表格，它可以让我们成为这个新闻评论评奖活动的优秀评委（学生笑）。另外老师在想啊，大家肯定都很希望自己能写出一篇优秀的新闻评论，在写作之前，构思出提纲是写作一篇优秀新闻评论的重要基础。因此，老师告诉大家，这张表格还有一个很重要的作用，就是能很好地帮助我们撰写新闻评论的提纲。接下去，我们就来实践一下。

请同学们根据量化评价表，围绕“工匠精神”写一篇新闻评论的提纲。

生：（教师播放 PPT 第 18 页，展示图 1）我从提出观点、分析观点和总结问题三方面去构思的。我提出的观点是工匠精神需要人们的传承。思路是工匠精神是我们自古以来的美好传统，现今各行各业的人们都秉持着工匠精神，它更为祖国的伟大建设助力。最后再呼吁人们传承工匠精神。

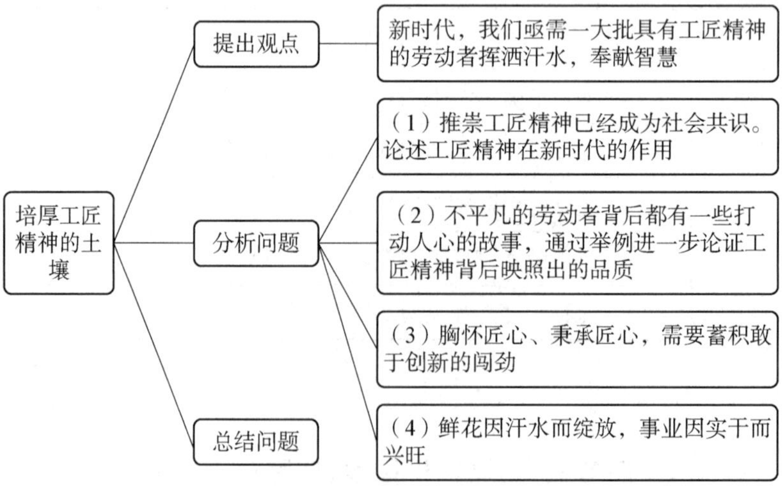

图 1

师：如果你是评委，根据这张量化评价表，你会给她打几分？

生:我会给她打 75 分,因为她的提纲观点是比较准确的,而且思路也比较清晰,但我觉得观点还不够新颖。

生:(教师播放 PPT 第 19 页,展示图 2)我的观点是要重视技能人才,培养更多大国工匠。培养更多的大国人才,才能实现国家复兴。

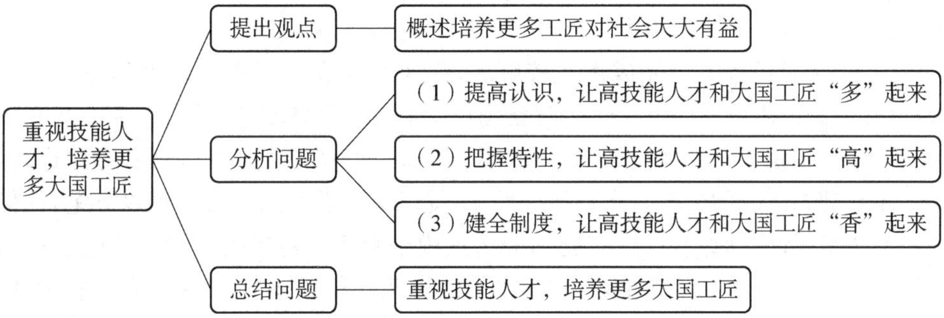

图 2

师:你会怎么打分?

生:我会打 80 分,我觉得她的观点很新颖,给人眼前一亮的感觉,但是论证的思路不够具体,如果能全部完成,分数一定会更高。

师:课后同学们也可以根据大家的建议,再次修改完善自己的提纲。本节课我们一起阅读了《以工匠精神雕琢时代品质》等三篇新闻评论,进一步明确了新闻评论的观点与写作思路的思考方向,并据此设计完善了我们的量化评价表,每个同学都可以成为合格的新闻评论比赛的评委了。另外,我们还要注意,新闻评论强调中立的角度,不掺杂个人思想倾向形成的观点能引导读者对新闻进行理解和思考。特别是针对国际、国内的重大新闻事件,读者往往很难理解,新闻评论能立足读者实际,既见人之所见,又见人之所未见,这就是新闻评论本身的强大传播力量。新闻发生过程中的和新闻发生后的评论能否正确地引导舆论是关键,从这个角度出发写好新闻评论具有巨大的社会意义。

课后请大家根据本节课学习的内容修改完善列出的提纲,并写一篇完整的新闻评论,不少于 800 字。(播放 PPT 第 20 页)

【教学反思】

《以工匠精神雕琢时代品质》是一篇新闻评论,新闻评论要运用正确的观点评析现实社会中的现象,具有鲜明的意旨和明确的导向,旨在帮助人们提高思想认识,指导社会实践。本单元的主体属于必修课程"实用性阅读与交流"任务群,学习任务在阅读方面侧重于实用类文本的阅读和理解。但高一的学生对新闻评论接触较少,对观点和材料之间联系的捕捉能力较弱。因此,我将新闻评论的文体特点作为本专题的切入点,整合典型的新闻评论文章进行联读,以设计量化评价表为抓手,让学生习得新闻评论中心观点的特征及写作思路,感受新闻评论强大的传播力量。课标指出,"评价的过程即学生学习的过程"。将评价设计作为情境任务贯穿整节课,能助力学生自觉形成核心概念,构建知识支架,提升语文学科核心素养。因此,我在预习任务中设计了情境化小组活动:如果你是新闻评论评奖活动的评委之一，请针对观点和思路两方面，设计一张量化评价表。这一评价设计在课堂中一以贯之，融合了多项学习目标。课前的设计评价表鼓励学生自主学习，尝试筛选整合信息。课堂上的交流探讨激发学生反思自身的不足，并在教师的引导下共同修改完善评价表，这一过程就是解读文本、分析新闻评论特点的过程。最后进行实操训练，进一步发挥修改完善后的评价表的作用，引导学生构思写作提纲，为撰写优秀的新闻评论打下坚实基础，这样既很好地帮助学生巩固了新闻评论的特征，更大大提升了学生的逻辑思维能力。

在教学中，预习任务 1、2 完成得比较顺利，学生都能在交流中找出新闻评论的中心观点，分析出文章论证思路。但由于学生对新闻评论的特点了解不够，预习任务 3 具有一定的挑战性。构建好知识支架后，学生还不能做到全面、准确、多维度地对观点和思路进行评价，这导致了课堂动态生成的欠缺。在写作层面上，提纲对于学生来说有点难以下笔，他们在观点的确定上花费了许多时间，以致问题的分析过程中缺乏一定的逻辑性。因此在进行本专题的阅读教学时，教师需立足学情，合理统筹校内外课程资源，拓宽拓深学生的阅读视野，提升学生思维品质，做到有条理、有规划、有实效的教学。

角度与语言:新闻评论的赏析

执教/河北张家口市第一中学　尤立增

本课课件

【专题目标】

精读《以工匠精神雕琢时代品质》,联读《人民日报》新闻评论《大力弘扬工匠精神》,明确选择合适的评论角度能更好地表达作者的意见、观点,使评论主旨更加鲜明,了解新闻评论的语言特点。

【预习任务】

1. 精读《以工匠精神雕琢时代品质》一文,思考这篇文章的评论角度是什么,文章是怎样凸显这一角度的。

2. 写出阅读《以工匠精神雕琢时代品质》中发现的不能理解的问题,思考这篇文章的语言有什么特点。

3. 阅读《大力弘扬工匠精神》,分析其写作角度与语言特点。

【教学实录】

师:(播放 PPT 第 1 页)同学们知道什么是新闻评论吗?

生:就是对当前的新闻事件发表自己的看法。

生:是一种议论文,要发表议论,讲清道理。

生:从我看到的一些新闻评论可以判断,新闻评论要有鲜明的观点,对整个新闻事件未必要面面俱到,但要选择一个小角度,能够谈深谈透,能够透过现象看到新闻的本质。

师:同学们说得都不错,我们看看到底什么是新闻评论。(播放 PPT 第 2 页)

新闻评论指的是媒体编辑部或作者对新近发生的有价值的新闻事件和有普遍意义的紧迫问题,运用分析和综合的方法,就事论理,就实论虚,有着鲜明针对性和指导性的一种新闻文体,属于论说文的范畴。简而言之,新闻评论是就有价值的新闻事实和社会现象发表意见以指导实践的一种文体。与其他言论一样，它也是由论点、论据、论证三个要素组成，但更具政策性、针对性、准确性，要求兼具思想性与文采性。

师：根据以上定义，结合我们学过的议论文，同学们认为新闻评论有哪些特性？

生：观点鲜明，立场明确。

生：要有导向性，能够引领正确的舆论方向。

生："就事说理"体现深刻性。

师：同学们概括得很好。这几个方面，也关系到评论的角度问题。（播放 PPT 第 3 页）

任务一：找准一个"巧妙切口"

师：课前，给大家布置了预习任务，其中一项就是分析两篇文章的评论角度。但我们还需要先明确一个问题，那就是任何评论都涉及评论对象，这篇文章的评论对象是什么？

生：这篇文章评论对象是工匠精神。

师：很好。明确对象，就是了解文章的现实针对性。那作者为什么要评论工匠精神呢？

生：这些年，国家大力倡导工匠精神。而本文肯定与这样的新闻背景有关。

师：的确如此。"工匠精神"一词，最早出自著名企业家、教育家聂圣哲。他曾呼吁，"'中国制造'是世界给予中国的最好礼物，要珍惜这个练兵的机会，决不能轻易丢失。'中国制造'熟能生巧了，就可以过渡到'中国精造'……要有工匠精神，从'匠心'到'匠魂'"。同学们了解工匠精神吗？

生：我看过一个纪录片，叫《大国工匠》，那里面介绍了很多能人，有人能在牛皮纸一样薄的钢板上焊接而不出现一丝漏点，有人能把密封精度控制到头发丝的五十分之一，还有人的检测手感像 X 光般精准……这些能人身上体现的就是工匠精神。（生鼓掌）

师：很好。明确评论对象，就是了解文章的现实针对性。预习任务中还让大家思考文章的评论角度，也就是围绕评论对象，知晓本文选择角度的不同凡响。本文评论角度是什么？

生：工匠精神的时代内涵。

生：我认为不全面，还包括发扬工匠精神的现实意义。

生：我认为是以工匠精神雕琢时代品质，也就是本文论点，因为新闻评论就是议论文的一种。

师：大家说的都没有问题。本文的评论角度就是时代品质需要工匠精神。（播放 PPT 第 4 页）下面大家默读文章，思考文章是怎样凸显这一角度的。

（生默读课文）

生：题目就是评论角度。题目点明了评论对象——工匠精神，指出了意义——雕琢时代品质。

生：第一段先说明了当前是一个更加注重精细品格和独特体验的时代，然后引出评论的话题，引导人们思考时代品质与工匠精神的关系。

生：第三段澄清了对工匠精神的一些误解，第四段批评了社会上存在的浮躁风气和短视心态，文章更强调了在新时代发扬工匠精神的意义。

师：是的。还有第二段提出整体观点，阐释在当代背景下工匠精神对于一个企业乃至一个国家的重要性。最后一段，阐明工匠精神对个人、企业乃至国家的积极意义和价值所在。

任务二：选择一种“独特表达”

师：预习任务有一条是让同学们提出阅读过程中发现的理解方面的问题。请同学们先小组讨论，解决预习时发现的问题。

（教师播放 PPT 第 5 页，展示学生预习中存在的共性问题。学生讨论）

质疑问难：同学们预习时存在的疑难问题

（1）“雕琢”能与“时代品质”搭配吗？

（2）为什么第二段要引用《说文》中的内容？

（3）怎样理解第四段中“工匠精神中所深藏的，有格物致知、正心诚意的生命哲学，也有技进乎道、超然达观的人生信念”？

（4）该怎样理解第四段最后一句，“我们不必人人成为工匠，却可以人人成为工匠精神的践行者”？

师：还有理解上的问题吗？认为文章题目中的“雕琢”一词有问题的是谁？

生：老师，我觉得“雕琢”这个词可别扭。它能与“时代品质”搭配吗？（生笑）

师：老师问你，“雕琢”在词典中怎样解释？

生：就是雕刻吧。我查一下词典。（生笑）雕琢，既指过分地修饰（文字），又指对某事物修改使其更为完善。

师：在本文中是哪个义项？

生：第二个。就是“使……完善”的意思。那题目的含义就是用工匠精神使我们时代品质更完善！

师：很好。那作者为什么用“雕琢”呢？

生：文章第一段有这样一句话，“只有像手工匠人一样雕琢技艺、打造产品，企业才有金字招牌，产品才能经受住用户最挑剔眼光的检验”。这就照应题目中的“雕琢”。

师：还有一点。运用该词，题目变得更为生动，也能让读者理解精益求精、耐心、专注、坚持、专业、敬业的工匠精神使时代品质更加完善。

师：为什么第二段要引用《说文》中的内容？这是谁提的问题？

生：是我。原文是这样写的，“《说文》里讲：‘匠，木工也。’今天的‘匠’，已成为心思巧妙、技术精湛、造诣高深的代名词”。我弄不明白引用《说文》有什么作用？

师：谁来帮他解决？

生：有些词语会随着时代发展而变化。引用《说文》，强调的是“匠”的本意，目的是引出下一句，即“工匠”概念在当代社会背景下的内涵。

师：能从词源和词语演变角度分析，很好。

师：看第三个问题。第四段中有这样一句话，“工匠精神中所深藏的，有格物致知、正心诚意的生命哲学，也有技进乎道、超然达观的人生信念”。该怎样理解这句话？

生：儒家思想主张格物致知、正心诚意的生命哲学，道家思想有技进乎道、超然达观的人生信念。这句话表明工匠精神也是我们民族传统文化的组成部分。

师：是的。这句话更深入地挖掘了工匠精神生成的深层次原因。

师：有同学不理解第四段最后一句，“我们不必人人成为工匠，却可以人人成为工匠精神的践行者”。谁来回答？

生：这句话的内涵是，虽然并非人人都能做到心思巧妙、技术精湛、造诣高深，但是我们都应该追求并践行工匠精神。

生：这句话体现了作者对工匠精神的推崇和倡导。

生：这句话与题目呼应。我们不必成为工匠，但要用工匠精神雕琢时代品质。

师：好。这篇文章的语言有什么特点？

生：选用时代新词，准确而简练。

师：举例说明。

生：第一段，作者用到了“高精尖”“炫彩酷”等具有时代特点的新词，使人们易于接受和理解。

生：第二段，作者用“气质雍容”“活力涌流”来写企业，使企业拥有了人的特点，生动地写出了厚植工匠精神对企业的意义。

师：本文语言上还有什么特点？

生：虽然是议论文，但不是板起面孔说话，内容上是严肃的，但表达上是生动的。

师：还发现了什么？

生：我认为文章运用了一些修辞手法，使得语言生动。

生：我特别喜欢第四段的一段文字。

师：你大声朗读一下。

生（朗读）：“倘若没有发自肺腑、专心如一的热爱，怎能有废寝忘食、尽心竭力的付出；没有臻于至善、超今冠古的追求，怎能有出类拔萃、巧夺天工的卓越；没有冰心一片、物我两忘的境界，怎能有雷打不动、脚踏实地的笃实。”

师：这段文字有什么特点？

生：这句话是三组假设复句、反问句构成的排比句，层层深入地论述工匠精神的内涵与意义，增强了语气，使表达更加有力。

师：对你有什么启示？

生：我写的议论文干巴巴的，面目可憎。（生笑）如果我的作文中运用一些修辞手法，估计会好看一些。

师：修辞是语言中的盐。有了修辞，语言才鲜活灵动，才富有生命力。如果善于运用修辞，就能化腐朽为神奇，化静为动，使你的语言鲜活灵动，情趣盎然，魅力四射，从而产生巨大的感染力。特别是写作议论文，语言表达上要有修辞意识，本文就是很好的范例。（播放PPT 第 6 页）

师：大家提出的问题很有价值，对语言的分析也很到位。我们总结一下，新闻评论应选择怎样的语言表达?

生:要准确。要做到以理服人,必须概念明确,判断恰当,推理合乎逻辑。

生:简练。本文虽然不长,但能以理服人。

师:很好,此外本文语言还具有严肃与生动统一的特点。质朴并不排斥优美,庄重也并不拒绝活泼。评论也要讲究"语言美",要求文采飘逸,生动形象。(播放 PPT 第 7 页)

任务三:完成一篇"类文阅读"

师:我们分析了《以工匠精神雕琢时代品质》的评论角度和语言特色。老师又给同学们找了一篇新闻评论,请同学们看看这篇《大力弘扬工匠精神》评论角度与语言特点。读完后,自己动笔,任选一个角度,写一段文字。(播放 PPT 第 8、9 页)

大力弘扬工匠精神

胡立君　吴俊熠

习近平总书记在全国劳动模范和先进工作者表彰大会上强调,"大力弘扬劳模精神、劳动精神、工匠精神"。习近平总书记深刻指出,在长期实践中,我们培育形成了"执着专注、精益求精、一丝不苟、追求卓越的工匠精神"。工匠精神是时代精神的生动体现,折射着各行各业一线劳动者的精神风貌,为各个专业领域高质量发展不断注入精神动力。

近年来,"科研人员、企业家也应有工匠精神"的说法非常普遍,工匠精神日益成为各行各业从业者共同遵守的职业信条和行为操守。开启新征程,扬帆再出发,亟待一大批具有工匠精神的劳动者挥洒汗水、贡献智慧。

执着专注。工匠以工艺专长造物,在专业的不断精进与突破中演绎着"能人所不能"的精湛技艺。实际上,得心应手的技能、巧夺天工的技术和出神入化的技艺,正是来源于专注。工匠始于学徒、技工,应学会干实事、细事、小事。选择了某个行当,就应沉潜下来,不能心猿意马。要在一个领域精雕细琢、精耕细作,必须不忘初心、坚守理想,坐得了冷板凳,耐得住寂寞。

精益求精。工匠们练就了炉火纯青之技,成为行业"绝活"的创始人、传承者。在技术创新的各领域,有那么一群"隐形冠军"企业,他们瞄准细分市场,集中力量进入并成为领先者。中铁二局二公司隧道爆破高级技师彭祥华在软若豆腐般的岩层间精准爆破,误差控制远小于规定的最小误差;沪东中华造船公司焊工张冬伟手工焊缝长 14 公里、厚 0.7 毫米的内胆,先修"心境"而后达"技境"。古人说"熟能生巧",正是因为不断精益求精,才能不断自我超越。

一丝不苟。工匠必须具有严谨的态度,必不能造伪器。每一项具体技术的研究开发与应用扩散,往往都具有严格的规程和标准,来不得半点马虎将就,走捷径搞变通是行不通的。就像拧螺丝这种简单技术,拧几圈回几圈以及施加多大扭矩都要遵守严格规定,否则就可能造成严重误差。"炮制虽繁必不敢省人工,品味虽贵必不敢减物力。"不放过任何一个细节，不忽视任何一个细微之处，一丝不苟、倾注匠心，才能创造出巧夺天工的精品。

追求卓越。当技能达到一定水平后，根据边际报酬递减规律，持续以单一时间要素投入获取的技能提升增量会逐渐下降。此时就要通过改变要素投入组合，改变其他投入要素的量，或者投入其他要素，实现工艺改造和产品创新。在数字经济时代，技术的更新换代加快，技术生命周期呈现出新旧共性技术演绎创造性破坏的特征。正因此，弘扬工匠精神就要追求卓越、敢于创新，永不满足于现有水平，永不停滞于当前状态，而要向更高、更好、更精的方向努力。

我们之所以要大力弘扬工匠精神，是因为它适应了时代的需要。弘扬工匠精神，把新发展理念贯穿到每一个车间，把高质量发展体现于每一道工艺，我们就能以更多微观创新汇聚起转型升级的宏观动能。

（教师投影展示一名学生的练习）

评论角度：

从本文题目看，文章是从“怎么办”的角度展开的。从行文看，文章主体部分紧扣“怎么办”，从“执着专注”“精益求精”“一丝不苟”“追求卓越”逐次展开。

师：看这名同学的分析，谁做一下评价？

生：还可以。但我有一个疑问，评论的角度与写作的角度一样吗？

师：对新闻评论而言，是一样的。的确，“怎么办”既是写作角度，也是评论角度。这位同学需要把“怎么办”更明确地提出来。

（教师投影展示第二名学生的练习）

本文的评论角度就是“大力弘扬工匠精神”。文章从习近平总书记在全国劳动模范和先进工作者表彰大会上的讲话谈起，第二段强调“工匠精神日益成为各行各业从业者共同遵守的职业信条和行为操守”，突出了评论角度的“针对性”，而下面几个段落具有指导意义。

生：分析得很好。他的分析体现了新闻评论角度选择的几个特点。

师：新闻评论选择评论的角度一般基于这几个方面的考虑。一是倾向性，这种倾向性往往反映的是主流社会的声音。二是引导性，引导人们正确认识当前的形势，为他们指明方向。三是深化作用，新闻评论的政治性决定了新闻选择角度，要尽可能从思想、政策、理论高度提出问题、分析问题和解决问题。如果按照这样的一个标准，这位同学的分析很全面。

（教师投影展示第三名学生的练习）

语言特点：

本文运用大量俗语成语，言简意赅、掷地有声，如“选择了某个行当，就应沉潜下来，不能心猿意马。要在一个领域精雕细琢、精耕细作，必须不忘初心、坚守理想，坐得了冷板凳，耐得住寂寞”。读起来朗朗上口，强化了语言气势，增强了表达效果，令文章更有说服力。

师：这名同学发现了文章多用熟语、成语的特点。除了他举出的，还有哪些？

生：“古人说‘熟能生巧’，正是因为不断精益求精，才能不断自我超越。”

生：“炮制虽繁必不敢省人工，品味虽贵必不敢减物力”，我记得这是北京同仁堂药店内的一副对联。

师：这句话是什么意思呢？

生：虽然传统加工炮制法耗人力、物力，并会增加额外成本，但在药品生产上更注重药品质量。

师：这副对联就是中华老字号同仁堂的制药理念，也是文化理念。作者为什么引用这副对联？

生：突出“大力弘扬工匠精神”，就需要一丝不苟、倾注匠心！

（教师投影第四名同学的练习）

对比鲜明，用词准确。比如“沪东中华造船公司焊工张冬伟手工焊缝长 14 公里厚 0.7 毫米的内胆，先修‘心境’而后达‘技境’”，“缝长 14 公里”与“厚 0.7 毫米”对比鲜明，突出张冬伟技艺高超，从“心境”“技境”等用词能看出技艺高超的原因。

师：分析了对比手法和用词的准确。概括很准，分析到位。

师：好的。我们布置课后作业，请同学们根据以下新闻材料，选取恰当的角度，运用合理的语言，在练笔本上写一篇评论。（播放 PPT 第 10 页）下课。

高凤林，焊接火箭发动机的中国第一人。他焊接了 40% 长征系列火箭的心脏；将火箭发动机核心部件泵前组件的产品合格率从 29% 提升到 92%，破解 20 多年来掣肘我国航天事业快速发展的难题。

为长三甲、长三乙、长三丙运载火箭设计的新型大推力氢氧发动机，由于使用了新技术新材料，给焊接加工带来诸多难题，尤其在发动机大喷管的大、小端焊接中，超厚与超薄材质在复杂结构下的对接焊多次泄漏。高凤林经过反复分析和摸索，终于找出了以高强脉冲焊，配以打眼补焊的最佳工艺措施，攻克了难关。

【教学反思】

1. 内容定位

本课的基本要求是精读《以工匠精神雕琢时代品质》，联读《人民日报》新闻评论《大力弘扬工匠精神》。重点学习新闻评论的角度与语言。确定这样的教学内容，一是为了突出微专题“依文开发”的特点，以本单元的《以工匠精神雕琢时代品质》为材料，补充时新材料，完成群文阅读；二是有效完成“单元学习任务”中的第二项内容，即让学生体会角度的选择和语言表达对新闻评论的重要意义；三是实现能力迁移，即学生利用学习课文内容的收获，能够解决类似文本的阅读问题，从而实现能力的验证、转化与再提升。

2. 学情定位

注重学情分析，是我设计教学一贯秉持的做法。经过大量的实践，初步提出了“学情核心”的教学主张。“学情核心”就是教师要在上课前下足功夫，深入学生，体察“民情”，整合调查结果，体现在教学中。这一主张不仅强调对学生学习情况的关注，而且将其放到核心位置，作为教师课堂教学的逻辑起点。在布置预习任务时，我专门强调要写出阅读中发现的不能理解的问题，鼓励学生不知不解处见疑，似知似解处有疑，已知已解处生疑。

3. 学法定位

在本课的教学中，我努力把质疑释疑的权利交给学生，采取交流探讨的方式，组织指导学生尽可能地自我完成理解消化过程：小组交流切磋，取长补短，尽量达成共识；全班交流，小组代表发言；全班讨论，辩难，自由发言；对存在的仍未解决的或有争议的问题，教师可以适时“介入”，师生共同探讨解决。“质疑问难”应该是阅读教学中提高转化率的核心。“带着问题听课”必然能提高课堂效率。教学过程就成为一个不断提出问题、不断解决问题的过程，又是一个新问题不断生成、不断解决的过程。

预设目标该如何在课堂实现呢？我赞成“交流对话说”。“交流对话”从内容看，可分为阅读和教学两个层面。阅读中的交流对话发生于教师与文本、学生与文本之间；教学中的交流对话发生于教师与学生、学生与学生之间。“交流对话”从表现形式看，可分为显性和隐性两个方面。显性的交流对话主要指课堂教学实施过程中的提问、对答、讨论等，隐性的交流对话则是教师个体、学生个体同作者之间的交流，还包括课堂教学师生之间、生生之间感情上的认同和思想上的碰撞。而交流对话的实质是在平等的氛围中激活知识、引发体验、碰撞思想、分享收获、建构意义。

我所在的学校是本地最好的高中，学生整体素质较高；我所教的班级又是全校成绩最好的班级，学生思维灵敏，反应迅捷。因此，教学预设内容能最大程度达成，有些方面甚至超过预设。如果执教其他班级，还需要老师“放低身段”，强化点拨，以求达成目标。

“晴雨表”与“风向标”：优秀新闻推荐会

执教/宁波三中　顾宇杰

本课课件

【专题目标】

选择一份报纸或一个新闻网站，浏览一周内的内容，从中挑选出比较优秀的新闻三四篇。通过小组合作，从新闻价值、报道角度、结构层次、语言表达等方面拟定一份优秀新闻作品评选标准。撰写一份优秀新闻的推荐书，连同推荐的新闻作品在全班展示交流。

【预习任务】

1. 浏览各类媒体一周内的新闻，每位同学挑选三篇自认为“最优秀”新闻作品，并将新闻打印成稿，一式四份，用于前后桌交流。
2. 思考优秀新闻的特点，归纳出几类（项）评选标准，并根据自定的标准选出最优秀新闻。
3. 前后桌四人小组互读推荐的新闻。
4. 初步写出本组新闻的推荐语。

【教学实录】

任务一：推荐优秀新闻

师：放眼世界，新闻无处不在；纵观天下，新闻无时不有。它是社会的“晴雨表”，也是时代的“风向标”。（播放 PPT 第 1 页）新闻伴随着我们的生活，哪些新闻是值得浏览的，哪些新闻又能给人深刻的印象呢？

本单元，我们了解了新闻的种类，学习了通过具有典型意义的事件，来表现人物优秀品质的通讯，也学习了能联系社会现实，提出观点并合理阐述事实与观点的关系的新闻评论。课前，大家阅读了报纸，也浏览了网站、公众号等，从中选出了三篇新闻，现在，请挑选出你认为最优秀的一篇，确定它属于新闻中的哪一类，然后，在本组成员间交流展示。

（四人小组互读新闻）

师：读懂新闻是有策略的。我们可以用圈点勾画的方式，概括内容、提炼大纲，也可以在原文上加入自己的评点批注。大家的手头应该有十二篇新闻，要快速浏览，每个人选出一至二篇，然后把四个人都选到的那篇推出来。

（学生讨论，有些组在统计得票数）

生：老师，我们组认为优秀的新闻不止一篇，能否多推几篇？

生：我们组也是这样，都选到的也不止一篇。

师：很好，说明大家英雄所见略同。但这节课时间有限，你们可以向同学们推荐一个新闻的题目，推荐大家课外阅读。

师：我在这里先给大家呈现一下新闻的分类。（播放 PPT 第 2 页）新闻比较常见的体裁有消息、通讯和新闻评论。现在大家来分享一下你们读到的新闻，说一说它属于新闻体裁中的哪一类。请你们组先来说一说。

生：我推荐的是央广网《87 个网暴“誓师女生”账号被禁言，对网暴就该这么刚硬》这篇文章，我觉得它属于新闻评论。

师：针对的是什么事件？

生：湖南一个中学举行高考冲刺百日誓师大会，一名高三女生作为学生代表发言。结果，她因激情澎湃的发言而遭受了至少来自 87 个账号的网暴。

师：我们可能也在各大媒体上关注过这件事，请你再具体说一说。

生：这个新闻是当下一个热点事件，而且事件主角和我们一样，也是高中生。我觉得誓师大会本就应该有鼓励号召的作用，她用激昂的语气和神情，无可非议，而且该鼓励。

师：那么这篇新闻是怎么评论这个事件的？

生：这篇新闻评论，除了对女孩遭遇网暴表示遗憾，还对事件做了深入的分析，对网暴这一网络“毒瘤”做深刻反思。

师：深入的分析体现在哪？

生：分析了网暴的成因，也有如何面对网暴的建议和措施。从受害者和网络大众、公安部门、网络管理部门等多个角度和立场来分析个体遭遇网络暴力时该怎么做。我觉得文章思路很清晰，分析很深入。

师：你的回答也很清晰。我们来回顾一下你刚刚说的几个关键点。这篇新闻评论，关注了时下的热点事件，有正确的导向作用。文章能深入分析事件，报道角度多样，行文有条理和层次。所以，你觉得它优秀。谢谢。还有其他同学推荐的吗？

生：我们组推荐的是新浪网《德企要在乌建坦克厂？梅德韦杰夫：是笑话，将用导弹“祝贺”》，整篇新闻两百来字，却包含了很多信息。德国要在乌克兰建设坦克生产厂，让北约东翼军事化。俄罗斯联邦的梅德韦杰夫认为如果开始建设，就会迎来俄“口径”巡航导弹对它的“祝贺”。

师：这篇两百来字的新闻，我们可以把它分类为消息。你认为这篇消息有什么样的特点？

生：它篇幅比较简短，字数比一般新闻要少，但是把事件的重点都交代清楚了。

师：对，消息是简短的，除此之外，消息还有什么特点吗？

生：它很有时效性，这是眼下刚发生的事情。“让导弹祝贺”，这样的表述有点幽默，又显示了事件的严重性。我觉得很好。

师:你总结出了消息的特点——篇幅短、报道快,正因如此,消息的行文也更加灵活。另外,这篇消息幽默的语言表述也很“吸睛”。好,还有想来分享的吗?

生:我们组推荐的是《人民日报》中《CT 片上拍出一颗子弹,医生吓了一跳……》这篇。一看到这个标题,我也吓了一跳!然后就很好奇,想去了解这件事。

师:对,标题吸引人,有悬念,新闻本身就会受到更多关注。这枚子弹到底是怎么到身体里去的呢?我们也很好奇。

生:新闻的主人公是一名 97 岁老兵,他因病去医院拍 CT,结果报告出来,医生们都吓了一跳!他的右肩里竟然有一颗子弹!原来,在 1949 年的一场战斗中,这个老兵被流弹打中,因为战场上医疗设备不足,他就将伤口包扎起来继续投入战斗。后来,这颗子弹在他的身体里一“长”就是 74 年。

师:一颗“长”在身体里 74 年的子弹,让我们为之动容。也正是因为这些新闻报道,昔日默默无闻的英雄和他们的感人事迹才会被更多人知晓。那么,这类报道属于新闻中的哪一类?

生:这个新闻很长,应该算通讯。

师:是的,通讯一般比较长,但篇幅的长短并不是区分通讯和其他新闻类型的唯一标准。我们回顾下,通讯还有什么特性?

生:通讯属于新闻,所以最基本的特征还是要客观真实。

生:通讯会加上作者的评论,比较注重思想意义。

生:报道事件或者人物比较详细,对事件的来龙去脉和人物的形象事迹等会有具体的描写。

生:除了描写之外,通讯还可以运用记叙、抒情、议论等表达方式。

师:大家说得很对,我们常见的人物通讯、事件通讯大多有这些特点。除此之外,还有概貌通讯、工作通讯等,较其他新闻体裁而言,通讯则更加具体、生动、形象,议论色彩也更浓。

任务二:拟定优秀新闻作品评选标准

师:刚才,几组同学从不同的角度向我们推荐了不同的新闻体裁。现在,请大家以小组分工的方式,分别从四个角度来思考总结优秀新闻作品的评选标准。第一列可以从新闻价值的角度定标准,第二列从报道角度,第三列从结构层次,第四列从语言表达。(播放 PPT 第 3 页)现在,请开始讨论,并做好记录。

(四人小组讨论、记录)

师:请第一列第一组代表发言。

生(第一组):我们小组是从新闻价值来定的。优秀新闻要能及时报道当下发生的事件和热点,而且所报道的事情是要有意义的。

师:所谓“新闻”,首先得“新”,这个“新”就体现了新闻的“时效性”(板书“时效性”);要有意义,有传播的价值,体现了新闻的“重要性”(板书“重要性”)。很好,还有吗?

生(第一组):新闻要真实。假新闻就会误导读者,造成不好的社会影响。优秀的新闻要有正能量。

师：对，新闻首先要客观真实，优秀的新闻要有良好的导向，对个人的成长和社会的风气是有正确引导作用的。（板书“真实性”“导向性”），除此之外，还有？

生（第一组）：优秀新闻要有可读性，要能吸引大众，阅读量高。

师：当然，新闻的“新”字，保证了可读性。但是让读者悦纳，喜欢接受，主要还是靠语言表达。

生（第一组）：优秀新闻也可以是有趣味的，或者能让人感到新鲜和惊奇的。

师：有趣的、反常的。有趣的就是可读性强，反常的其实也属于“新”的特点。有人说，狗咬人不是新闻，人咬狗才是新闻。说的就是反常产生“新”。当然，一个有价值的素材，也需要依靠挖掘，因此，表现事实的角度也很关键。请第二列第二组来谈谈优秀新闻的报道角度。

生（第二组）：我们觉得，不同新闻媒体的受众是不同的，传播方式也是不同的，因此同一新闻事件或人物，考虑到受众和导向的不同，就可以从不同方面来进行报道。同一新闻主题，也可以选取不同的材料来报道。（板书“多角度”）

师：对，报道角度要选得准确、恰当。同样一个公共事件，从迎合受众的角度报道，跟从表明媒体立场的角度，呈现出来的新闻就会不一样，还有官媒和自媒体对同一事件的报道角度也会有区别。所以，媒体的立场和诉求，也就是说目的性决定了新闻报道的角度。（板书“目的性”）

师：刚才，同学们从新闻报道的选题价值和报道角度上，给出了优秀新闻的标准。第三列第三组，请你们来发言。

生（第三组）：我们认为，新闻的结构和层次就是新闻报道的骨架，是对新闻写作的整体规划。优秀的新闻，结构和层次是清晰的。

师：新闻由哪几部分构成？

生（第三组）：导语——主体——结尾。

师：回答正确。有时候，有些新闻还有“背景”这一部分。那么，比较常见的新闻结构有哪些？

生（第三组）：我们经常看到，很多优秀新闻会把最重要、最新鲜的事实放在最前面，让读者能够马上抓住重点。

师：你说得很准确。这种结构叫作“倒金字塔”结构，（板书“倒金字塔”）就是以事实的重要程度或受众关心程度依次递减的次序，将各个事实按其重要性程度依次写下去。有“倒置的金字塔”，当然也有“正立的金字塔”。想一想，这又是一种什么结构？

生：可能就是按照普通的顺序来写事件。

师：我们常见的“普通的”顺序，是哪种？

生：时间顺序。先发生的放在前面，后发生的放在后面。

师：不错，按照这样的结构，事件的开头就是新闻的开头，事件的结尾就是新闻的结尾。（板书“金字塔”）还有哪些结构？

生：会不会也有和我们作文结构一样的，比较常见的并列式结构？

师：你已经能触类旁通了。新闻中，的确有并列式结构，就是将同等重要的事实平行排列写，不分伯仲。这样的结构叫作“双塔式结构”（板书“双塔式”）。此外，还有很多结构，比如小说中的“延迟”设计，在新闻中也有，叫作“延缓兴趣结构”（板书“延缓式”），意思就是导语中不交代具体事实，引导读者非读完全篇不可。有一种叫“提要式结构”，又称“一二三四”结构，适用于综述性新闻（板书“提要式”）。当然，新闻结构没有一成不变的固定模式，它处于不断的发展变化之中，想要把新闻写好，就要根据“内容决定结构”的原则，选择最佳的新闻结构，灵活多样地表述新闻内容。

师：我们再来说一说，怎么理解“新闻的层次”。这一组，请你们派代表来回答。

生（第三组）：我们觉得新闻的层次是指新闻是怎么样来分析事件的。首先要有事件的介绍，其次可以写一下事件发生的原因和背景，这样能帮助读者去了解事实。最后，还可以有这个事件带来的结果和影响，作者对这个事件的评价等。

师：这是你个人的观点还是大家一起讨论的结果？

生（第三组）：我们一起讨论的。

师：众人拾柴火焰高。你们已经总结得很专业了。一般来说，新闻有三个层面。首先是事件的本体，也就是新闻的基本面；其次是新闻的背景，可以有案例的补充和细节的刻画；最后是新闻事件的发展与影响，或者针对事件的思考与分析。优秀的新闻结构合理，细节到位，评议深刻，具有层次性。（板书“合理性”“深刻性”“层次性”）借用刚才同学回答时的原话，“新闻的结构和层次就是新闻报道的骨架”，有了骨架，也要有血肉。这里说的血肉是指？

生（第四组）：新闻的语言。

师：很对，好，就你这一组，从语言表达角度说一说好新闻的标准。

生（第四组）：新闻的语言要“吸睛”“亮瞎你的眼”。

师：你是说语言有吸引力，能引起读者阅读的“悬念”。现在有一个词“标题党”，指标题耸人听闻，文章内容却是牛头不对马嘴。这种耸人听闻的语言，我们不提倡，但是怎样表达能“吸睛”，要花点心思。

生：就是文学性多一点吗？

师：你说说什么叫文学性的语言。

生：文学性语言讲究形象、生动，也可以有情感性的语言。

师：是的，像课文《喜看稻菽千重浪——记首届国家最高科技奖获得者袁隆平》《“探界者”钟扬》中就有文学性的语言。这里要注意的是，新闻语言的个性和共性的问题。个性是指不同的新闻体裁语言有不同的要求，共性指的是新闻语言必须客观、准确。你们觉得消息、通讯和新闻评论的语言有何不同的要求？

生：新闻和消息应该差不多，从语言上看，消息的语言估计更加精练。新闻评论的语言就要多一些议论性的表达，要有一定的逻辑，观点也要很鲜明。

师：你说得很对，新闻评论作为议论文体的一种，语言的表达必须要做到概念明确，判断得当，推理严密。把你们的回答总结一下，也就是说，新闻的语言表达得根据新闻类型的不同，而有所区别，要恰当得体，这就叫得体性。现在我们可以总结出语言表达上的要求了。优秀的新闻作品，它的语言表达要客观、要准确、要得体。（板书“客观性”“准确性”“得体性”）现在，我们可以结合板书，把刚才同学们讨论出的评价标准，梳理成一张表格。

（学生梳理表格，组内分享，观察筛选。教师投影展示学生的表格，见表1）

表 1

新闻价值	时效性、重要性、真实性、导向性、趣味性、反常性
报道角度	接近性、多元性
结构层次	合理性、层次性、深刻性
语言表达	客观性、准确性、得体性

师：这组同学的这个表格设计，形式虽然简单，内容却很明晰。但是，新闻价值有六个标准，报道角度只有二个标准？

生：我觉得“重要性”和“导向性”可以合并。在本质上都是指在价值上有导向，是重要的。“趣味性”可以去掉，或者下移到语言表达这一栏里。因为新闻的价值，在于告知重大重要事件，而不是有趣好玩。

生：报道的角度“接近性”和“多元性”不知是什么意思？这组同学可以解释一下吗？

生：我们认为，“接近性”就是不管你在哪个立场上报道，都要尽量接近事实本身。“多元性”是指对同一事件有不同的报道角度。

师：根据同学们的意见，我们把表格修改成这样如何？（教师在黑板上画出表格，见表 2）

表 2

新闻价值	真实性、时效性、重要性
报道角度	接近性、多元性、目的性
结构层次	合理性、层次性、深刻性
语言表达	客观性、准确性、得体性

师：当然，我事先也制作了一份标准，咱们一起看看老师列举的项目。（播放 PPT 第 4 页，展示图 1）大家可以在这个表 2 的基础上，参考我的 PPT，修改和完善自己写的推荐语。

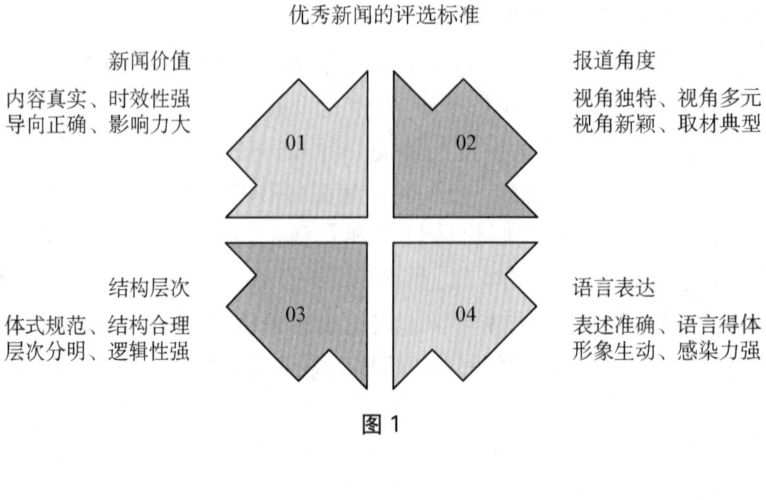

图 1

任务三：修改展示推荐语

（学生小组合作，修改推荐语。教师巡视，选择比较完整的推荐语，投影展示）

生：我们推荐的是光明网的这篇《高校老师“直播带人”，意义大于形式》。

这是一篇新闻评论，报道的事件是浙江理工大学教师，采用“直播带人”的方式，为学生制作简历展板，现场连线企业HR，向用人单位推荐优秀学生，让更多的学生受到各单位的青睐。这篇报道肯定了老师的这种做法，让更多人关注到大学生就业问题，是具有积极的社会引导意义的。文章还从网友和其他高校对此做法的评价入手，对“直播带人”这一做法提出担忧和建议，分析到位，评议深刻。

师：你们主要从新闻的价值这个角度来评说，传播正能量，具有引导意义。但从这篇推荐语的整体看，描述新闻事件的部分占了推荐语的一半篇幅，有些文字可以精简，甚至可以省去。不妨再从报道角度、结构层次、语言表达方面进行评价，这样的推荐语，内容上也更加充实。请修改一下，再接再厉。我们来看下一组。

生：我们推荐的还是《人民日报》这篇《CT片上拍出一颗子弹，医生吓了一跳……》。

这篇人物通讯从一颗“长”在身体里74年的子弹和一份退役证明及军功章的遗失证明入手，展现了老兵罗锦文在解放战争岁月里的英雄事迹，角度新颖，构思巧妙，我们好像能随着老物件去了解他的一生功勋。这篇人物通讯里，有大量的细节描写，97岁高龄的老兵，现在依然能干脆地报出自己所在部队的番号，依然清楚地记得当年北上的列车经过的那些车站。这些细节的呈现，让这颗跳动了将近一个世纪的赤子之心更加真实可感。细腻而富有情感的语言也让英雄的故事不再是冰冷的文字，让每一个读到的人感动不已。

师：人物通讯中的细节呈现的确是人物形象有力的表现手法，你们关注到了，很好。这篇推荐语，从报道角度、结构层次和语言表达方面做出了评价，那么语言的特点呢？是否和我们的评价标准相契合？可以再补充一些。由于时间关系，我们只能再请一组来展示了。

生：我们推荐新浪网的新闻消息《太宠了！旅俄大熊猫“如意”和“丁丁”胖了40斤，各住一套“豪华套房”》。

旅美大熊猫丫丫的生存境况堪忧，最近这个事件引发了国内外的持续关注，很多网民担心其他旅居大熊猫的健康。在这个背景下，这则新闻抓住了时下的热点，契合了受众的关注点，交代了并不是出国的熊猫都遭“厄运”——旅俄大熊猫如意和丁丁的生活就非常惬意。这样的新闻报道能宽慰读者的心情，是有价值的。同时，报道角度也是多样的，从到园参观者、园方工作人员、动物专家等多个角度来介绍大熊猫们的生活，让读者对大熊猫的旅俄状况有更全面的了解。此外，标题和首段就写到“胖了40斤，各住一套房”，把最重要的信息写在最醒目的位置，这种倒金字塔式的结构，成功地抓住了读者眼球，让大家因此更好奇它们的生活究竟是怎样的，想要读完全篇。整篇消息语言通俗简洁，寥寥数字却能产生画面感，确实优秀。

师：从大家的掌声里就能知道，你们也很优秀。这篇推荐语分别从新闻价值、报道角度、层次结构和语言表达四个评选标准入手，行文逻辑清晰，表述流畅简洁，连书写都很漂亮。值得表扬和学习！（铃声响）

师：新闻是社会的“晴雨表”，也是时代的“风向标”。通过新闻，读懂中国；通过新闻，观察世界；通过新闻，预知未来。（播放 PPT 第 5 页）下课！

【教学反思】

1. 带着知识扩展阅读。本单元之前的教学，让学生学习了通过具有典型意义的事件，来表现人物优秀品质的通讯，也学习了能联系社会现实，提出观点并合理阐述事实与观点的关系的新闻评论。因此，学生已经基本了解了新闻的文体知识，能带着这样的知识再去报纸、自媒体、网站等新闻媒体或平台上，继续阅读新闻。这是学以致用，也能增进他们对社会、时事的了解和关注。

2. 根据标准推荐阅读。什么叫新闻？新闻的种类有几种？新闻报道，它们共同的评价标准是什么？了解这些都是帮助学生更好阅读新闻的前提。制订出一个普适的优秀新闻的评选标准，根据标准，学生才能够在各种媒体平台上筛选出优秀作品，发现并枚举出这些作品的优点。由此举一反三，学生在各类文章的阅读过程中，都能有自己的理解和建构。

3. 根据阅读写作推荐语。阅读新闻后，是有阅读心得的。为什么要推荐这则新闻？是事件本身重要性值得关注，还是新闻表达的语言值得欣赏？通过推荐语的写作，考查学生对于好新闻认知的正误。新闻的推荐与推荐语的写作，对学生而言，可以起到如下作用：第一，综合理解什么是好新闻。第二，以公民的姿态关注公共事件，增加社会参与度。第三，以理性的态度参与事件的评论，增强鉴赏和评价的能力。

4. 撰写新闻推荐语是本节课的重点和难点。但由于时间关系，只有三个小组上台展示，无法呈现更多学生的写作情况，有些遗憾。另外，对于同学写的推荐语，如果能先让学生各组互评写好的推荐语，修改完善，再由老师点评，则更有对比参照意义，教学环节也更完整。

5. 学生所写的推荐语如果是结合文体特征来写作的，本次教学效果则更令人满意。但实际是，比较多的学生，没有区分消息、通讯、新闻评论不同类型新闻文体的特点来写作推荐语。此外，有些同学的推荐语依然是泛泛地谈其“优秀”，没有根据课堂四个维度的评选标准来解读。教师如果能细化引导，让学生当堂修改，再次呈现，课堂效果则更好。

民生在勤，勤则不匮：演讲策划

执教/太原市教研科研中心　任海林　太原市第五中学校　陈　洁

本课课件

【专题目标】

联读《喜看稻菽千重浪——记首届国家最高科技奖获得者袁隆平》《心有一团火，温暖众人心》《"探界者"钟扬》，整合三篇人物通讯塑造人物的手法，体悟劳动被不同时代赋予的意义与在新时代青年身上发挥的价值。结合主题，策划一次演讲活动。

【预习任务】

1. 细读三篇人物通讯，完成课前任务单上的预习任务：(1)列出三篇人物通讯中的表达技巧，并加以分类整合；(2)圈画相关细节，概括人物形象；(3)思考三位人物劳动精神的共性；(4)探讨劳动的意义与价值。

2. 再次阅读《以工匠精神雕琢时代品质》，拓展阅读《让工匠精神深入人心》，观看"CCTV-发现之旅"频道推出的一档纪录片《工匠精神》，进一步认识工匠精神的精神实质，感受中国制造的独特魅力。

【教学实录】

师：中华民族历经风雨而千年不衰，源于勤劳的美德。从大禹治水到愚公移山，从机器轰鸣中的工人到田野垄亩的农民，再到专注于一刀一锉的大国工匠，每一位劳动者的汗水、奋斗者的姿态，早已植入中华民族的精神血脉。今天我们通过第二单元的综合实践活动做一次回顾与总结。(播放 PPT 第 1 页)

任务一：回顾概括"人物"，学习写作构思

师：同学们，让我们通过表格来回顾一下三篇人物通讯，先来看《喜看稻菽千重浪——记首届国家最高科技奖获得者袁隆平》。请同学们尝试用一到两句话来概括这篇人物通讯中袁隆平先生的劳动贡献。

生：本文讲述了袁隆平先生培育、选种杂交稻的艰难过程。

师：很好，那么我们从中能了解到袁隆平先生怎样的劳动精神呢？

生：是一种面对困难时不畏艰险、努力奋斗，面对他人质疑时勇于坚定自我、不断创新的精神。

师：非常棒，很明显你是从文本的不同段落、不同角度概括出来的。那我们依此方法概括《心有一团火，温暖众人心》和《“探界者”钟扬》，完成表1。（播放 PPT 第 2 页，展示表 1）

表 1

姓名	职业	劳动贡献	劳动精神
袁隆平			
张秉贵			
钟扬			

（学生交流讨论，完成表格，成果见表 2）

表 2

姓名	职业	劳动贡献	劳动精神
袁隆平	农业科学家	培育杂交水稻，解决中国乃至世界的粮食问题	献身科学，勇于实践、创新，尊重事实，捍卫真理，不忘初心，为国分忧、争光
张秉贵	售货员	把售货员的工作做到极致，温暖了顾客	爱岗敬业，全心全意为人民服务
钟扬	大学教授	在植物研究所工作，在科研、援藏、教育等方面贡献巨大	无私奉献，不断进取，献身科学，淡泊名利

师：那么，这三篇人物通讯是如何塑造人物形象的？用了什么方法呢？我们先不急着解决这个问题，来看这样一则材料。（播放 PPT 第 3 页）

袁隆平（1930 年 9 月 7 日—2021 年 5 月 22 日），男，汉族，生于北平（今北京市），无党派人士，江西省九江市德安县人。

湖南省政协原副主席，国家杂交水稻工程技术研究中心原主任，中国工程院院士，享誉海内外的著名农业科学家，被誉为“世界杂交水稻之父”。

袁隆平致力于杂交水稻技术的研究、应用与推广，发明“三系法”籼型杂交水稻，成功研究出“两系法”杂交水稻，创建了超级杂交稻技术体系，提出并实施“种三产四丰产工程”，运用超级杂交稻的技术成果。2018 年 9 月 8 日，获得“未来科学大奖”生命科学奖；2018 年 12 月 18 日，党中央、国务院授予袁隆平改革先锋奖章，袁隆平获评杂交水稻研究的开创者。2019 年 9 月 17 日，国家主席习近平签署主席令，授予袁隆平“共和国勋章”。2021 年 5 月 22 日逝世。

师：请将这则材料与课文《喜看稻菽千重浪——记首届国家最高科技奖获得者袁隆平》

进行对比，告诉老师，读完哪一篇更能让你对袁老印象深刻？

生：课文。

师：当然是课文。为什么呢？这则材料是如何概括袁老生平的？

生：按照时间顺序直接列举他的成就。

师：是的，平铺直叙，像名片一样，好像并没有“详”与“略”的区分。猜猜老师是从哪里为大家找到这篇材料的？

生：百度百科。

师：这是百度百科的手法，平铺直叙。那教材如何让我们对袁老印象深刻？

生：通过细节描写和典型事例。

师：对，典型事例和细节描写。以上，我们在思考的问题是怎样写人物，现在我们来思考为什么要写这三位人物。为什么教材选的是他们三个？为什么要书写他们呢？想要解决这个问题，我们还需要思考，这三位人物有哪些共性？职业不一样，相应的具体贡献当然也就不一样了，那么什么可能一样？可能类似？

生：精神。

师：什么精神？可以概括一下吗？

生：热爱本职工作，致力于做好本职工作。面对困难、挑战，不屈不挠，不懈奋斗。

生：有责任心，有担当，有着崇高、远大的理想；不计个人得失，无私奉献。

生：主动探索，勇于实践。

师：虽然我们从三位人物各自不同的贡献当中提取出的精神品格稍有差异，但是他们的精神是有共性的。不论他们从事哪一个职业、身处哪一个岗位，他们都热爱并且致力于做好本职工作。因为热爱，他们就会更有责任心、更有担当。面对困难和挑战时，就更加不屈不挠、不懈奋斗。在探索的路上，他们都是主动的，是勇于实践的。整体而言，三位劳动者都不计个人得失，能够做出无私的奉献，也正应了《以工匠精神雕琢时代品质》这一篇课文里所讲的“发自肺腑、专心如一的热爱”。（播放 PPT 第 4 页）

任务二：化身校园记者，聆听劳动强音

师：事实上，具备这种精神的人不一定生活在远方，生活在书报里，他们有可能就耕耘在我们周围、我们身旁。我们学校是寄宿制学校，我们的校园里有这样一群人，用心地维持着学校的正常运转，守候着同学们的日常生活。比如？（播放 PPT 第 5 页）

生：保安、校医、宿管阿姨、食堂师傅、我们的老师。

师：很好。之前同学们分组对上述劳动者进行了采访。现在请在你的脑海里画一张流程图，回忆你们的采访分为几个部分。（播放 PPT 第 6 页）

生：确定对象，分组，制订采访大纲，也就是采访的框架。

师：在大纲中，主要设置了哪些问题？

生：访谈的时间、地点，受访者姓名、职业、年龄、每天的工作量，工作中感到骄傲和自豪的事、工作中的烦恼……

师：一名好记者想让受访者毫无障碍、兴致盎然地诉说，他需要使受访者感受到什么？

生:让受访者有安全感。要让受访者处于舒适的心理状态之下,让受访者能够轻松、诚恳地表达自己内心真正想表达的东西。

师:我们如何帮助他们在舒适的状态下进行交谈呢?

生:首先,我们要有基本礼仪,这是大前提。其次,设计问题应该遵循由浅入深、由表及里的方式,让受访者像聊天一样放松、自然地讲述自己的故事。

师:除了安全感,还有一个要求,就是不能有主导性。我们应该自然而然地让受访者吐露自己的经历和人生故事,从而在沟通与交流中发掘素材。下面大家谈一谈在采访过程中最让你印象深刻的一件事是什么,或者你从受访者那里听到的什么事是和你以往想法不太一致,甚至让你受到震撼的。

生:食堂宋店长告诉我们,食堂的工作人员每天凌晨 2:00 就要起床,为同学们一天的饮食做准备,一直工作到 8:00 才能换下一班人马。

生:保安乔师傅在同我们的分享中提到了自己正在上大学的姐姐,言语当中有些不甘心。他的生活很不容易,甚至是我们从未想象过的,但是他还是用积极乐观的人生态度对待生活,非常乐观开朗,对人生的看法也很通透。"不好说"是他接受采访时的口头禅,我想每个人都有不愿为人知的一面,也可能是由于距离或安全感的问题吧,也许在今后的日子里,我们能更深入地了解他。

师:谢谢这位同学的讲述。乔师傅的经历与态度让老师想到一句我们高中生写作文时经常引用的一句名言,来自罗曼·罗兰——

生:世界上只有一种真正的英雄主义,那就是在认清生活的真相之后依然热爱生活。

师:如何才算热爱生活呢?这也是我们今天的收获之一。劳动的意义是什么?其实我们劳动经常是在与他人建立一种社会关系。在劳动的过程中,我们参与他人的生活,与他人进行交流。在我奉献的时候,实际上我也是在为他人的生活服务,而我们在劳动当中也同样是被服务着的那一方。在劳动当中,我们体会到了自己爱与被爱的能力,而在这爱与被爱当中,同样能体会到用心劳动本身的意义——在我劳动的时候,我与幸福的关系发生了变化——我不是在等候幸福,而是在用双手去——

生:创造幸福!(教师播放 PPT 第 7 页)

师:非常好!以上,我们一直在谈论采访活动当中同学们的收获。事实上,任何一次活动,都不可能是十全十美的,我们一定会有遗憾,也会对此进行反思,请大家谈谈在这次采访活动中,你们遇到过哪些问题,又有哪些遗憾。

生:我们组的采访对象是保安王师傅。我们以为保安只是一个很简单的职业,每天的工作内容并不多,也并没有想过保安师傅可能有很多生活阅历,因此我们的预设问题不够有深度。在采访的过程中,我们发现保安王师傅背后有非常丰富的人生经历,他在年轻时曾经创业,也做过很多其他工作。

师:也就是说,你们组的遗憾在于同学们对于受访者的人生厚度预设不足,但这也让同学们有了新的收获。这正是真实的实践活动当中会遇到的问题。任何人身后,都可能是波澜壮阔、风起云涌的一生。

任务三:吟咏劳动之歌,体悟生命之度

师:下面回顾一下你们的演讲稿的写作。歌咏劳动者的演讲稿,写作时要注意什么?

生:写出真实的细节。

生:要进行选材与组材,选择典型事例。

生:兼用多种表达方式,比如记叙、议论、抒情。

生:还有描写,通过语言、外貌、动作、神态、心理描写表现人物。

师:有了这些人物描写手法,能让你的听众更直接地感受到你当时所处的采访情境;或者和你一起想象受访者风起云涌的人生经历。此外,除了"把故事讲好",演讲还要有观点的输出。观点的输出不是带有说教意味地喊口号,而是要由事实引出观点,让你的观点有依据,从而更好地感染听众。这是我们从书写演讲稿以及修改演讲稿的过程当中提炼出来的经验。除此之外,还有补充吗?(播放 PPT 第 8 页)

生:有道是"好的开头,是成功的一半",所以我觉得要写好一篇演讲稿,开头一定要写好,这样才能把观众带入我的情境。比如引用名人名言、讲述引发听众好奇的有趣的故事,或者与听众提问互动。

生:不管是写作内容时,还是演讲时,都要注意保持感染力和吸引力,确保观众能跟上我的思路和节奏。

师:说得太好了!演讲不仅仅是文字的艺术,更是语言的艺术,我们要把演讲内容讲出来。在你演讲的时候,你的语调、你的表情、肢体动作都要有感觉,要和观众有互动。那么接下来的时间,把舞台交给同学们。506 班"致敬一线劳动者"主题演讲会,正式开始!(播放 PPT 第 9 页)

生(主持人):他们没有名垂千古的功勋,也没有金戈铁马的辉煌。奔走在乡村的田间地头,穿梭于城市的现代厂房;坚守三尺讲台,期待桃李芬芳;图纸前呕心规划,仪器旁日夜测试。他们默默奉献,勇敢担当,锐意进取,勇于创造;他们用智慧的劳动播撒爱和希望,他们是最美劳动者。劳动者书写辉煌历史,劳动者创造美好未来,劳动者改变世界,劳动者谱写人生最华美的篇章。让我们一起走近太原五中最美劳动者,看看他们的生活日常。

(王佳伟同学演讲)

致敬我们的宿管老师

太原五中 506 班　王佳伟

亲爱的同学们:

在演讲开始前,我想问大家几个问题:有多少同学在初中或小学时有过住校经历?请举手。有多少同学了解过我们的宿管老师的经历与工作量?请举手。有多少同学曾经为我们的宿管老师在节日中送去关心与祝福?请举手。可以看到举手的同学越来越少,到最后寥寥无几。

在住校的日子里,大家每日披星而起,带着困倦,打着哈欠走出宿舍时,戴月又归,带

着满身的疲倦回到宿舍时，会不会注意到我们的校园生活中被忽视的角落里，为我们默默付出的宿管老师？她们会在我们向他们问好时笑意盈盈，也会在面对脏乱的宿舍时怒目而嗔。她们似乎总在我们看不见的角落默默工作，又会在我们需要帮助时及时现身。大家是否会好奇熄灯后楼道里轻轻的脚步声通向何方，通向何时？是否好奇宿管老师们不苟言笑的表情下藏着一颗怎样炽热的心？带着这样一份疑惑与敬意，我们小组采访了男生宿舍的宿管老师宋志岩。

宋志岩老师大概40岁出头，来太原五中当宿管已有四年，先前从事保安工作，后来由于孩子上了大学，宋老师甚是想念自己的孩子，于是退休后又应聘到物业公司，来到龙城校区照顾我们这群学生。

宿管的工作并不轻松，采用24小时轮班制。在我们抱怨睡眠总也不够，抱怨早晨烦人吵闹的起床号角，抱怨迟迟不响的下课铃声时，宿管老师们每日都在半夜十二点甚至凌晨一点才能安心入睡，又在起床号角响起前强忍着困意起床，只为了督促还在聊天的学生们早点睡觉，提醒赖床的同学们抓紧时间起床洗漱。在每一天的每一分钟每一秒钟里，她们都在，一直都在。

面对如此繁重的工作，是什么信念使宋老师日复一日始终坚持？对此，宋老师对我们说："我的孩子去了别的城市上大学，对我来说，你们就像是我自己的孩子一样。我希望你们能学习好、生活好，这就是我唯一的动力。"

我们又询问了宋老师工作中最令她感动与自豪的事，她指一指办公桌玻璃板下压着的一封信。"这是去年元旦，上一届学生写给我的感谢信。最让我感动的就是这句'不是亲人，胜似亲人'。"她又热泪盈眶了，"这封信是我最珍贵的东西。"

当问及最自豪的事时，宋老师回忆起高考后出分的那个日子，回想起学生们激动的神情："我那时的感觉就好像我自己的孩子考上了理想的大学，甚至还要强烈！"

对于宋老师来说，工作以来最大的收获就是同学们的认可。她与学生们就像是妈妈与孩子，孩子或许会嫌弃这位妈妈的唠叨，妈妈或许会叹息孩子的叛逆。但是多年以后，当身边的一切都向阳而生的时候，我们总会想起那一个个旭日东升的早晨，我们与她道别；那一个个月明星稀的夜晚，我们再次和她相逢。她就站在宿舍的门口，像是一位期盼孩子回家的母亲。她会担心我们有没有休息好，有没有在半夜聊天，去教室有没有迟到，这一天有没有过得很好。她渴望的不是贵重的礼物，也不是慷慨激昂的溢美之词，而是学生把自己看作亲人，并且喊出一句句"阿姨好！""阿姨再见！"

正如闻一多《红烛》中所言："莫问收获，但问耕耘。"让我们对宿管老师多一份关心，多一份感恩，多一份共情，体会其工作的不易，这或许正是对一线劳动者致敬的正道，对身边平凡而伟大的劳动者所能致以的最崇高的敬意。

生（评委一）：王佳伟同学的演讲开头由问题引入，与听众互动，调动了大家的情绪，很有观众意识。描写、抒情的语言很美，很生动地刻画出与我们朝夕相伴的宿管老师的亲切形象，引发我们的共鸣，很感人。

（崔恩蕙同学演讲）

致敬保安乔师傅

太原五中506班　崔恩蕙

亲爱的同学们：

在选取采访者的过程中，我发现大部分人的采访对象是有一定资历与社会经验的工作者。大家都认为资历多的经历多，经历多的采访获得的内容多，价值也高。但我们偏不走寻常路，我们去采访了一位非常年轻的劳动者。

他今年24岁，个子不高，笑起来眼睛弯弯的、亮亮的，眼中是向阳而生的乐观，是没有被阴霾遮掩的闪耀。“步伐节奏延续生命的河流，默默在岗位战斗的每个小英雄”，这是苏打绿歌中的劳动者，也是我笔下他的模样。

我问他“累吗?”他说：“累是肯定的。之前，我在家乡工厂的车间做流水线工人，很苦很累，受不了那样的生活，所以来省城太原当了一名保安。”他是去年四月来到龙城校区任职的，每天上班12个小时，负责登记和巡逻。在我们交谈期间，他一直笑眯眯的。我就问他：“你是怎样保持这么乐观的心态的?”“脸皮厚。”他又笑眯眯地和我说，“以乐观的心态度过每一天，把烦恼抛诸脑后，我其实没什么对未来的规划，只是想活在当下，走一步看一步。现在的生活状态，我比较满意，未来的变数太多，所以不好说。”

“不好说”三个字，是他在采访中说过最多的话。我不知道是什么原因让他要说的事情很难说出口，顾虑重重。可能过早进入社会所带来的疲倦与危机让他感到不适。不过没关系，因为他又笑着对我们说：“只要不死，天天如此。”你看起来毫不在意的外表下是否藏着一颗不甘于现状的心？你说你未曾设想过未来，却又说希望未来的变数可以掌握在自己手中。你微笑的外表下是否掩盖着无人知晓的悲伤？“我当然希望保持初心，积极地热爱生活，工作要先苦后甜。”他还是这样回答我。是啊，先苦后甜。在吃这份苦的时候，你一定对甜也充满着向往。

落在一个人一生中的雪，我们不能全部看见。他将肩上的雪片拂去，用温暖融化身上的冷意。人前的他总是保持笑容，希望以笑容感染身边的枯萎。可他也只是一个24岁的少年，我想告诉他：世人道我年少轻狂，但我本身就年少。

作为一线劳动者，他对自己疼痛的过往并不执着或者难以释怀，而是对未来每一天都带着憧憬，将自己的乐观、对生活的热忱，带到劳动的每一刻。一滴汗水，可能找不到未来，但无数次的挥洒终将携你奔赴星辰大海。平凡或特别，笨拙或聪明，他从不担心自己被世界折磨，疲惫在他身上化为笑容，带着笑容的睡意化作彩虹。

他叫乔锦峰，“锦绣”的“锦”，“锋芒”的“锋”，是一名来自龙城校区的保安小师傅。他很年轻，他很乐观。希望大家记住他。

日子总是庸常的，但总有细碎的事物，如太阳将光芒洒落其上。愿乔哥能在翻山越岭过后淡然说出属于劳动者勇敢的故事，愿您未来初心伴随，一如既往。

最后祝愿劳动者及在场的各位：山有顶峰，湖有彼岸，在人生漫漫长途中，万物皆有回转，当我们觉得余味苦涩时，请你相信，一切皆有回甘。

生(评委二)：我觉得我们小组的演讲稿是比较难写的，因为我们采访的不是身边熟悉的人，而是我们从不关注的保安小哥，是和我们的成长经历截然不同的人。之前的采访，更像是打开了一扇观察社会的门，我们只能隔门远观。再加上受访者表达的犹豫，让我们的演讲稿写起来总觉得不清晰透彻。但我想，今后我们是有机会更进一步地了解他、了解社会的。这也是我们这次最大的收获。

（陈霁旸同学演讲）

致敬在平凡中伟大的老师

太原五中506班　陈霁旸

敬爱的老师，亲爱的同学们：

说到劳动者，对于我们来说，最熟悉的应该是与我们朝夕相处的老师们。那最美老师是什么样的？老师劳动成果体现在何处？老师的劳动并不像其他职业，可以产生立竿见影的效果。教育事业就像在为学生扎根，地面上的树木看似毫无变化，但当许多年过去后，它却会比那些普通的树更为高大。这就是老师这个职业的成果。

我们组采访了我们的班主任——齐俊高老师，他是一位拥有26年教学经历的一线教师。他说教育不像治病，可以药到病除；老师是在与学生相处过程中慢慢改变一个人，不断影响一个人的。

在谈到老师的成就这个话题时，有人会想："学生学习成绩的提升，不就是老师的成就吗?"但齐老师说："教书固然重要，但教育更重在育人。教育旨在培养优秀的人，而优秀的人，往往不仅有高智商，更应有高情商。"齐老师提到他曾教导过的一位体特生，他虽然英语成绩不好，却会在考试中认真作答每一道题，力求拿到更多分数，从不躺平，他最终考入了北体。齐老师为他对自己负责的心感到无比骄傲。说到高光时刻，齐老师提到一张奖状，那是他的两位徒弟在教学比赛中获奖时颁给指导教师的奖状，齐老师脸上现出与有荣焉的喜悦。他说徒弟的喜悦就是他的喜悦，徒弟的高光时刻，就是他的高光时刻。他在劳动中将教育的薪火传递，无数萤火终汇成明亮灯火。

谈到曾经遇到的困难时，齐老师面露担忧地说，他曾经遇到过一些像"石头"一样不听劝的学生，他为他们不成熟的思想而忧虑，却只能尽力引导、感化他们，希望自己的坚持可以让他们尽早醒悟。不抛弃、不放弃任何一个人，是他教育的宗旨。他说，学生不可能人人都有优异的成绩，但每个人都应该有美好的人生。老师就是要以高昂的热情去感染、激励学生，让他们也获得学习、生活的热情，从而收获美好人生。

怎样的人才是值得我们致敬的一线教师？我认为，并不是教出了多少名人、伟人的老师，而是像齐老师那样义无反顾地热爱着自己的工作，永不放弃任何一名学生的老师。他们是封校时坚守在校的人，是深夜无眠的人，是常常为学生而不顾自己的人。他们是现实中平凡的人，却也是岗位上最伟大、最美丽的人。让我们以最崇高的敬意，向在一线劳动的所有老师致敬！

生（评委三）：我们对班主任的了解是比较丰富的，可写的事很多，但如果没有取舍，堆砌起来，中心就被冲淡了。陈霁旸同学的演讲能抓住典型事例表现人物某方面的特点，在选材与组材方面做得很好。

生(主持人):每当太阳升起,都有无数的劳动者,为了一份责任、一份热爱、一份信念,坚守在各自的岗位上,用辛勤的付出,诠释劳动的美德。他们是微光,但足以照亮时代;他们是砖瓦,但能筑起高墙。致敬劳动者!致敬每一份付出!致敬每一份坚守!致敬每一份守望!

师:重温教材,“说一说”;走进生活,“访一访”。寻访劳动者是本单元学习的重要任务。新时代,青少年筑牢勤劳根基,传承奋斗美德,同样具有非凡意义。于是我们书写劳动者,并聚力致敬劳动者。“一切乐境,都可由劳动得来;一切苦境,都可由劳动解脱。”老师衷心祝愿同学们,都能在劳动中拓展自己生命的广度与深度;在劳动中,让悠长岁月里中华民族世代相传的美德,绵延不息。

【教学反思】

本单元的教学设想是由学生自主举办“致敬一线劳动者”主题演讲会,启迪学生从自身做起,传承劳动之美德,加深对单元人文主题内涵的理解。教师要实现对学校的全部教育资源的充分利用,以期达到“有情境、有任务、有活动、有评价,要素兼顾;新课标、新课程、新教材、新高考,守正创新”的课堂要求。

1. 单元理念是宗旨,群文梳理提效率

统编高中语文必修上册第二单元以“劳动”为主题,选文包括三篇人物通讯、一篇新闻评论和两首古诗,从不同角度彰显劳动的伟大意义。选择三篇人物通讯,并选择精而细的切入点——聚焦人物写作方法,有利于高效完成“学习提示”中关注典型事例和细节描写的学习要求。

2. 情境创设有挑战,立德树人是根本

寻访劳动者和书写劳动者的活动,改变了学生被动接受的学习方式,让学生真正进行自主、合作的探究式学习,唤醒了学生在真实生活情境中的真实体验,激发了学生在语文学科情境中观察生活、自行创作的兴趣。从选择受访人物到设计采访提纲,再到真正进行采访,发现问题、解决问题、反思经验,在与真正的一线劳动者对话的过程中,提升表达与交流能力、逻辑思维能力,更进一步理解他人、感知生活、了解社会,深刻审视学习的意义、未来道路的选择。而立德树人的根本任务就是在这样的“真做事、做真事”的教育实践中完成的。

3. 课堂生成真问题,深度学习可实现

在几组采访任务中,最接近真实的新闻采访的是第二组,因为受访者不是熟悉的人。如何消除交流障碍,如何打开受访者的话匣子,这些都需要很专业的采访技能。学生在这方面是有一点点受挫感的,但他们下定了课后继续深入了解受访者的决心,这正是这次活动带给他们的最大收获。我似乎看到了深度学习实现的可能性。

事例与细节：人物通讯写作指导

执教/杭州市余杭第二高级中学　应　健

本课课件

【专题目标】

通过人物通讯的写作评析，掌握选取典型事例、生动细节刻画人物的写作技巧，并尝试进行人物通讯的写作，通过事例、细节展现人物的性格特征和精神面貌，写出人物的“这一个”。

【预习任务】

1. 选择一位你所熟悉的人物，围绕“劳动”的主题，展开观察、采访、调查。

2. 整理采访内容，选取3—5个事例，写成人物通讯的提纲。选择其中一个事例展开细节描写，字数在150字左右。

【教学实录】

任务一：赏析优秀作品——事例与细节

师：（播放PPT第1页）今天我们将开展人物通讯的写作评析，进行人物通讯的写作。先请同学们欣赏第一个片段。这个片段选自获第28届中国新闻奖文字通讯一等奖的《“见字如面”23年》。这篇通讯中的丈夫李全忠、妻子任亚娟是不同线路的列车工作人员，夫妻在家碰面的机会不多。一家人主要通过日记交流，在23年里写下6820多条留言，达24万字。文章从六千多条留言中选取了四条留言作为代表。请你思考，作者为什么选取这四条留言？（播放PPT第2、3页）

> 翻开一本本泛黄的日记本，上面密密麻麻记录着夫妻二人23年来的点点滴滴。如今，这些留在家庭日记上的“微记录”，被同事们翻出来，赞为“最美留言”。

"亚娟,昨晚在列车上没合眼吧?一回来就趴在沙发上睡着了,看着好心疼。你最喜欢的冬果梨汤熬好了,在茶几上,醒来记得喝,我先出乘去了。"

"亲爱的,这两天武威温度下降得厉害,你的毛衣毛裤我洗好放在卧室第一个衣柜里了。记得穿上,保重!"

"全忠,女儿说什么时候咱们一家三口能坐在一起吃上你做的臊子面?我都不知道哪一天,心凉!"

"亚娟,你荣获全局十大'最美贤内助',真替你高兴。但我觉得这个奖,颁给我也合适呢,哈哈!"

……

"现在翻一下,23 年的辛酸与牵挂历历在目。"李全忠说。

——节选自《"见字如面"23 年》(《工人日报》2017 年 3 月 18 日)

师:哪位同学先来说一说?

生:这四条留言记录了"亚娟""全忠""女儿"的事,选择了丈夫、妻子、女儿的角度,很有典型性。

生:这几条留言中有"你最喜欢的冬果梨汤熬好了","你的毛衣毛裤我洗好放在卧室第一个衣柜里了","女儿说什么时候咱们一家三口能坐在一起吃上你做的臊子面",记录的都是吃饭、穿衣、休息这些生活中的小事。

生:语言还很幽默,像"真替你高兴。但我觉得这个奖,颁给我也合适呢"这些句子。看得出一家人很有默契。

师:这些小事表现出了什么呢?

生:它们刻画出一家人的深厚感情以及夫妻两人对事业的热爱。

师:是的。这四条留言记录的都是生活细节,真实可感,细腻温馨,体现了一家三口的爱与关怀以及平凡家庭的温情。

任务二:小事件描绘大精神——典型事例的要点

师:著名记者郭梅尼曾说,报道先进人物,事例不在多,有"神"则灵。这里说的"神"指的是"人物的精神面貌、先进思想和人物行为"。请你回忆一下本单元三篇人物通讯,它们选取哪些典型事例反映"人物的精神面貌、先进思想和人物行为"?请举例说明,并概括出典型事例的要点。

生:袁隆平寻找水稻的天然雄性不育株的事例,如"头顶烈日脚踩淤泥弯腰驼背",描写生动细腻,写出了袁隆平不顾辛劳,对事业的执着。

生:张秉贵和一位女顾客的事例很有典型性。两人因为误解产生了矛盾冲突,随着事情的发展,女顾客对他的态度由误解到误解消除,到信任,"打这以后,这位顾客每次来百货大楼,都要到糖果柜台前来看望老张",刻画出张秉贵真诚、善解人意、热爱工作的性格。

生:对钟扬的刻画除了正面描写,还有侧面描写,如通过他的西藏大学理学院同事的回忆，记录了“采种子都是惊险和惊喜并存”的事例，从侧面刻画了钟扬把事业看得比生命还重要的可贵品质。

师：这些事例的典型之处，有没有什么共同点？

生：这三篇人物通讯的三个人物，都具有他们所处时代的精神。

师：（播放 PPT 第 4 页）刚才同学的发言很精彩。我来概括这些事例的共同特点，主要包括——事例真实可信；事例鲜活生动；事例有矛盾冲突；事例角度多样，有侧面描写；事例体现人物的精神面貌；事例反映时代精神。

师：我们来学习如何选择典型事例来写。这是《人民日报》人物通讯《多重角色王宁生》的开头部分。全文主要介绍了医学界重要人物王宁生的爱国精神及其在医学领域的贡献。你认为开篇选用的事例有何特点？（播放 PPT 第 5 页）

王宁生在中医药学界可以说是大名鼎鼎，了解他的人都知道他的“三次归国记”：第一次回国他放弃了差一点到手的博士学位；第二次他放弃了优厚的生活和工作条件；第三次，他放弃了德国国家药检所对他发出的正式邀请……其实，在三次归国记后还有一个尾声。王宁生的妻子宓穗卿教授也曾留学澳大利亚，也能在澳大利亚获得优越的工作和生活条件。王教授回国后打电话给妻子，两人在电话里承诺，选择回国，永不后悔。于是宓教授也回到了祖国，现从事生化药物研究。

生：开头选取王宁生教授三次放弃国外优渥的条件归国的三个事例。第一次放弃博士学位，第二次放弃优厚的生活和工作条件，第三次放弃德国国家药检所的工作。

生：还有一个事例，就是他的妻子跟随归国，“两人在电话里承诺，选择回国，永不后悔。于是宓教授也回到了祖国”。

师：这些事例是围绕什么展开的呢？

生：这些事例围绕“回不回国”这个矛盾冲突，从自己的选择、妻子的选择两个角度展开。

师：这样写有什么作用呢？

生：充分突出王宁生的报国情怀及对事业的热爱。

师：是的，这篇通讯的开头选取的这些事例奠定了人物形象基础，选材精当，鲜活生动。

师：“有时，一个细节比千言万语生动得多，深刻得多，有力得多”，这是新华社原社长穆青的名言。学习了本单元三篇人物通讯运用细节描写的技巧，请你说说细节描写可以从哪些方面展开，选取细节要注意什么。（播放 PPT 第 6 页）

生：细节描写主要体现在个性化的行动，如袁隆平始终坚守在田间地头；还有富有表现力的语言，如张秉贵和顾客的对话。

生：还有人物丰富的心理活动，如当袁隆平发现秧苗没有超过前一代时的失望心理。描写特定的环境景物也是一种细节描写，如对旱稻试验田的描写。

生：我认为选取细节要注意紧扣文章的主题，符合人物的个性。

师：刚才几位同学概括得很好。的确，正是具有了这些特点，三篇人物通讯的细节描写都很成功。

任务三:小细节刻画大情怀——细节描写的妙用

师:我们接下来看看细节描写的妙用。请你阅读这个片段。(播放 PPT 第 7、8 页)它选自第 9 届"中国新闻奖"通讯二等奖作品《老阿妈和她的国旗》。老阿妈次仁曲珍是一位深爱祖国、热爱共产党的藏族老人,数十年如一日在院子里挂起五星红旗。这段文字记录了记者初次见到次仁曲珍的场景。这段细节描写有什么好处?请进行小组讨论,并派代表发言。

小小的阳台上开着黄色的吊金钟、白色的菊花。老人趿着一双湿漉漉的球鞋,穿着黑氆氇的藏装,刚从地里挖满一筐土豆归来,身子骨健壮灵活不像年至耄耋。她从衣柜的深处摸索出一层一层包着的各种证件,其中有日喀则地区每届妇代会的代表证,1971 年人民公社时期的社员劳动手册,樟木口岸首届人代会代表证……

——节选自《老阿妈和她的国旗》(《西藏日报》1998 年 9 月 20 日)

生:开头的景物描写,"小小的阳台上开着黄色的吊金钟,白色的菊花",可见房屋主人喜欢养花,让读者看到了一个热爱生活的人。

生:老人刚从地里归来时的肖像描写,如"蹑着一双湿漉漉的球鞋,穿着黑氆氇的藏装",还有动作描写——"挖满一筐土豆归来",刻画出一位勤劳质朴、勤俭节约的普通老太太形象。

师:还有哪位小组代表发言?

生:老人从衣柜深处"摸索"各种证件的动作描写,以及强调证件是"一层一层包着的",突出老人对自己当家做主、行使神圣权利的珍视,为下文展示她的爱党、爱国之情做了铺垫。

师:这段开头,寥寥数语,精雕细刻,把老阿妈的生活状态、精神面貌展现得淋漓尽致。

任务四:交流修改,展示评价

师:我们刚才结合优秀范例分析了如何选取典型事例、如何开展细节描写。同学们一定有了不小的收获。接下来请同学们根据得到的写作启示,判断写作提纲中选取的事例是否典型,思考细节描写如何更凸显人物个性,并进行修改。(播放 PPT 第 9、10 页)

(学生修改自己的文章)

师:接下来,请四人小组交流,提出修改建议。个人根据建议继续修改。

(四人小组讨论交流,个人各自修改)

师:课后请同学们在已修改好的片段基础上,将其加工成文,写一个你所熟悉的劳动者,不少于 800 字,题目自拟。上交后,四人小组之间进行交流,根据评价表(见表 1)给组内同学打分,推荐出一篇分数最高的文章。我会把它们编成《劳动最光荣——班级优秀人物通讯集》,在班级 QQ 群展示。

表1 人物通讯写作评价表

时间：____年____月____日

篇名	作者	选取事例典型(40分)	细节描写生动(40分)	结构清晰、语言流畅(20分)	总分(100分)	修改建议

评价人________

（教师把各小组推荐的通讯稿，共12篇，汇编成《劳动最光荣——班级优秀人物通讯集》，在班级QQ群展示，鼓励学生）

【教学反思】

必修上册第二单元以“劳动”为主题，所选的作品包括三篇人物通讯，让学生了解了人物通讯要善于选取典型事例，运用生动细节描写，才能让人物“活”起来。单元学习任务四“写一个你熟悉的劳动者”，要求学生进行人物通讯的写作，并用《写人要关注事例和细节》这篇知识短文指导学生开展人物通讯写作。因此，本教学设计通过开展人物通讯的写作评析，引导学生掌握选取典型事例、生动刻画人物细节的写作技巧，并尝试进行人物通讯的写作，通过事例、细节展现人物的性格特征和精神面貌，写出人物的“这一个”。

在上课之前，教师布置了两个预习作业，进行写作准备。一是要求学生选择一位熟悉的人物，围绕“劳动”的主题，展开观察、采访、调查。为了提高采访的效率，对采访提出四点要求：对人物的观察要仔细，关注小事件、小细节；采访时要围绕“劳动”的主题，采访前拟好访谈提纲，明确访谈方向；采访时，提问尽量简短明了，认真倾听，准确捕捉信息，及时做好采访记录；可以选择访谈对象周围的二到三个人，进行采访，从侧面进行调查，加深对人物的经历、个性以及有关劳动等方面的了解。二是拟写人物通讯的提纲，并选择其中一个事例进行细节描写。要求学生：整理采访内容，选取3—5个事例，写成人物通讯的提纲；选择其中一个事例展开细节描写，150字左右。这两个任务让学生积累了写作素材，有了初步的写作实践，保证了课堂教学的有效开展。

整堂课设置了两大环节：阅读与写作。阅读环节设置了三个任务，第一个任务是赏析优秀作品，让学生明白人物通讯写作中事例典型与细节生动的重要性。激发了学生的兴趣。第二个、第三个任务都分为两步，首先让学生联系课文，概括典型事例的要点，把握细节描写的角度，接着借助优秀范例进一步掌握写作技巧。联系课文，回忆旧知，使学生初步理解人物通讯的写作要点。这三个阅读任务选择的范例分别是第28届中国新闻奖文字通讯一等奖的《“见字如面”23年》、《人民日报》人物通讯《多重角色王宁生》、第9届“中国新闻奖”通讯二等奖作品《老阿妈和她的国旗》的片段，通过对这三个优秀、典型的范例进行分析，学生基本掌握人物通讯的写作技巧。

在此基础上，开展写作活动，通过个人修改、小组合作、班级展示三个步骤，进行线上线下多渠道交流。通过这堂课，学生基本掌握人物通讯写作的要点：写作之前尽量多收集人物的素材；写作时选取3—5件典型事例，重在突出人物某方面的个性特征，不求面面俱到，做到详略剪裁得当、细节描写生动；通过事例和细节展现人物的性格特征和精神面貌，写出“立体”的人物。整堂课内外融通，读写结合，提高了学生的语文能力。

第三单元

阅读微专题

源与流：古典诗歌的体裁

教学设计/杭州市余杭区教育发展研究学院　林荣凑
执教/杭州师范大学附属未来科技城学校　陈　琳

本课课件

【专题目标】

本专题是第三单元的导入专题。联读本单元8首诗歌并适当拓展，初步了解古代诗歌体裁的发展脉络，理解古体诗、近体诗、词等体裁的基本知识。

【预习任务】

1. 朗读第三单元的诗歌，标注节奏（如“采采/芣苢”）、押韵（一韵到底用△、多韵交替用△○，标于押韵字之下）。

2. 必修上册选录古代诗歌共14首，包括第二单元2首、第三单元8首和附录“古诗词诵读”4首。尝试回答两个问题：(1)按照体裁，这些诗歌可分几种类型？为什么？(2)我国古代诗歌体裁的发展，有何规律？

【教学实录】

第一课时

任务一：检查预习，尝试分类排序

师：（播放PPT第1页）同学们，王力先生曾说，“不了解诗歌的形式格律，不能彻底了解诗歌的内容，也谈不上充分地欣赏”。所谓格律，指诗歌的字数、句式、押韵、平仄、对仗等规律。让我们一起当一回“准专家”，以必修上册教材选录的古诗词为例，探究古代诗歌体裁的发展史。请同学们借助时间轴，根据预习任务完成标注，并进行体裁分类。（播放PPT第2、3页）

（学生上台标注，见图1）

师：预习很充分。请同组的同学补充说明分类的依据和排序的规律，如何？

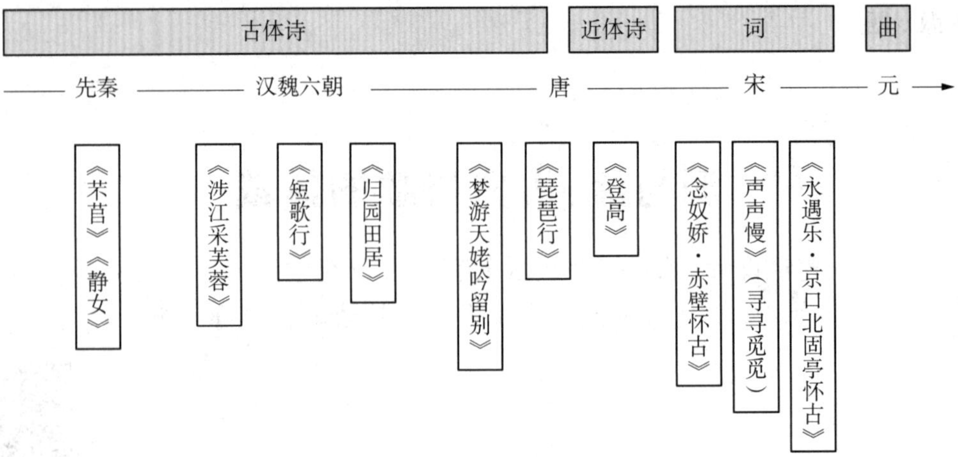

图 1

生：我们按照时间轴为作品分类，唐代前的是古体诗，唐代和唐代后的是近体诗。

师：你很敏锐。还有没有同学要继续补充？

生：也不能完全以唐代为划分界限，李白的很多诗歌是乐府诗，是古体诗，并不是近体诗。

师：是的，你的知识储备很丰富。根据中国文学史“三古七段”的划分，近体诗产生、定型到鼎盛的时间段应该是魏晋到唐中叶，近体诗定型后仍然有一定数量的古体诗。请你再说一说先秦至唐中叶你所知道的古体诗的体裁，好吗？

生：有《诗经》为代表的四言诗，还有汉乐府杂言诗，以陶渊明诗歌等为代表的五言诗，唐代的古风诗。

师：归纳得很细致，但老师还想补充，在先秦时期，还有一种是以《离骚》为代表的骚体诗。大家能找出李白《梦游天姥吟留别》中运用骚体的诗句吗？

生：“云青青兮欲雨，水澹澹兮生烟”“霓为衣兮风为马，云之君兮纷纷而来下。虎鼓瑟兮鸾回车，仙之人兮列如麻”。

师：很好。所以在古体诗的体裁分类中，我们可以加入以《离骚》为代表的骚体诗。

任务二：探究古体诗的体制特点

师：现在，请同学们以小组为单位，根据刚才提出的知识点，试着从字数、押韵等方面归纳古体诗的特点。（播放 PPT 第 4、5 页，展示表 1）

表 1

作品	字数	篇式	押韵
《芣苢》《静女》《短歌行》			
《涉江采芙蓉》《归园田居》			
《梦游天姥吟留别》《琵琶行》			

生：从字数而言，古体诗并没有严格的字数和句数的要求，形式看上去更为自由。

师：能不能用具体的诗歌，做进一步解释呢？

生：《诗经》以四言为主，没有很严格的字数和句数限制，多重章叠唱，造成回环往复的效果。魏晋诗歌也不强调全诗的字数和句数，形式自由。《梦游天姥吟留别》和《琵琶行》都是歌行体，篇幅比较长。

师：很好。现在有请下一组同学说一说他们在押韵方面的发现。

生：我先说《芣苢》吧。这首诗第一章第二、四句不押韵，其他两章都是押韵的。第二章“掇”“捋”押韵，第三章“袺”“襭”押韵。

师：第一章“采”“有”，按现代读音是不押韵的，按王力的上古三十韵部，是押韵的。

生（顿了顿）：就是说，《芣苢》都押韵，都是偶数句押。

师：说对了。押韵在句子末尾，我们称之为“句尾韵”。像《芣苢》这样的每一章第二、四句押韵的情况，称之为“偶句押”。

生：《静女》的姝（shū）、隅（yú）和蹰（chú），娈（luán）和管（guǎn），炜（wěi）和美（měi）押韵，荑（tí）、异（yì）和贻（yí）押韵，每句句尾都押韵了。

师：每句都押了吗？首章和第三章的第三句的“见”和“美”呢？

生：嗯，不押韵。

师：比较《芣苢》和《静女》，我们看看《诗经》押韵的特点。《芣苢》每章一韵，都是偶句押。《静女》比较复杂——第一章一韵到底，偶句押，首句也入韵；第二章，句句押，但换了韵；第三章，“异”“贻”偶句押韵，“荑”“美”同属脂部，是押韵的，也就是说第三章，偶句与偶句押，奇句与奇句押，是“交韵”。

师：从现有两诗看，《诗经》押韵有什么特点？

生：都是句尾韵，同一首诗内都出现换韵。

师：出现哪几种形式？

生：四种。

师：分别是？

生：偶句押，句句押，首句入韵，交韵。

师：我们只研究了《诗经》里的两首诗，感兴趣的同学可以再找一些研究，看还有哪些特点、哪些形式。同学们可以把这个知识点补充到我们的知识卡片上。接下来，探究其他几首诗歌的押韵形式。

生：《短歌行》中“对酒当歌，人生几何”中的“歌”和“何”押韵，属于首句入韵。诗中“何”与“多”、“忘”与“康”、“心”与“今”、“苹”与“笙”、“掇”与“绝”、“存”与“恩”、“飞”与“依”、“深”与“心”押韵。

师：这样说准确吗？

生：老师，我觉得不准确。我发现，这首诗好像是四句一换韵。每四句里，第一、二、四句押韵。但是，又好像不是。

师：为什么“又好像不是”？

生：“月”“掇”“绝”、“阡”“存”“恩”好像说不通，“高”“深”“心”也是。

师：老师备课时查了资料，“月”“掇”“绝”都属月部，“阡”“恩”属真部，与文部的“存”可通押;“高”确实不与“深”“心”押韵。《短歌行》押韵的规律性较强,但也未必很统一。要注意,《短歌行》的换韵使得诗歌读起来错落有致,便于表达丰富的感情。同学们将这个知识点补充到知识卡片中。有请下一位同学继续。

生:我找出了《梦游天姥吟留别》中用了十多种韵,多是句句押,也有偶句押。《琵琶行》换了很多韵,只是“忽闻水上琵琶声,主人忘归客不发”似乎不押韵。

师:是的,两首长诗都出现了换韵。《梦游天姥吟留别》十二韵,《琵琶行》二十韵。同学提出的问题,“忽闻水上琵琶声,主人忘归客不发”的押韵,需要结合前面的“醉不成欢惨将别,别时茫茫江浸月”来看,按平水韵,“别”“月”“发”押屑月入声通韵。

师:现在我们来看《归园田居》,还有教材“古诗文诵读”板块的《涉江采芙蓉》,它们是如何押韵的?

生:《归园田居》的韵脚分别是“山”“年”“渊”“田”“间”“前”“烟”“颠”“闲”“然”,一韵到底,“少无适俗韵,性本爱丘山”首句不入韵,还是偶句押。

师:说对了。《涉江采芙蓉》呢?

生:《涉江采芙蓉》中“草”“道”“浩”和“老”,尾字都押韵,属于偶句押,没有换韵,而且首句没押韵。

师:是的,大家提到了“没有换韵”,在诗词格律中,我们称之为“一韵到底”,与“换韵”相对。你说的首句没有押韵,我们称“首句不入韵”,与“首句入韵”相对。大家可以补充到自己的知识卡片中。

师:下面是老师课前的梳理,大家看一看,与刚才的讨论是否一致,有没有疑问。

(播放 PPT 第 6 页,展示表 2。等候学生)

表 2

作品	字数	篇式	押韵
《芣苢》《静女》《短歌行》	四言	无固定篇式:《芣苢》重章叠唱,《静女》有重章痕迹	均句尾韵、换韵;《芣苢》偶句押,《静女》第一章偶句押,第二章句句押,第三章交韵;《静女》首章、《短歌行》每章首句入韵
《涉江采芙蓉》《归园田居》	五言	形式自由,句数不限	均句尾韵,偶句押,一韵到底,首句不入韵
《梦游天姥吟留别》《琵琶行》	杂言	形式自由,句数不限,章法灵活;两首唐代歌行篇制大	均句尾韵;《梦游天姥吟留别》十二韵,《琵琶行》二十韵,含句句押、偶句押、平仄韵通押

师:在这节课中,我们梳理了本册教材七首古体诗的体制特点,在知识卡片中补充了相关知识。请同学们课后根据本堂课知识,以及下发的平水韵资料,标注平仄,探究近体诗的格律。

第二课时

任务三:探究近体诗的格律特点

师:我们来探究近体诗的格律特点。叶嘉莹教授说,七言律诗是中国诗歌中最凝练精美的一种体式。而《登高》被明代胡应麟推为“古今七律第一”,我们以《登高》为例,一起来分析平仄与对仗规律。请一位同学上来为我们展示他梳理的《登高》平仄知识小卡片,并说说他的发现。(播放 PPT 第 7 页)

风急天高猿啸哀,	平平平平平仄平
渚清沙白鸟飞回。	仄平平平仄平平
无边落木萧萧下,	平平仄仄平平仄
不尽长江滚滚来。	仄仄平平仄仄平
万里悲秋常作客,	仄仄平平平仄仄
百年多病独登台。	仄平平仄平平平
艰难苦恨繁霜鬓,	平平仄仄平平仄
潦倒新停浊酒杯。	平仄平平平仄平

师:大家看看是否有误,发现了什么特征?

生:押的都是 ai 韵,首句“风急天高猿啸哀”的“哀”也入韵。

生:老师,我发现这首诗里韵脚的文字都不一样,比如“哀”“回”“来”“台”“杯”,这些字都押平声韵。

师:真厉害。你很敏锐地发现了都是平声韵。是的,这些字都归属于平水韵的“十灰”韵部。这说明了什么呢?(板书“平水韵”“平声十灰”)

生:韵脚只能是这个韵部?

师:是的,但首句可用相邻的韵部。我们总结一下刚才同学们的发现——在律诗中押韵的字绝大多数为平声韵,韵脚要都属于同一韵部,一韵到底的同时,押韵用字不能重复。

师:那么,我们怎么准确地判断平仄呢?

生:第一、二声为平声,第三、四声为仄声。

师:古汉语中,四声指平、上、去、入四种声调。平声演化为阴平、阳平,即现代汉语的第一声和第二声。上、去、入三声为仄声,其中上声即现代汉语的第三声,去声即第四声,入声在现代汉语里消失了,到其他声调中去了,用普通话较难判断,还有什么方法可以判断吗?

生:老师,你发的平水韵表中有入声。

师:对的。大家在标注平仄时,可以查询平水韵的入声,进行判断。虽然仄声在普通话里消失了,但对我们掌握平仄来说其实并不难。因为入声进入的上声和去声,依然是仄声,所以我们在区分平仄的时候，看到上声和去声就可以直接判定其为仄声，不需要考虑是否是入声。我们只需要区分阴平和阳平中的入声即可，那些念第一声、第二声的汉字，在浙江方言、广东方言中，发音短促、无法延长的就是入声字。请我们班来自广东佛山的同学用方言为大家朗读《登高》“风急天高猿啸哀，渚清沙白鸟飞回”这两句。

（一学生用方言朗读，其他学生鼓掌）

师：这两句诗中，“急”“白”是第二声，但用广东方言念出来，声音就很短促，无法延长，这两个字就是入声字。同学们也可以找一找《登高》中其他藏在第一声、第二声中的入声字。

（生用方言朗读《登高》）

生：“百年多病独登台”中，“独”虽然是第二声，但念起来也很短促，应该是入声。

生：“潦倒新停浊酒杯”中，“浊”也是第二声，但念起来很短，我觉得也是入声。

师：你们发现了入声的奥秘！接下来，请同学们使用新学到的方法，再次梳理《登高》的平仄。

（学生梳理，教师指导，成果见表 3。教师播放 PPT 第 8 页）

表 3

杜甫《登高》	平仄
风急天高猿啸哀， 渚清沙白鸟飞回。 无边落木萧萧下， 不尽长江滚滚来。 万里悲秋常作客， 百年多病独登台。 艰难苦恨繁霜鬓， 潦倒新停浊酒杯。	平仄平平平仄平 平平平仄仄平平 平平仄仄平平仄 仄仄平平仄仄平 仄仄平平平仄仄 仄平平仄仄平平 平平仄仄平平仄 平仄平平仄仄平

师：结合前面《登高》的分析，还有这里的平水韵标注，总结如下规律，大家看看有没有不理解的。（播放 PPT 第 9 页）

近体诗的押韵

(1) 双句押韵，首句可押可不押；
(2) 绝大多数用平声韵；
(3) 押韵的字不可重复；
(4) 押韵的字须属同一韵部（首句可用邻韵）；
(5) 一韵到底，中途不可换韵。

师：接下来，我们来研究平仄排列的规律。同学们看向屏幕，有没有发现什么规律？尤其关注偶数字。

生：一句之内偶数字的平仄是交替出现的，错落有致。

生：同一联的第二句的偶数字和第一句的偶数字，平对仄，仄对平。

师：这两位同学看得明白。平仄交替出现，叫作“平仄相间”。一联内的出句和对句，要求“平仄相对”，违反平仄相对的原则，就叫作“失对”。我们可以在自己的知识卡片补充上“一句之内，平仄相间；一联之内，平仄相对”。

师：除此，还有呢？大家看第一联的对句，与第二联出句的平仄，发现了什么？

生：老师，我还发现第二联第一句与第一联第二句的第二、四、六字平仄相同。

师：是的，这个规律是律诗定格，叫作“平仄相粘”，违反这个规定就叫作“失粘”，是为了避免了上联与下联平仄重复，显得刻板。同学们再仔细观察，你会发现，其他联也是如此。弄懂了平仄的“对”与“粘”以后，看到首句就能推出后面的三句或七句。我们可以继续整理律诗规律到我们的知识卡片上。（播放 PPT 第 10 页）

近体诗的平仄规律

(1) 一句之中平仄交错；

(2) 一联之中平仄相对，违反的叫“失对”；

(3) 两联之间邻句相粘（平仄相同），违反的叫“失粘”。

师：最后，我们来研究《登高》对仗的特征。生活中，大家见过对仗现象吗？

生：见过。门上贴的对联，就是对仗的。

师：没错。细细查看，《登高》的对仗有哪些特征？

生：第二联、第三联都是对仗的，并且很工整。

师：怎么个工整？

生：第二联，“无边”对“不尽”，“落木”对“长江”，“萧萧下”对“滚滚来”。词性一致，结构也相同。第三联也是如此。

师：一联中两个句的意思呢？

生：相近。第二联上下句写景物，第三联上下句写自己。

师：意思相对。相反的可不可以呢？（学生疑惑）我们熟知的“横眉冷对千夫指，俯首甘为孺子牛”，出自鲁迅的律诗《自嘲》。这就是意思相反。意思相对或相反，这就是近体诗对中间两联的要求。

师：请大家看看《登高》的首联和尾联，是否对仗？

生：啊，还是对仗的。

师：虽然近体诗并不要求首尾联对仗，但杜甫功夫极深，安排妥帖精美。注意，律诗上下联要避免同义相对，如果违反叫“合掌”。举个例子，在一联之中，“旭日”与“朝阳”相对就是“合掌”。下面是近体诗的对仗要求。（播放 PPT 第 11 页）

近体诗的对仗要求

律诗的颔联、颈联必须对仗，首联和尾联可对可不对。对仗要做到——

(1) 字面相对，意义相对或相反；

(2) 词性一致；
(3) 结构相对，即句子结构相同；
(4) 避免同字相对(当句对除外)；
(5) 避免同义相对，违反叫“合掌”，是诗家的大忌。

师：不知道同学们有没有发现，刚才展示同学的知识卡片中漏掉了《插秧歌》。我们现在掌握了古体诗和近体诗的体制特点，大家认为《插秧歌》是古体诗还是近体诗？(播放PPT 第 12 页)

生：老师，是近体诗，每句字数相同，还句句押韵了。

生：我认为是古体诗，《插秧歌》的韵脚是仄声，近体诗韵脚押仄声韵的很罕见。

师：你说得很对。还有没有其他特点也能说明这首诗是古体诗呢？老师还请同学们用所学的古体诗、近体诗的知识去辨析，除了韵脚，还可以从哪些角度去分析呢？

生(思考，举手)：老师，我标注了这首诗的平仄，想投屏展示，可以吗？

田夫抛秧田妇接，小儿拔秧大儿插。	平平平平平仄仄	仄平仄平仄平仄
笠是兜鍪蓑是甲，雨从头上湿到胛。	仄仄平平平仄仄	仄平平仄仄仄仄
唤渠朝餐歇半霎，低头折腰只不答。	仄平平平仄仄仄	平平仄平仄仄仄
秧根未牢莳未匝，照管鹅儿与雏鸭。	平平仄平仄仄仄	仄仄仄平仄平仄

师：哦，能花时间标注平仄，真不简单。

生：除了刚才说的没有用平声韵，这首诗的平仄不符合“平仄相间”，“失对”还“失粘”。第二联和第三联也没有对仗。

师：是的，《插秧歌》是古体诗，押入声韵，平仄未遵循格律，对仗也不妥帖。

任务四：探究词的格律特点

师：接下来，我们简单探究词的格律。一般认为词始于隋，定型于中晚唐，盛于宋。词有曲子词、近体乐府、长短句、诗余等别称。

师：下面是“念奴娇”(变格)的词谱。请同学们先轻声吟诵，再从格律方面比较词与近体诗。大家能否看出词的格律特点？(播放 PPT 第 13 页，展示表 4)

表 4

苏轼《念奴娇・赤壁怀古》	念奴娇(变格)词谱
大江东去，浪淘尽，千古风流人**物**。 故垒西边，人道是，三国周郎赤**壁**。 乱石穿空，惊涛拍岸，卷起千堆**雪**。 江山如画，一时多少豪**杰**。	仄平平仄，仄平仄，平仄平平平**仄**。 仄仄平平，平仄仄，平仄平平仄**仄**。 仄仄平平，平平仄仄，仄仄平平**仄**。 平平平仄，仄平平仄平**仄**。

（续表）

苏轼《念奴娇·赤壁怀古》	念奴娇(变格)词谱
遥想公瑾当年，小乔初嫁了，雄姿英**发**。 羽扇纶巾，谈笑间，樯橹灰飞烟**灭**。 故国神游，多情应笑我，早生华**发**。 人生如梦，一尊还酹江**月**。	平仄平仄平平，仄平平仄仄，平平平**仄**。 仄仄平平，平仄仄，平仄平平平**仄**。 仄仄平平，平平，仄仄，仄平平**仄**。 平平平仄，仄平平仄平**仄**。

生：这首词分上下两片，跟初中学的《沁园春·雪》一样。

师：是的。依据字数，词分小令（58 字以下）、中调（59 至 90 字）、长调（90 字以上）。一首词有的只有一段，称为单调；中调、长调有的分两段，称"双调""上、下阕"或者"上、下片"，有的分三段或四段，称"三叠"或"四叠"。

生：词的平仄交错，似乎没有规律。押韵也与近体诗很不一样。

师：怎么不一样？

生：能押仄声韵。还有，不是两句一押。

师：对仗呢？

生：没看出来啊。（众笑）

师：大家能解释这种现象吗？

生：都是因为"念奴娇"。（众又笑）

师：对啦。"念奴娇"是词牌，不同的词牌对格律有不同的要求。这些要求都体现在词谱里了。下面，请大家看屏幕。（播放 PPT 第 14 页）

词律提示

（1）句子形式有长有短，也称长短句；

（2）依据全词字数分小令（58 字以下）、中调（59 至 90 字）、长调（90 字以上），中调、长调多数包括两段（双调，上下阕/片）；

（3）词有词调、词牌，有的还有词题，如《念奴娇·赤壁怀古》；

（4）用韵比诗韵要宽，句末韵为常例，押平韵或仄韵，或平仄韵交错，一般由词谱规定；

（5）词的平仄有严格的规定，每调都有定格；

（6）词的对仗，不像近体诗那么严格，相连两句字数相同时，经常运用对仗手法。

任务五：完善时间轴，总结古典诗歌规律

师：初中时，我们学过《天净沙·秋思》（七上）、《十五从军征》（九下），大家能背吗？

（教师领起，学生接背）

生："枯藤老树昏鸦，小桥流水人家，古道西风瘦马。夕阳西下，断肠人在天涯。"

师：《天净沙·秋思》的体裁是？（播放 PPT 第 15 页）

生：曲，元曲。

师：准确地说，是元曲里的小令。放在时间轴的哪儿？

生：最右边。

师：正确。《十五从军征》能背吗？

（学生一时困惑，教师继续播放 PPT 第 15 页，学生齐读）

生：“十五从军征，八十始得归。道逢乡里人：‘家中有阿谁？’‘遥看是君家，松柏冢累累。’兔从狗窦入，雉从梁上飞。中庭生旅谷，井上生旅葵。舂谷持作饭，采葵持作羹。羹饭一时熟，不知贻阿谁。出门东向看，泪落沾我衣。”

师：这首诗，可以标在时间轴的哪儿？

生：与《涉江采芙蓉》一起。

师：为什么？

生：都是五言古体诗。

师：是的，但《十五从军征》是乐府诗，早于东汉《古诗十九首》的《涉江采芙蓉》。

师：有这么一首上古歌谣，名为“弹歌”，“断竹，续竹；飞土，逐宍”，仅八个字。这首诗应该在诗歌时间轴上的哪个位置呢？

生：先秦。

师：能不能请你分析一下诗歌的内容写了什么？

生：写的是砍伐竹子，加工竹子去打猎的事情。

师：同作为先秦诗歌，《弹歌》《芣苢》在时间轴上谁先谁后？为什么？

生：《弹歌》在前。老师说是上古歌谣，且《弹歌》还不成后代的诗歌体制。

师：太对啦。《弹歌》相传是黄帝时代的，收入东汉赵晔《吴越春秋》。这首诗的诗味并不浓，却说明一个道理。

生：诗歌和劳动有关系。

师：很好，诗歌源自劳动。

师：现在，我们看看完善后的时间轴。（播放 PPT 第 16 页，展示图 2）

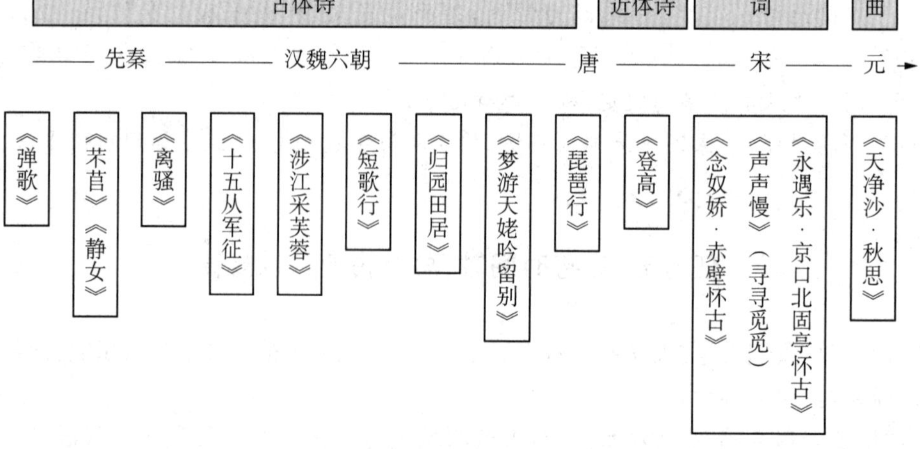

图 2

师：诚如王国维所言，“凡一代有一代之文学，楚之骚，汉之赋，六代之骈语，唐之诗，宋之词，元之曲，皆所谓一代之文学，而后世莫能继焉者也”。利用时间轴，我们可概略了解古典诗词体裁的发展流变。（播放 PPT 第 17 页）

中国古典诗歌发展

(1) 诗歌源于劳动；

(2) 大多押韵，且多句尾韵、偶句韵；

(3) 由《诗经》以四言为主，发展出五言、七言；

(4) 体裁由自由的古体诗，走向严格定型的近体诗、词和曲；

(5) 诗体的发展变化受时代的影响。

师：下面布置课后作业（播放 PPT 第 18 页），请同学们选做任一题——①选择第三单元或课外任一首诗词，试着改成其他诗体，比较不同诗体的特性；②《登高》采用仄起、首句入韵式（仄仄平平仄仄平），七律还有三式，五律也有四式，按近体诗平仄规律，试着排出其他七式；③课外选择若干诗歌，让同学依据所学知识判断体裁类型。下课。

【教学反思】

1. 专题点的设置

诗歌的体式，传统的教学往往是随诗蜻蜓点水，不太会专门安排课时集中起来教学。大单元或微专题教学的设计，为集中教学提供可能。我们的实践也证明，这样的安排是富有价值的，通过诗体韵律的分析，让学生感受诗歌的音乐特性，学生也能兴趣盎然投入其中，深度学习得到实现。

2. 教学内容的确定

我国古典诗歌的体裁以及相关的发展脉络，古体诗、近体诗和词的知识，有王力先生《诗词格律》等专书，博大精深。我们考虑学情、课时两个影响因素，最后决定借助第三单元和“古诗词诵读”的诗作，引导学生借助时间轴梳理、了解发展脉络，理解古体诗、近体诗和词的基本知识。其“基本”的尺度，从教学实录中能看出一些。需要说明的是，试教的学校、班级，是比较优秀的学生。

3. 教学方式的定位

明确了“学什么”，还得明确“怎么学”。借助传统的讲授、简单问答固然可以完成诗体基本知识的教学，但学生被动参与，或将恹恹欲睡。为此，我们定位于“探究交流”。让学生分析课本中的诗作，判断体裁，将其标注于时间轴上；让学生分析《芣苢》《静女》的押韵，探究古体诗的体制特点，这些都是基于“探究”。当然，为确保探究的推进，教师提供了多种支架：时间轴支架、“字数—句式—押韵”支架、平水韵的资料、《念奴娇·赤壁怀古》的词谱，还有整理“知识卡片”等方法支架。

4. 教学难点及处理

教学时遇到难点问题，主要是音韵方面的。因语音的变化，学生按现代汉语的语音来诵读古诗词，难以把握押韵和平仄规律。按王力先生“汉魏古诗的用韵接近先秦韵部，晋以后的诗韵，越到后来越接近隋唐韵部”（《古代汉语》）的说法，对汉魏及之前的诗歌，可上网搜索《上古三十韵部表》查实，晋后及唐宋，可用平水韵等。当然，可以从简从略处理，如同实录对词相关知识的简化，对曲知识的省略。

5. 对教师的挑战

设计者曾为高中学生开设相关选修课程，并出版了《学生古诗词欣赏指津》（浙江古籍出版社，2003 年），执教者是古典文献专业的硕士研究生。两人虽未必精于古诗词的鉴赏，但由于课前的精心准备，基本能判断学生探究的正误，确保基本知识归纳的正确性。其实，现有可供教学参考的资料还是很多的，多些准备足以应对，不必畏难。

进取与超脱:两种人生取向

执教/辽宁省丹东市第二中学　朱俊锋

本课课件

【专题目标】

阅读古诗作品,体味古人的思想情感,增强对人生的感悟。联读曹操《短歌行》和陶渊明《归园田居(其一)》,参读曹操《却东西门行》和陶渊明《杂诗(其二)》,感受诗人的人生态度,辩证理解不同的人生取向。

【预习任务】

1. 结合初中学过的《龟虽寿》《饮酒(其五)》等相关作品,课前查找资料,进一步了解曹操、陶渊明各自生活的时代背景。

2. 精读《短歌行》《归园田居(其一)》两首诗,解读诗句内涵,找出诗中反映作者人生状态的诗句。

3. 阅读曹操《却东西门行》和陶渊明《杂诗(其二)》,立体感知两位诗人更为丰富的人生体验。

以上预习任务可以用读书笔记的形式呈现,学生在课堂上与同学交流。

【教学实录】

师:人们常会说"人各有志"这个成语,我们也时常听那些因意见或志趣不同而无法合作的人,借用"道不同,不相为谋"来做了断。生命本是平等的,但是人的志趣选择却不尽相同。那么同学们说说,究竟拥有怎样的理想志趣,才会使我们的人生高尚而富有诗意呢?

生:穷则独善其身,达则兼济天下。追求真善美……

师:同学们归纳概括得都有道理。今天我们就一起走进魏晋时期两位杰出诗人的心灵世界,透过他们的不朽诗句,梳理他们不同的人生取向,感悟先贤的诗意人生。(播放 PPT 第 1、2 页)

任务一：整合过往所学，领会作家作品

师：哪位同学还能熟练地背诵初中时学过的《龟虽寿》《饮酒（其五）》两首诗？

（举手的学生背诵诗歌）

师：刚才几位同学背诵的表现力还不错。再请同学解说一下这两首诗分别表达了诗人怎样的思想情感。（播放 PPT 第 3 页）

生：《龟虽寿》表达了诗人自强不息、老当益壮的进取精神与豪迈气概。

生：《饮酒（其五）》自叙了作者安贫乐道、悠然自得的心境，表达了对隐居生活的喜爱。

师：（播放 PPT 第 4 页）同学们说得很好。结合我们的预习任务，请同学简要介绍一下曹操、陶渊明的生平经历，并给他俩各自做一个标签。

生：曹操是乱世枭雄，陶渊明是山中高士。

师：虽然简练，却难免偏颇。其实两位大诗人的生命意识中，都有着一种不肯屈服的抗争。只不过这种抗争精神的表现形态不同，可以说曹操代表进取，陶渊明代表超脱。今天我们就从《短歌行》与《归园田居（其一）》两首诗中进一步寻找印证。

师：下面请同学分别介绍一下这两首诗的写作背景。（播放 PPT 第 5、6 页）

生：汉末天下纷乱，曹操在镇压黄巾起义过程中，建立了地主武装，逐步发展壮大，统一北方。曹操诗歌作品中常常反映社会动乱，表现统一天下的雄心。《短歌行》大致写于东征孙权前夕。

生：东晋末年，政治黑暗，社会矛盾尖锐。陶渊明年轻时曾胸怀大志，晚年过着田园躬耕的生活。《归园田居》是陶渊明辞去彭泽令之后所作。

（教师播放 PPT 第 7 页）

写作背景

《短歌行》：写于赤壁之战前后。曹操已经基本统一了北方。准备东征孙权，进而一统天下，因此求贤若渴。

《归园田居》：东晋安帝义熙元年，陶渊明在江西彭泽做县令，不过八十多天，便声称不能“为五斗米，折腰向乡里小儿”，挂印回家。从此结束了时隐时仕、身不由己的生活，终老田园。归来后，作《归园田居》诗一组，共五首。

师：读文本，找诗眼，析内涵。下面请同学们在自读《短歌行》与《归园田居（其一）》两首诗之后，逐句解读两首诗的诗句内涵，理清结构层次。

（学生齐读课文）

生：《短歌行》的诗眼是“忧”，《归园田居（其一）》的诗眼是“爱丘山”或“守拙”。

师：同学们解说的都有道理。（播放 PPT 第 8、9 页）下面请同学们思考并讨论这样几个问题——（1）曹操“忧”从何来？（2）《短歌行》中“三何”疑问有怎样的表达意义？（3）如何理解《归园田居（其一）》中的“守拙”？陶渊明为什么要“守拙”？（4）用自己的语言描述陶渊明田园生活的场景。

生:《短歌行》中明确写到“忧”的内涵其实有两处,一是将人生时光比喻成“朝露”,慨叹“人生几何”“去日苦多”,二是借用典故和运用比喻,将人才比成“明月”,忧虑“青青子衿”“何时可掇”。由此可见,诗人“忧”的原因一个是人生苦短,一个是求贤不得。

生:《短歌行》中的“三何”疑问分别指的是——“何以解忧,唯有杜康”,表达的是诗人对自己生命时光白白流逝而功业未就的苦恼与无奈,引起下文对人才需求的迫切;“明明如月,何时可掇”,既写出对人才的尊崇,更表达招揽人才的迫切愿望;“绕树三匝,何枝可依”,是在劝告那些还在犹豫迟疑的人才,在纷乱世道找准自己的方向,不要迷茫和犹豫,表明诗人广纳贤才的胸怀。

生:陶渊明“开荒南野际”是为了“守拙”,“拙”意思是笨拙、不灵通,这里对应的就是开篇“无适俗韵”“爱丘山”的本性。至于他为什么要“守拙”?我理解是因为陶渊明没有“适俗韵”,就不屑于在官场上逢迎,因为“爱丘山”,所以才想着要“归园田”。

师:同学们说得好。看来阅读鉴赏真的需要走进文本,走进意境。

(1) 曹操的“忧”在于——①人生苦短;②求贤若渴。

(2)“三何”的表达意义是①“何以解忧”——慨叹“去日苦多”,表达出诗人对于建功立业的强烈渴望。在结构上承上启下,强化情感基调,铺垫下文渴求人才的主旨;②“何时可掇”——强调人才在自己心中的重要位置,表现对人才朝思暮想的渴求;③“何枝可依”——忠告人才认清形势,择主而事,暗含自己对实现抱负的坚定信念。

(3)“拙”指“笨拙”,是陶渊明的自谦之词,与世俗的“机巧”相对。陶渊明的“守拙”其实就是坚持自己做人的原则。不向黑暗的官场妥协,不喜欢官场逢迎,守正不阿。陶渊明把世俗生活比作“尘网”“樊笼”,把自己比作“羁鸟”“池鱼”,可见仕宦生活让他备受束缚,不能活成自己想要的样子,极其痛苦。不想迷失本性,所以只能“守拙归园田”。

(4)“用自己的语言描述陶渊明田园生活的场景”,留作课后的练笔作业。

师:下面就请同学归纳一下这两首诗的主题。

生:《短歌行》这首诗通过酒后的歌唱,发出人生苦短、贤才难觅的慨叹,反映了曹操为实现统一天下的政治理想而求贤若渴的急切心情。

生:《归园田居(其一)》通过对自己崇尚自然的个性的介绍以及对田园生活的描写,表达了对仕宦官场的厌弃,抒发了重返田园的喜悦之情。

任务二:通过知人论世,把握人生志趣

师:刚才同学们对作品的理解已经很到位了。做一个并不科学的比照,《短歌行》之于《龟虽寿》、《归园田居(其一)》之于《饮酒(其五)》在内容上都是如同“2.0 版”的存在。同学们是否发现一个现象,两位诗人都对同一事物生发了感叹,那是什么?

(学生交流)

生:生命时光。人生的理想志趣各不相同,但要想实现理想,施展平生之志,就要有只争朝夕的时间紧迫感。

师：说得好！两首诗中都有对时光流逝的慨叹，但初衷似乎又有很大不同。请同学们对此进行比较，完成表1。（播放PPT第10页）

表1

作品	与时间有关的诗句	情感内涵
《短歌行》		
《归园田居（其一）》		

生：《短歌行》中有“对酒当歌，人生几何！譬如朝露，去日苦多”。《归园田居（其一）》有“误落尘网中，一去三十年”“久在樊笼里，复得返自然”。

师：找得很准确。请同学再思考一下，这些诗句具体表达了诗人怎样不同的内心感受？

生：《短歌行》中诗人借酒解忧，感叹人生苦短，年事渐高，而壮志未酬。有时光紧迫之感。

生：《归园田居（其一）》“三十年”与“久”寄寓诗人万般悔恨和无奈，体现出诗人渴望归隐的迫切心情。

师：概括得很好！现在我们把这个表格内容明确一下。（继续播放PPT第10页，展示表2）

表2

作品	与时间有关的诗句	情感内涵
《短歌行》	对酒当歌，人生几何！ 譬如朝露，去日苦多。	凸显人生短暂。 感叹时光流逝太多。 表达对建功立业的强烈渴望。 为下文表达渴求人才的思想蓄势。
《归园田居（其一）》	误落尘网中，一去三十年。 …… 久在樊笼里，复得返自然。	对仕宦生涯的厌倦和悔恨，对田园自由生活的热切眷恋。 饱含逃出樊笼重回自然的喜悦。

师：结合诗歌的写作背景及诗人的生平经历以便更好地解读作品，这也就是知人论世的方法。请大家运用知人论世这一方法，回答下面两个问题——（1）我们知道《短歌行》中“对酒当歌”首先表达了借酒解忧的想法，可是魏源说，“对酒当歌，有风云之气”，这是什么道理？（2）《归园田居（其一）》中“复得返自然”让诗人欣喜若狂，这是不是人生的一种逃避？是不是表明陶渊明没有为黎民百姓谋福祉的责任心？请大家先说说解题的关键点在哪里。（教师播放PPT第11、12页，学生讨论交流）

生：回答第一个问题的关键点在于，曹操为什么而“忧”。回答第二个问题的关键点在于怎样理解“樊笼”。

师：同学们抓住了解读诗句的关键点。就按同学们说的，这两道思考题应该怎样解答才好？

生：魏源所说的“风云之气”大概指的是曹操吟诵的“对酒当歌”有着不同凡响的格局和

气势，既蕴含着当时群雄逐鹿、风云际会的时代背景，也体现了曹操所向披靡、渴望一统天下的英雄气度。

师：理解得不错。“何以解忧，唯有杜康”确实有借酒解忧之意，但我们已经知晓了曹操“忧”的根源，除了“去日苦多”，也有“但为君故”。曹操为人才而忧，为事业而忧。所以当诗人在月明星稀之夜横槊赋诗的时候，开口吟出“对酒当歌”，心中已有“天下归心”的理想。壮志悲慨，气势沉雄，横扫六合激越之心、统一天下豪迈之志，不禁溢于言表，所以有“风云之气”。（播放 PPT 第 13 页）那么同学们对《归园田居（其一）》中“复得返自然”的情感意蕴又有哪些深入的理解呢？

生：“复得返自然”是指作者逃离了厌弃的官场，但不能说他逃避人生的责任。不与黑暗的官场势力同流合污，恰恰意味着对受统治者剥削压迫的底层人民的深切同情。

师：同学们能够理解陶渊明并不是在逃避人生，而是表现出一种对黑暗现实的超脱。陶渊明的思想可以这样概括——通过泯去后天的、经过世俗熏染的“伪我”，以求返归一个“真我”。陶渊明看到了社会的腐朽，但没有力量去改变它，他只好追求自身道德的完善。他看到了社会的危机，但找不到正确的途径去挽救它，只好求救于人性的复归。（播放 PPT 第 14 页）

师：这几位同学解答得非常精彩。现在请大家说说，曹操与陶渊明分别代表的进取与超脱两种不同的人生态度，你更欣赏哪一种？理由是什么？

生：更欣赏曹操那样积极进取的人生状态。人生为一大事来，怎可浑浑噩噩虚度此生？只有积极进取，才能创造不负于生命、不负于时代、不负于人民的丰功伟业。

生：更欣赏陶渊明那样洁身自好的品格追求。当时社会是非扭曲、污浊不堪，仅凭一己之力无法改变这一切，那就远离世俗泥淖，寻求纯真与自然，干净做人。

师：同学们说得真诚又颇有见地，让我们感受到两位诗人无论是进取还是超脱，都能给人以高尚的人格力量。

任务三：学会以意逆志，感悟诗意人生

师：王明阳说，“志不立，天下无可成之事”。曹植“丈夫志四海，万里犹比邻”，李白“长风破浪会有时，直挂云帆济沧海”，杜甫“会当凌绝顶，一览众山小”。人生可以有多种选择，但无志而躺平的人生绝无诗意可言。只不过每个人生存环境与平生遭际并不相同，在不同时期可能会有不同的诗意表达。如果我们能以自己的切身体会去推测古代诗人的思想情感，也就学会了以意逆志的鉴赏方法。

师：请同学们根据预习任务，阅读曹操《却东西门行》和陶渊明《杂诗（其二）》。（播放 PPT 第 15 页）

却东西门行

曹　操

鸿雁出塞北，乃在无人乡。

举翅万馀里，行止自成行。

冬节食南稻，春日复北翔。
田中有转蓬，随风远飘扬。
长与故根绝，万岁不相当。
奈何此征夫，安得去四方？
戎马不解鞍，铠甲不离傍。
冉冉老将至，何时返故乡？
神龙藏深泉，猛兽步高冈。
狐死归首丘，故乡安可忘！

杂诗(其二)

陶渊明

白日沦西阿，素月出东岭。
遥遥万里辉，荡荡空中景。
风来入房户，夜中枕席冷。
气变悟时易，不眠知夕永。
欲言无予和，挥杯劝孤影。
日月掷人去，有志不获骋。
念此怀悲凄，终晓不能静。

师：先请两位同学分别朗读一下这两首诗，再请同学说说自己理解诗意的难点在哪里。

生：曹诗“万岁不相当”是指飞蓬与本根永远也不会相逢；“安得去四方”的意思是那些征夫怎么才能免除四方漂泊的苦楚。

生：“性本爱丘山”的陶渊明，为什么说自己“有志不获骋”？

师：同学们解读得很好，对字词及诗句的难点抓得也很准。那么就请同学讨论分析这两首诗分别表达了诗人怎样的人生态度。

（学生讨论交流）

生：《却东西门行》也是曹操创作的一首乐府诗。作品反映了当时的动荡与纷乱，反映了从军征战的漂泊流离之苦，表达了思念故乡、渴望安定生活的情感。

生：《杂诗(其二)》写陶渊明因季节变更，生发的对光阴流逝、壮志未酬的悲伤。传递出对志业无成、生命之价值尚未实现的忧患意识，表现了自己出世的孤独冷漠。

师：同学们刚才讨论得很热烈。难能可贵的是，同学们没有因前面所学内容而形成套版反应。从这两首诗可以看出，一个诗人的人生态度，是与他的人生经历及文化渊源密不可分的。雄才大略的曹操，在南征北战、叱咤风云的同时，也有对生灵涂炭的控诉，对漂泊无定的失落，对有家难回的哀伤。《杂诗》是陶渊明五十岁前后所作的一组诗，已是他归隐田园多年后的作品。即使是欢悦于归隐田园、重获自由的陶渊明，也深感“日月掷人去，有志不获骋”。可见人生在世当以进取为务，同时也应该不断地丰盈自己的精神，不汲汲于功利。纵使路途艰险，困难重重，也要保持人格的完整，不忘初心，砥砺前行。对此，你们获得了什么启示？

（播放 PPT 第 16 页）

生：阅读鉴赏古诗，要体会诗人的人生态度，辩证理解不同的人生取向，感悟美好的诗意人生。

师：看来同学们还是学有所得。鲍鹏山教授在他的《中国人的心灵》中说，在曹操那里“人生短暂的痛苦转化为了功业未建的痛苦，且这种功业还是一种社会责任心与伦理责任心”。李泽厚先生在《美的历程》中写道，陶潜把人的觉醒“提到了一个远远超出同时代人的高度，提到了寻求一种更深沉的人生态度和精神境界的高度”。学者的观点又将拓宽我们的视野，请同学们课后再找一首魏晋时期其他诗人的作品，运用本课学到的方法，写一篇针对诗歌情感内容的鉴赏文字。（播放 PPT 第 17 页）下课！

【教学反思】

统编高中语文必修上册第三单元属于“文学阅读与写作”学习任务群，人文主题被定义为“生命的诗意”。所选八首诗词从魏晋开始，主要还是考虑到魏晋时期是“人的觉醒”时期，诗人有了更多元化的价值取向，这也就决定了生命的诗意有多种绚烂的形态。让学生从先贤名篇中体会这一点，无疑对他们端正“三观”有积极的影响，也是我们立德树人的生动素材。

学生对曹操和陶渊明两位大诗人并不陌生，进入高中之前，就学过他们的作品。所以先通过联系过往所学，自然带入本课教学，避免新课可能带来的唐突感，学生在原有认知基础上理解新课内容也会更加方便和从容。然后引导学生在学习用“知人论世”及“以意逆志”的方法分析本课两首诗的思想情感之后，迁移拓展到相对复杂的相关作品，拓宽学生视野，培养辩证思维，更立体地感知曹操和陶渊明的精神世界。最后留的作业则又进一步跳出本课两位诗人的小圈子，让学生从魏晋诗歌中另找一首诗进行分析，便于学生深入体会魏晋风骨。于漪老师说“教师为学而教”，钟启泉教授也认为“深度学习不是聚焦教师的教学行为，而是聚焦儿童所产生的学习的质”。在教学中，老师只是一个穿针引线的人。本课教学的主要任务课前均已布置给学生，省示范性高中的这些学优生已经具备了一定程度的自读能力。老师要做的就是在课堂上充分相信学生，给他们畅所欲言的空间。老师没有大包大揽，只是在环节的掌控上，以及在对学生的激趣与点评上适当用力，课堂上学生的参与度与活跃度还是相当高的，教学取得了不错的效果。

古诗词的阅读鉴赏是学生语文学习的难点之一，对于有些学生而言，读不懂诗中词句可能会让他们产生畏难情绪。教材上的文本注释较为详实，难点较容易突破；教材之外老师给学生补充的文本，难度会大一些。感觉到学生有了困惑，就要给他们留出研讨交流的时间。今后再讲授该专题，也要给学生留出足够的朗读时间，让学生在品读涵泳中贴近诗人的心灵。拓展训练的设计如果能有些梯度变化，效果会更好。

刚健与淡远：两种诗歌之美

执教/北京师范大学附属嘉兴南湖高级中学　蒋雅云

本课课件

【专题目标】

联读两首古体诗《短歌行》《归园田居(其一)》，在上一专题领会其思想内容的基础上，欣赏其艺术风格，领略质朴刚健和平淡舒缓两种不同审美取向的诗歌之美。

【预习任务】

1. 朗读《短歌行》《归园田居(其一)》，为两首诗划分朗读节奏并找出韵脚。
2. 填写表1，比较两首诗表达技巧的异同。

表 1

<table>
<tr><td rowspan="2">诗歌</td><td colspan="2">比喻</td><td colspan="2">抒情方式</td></tr>
<tr><td>同</td><td>异</td><td>同</td><td>异</td></tr>
<tr><td>《短歌行》</td><td rowspan="2"></td><td></td><td rowspan="2"></td><td></td></tr>
<tr><td>《归园田居(其一)》</td><td></td><td></td></tr>
</table>

3. 查找资料，了解两位诗人的生平经历和理想抱负。

【教学实录】

任务一：朗读感知，体会节奏、押韵之异

师：上一堂课，我们已经学习了《短歌行》《归园田居(其一)》这两首诗，体会了曹操和陶渊明分别寄寓其中的进取与超脱的不同的人生态度。本节课我们来进一步体会两首诗歌刚健与淡远的不同艺术风格。(播放 PPT 第 1 页)

课前请大家为两首诗划分朗读节奏，并通过朗读体会其不同之处。现在就请同学们来展示一下自己的学习成果。（播放 PPT 第 2 页）

（学生上讲台，投影展示节奏划分，并朗读）

生：对酒/当歌，人生/几何！譬如/朝露，去日/苦多……呦呦/鹿鸣，食/野之苹……山/不厌高，海/不厌深。周公/吐哺，天下/归心。

生：少无/适俗/韵，性本/爱/丘山。误落/尘网/中，一去/三十/年。羁鸟/恋/旧林，池鱼/思/故渊。开荒/南野/际，守拙/归/园田……

（在朗读《短歌行》的过程中，有生小声议论。）

师：大家看看，刚刚同学的朗读节奏划分合理吗？

生：我认为"呦呦鹿鸣，食野之苹""山不厌高，海不厌深"，这两句不太合理。是不是应该"二二"断开，也就是说，应该读成："呦呦/鹿鸣，食野/之苹""山不/厌高，海不/厌深"。

师：非常好，诗歌的朗读节奏，一般是按音节兼顾意义来划分的。所以，在五言诗中，"二二一""二一二"式节奏都是常见的；但是对于四言诗，一般应该遵循"二二"式节奏。现在，就请大家按照这样的节奏来大声地、自由地再读一读这两首诗歌。

（学生自由朗读）

师：读下来，你发现了两首诗歌的节奏分别带来了怎样的气韵？

生：《短歌行》比较整齐，《归园田居（其一）》比较灵动。

生：《短歌行》整齐之下显得更有力量，《归园田居（其一）》因为灵动显得更为自由欢快。

师：对。《短歌行》作为四言古诗，节奏匀称整齐，读之铿锵有力，古朴庄重；《归园田居（其一）》作为五言古诗，突破了"二二"式的节奏，"二二一""二一二"两种节奏形式交替出现，使得整首诗自由灵动，舒缓自如。（播放 PPT 第 3 页）

师：课前还请大家标出两首诗的韵脚，韵脚一般是指诗句句末押韵的那个字。也请同学们来分享交流一下。

生：《短歌行》的韵脚，有"歌""何"，"慷""忘""康"，"衿""心""今"，"鸣""苹""宾"，"月""绝"，"存""恩"等，我发现这首诗并不是押同一个韵，韵变了好几次的。

生：《归园田居（其一）》韵脚，我找到的是"山""年""渊""田""间""檐""前""烟""颠""闲""然"，全部押的同一个"an"韵。

师：很好。的确，两首诗的用韵很不一样，《短歌行》多次转韵，《归园田居（其一）》一韵到底。从中，大家发现两首诗歌有着怎样不同的情味吗？

生：《短歌行》不停换韵，感觉更为自由，更有利于表达内心复杂、强烈的情绪。

生：《归园田居（其一）》一韵到底，我觉得更流畅、更轻松。

师：是的。《短歌行》共 8 次换韵，语音形式上抑扬顿挫，错落有致，更益于传递起伏跌宕、深沉委曲之情；《归园田居（其一）》一韵到底的"an"音先开后合，声音明朗饱满，读来朗朗上口、自然流畅，洋溢着一种轻松欢快的喜悦气息。（播放 PPT 第 4 页）

任务二：精读赏析，比较表达技巧之别

师：体会两首诗歌的不同风格，还可以从表达技巧入手。（播放 PPT 第 5 页）请大家来

交流、展示预习任务 2 的完成情况。

（学生上讲台投影展示预习任务 2，并作交流，互相点评。师生共同修正表格，得出结论。教师播放 PPT 第 6 页，展示表 2）

表 2

<table>
<tr><th rowspan="2">诗歌</th><th colspan="2">比喻</th><th colspan="2">抒情方式</th></tr>
<tr><th>同</th><th>异</th><th>同</th><th>异</th></tr>
<tr><td>《短歌行》</td><td rowspan="2">都多次用到了比喻手法</td><td>把短暂的人生比作易逝的“朝露”。更多地与“兴”联系在一起，比中有兴，兴中有比。“明明如月，何时可掇”，以“明月”喻指贤才，渴望贤才为己所用；“月明星稀，乌鹊南飞”以“乌鹊”喻指贤才，表达唯恐贤才不来归附的焦虑；“山不厌高，海不厌深”，以“山高海深”喻广招贤才的博大胸怀</td><td rowspan="2">都直抒胸臆。《短歌行》中直接地、反复地表达渴慕贤才之“忧”，“忧思难忘”“何以解忧”“忧从中来”；《归园田居（其一）》中“性本爱丘山”，直接地表达了喜爱山林之情</td><td>侧重用典抒情，借典故表达自己对贤才的渴慕。有直接引用，“青青子衿，悠悠我心”，表达对贤才的思慕；“呦呦鹿鸣……鼓瑟吹笙”，表明礼遇贤才的态度。也有间接化用，“周公吐哺，天下归心”，表达求贤之诚心</td></tr>
<tr><td>《归园田居（其一）》</td><td>四处比喻，内容所指具体，作者的情感态度鲜明。用“尘网”“樊笼”比喻拘禁身心、压抑个性的官场，用“羁鸟”“池鱼”比喻身在官场，受到束缚的自己</td><td>侧重寓情于景，在写景中寄寓自己对田园生活的喜爱。“方宅十余亩……鸡鸣桑树颠”，勾勒了典型的乡村生活图景，描写了一幅富有农家风味的田园风俗画</td></tr>
</table>

任务三：鉴赏品味，领略不同审美特质

师：（播放 PPT 第 7 页）刘勰用“志深而笔长”“梗概而多气”论及建安文学，元好问评价陶渊明的诗“一语天然万古新，豪华落尽见真淳”。请就《短歌行》和《归园田居（其一）》谈谈你对上述评价的理解。（播放 PPT 第 8 页）

（学生分组讨论）

生：我们小组认为，曹操在《短歌行》中，表达了种种复杂的情感。“去日苦多”里有对人生苦短的悲叹，“但为君故”中有对贤才的渴慕，“鼓瑟吹笙”表达了高朋满座的欢愉，“何时可掇？”表达的是对人才的热望，用“周公吐哺”的典故则是表达自己对待人才的诚意，等等。在一个作品中包含了那么多的情感情绪，可谓蕴藉深厚，这是不是就是所谓的“志深”和“多气”呢？

生：我们认为，曹操是把人生苦短、思慕贤才、功业未成等多种感慨交融在了作品中，就像刚刚同学说的那样。但更为奇妙的是，这种种情绪并不是一泻千里地线性表达的，而是此起彼伏、曲折变化地表达出来的。比如，“青青子衿……不可断绝”这几句，先写对贤才的思慕渴望“但为君故，沉吟至今”，再写得到并且招待贤才的欢愉“我有嘉宾，鼓瑟吹笙”，再回过去写未得贤才之忧“忧从中来，不可断绝”，这里的情感表达真可谓委婉曲折。这是不是就可

以理解为“志深而笔长”?

师:同学们理解得很不错。复杂交融的情感,跌宕起伏的表达,正是《短歌行》最为鲜明的个性特质。可以说,“志深而笔长”“梗概而多气”的诗风正体现为《短歌行》深沉慷慨、气韵雄浑的审美品格。

生:“一语天然万古新,豪华落尽见真淳”,正说明了陶渊明诗歌清新自然、朴素平淡的特色。我们认为,这与陶渊明善用白描手法是分不开的。“方宅十余亩……鸡鸣桑树颠”,这八句用了白描手法,用简练的笔墨,寥寥数笔勾勒了田地草屋、榆柳桃李、远村近烟、狗吠鸡鸣等典型的乡村生活图景,显得自然、朴素、唯美。

师:是的。“白描”作为一种表现方法,就是指用最简练的笔墨,不加烘托,描画出鲜明生动的形象。陶渊明诗歌清新自然、不事雕琢,善用白描功不可没。

生:我们认为,陶渊明的自然朴素还体现在诗作表现了他的真性情上。“少无适俗韵,性本爱丘山”,陶渊明不愿和世俗尤其是官场的污浊同流合污,正是因为不愿意违背自己的本心。于是“守拙归园田”,置身于深爱的山林田园,享受其“户庭无尘杂,虚室有余闲”“复得返自然”的自在洒脱。

师:陶渊明有对“误落尘网中”“久在樊笼里”的清醒认知,有守护自我、回归自然本心的自觉,按照叶嘉莹先生的说法,这就叫“任真”。所以,朴素平淡并不等于淡而无味,而是朴素而有蕴藉,平淡而有韵味,就像苏轼的评价,“质而实绮,癯而实腴”,看着质朴,实则绮丽,貌似瘠薄,实则丰厚,可谓有境界自成高格。

任务四:知人论世,探究诗风形成之因

师:那么,《短歌行》和《归园田居(其一)》何以呈现出这样不同的风格,我们不妨绕过作品,看看作品背后站立着怎样的一个人。(播放 PPT 第 9 页)请同学们结合课前预习你所了解到的曹操和陶渊明,来谈谈自己的想法。

生:我来说说曹操。首先,曹操是个好学而博学之人,《短歌行》中有那么多的典故,或许就是因为曹操读书多的缘故。其次,曹操虽然出生于官僚家庭,但门第并不高贵,父亲是宦官的养子。正是这样的家庭地位,造就了他出人头地、建功立业的迫切愿望。由此可见,曹操兼有诗人气质和英雄气概。

师:很好。历史上的曹操的确好读书,曹丕在《典论·自叙》中曾说,“上雅好诗书文籍,虽在军旅,手不释卷”。(播放 PPT 第 10 页)

生:我很想知道曹操写《短歌行》的确切时间,但是我查不到相关的可靠证据。如果取《三国演义》的说法,那么写作时间是在赤壁大战前,那一年曹操已经五十三岁。大家都知道古代“人生七十古来稀”,对于年过半百的曹操来说,有一种时间上的紧迫感,他又特别渴望建立功业,所以作品才会那么慷慨激昂、大开大合。

师:我很赞同你的想法。对于写作《短歌行》的时间,后面第七单元《赤壁赋》的相关语句或许也能帮助我们理解,按苏轼的看法,曹操“酾酒临江,横槊赋诗”,他也认为《短歌行》创作于“方其破荆州,下江陵”,即赤壁之战前。(播放 PPT 第 11 页)

"月明星稀，乌鹊南飞"，此非曹孟德之诗乎？西望夏口，东望武昌，山川相缪，郁乎苍苍，此非孟德之困于周郎者乎？方其破荆州，下江陵，顺流而东也，舳舻千里，旌旗蔽空，酾酒临江，横槊赋诗，固一世之雄也……（苏轼《赤壁赋》）

师：以上两位同学从诗人气质和英雄气概两方面来探讨，非常可取。正像顾随先生所评价的，曹操是"英雄中的诗人"，既有雄图霸业的抱负又有诗人的才情，所谓"上马横槊，下马赋诗"，是霸主的慷慨进取和诗人的敏感多思熔铸成了曹操深沉刚健的诗风。谁再来说说陶渊明？

生：陶渊明出身于仕宦家庭，曾祖可能是东晋大司马陶侃，但陶渊明的支系到了他这一代已经没落。陶渊明很小时父亲就死了，年少时候生活贫苦，他第一次做官就是为了挣钱养家，可是过了不久，他就不干了。后来陶渊明又做过一些官，直到大家都知道的，在彭泽令上，他发出了"吾不能为五斗米折腰，拳拳事乡里小人邪"的慨叹，义无反顾地最后一次辞去了官职。所以，我认为陶渊明是一个非常纯粹的人，他厌恶官场的繁文缛节，下定决心全身而退，归隐田园。我觉得这一点令人佩服，很值得我们后人学习。

生：我还想补充一点，就是陶渊明不仅厌恶官场的繁文缛节，在官场的经历还让他更多地看到了当时社会的尔虞我诈、贪赃枉法、以权谋私等黑暗面。这一切促使他逐渐发现，自己的政治理想根本就无法实现。于是他义无反顾地回归本心，"归去来兮"。

师：说得很好。结合两位同学的分享我们看到，陶渊明回归田园不是无路可走，不是迫不得已，而是主动退隐，是不愿意违背自己的本心。我们来读读《宋书・陶潜传》。（播放PPT 第 12 页）

亲老家贫，起为州祭酒，不堪吏职，少日自解归。州召主簿，不就。躬耕自资，遂抱羸疾。复为镇军、建威参军。谓亲朋曰："聊欲弦歌，以为三径之资，可乎？"执事者闻之，以为彭泽令……郡遣督邮至，县吏白应束带见之。潜叹曰："我不能为五斗米，折腰向乡里小人。"即日解印绶去职，赋《归去来》……义熙末，征著作郎不就。（《宋书・陶潜传》）

师：不论是第一次的"不堪吏职，少日自解归"，还是最后一次的"解印绶去职"，都是他的主动选择，是他在任性地表达"我不愿意"。可以说，归隐田园正是他自我实现的一种方式。他在田园里安放了身体，也为灵魂找到了永恒的家园。陶渊明的淡远诗风，说到底来源于其人的任真淡远。

师：刚健与淡远是曹操和陶渊明呈现给我们的不同诗歌风格。我们中有人更喜欢曹操的诗，也有人更欣赏陶渊明的诗，趣味无争辩，风格无高下，重要的是通过领略不同风格，我们获得了多样化的审美感受，扩展了心灵的疆域。

同学们课后还可以再找些曹操和陶渊明的诗歌来读。今天的课就到这里，祝大家学习进步。（播放 PPT 第 13 页）下课！

【教学反思】

《短歌行》和《归园田居（其一）》这两首诗歌的差异是明显的。从思想内容上来看，前者表达的是对时光流逝的感慨，以及建功立业的宏愿；后者则抒发了对官场生活的厌倦，以及辞官归隐、躬耕田园的自由、喜悦之情。从表达形式上看，虽然同为古体诗，但前者四言后者五言，韵律和节奏不同，前者多用典故后者多用白描，手法技巧有异。前一课侧重对两首诗歌思想内容的探讨，本课侧重表达形式，聚焦刚健与淡远两种诗风所展现出的不同审美特质，从节奏、押韵、修辞、抒情方式等角度引导学生鉴赏品味，并通过知人论世探究两种诗风形成的原因。

本课教学整体上遵循了由浅入深，从感性到理性，从已知到未知的逻辑顺序。对学生而言，对于诗歌思想内容的理解比较自觉，但对于诗歌风格的把握则缺乏主动意识和有效经验。任务一中，节奏、押韵这两个角度在教学中容易被忽略，但“文言文和旧诗词等，一部分的生命便在声调里”（朱自清语），实际上，恰恰是朗读所呈现的节奏、押韵最能让学生直观、鲜明地感受两首诗歌的差别。任务二中，因学生对表达技巧的掌握参差不齐，教学时要注重交流过程，让学生之间充分言说、倾听、碰撞、修正，促使学生在做中学、说中学、听中学，也在教中学。任务三在引导学生领略审美特质的过程中，适当地引入前人的评价是一个很好的助力，能打开学生的学术视野，帮助学生更全面、深入、精准地把握诗歌特质。任务四知人论世环节，学生的事先准备比较重要，预习作业的质量很大程度上影响了本节课的容量、广度和深度。

值得一提的是，实际教学过程中没有完全遵照原先设计，而是把任务三和任务四做了调换。因为从学生认知规律的角度看，只有先充分认识了两首诗歌刚健与淡远的不同风格，才更能激发探究风格何以形成的兴趣。

迷离的梦境与悲凉的现实:对读经典,体悟情思

执教/浙江省楚门中学　杜韦滨　王依婷

本课课件

【专题目标】

精读《梦游天姥吟留别》《登高》两文,把握两首诗歌中意象,体悟自然界的景物和梦境中的仙景对营造意境的作用,从而深入理解作者的不同情感。

【预习任务】

1. 反复诵读并背诵两首诗歌。
2. 查找李白、杜甫的生平资料和写作背景。
3. 圈画《登高》中的意象并找出诗眼。
4. 绘制李白梦游天姥的“心理变化图”。

【教学实录】

环节一:查找诗眼,体悟悲情

师:(播放 PPT 第 1 页)我们读一首诗歌时,能帮助我们最快捕捉到诗歌情感的是这首诗的诗眼,它是诗歌情感的凝聚点。现在,我们就来找找《登高》这首诗的诗眼,并说明理由。

生:颈联是诗歌的诗眼,直接点出了“悲”“独”。“万里”指远离故乡,体现出作者客居他乡的漂泊感和孤独感。

师:诗眼可以是一个句子,你的分析侧重于“独”。而诗眼是能起到统摄全篇作用的,最精练传神的一个字、词或句子,“独”能统摄全篇吗? 请再思考一下。

生:我认为是“悲”。首联的“猿啸哀”,猿的叫声悲凉,古人用猿鸣表示悲伤。颔联写了叶落、江水东流,是一种萧瑟悲凉之景,而“无边”和“不尽”又增加了空间上的广阔感,所以有种苍凉悲壮的意味。尾联写到诗人年岁已大又身体不好,也是一种悲苦。

师:很好。前两联写景的句子中,还剩一句也需要你做下理解分享。请问“渚清沙白鸟

飞回”又是如何体现“悲”的？

生：这个句子我不太能够把握它所体现出来的悲的意味，所以刚刚就避开了。（生笑）我只是觉得清澈的江水和白沙，还有盘旋的鸟，它们的画面感比较清冷惨白。

师：好的，你的阅读感受很真实。深秋有一种节令变化是“水落石出”，河水清冷，白沙显露，与秋季相关。当遇到没办法把握的意象意境的时候，我们不妨借助与意象搭配的修饰性的词语，想想“为什么”。比如，“渚清沙白鸟飞回”中，结合“清”“白”“飞回”等词，想想看，江水为什么“清”而不浑浊？沙子为什么是干干净净的“白”？鸟为什么不回巢而是“飞回”？

生：“渚清沙白”说明少有人迹，鸟不断盘旋可能是无巢可归，也可能是追逐自由。

师：不错。试想一下，作者面对少有人迹的辽阔大江和没有归巢的鸟儿时是一种怎样的感受？

生：孤独。

师：孤独感从何而来？

生：人在苍茫辽阔的大自然面前是渺小、无助、孤独的，颈联“作客”的孤苦无依、漂泊的痛苦所带来的孤独也是一种悲。

师：也就是说，作者触景生情，自然界和自己的人生轨迹共同生发、产生了复杂情感，有苍茫，有凄凉，有孤独，有无助感，有悲凉，等等。回到一开始同学提到的孤独，现在你能试着说说看“独”和“悲”的关系了吗？

生：前两联写景的句子，包括后两联作者写自己的句子，它们都有“悲”的意味。“独”是“悲”的一种。

师：好的。通过刚才的分析，我们可以敲定本诗诗眼是“悲”。首先，我们可以较为直观地把握颈联和尾联中所体现出来的客居、多病、年迈带来的思乡之悲、疼痛之悲、光阴流逝之悲，它们侧重“悲人生之秋”。其次，也梳理了首联、颔联的景物描写和“悲秋”的关系。秋风萧瑟，让空气流动带有一种力量感——“风急”吹散云朵，带来“天高”；“风急”助力“猿啸”声的传播和鸟的盘旋“飞回”；“风急”吹散尘土，使得“渚清沙白”；也因为“风急”，有了“落木萧萧”“长江滚滚”。因此，开头两联侧重“悲自然之秋”。那么，除此之外，你还能读出哪些“悲”的意味？

生：有家国之悲。当时国家处在藩镇争夺地盘的混乱中，家道艰辛，国家动荡，而杜甫又是一个忧国忧民的现实派。

师：借助写作的背景资料来把握“悲”是一种假借外物的好法子。请你结合文本，细细说说看，哪里体现了“家国之悲”？

生：“繁霜鬓”“百年多病”说明诗人年岁已大且身子孱弱，无法挽救国家于危难之中，所以悲愁。

师：不错。“浊酒杯”呢？

生：诗人想借酒浇愁，但是生病不能喝酒，也是悲愁。

师：对的。尾联两句重点刻画了“鬓”和“杯”，结合作者经历和文本本身，我们可以较为直观地把握作者的家国忧思。（播放 PPT 第 2 页）之前提到分析意象可以借助修饰性词语，我们发现“鬓”和“杯”，这两个词语带有重重叠叠的修饰，它们又该如何理解？

生：“艰难”既是自己的艰难，也是国家的艰难，所以心系天下的作者“繁霜鬓”。

师:“苦恨”的“恨”是仇恨还是悔恨?

生:“恨”是悔恨的意思,“苦恨”是很悔恨。诗人可能在懊恼,家国未平,为什么自己身体和年龄状况就提前“告假退休”了,心有余而力不足的无奈和长久的忧思使得诗人鬓添不少白发。诗人想借酒浇愁,可自己身体虚弱,只得停下,这份悲苦也就没法消解了。

师:很好。如果参照律诗体式要求的话,“苦恨”和“新停”相对,“苦”“新”分别作为“恨”“停”的修饰成分,构成偏正结构,符合对仗规则。既然“艰难”二字双指自己和国家,那么“潦倒”呢?

生:自己的沮丧失意,也可以是国家不太平。

师:很好。无论是“潦倒”还是“百年”,抑或是“繁霜鬓”,它们集中性地指向一个点——老。为什么诗人要反复提及“老”?

生:因为韶华不再,时局不堪,即便想有所作为也只能捶胸顿足,无能为力,这与“苦恨”紧密勾连。

师:本诗以一种郁结不通的“悲”收尾。反观诗歌开头,从萧瑟悲凉着笔。可以说,这首诗以“悲”字为核心,贯穿全诗。诗人由内心伤悲到登高遣悲,由登高遣悲到触景生悲,由触景生悲到借酒消悲,由借酒消悲到倍增新悲。全诗起于“悲”而终于“悲”,悲景悲情,真是怎一个“悲”字了得！我们一起齐背《登高》,借助音韵来感知杜甫的悲切。

(学生集体背诵《登高》)

师:朗读帮助我们快速感知本诗“哀”“回”“来”“台”“杯”的韵脚,同押唐韵的灰韵,更好地将“悲”层层深入。

环节二:手绘导图,理清思情

师:一字一音总关情,我们齐背《梦游天姥吟留别》,也从音韵的角度去感知诗人的心路历程。

(学生集体背诵《梦游天姥吟留别》)

师:从听闻天姥山到梦游天姥山结束,诗人大致经历了怎样的心理变化?结合文本说说。

生:从“天姥连天向天横,势拔五岳掩赤城”“天台四万八千丈,对此欲倒东南倾”等句子看出天姥山的高大雄伟、神奇壮观,外加“一夜飞度镜湖月”,一起表达了作者对天姥山的仰慕。(教师板书“向往羡慕”)

生:“渌水荡漾清猿啼”“半壁见海日,空中闻天鸡”,从这些清丽幽静、壮阔雄奇的景象中看出诗人的欢快与兴奋。(教师板书“欢快兴奋”)

生:从“熊咆龙吟”“列缺霹雳”这两句,仿佛感知到动物凶猛的吼叫和电闪雷鸣,有一种恐怖而神秘的气氛,让人感到害怕和惊恐。(教师板书“害怕惊恐”)

生:“恍惊起而长嗟”“世间行乐亦如此”两句说明诗人突然从梦中醒来,有梦醒后的惋惜嗟叹。(教师板书“惋惜遗憾”)

师:各位对天姥山一游和作者情感的把握非常到位,说明各位课前预习工作非常认真,值得表扬！不错。诗人的情感很复杂,有向往羡慕,有欢快兴奋,也有害怕惊恐,也有惋惜遗憾。还有别的情感吗?

（生犹疑不答）

师:诗人情感要发生变化是有迹可循的,即便是情感突转,也是要有逻辑的,有过渡的。我们来看,诗人一开始写天姥山的壮美以表达其憧憬,而后便梦到了天姥山,是“心之所向,梦亦同趋”。梦中的天姥山雄奇、清丽,诗人生发出兴奋和愉悦。诗人由向往转变到愉悦的心理变奏是由“我欲因之梦吴越,一夜飞度镜湖月”两句完成过渡的。试着看一看,刚才我们所提到的四种情感之间,是否还存在遗漏的情感。情感之间的过渡要符合人心理的发展,让情感流变有逻辑。

生:我感觉,倘若“梦境中的惊恐”一下子跳到“梦醒后的惋惜”的话,就变成作者是因自己害怕的事物而感到惋惜,这在逻辑上讲不通,说明两者之间还存在其他心理或者情感。

师:很好。那把“惊恐”与“惋惜”之间的文本内容再读读看。

生:“熊咆龙吟殷岩泉……恍惊起而长嗟。”

生:“日月照耀金银台”“云之君兮纷纷而来下”“仙之人兮列如麻”,并不让人感到恐惧,反而有点惊喜。

师:很好哦,通过朗读理解文意,生发了比较准确的阅读感受。可能在预习的时候,大家仅仅只是用眼睛看字理解,可能忽略了朗读对理解文意的助推作用。有一种新的帮助我们理解文意的方法是,韵脚发生变化其实是诗意的转折和诗境的转移。我们拿“向往羡慕——欢快兴奋”举例帮助理解。首先,“天姥连天”四句,“横”“城”“倾”押庚韵,语势稍缓。通过朗读可以感受到山体的高大难攀和诗人的憧憬之深。其次,转折句“我欲因之”二句,“越”“月”押月韵,且单句用韵,韵脚很轻。通过朗读有种“入梦轻飞”之感。再次,往下“湖月……天鸡”八句,“溪”“啼”“梯”“鸡”押齐韵,隔句用韵,读来细腻丝滑,舒缓平顺,方便读者慢慢欣赏天姥山的美,跟上作者体验视听上的愉悦。可见李白的精思如游龙般寄寓在文字之中。现在,请各位组队讨论,从音韵角度出发,尝试周全地梳理出诗人的心理变化。

生:“千岩万转”两句末尾分别是“定”和“暝”,读来有种涩涩的感觉,似乎牙齿和舌头在摩擦,而紧接着“熊咆龙吟”四句中的“泉”“巅”“烟”跟前两句的韵脚不同。所以“千岩万转”两句是转折,结合诗句中提到千回百转的山路,是乱花渐欲迷人眼般的感觉,天色突然晦暗,可以推出诗人此时心理比较迷茫迷惑。（教师板书“迷惑犹豫”）

师:不错。该组同学很好地在“欢快兴奋”与“害怕惊恐”之间架起了“迷惑犹豫”的桥梁。“熊咆龙吟”四句,押先韵,且在声调变化上实现了“7 平—6 平—4 平—3 平”的平声字数的递减,读来逐渐平顺和清婉。情感慢慢由惊恐转向惬意。

生:老师,我们组有一个疑问,之前我们不是说,“害怕惊恐”和“惋惜遗憾”之间还留有一种被我们遗忘了的“惊喜向往”吗?但是,“洞天石扉,訇然中开。青冥浩荡不见底,日月照耀金银台”韵脚为“开”“台”,押“ɑi”韵,却有两层意思,从恐怖变到惊喜,后两句已转入诗人非常向往的神仙聚会的景象了,用韵却没有变。

师:发言组同学非常认真仔细。这里两处不变化的韵,是转韵的特殊用法,为的是将韵作为诗歌结构上的过渡,使得全诗更加紧密。该组同学的疑问非常有价值,补充了“害怕惊恐”和“惋惜遗憾”中间被我们遗漏的“惊喜向往”。（播放 PPT 第 3 页,整合板书如图 1）

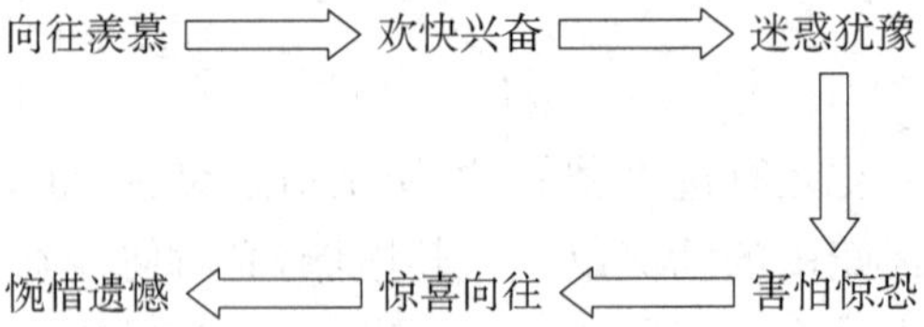

图 1

师：从听闻天姥山到梦游天姥山结束，诗人大致经历了六种心理变化，用自己熟悉的形式画出李白的“心理变化轨迹图”。（生作图如图 2）

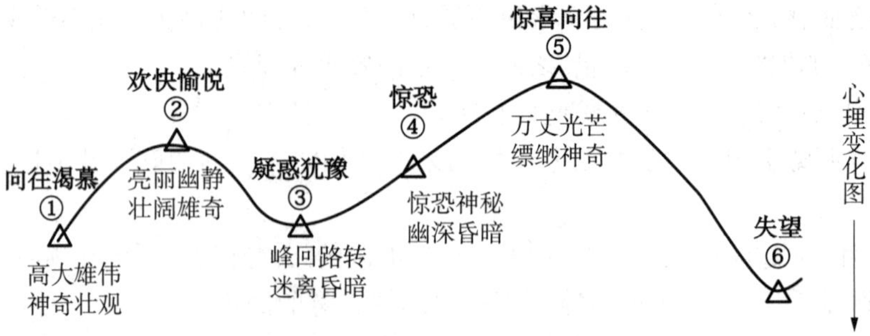

图 2

环节三：探究原因，对话李白

师：有人说“梦中仙境”是作者追求的理想境界，从而反衬现实的丑恶；也有人说“梦游天姥山”是作者人生轨迹的隐射，尤其是宦海沉浮的经历。请根据作者生平资料和“心理变化轨迹图”，试着说说你的看法。（播放 PPT 第 4 页）

生：对天姥山的神往其实表现的是诗人对朝廷的渴望；梦游路上的兴奋反映的是诗人被唐玄宗召入宫中任翰林时愉悦的心情；“脚著谢公屐，身登青云梯”“熊咆龙吟”“丘峦崩摧”可以是官场险恶带来的惊恐。（教师板书“奉诏进京、官场险恶”）

师：从你的回答中是否可以这样理解，朝廷做官的高远艰难好比天姥山高大难登的属性？

生：是。

师：那“半壁见海日，空中闻天鸡”是登山时所见所闻，我们由此看到了天姥山的壮阔雄奇。试问，该特点可让你关联到官场的什么呢？

生：登山美景喻指仕途的顺遂。（教师板书“仕途顺遂”）

师：登山时还有哪些让作者赏心悦目、留恋的？

生：还有天洞、仙人。

师：仙人住仙洞和天。这会让作者联系到什么？

生：诗中提到金碧辉煌、光芒万丈的天洞，有众多神秘、光彩照人的仙人，表现出对仙人生活的羡慕，这些可指他对朝廷与权力的依恋。而梦醒后的遗憾叹息，可能跟他被赐金放还、没能在朝廷实现自己的政治理想有关。(教师板书“渴慕朝堂”)

师:不错。我们还需要留意到,“千岩万转”二句,说到登山之路众多,让人迷惑,山路千万喻指什么?

生:山路喻指官途,山路千万指官途很多。

师:作者的工作难道不止那一个“供奉翰林”吗?况且途中天色又变得黑暗了,它又喻指什么?

生:工作是独一份,但是作者的“千岩万转”可能是作者对当下工作是否合适,有没有其他岗位可以任职的思考,可能是他对目前工作不满意,这种矛盾的心理好比天色“忽已暝”。

师:有道理。但是供奉翰林该是一个多么位高的职务啊,诗人为什么还不满足?

生:这份工作名声好,但结合资料发现,它的本质有点像写写诗作作词的,带有娱乐性质的笔墨文职,没有实权。(教师板书“犹疑虚职”,继续播放 PPT 第 4 页,整合板书如图 3)

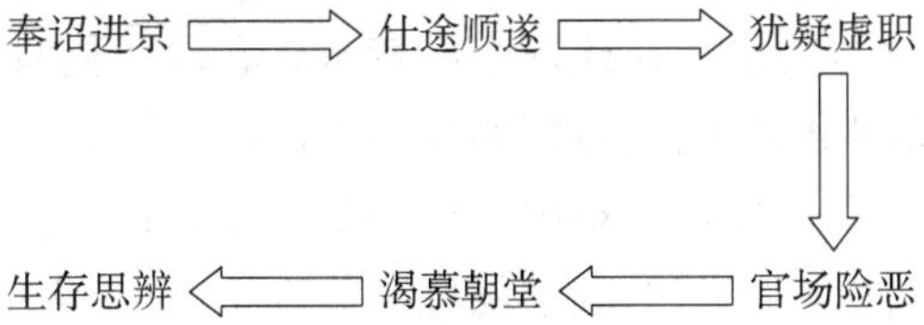

图 3

师:很好。天色变暗,山路不明可能是诗人对自己所任虚职的矛盾纠结的思考,文末强烈情感的反问是对自己生命存在的理性思辨。综观全诗,可以看到天姥山之游的比喻之功,作者借迷离的梦境来喻指自己的现实经历以及想法,从中我们看到作者复杂跳跃的思想,以及带有济世情怀的勇于追求自由和捍卫尊严的拳拳之心。

师:一首好的作品,不论是李白的《梦游天姥吟留别》,还是杜甫的《登高》,都是有生命、充满力度的,它的主题、情感不会单一,它有常读常新的生长不止的力量,且作为读者的你们也会不断变化和成长,因此诗歌的其他思想主题将交由各位往后续接了。(播放 PPT 第 5 页)

【教学反思】

基于微专题“迷离的梦境与悲凉的现实”,本课引导学生就《登高》和《梦游天姥吟留别》展开联读,以“圈画《登高》中的意象并找出诗眼”“绘制李白梦游天姥的‘心理变化图’”作为两条并行的主线任务。

对作品诗眼的查找和探究旨在引导学生品读意象意境,勾连情景关系,了解杜甫复杂深沉的思想;绘制“心理变化图”旨在引导学生梳理文脉,理解梦境,了解李白复杂跳跃的心理。通过上述两项任务活动,以及学生课前的查找资料、课堂的问题研讨等实践活动,学生较为清晰地了解不同的情感表达在韵律、文体等体式选择的倾向性有所不同,从而较为深刻地认识杜甫的对现实生活中自身悲凄命途之悲愤与家国悲凉命运之悲叹的观照,认识李白隐藏于“厌世隐逸”背后的那份借用充满浪漫的扑朔迷离的梦境表露心迹的“用世梦想”。

此外,查找资料是教学的基础,可安排学生在预习阶段完成,教师在该阶段的任务是指导学生借助互联网查阅李白杜甫的生平及写作背景，提供给学生有力的助读资料，比如李白的《将进酒》《东武吟》《拟古（其十）》，李阳冰的《草堂集序》（节选），杜甫的《赠李白》，魏颢的《李翰林集序》（节选）等。

主线任务的完成是课前自读和课堂研讨共同作用的结果，是本节课的教学重心。本节课中，以下两点需要留心关注，以助力往后的教学工作。

第一，给太多，想太少。学生在进入文本之前，借助资料对作者、作品有了一定的先入为主的定向思维，从而导致对意象意境特点的把握、作者情感的输出缺少过程性的分析，导致空读文章，泛谈情感。课前的助读盖过了课堂的研读，固有的认知除了在一定程度上起到的助读理解文本的功效之外，同时也弱化了学生的思考，阻碍了学生进入文本、结合文本。在权衡两者关系中，本节课采用揣摩修饰性的关键字眼，并通过对关键词进行发问，或者改换另一个词语的做法来帮助学生有意识地关注文本本身，从而完成属于学生自己的对意象、意境以及情感的输出过程。

第二，教师自身存在学习困境。在梳理李白梦游之心理变化时，教师的课堂用语过于繁冗，没有深入浅出地将“韵脚助力文脉梳理”的作用发挥好，反而增加了学生对外引知识的理解难度，从而加大归纳李白心理变化的难度。教师是一个成长个体，专注自身功力的打磨才不至于陷入“今以其昏昏，使人昭昭”的教学困境。

瑰丽与宏阔：李杜艺术特色赏读

执教/浙江省义乌中学　毛倩宜

本课课件

【专题目标】

以“高”为研读诗文的切入口，从视角、意象、手法等方面鉴赏李白、杜甫两位诗人作品的艺术特色。

【预习任务】

1. 反复诵读并背诵两首诗歌；
2. 勾画圈点诗歌的意象；
3. 补充阅读中国古代文史经典读本《杜甫诗选评》《李白诗选评》。

【教学实录】

师：论及唐代诗人，我们脑海中首先会出现两个熟悉的名字——李白和杜甫。他们作为唐代诗坛两座并峙的山峰，体现了盛唐魄力和盛唐气象。不过两位诗人的诗风迥异，同学们一般怎么概括两位诗人的风格？

生：李白的诗歌豪放飘逸，杜甫的诗歌沉郁顿挫。

师：不错，这是比较公认的诗风评价，那你可以进一步阐述对这两种诗风的理解吗？

生：能感受到，但不知道该怎么表达。（其他学生基本也觉得不太好说）

师：看来这两个评价只是大家比较熟悉的概念词，依然停留在同学们“意会”的浅层感知阶段。那么今天这堂课，我们就要从相对具体的角度来分析两位诗坛“大咖”的诗作风格。（播放 PPT 第 1 页）

任务一：观图品诗，鉴诗人性情

活动一：观画品诗猜诗人

师：（播放 PPT 第 2 页）郭沫若先生著有《杜甫与李白》一书，书再版后的封面（见图 1）很

图1

有趣，对两位诗人都只是勾勒几笔，就连五官也给省了。结合你对杜甫和李白的了解，请判断这张图中哪位是诗仙？哪位是诗圣？并简述你的判断依据。

生：拿笔书写的是诗圣杜甫，仰头喝酒的是诗仙李白。因为杜甫是关注现实、忧国忧民的，而李白是骄傲洒脱的，且饮酒是他的爱好。

师：我们将图中诗人的动作神态与他们不同的特点相联系，李白是昂首云天、傲视八极的，而杜甫则是立足大地、直面人生的。这位同学的理解应该表达了我们大多数人对两位诗人的印象吧？

师：画面比较直观，我们再试着从比较抽象的诗歌来猜猜这两首诗分别是哪位诗人的作品。也请你简析判断理由。（播放 PPT 第 3 页）

古风（其十一）

唐代：____

黄河走东溟，白日落西海。
逝川与流光，飘忽不相待。
春容舍我去，秋发已衰改。
人生非寒松，年貌岂长在。
吾当乘云螭，吸景驻光彩。

黄河二首（其一）

唐代：____

黄河北岸海西军，椎鼓鸣钟天下闻。
铁马长鸣不知数，胡人高鼻动成群。
黄河西岸是吾蜀，欲须供给家无粟。
驱众庶戴载君王，混一车书弃金玉。

生：《古风（其十一）》是李白的作品，《黄河二首（其一）》是杜甫的诗。我是从“吾当乘云螭，吸景驻光彩”这句判断的，比较符合李白诗歌的风格，带有夸张、想象。而杜甫那句“黄河西岸是吾蜀，欲须供给家无粟”，也是他一贯的风格，表现社会现实。

师：有没有不同意见？（无学生示意）看来意见比较统一。同是以黄河为依托，李白笔下的黄河浩浩荡荡，从昆仑到东海，从天际到眼前，九曲万里尽收眼底。诗人站在高处俯瞰大河，其精神指向天，指向海阔天空的神话联想。杜诗写黄河没有运用夸张，不过写得也有力，其精神指向土地，他感受着土地的躁动与悲凉，体验着土地的焦虑与饥渴，正视着土地的创伤与呻吟。这样的诗风和诗人心性、人物姿态都是一致的。

师：除此之外，老师再补充一点，李白全力创作旧题乐府和六朝风味的歌吟，杜甫则传承

《诗经》、汉乐府反映现实的优良传统，在五言古诗、五言排律、七言律诗及歌行间开合排荡。这也可以成为一个判断依据。

任务二：依“高”寻象，赏诗风特色

活动二：依“高”寻象填表格

师：接下来，我们学习本单元所选两位诗人的两首诗歌，进一步深入分析两种诗风的独特之处。我们一起先来读一读《梦游天姥吟留别》的第一段，请用一个字来概括天姥山的特点。

生：我觉得是“高”。“天姥连天向天横，势拔五岳掩赤城。天台四万八千丈，对此欲倒东南倾”就是用夸张和对比的手法写了天姥山的高。

师：不错，你不仅准确概括其特点，且结合具体内容分析了运用的手法，老师依照你的回答形式设计了一个表格（见表1）。我们一起读一读第二段，请同学们也从意象和手法两个角度进行分析，并整合概括李白诗歌所选意象及手法的特色。

表1

鉴赏角度	筛选诗歌内容	概括特色
意象	第一段：（连）天、（拔）五岳、（掩）赤城、天台（四万八千）（欲倒）	
	第二段：	
手法	第一段：夸张、对比	
	第二段：	

（学生默读、圈画、填表。教师播放 PPT 第 4 页，展示学生成果，见表 2）

表2

鉴赏角度	筛选诗歌内容	概括特色
意象	第一段：（连）天、（拔）五岳、（掩）赤城、天台（四万八千）（欲倒）	瑰丽奇特
	第二段：镜湖月、谢公屐、海日、天鸡、熊、龙、深林、洞天石扉、云之君、猛虎鼓瑟、鸾凤驾车、仙之人	
手法	第一段：夸张、对比	夸张想象
	第二段：夸张、想象、动静结合	

师：同学们完成得很好，有意思的是杜甫的《登高》也是作者在一处高地上抒怀的作品。我们是否也用刚才的两个角度来找找，杜诗选用了哪些意象体现出“高”，以及用了哪些手法？

（学生齐读《登高》，圈画）

生：“急风”这个意象可见作者身处高处。高处的风更大，而且这里的风不是暖风，一定是寒风，作者此时又面对长江，江风就更急了。

生：还有“高天”，天是高的，脚下的土地也是高的，诗人处在天地之间。

生：“鸟飞回”，这里的视角至少是与鸟平视的，甚至是俯视鸟的。

生：“渚清沙白”，我觉得站在高处才会看到江流中的小洲，即秋天水位降低后露出的水中这块陆地的全貌，低处则无法看清全貌。

师：那么“哀鸣的猿啸声”可以展现高处的环境特点吗？

生：字面上是看不出来的，但是通过其他意象就可以判断诗人是在高处，而猿啼啸的声音就会有回声，一阵阵回声带来“哀”的感觉。可以说它是在高处伴着风声而来的效果。

生：老师，我觉得“不尽长江滚滚来”一句也可以看出作者在高处，长江的流水滚滚而来是由远及近的，只有站在高处遥望，才有这种整体感受。

师：在其他同学分析第一联绵密的意象时，这位同学关注到了第二联的意象，且能感知这种描写手法。那既如此，“无边落木萧萧下”这“落木”是否也有相似的意味呢？老师提醒大家对比“落木”和“落叶”一字之差所带来的不同的效果。

生：我知道了。落叶应该是近距离观察到的片片落叶或成片的落叶。而站在高处，看到的就不是细小的东西，而是凋零后只剩下树干树枝的树林，而且“无边落木”表现树林的面积很广。

师：非常棒！对比和联想是非常好的阅读诗歌的方法。“无边落木”体现了空间上的纵深感，是充斥整个空间的，“不尽长江”是横向的填充，风急而使浪急，更添波涛滚滚的效果。而看到这些效果的前提都是诗人站在高处。那我们也为《登高》一诗做一个表格（表 3）梳理。

表 3

鉴赏角度	筛选诗歌内容	概括特色
意象	第一联：	
	第二联：	
手法	第一联：	
	第二联：	

（学生填表。教师播放 PPT 第 5 页，展示学生成果，见表 4）

表 4

鉴赏角度	筛选诗歌内容	概括特色
意象	第一联：风、天、猿、渚、沙、鸟	疏密有致 宏阔工整
	第二联：落木、长江	
手法	第一联：动静结合、视听结合、由高到低	叠加、删减
	第二联：由近及远	

师：杜甫《登高》首联的十四个字便串联了“风”“天”“猿”“渚”“沙”“鸟”六个意象。这二句写景，一者在天，一者在地，推开了一个异常广阔的视境，既暗示了诗人立脚处甚高，登高才能望远，又显示了诗人感受之丰富，声、色、形、态俱备。猿啸之哀，鸟之低飞徘徊，已多少

透露了一点悲凉的气息。随之而来的颔联却只有“落木”“长江”两个意象，这种意象的稀疏化，为情调的渲染留下充分的余地。“萧萧”“滚滚”两个叠词，又使得浓郁的气氛和汹涌的气势扑面而来。而且落木在猿啸的高处，长江在渚清的低处，颔联二句和首联二句交替呼应、浑然一体，组合出一幅雄浑的夔州秋色图。

任务三：缘情深探，悟诗风情怀

活动三：诗画互证探情怀

师：我们一起从意象和手法两个比较熟悉的鉴赏角度，对两首作品做了对比梳理。现在我想请大家找出可以贴切地显示出画中诗人姿态的诗句来做“诗画互证”。把你找到的诗句搭配在课堂之初那幅封面画对应的诗人边上。（播放 PPT 第 6 页）

生：李白画像一侧，我会选择“惟觉时之枕席，失向来之烟霞”这一句，因为李白梦醒觉得惆怅，所以他会饮酒。杜甫画像一侧，我会选择“万里悲秋常作客，百年多病独登台”这句，因为这句不仅把杜甫的人生境况概括了，也把他郁郁不得志而只能执笔记录下现实生活的无奈展露出来。

生：李白我会选“安能摧眉折腰事权贵，使我不得开心颜!”这句，因为这股傲气和他仰着头颅的姿态太搭了！杜甫我会选“艰难苦恨繁霜鬓，潦倒新停浊酒杯”这句，画像中伛偻着背，拿笔深耕的气质也比较接近。

生：李白这边我想选“我欲因之梦吴越，一夜飞度镜湖月”这句，因为我觉得喝了酒的李白就会有这样奇特的想象，杜甫的诗与前面同学的意见一致。

师：“诗画互证”中大家的选择不太一致，但是这种文如其人的感受是一致的。看着画作我们发现两位诗人习惯性的视角是不同的。

李白写梦游天姥山始终是一种“仰视”的姿态，开篇淋漓地展现天姥山山势之高，用“连”“横”“拔”“掩”“倾”等动词及“四万八千丈”这样的神秘数字来展现想象中高出天际的名山，心向往之。“飞度”之后也是一路向上，“身登青云梯”一直到半壁，见到“海日”喷薄，闻着“天鸡”报晓。“千岩万转”之后已然触及不见底的“青冥”，目睹“云中君”等仙众“纷纷而来下”。整个过程中，我们跟随着作者始终昂着头颅，这种“天外天”的视角是与诗人的心灵一脉相通的，或者说它就存在于诗人的潜意识之中。

杜甫则是站在高处，感受到秋气萧瑟，秋风伴着哀戚的猿声疾驰着。接着他的视线往下，目及“渚清沙白鸟飞回”“无边落木”“滚滚长江”。最后则是那个以一个“不在场”的空酒杯，应付着大千世界，悲凉地咀嚼着忧郁的生命。

活动四：设计表格理异同

师：那么请同学们自己设计表格，把我们探讨的两位诗人作品艺术特色上的差异清晰地呈现出来吧。

（学生整理两首诗的对比角度，设计表格。教师播放 PPT 第 7 页，展示学生成果，见表 5）

表5

角度	李诗	《梦游天姥吟留别》	杜诗	《登高》
视角	青天视角 仰视	连、横、拔、掩、倾 四万八千丈	大地情结 俯视	急、高、下、来
意象	瑰丽奇特	镜湖月、谢公屐、海日、天鸡、熊、龙、深林、洞天石扉、云之君、猛虎鼓瑟、鸾凤驾车、仙之人	宏阔工整	风、天、猿、渚、沙、鸟 落木、长江
手法	夸张、想象	虚实结合、动静结合	叠加、删减	远近高低、动静结合、视听结合

师：(播放 PPT 第 8 页)李诗留别述情，借于别友之际述梦，写遭谗去京、意欲访道求仙的愤懑。杜诗则写登高所见江上秋色，抒写了晚年到处漂泊、艰难潦倒的处境和无限悲凉的心情。两首诗的创作背景、抒发情感都有所不同，其中艺术特色尤其不一。但是李白、杜甫能并称双峰一定也有相似之处。如果在我们的表格上加上一行“情怀”内容，你会写什么？

(学生自由读诗，思考，写作)

生：都拥有高洁的追求。李白的梦境既是他现实生活的投射，也是理想世界的追求。梦醒之初李白选择离开也是不愿玷污了高洁的心灵。而杜甫的高洁则体现在他始终不放弃自己想要的大唐，诗歌就是他的“官场”，做着许多关于老百姓的文章。

生：都充盈着强大的生命力度。在经历痛苦、失落之后，一个人的人生或精神境界往往可以实现刻骨铭心的内在富有。李杜二人晚年都漂泊穷愁，但李白的诗歌依然有充沛的幻想和虚幻的激情，杜甫的诗歌则对历史、人生充满感慨，也是历尽沧桑之后对生命意义的吟味和确认。这都是强大的生命力量和精神内核。

师：今天我们一起梦回大唐，从不同的路径研究了两位熟悉的诗人的作品。诗歌艺术风格来源于诗人的经历、品性，也来源于他们运用文字的习惯。今天的课主要探讨了一些鉴赏诗歌艺术的方法和角度，并让同学们小试牛刀。希望大家可以运用这些方式方法进行更多尝试，提升我们对经典传统文化作品的鉴赏能力。只有这样，未来才能更好地传承之，创新之！

(播放 PPT 第 9 页)请同学们在课后整理、拓展阅读两位诗人的作品，在以下两个题目中任选一个作为研究角度，写一篇文学短评。

(1) 李白以天视物的山水世界。

(2) 杜诗中那些被叠加后的意象形态。

【教学反思】

1. 寻找微专题教学的内在联结点

微专题教学本着优化知识结构的宗旨对单元教学进行了再设计，如李杜诗词鉴赏可以从诗歌情感和艺术特色两个角度深入。但是在具体执教的过程中，还需要再寻找一个更小的联结点以便学生能够更直观地勾连不同文本。如我在教学实录中运用的“高”就是一个联结点。李白梦游为群山倾倒的天姥山，《梦游天姥吟留别》开篇便突出一个“高”字，之后更是一路“飞度”“登”“转”……寻找仙人的足迹，希望升入更高的天空去。而杜甫的诗题“登高”就明确了是登临高地抒怀。“高”是两首诗歌的内容共性，关联了意象、手法、视角等鉴赏角度，也是诗人情怀的联结点，可以说牵一发便能动全身。

不仅如此，“高”字是引导学生鉴赏诗歌艺术特色的切入口。其中李白突出天姥山的高所运用的夸张和对比的手法，以及意象的选择是学生比较容易准确把握的鉴赏点，这种相对宽敞平坦的鉴赏入口，有利于后续的深入。在此基础上，学生也能依样对照《登高》，寻找扣题的意象及手法。通过表格的梳理，形成可视化的学习成果。

有了内在联结点后，教学的环节也会更加集中，从意象、手法到视角、情怀，“高”也成为鉴赏诗歌艺术特色角度的线索。所以我删改了原教学设计中第三个环节“品音韵”，设计了“诗画互证”活动，让学生发现视角的差异，再进行“表格设计”，存异后求同，探究诗人相似的情怀。减少了原设计中的学术难度，增设了学生鉴赏诗歌的抓手。

2. 设计学生活动，突破专题教学难点

鉴赏古代诗歌的艺术特色是属于较难的诗歌教学点。因为它兼有写作与阅读两个层面的内容，是具有一定的学术研究基因的。且诗人不同、作品不同、角度不同，得出的结论就有很大差异。教师自己研究清楚尚需功力，更别说要带着学生一起有所得。

我反思原教学中侧重分析知识点的弊端，从设计学生活动角度寻找突破。分别设计“观图品诗猜诗人”“依‘高’寻象填表格”“诗文互证探情怀”“设计表格理异同”四个学生活动。有效地降低了鉴赏知识的理解难度，提高了可操作性，实践效果不错。当然，需要说明的是，这堂课必须建立在前一个课时对作品内容及情感有充分认识理解的基础上进行。

相异的人生，相通的情感：《琵琶行》中的情感交集

执教/上海外国语大学附属外国语学校松江云间中学　宣　沫

本课课件

【专题目标】

精读《琵琶行》一诗，在梳理叙事中进行人物比较，体悟诗人与琵琶女相异的人生矛盾、相通的情感本质。

【预习任务】

细读乐府诗《琵琶行》，完成课前任务单上的预习任务：

1. 央视有一档栏目——《经典咏流传》，假如你是经典传唱人，你将如何演绎《琵琶行》？①诵读诗歌，理解文意；②寻取要点，适度改编；③选择乐曲，揣摩演绎。

2. 记录预习中的困惑与问题。

【教学实录】

师：（播放PPT第1、2页）同学们好，现在请一位同学演绎《琵琶行》。第一，选取要点进行朗诵；第二，谈谈你为什么选择这样的乐曲进行配乐。

生：（朗诵"转轴拨弦三两声，未成曲调先有情。……东船西舫悄无言，唯见江心秋月白"）就像我刚刚读的一样，我选择贴合这段音乐描写节奏的配乐，有舒缓的节奏，也有急促的节奏，但是找不到特别贴合的。

师：这位同学读得非常投入，把音乐的抑扬顿挫读出来了。你为什么会选择这一段呢？

生：我觉得这一段音乐描写特别精彩，有快有慢，有高有低，让我就像听见了琵琶女的演奏一样。

师：非常好，那么这一段在这首诗中起到怎样的作用呢？我们先梳理这首诗的内容，最后再来赏析这段音乐描写。

任务一：比较人物，梳理叙事

师：（播放 PPT 第 3 页）《琵琶行》是一首长篇乐府诗，全诗以人物为中心，叙说人生故事，讲述人生遭遇。这首诗主要讲述了哪些人物的故事？

生：琵琶女和诗人自己。

师：现在请同学们梳理他们的人生经历，试着完成课件中的表格（表 1）。（播放 PPT 第 4 页，展示表 1）

表 1

琵琶女		白居易	
过往	如今	过往	如今
名动京城		身居高位	进谏遭贬
艳盖群芳		声名远播	
人捧人妒	孤身一人	春风得意	情境凄凉
	独守空船	高朋满座	

生：我主要是在序言和第三段中找到的，琵琶女曾经是名动京城的歌女，琵琶技艺高超，美貌动人，艳盖群芳，“五陵年少争缠头”可以看出她人捧人妒，“今年欢笑复明年”可以看出她的生活是充满欢笑的，非常热闹的。如今琵琶女“老大嫁作商人妇”，可见她芳华已去，委身商人，且商人更看重利益而不在乎她，留她一个人独守空船。（教师板书：过往——欢笑热闹；如今——委身商人、芳华已去）

师：很准确地梳理出琵琶女的人生遭遇，曾经年年欢笑，如今委身商人、年长色衰。再请一位同学分享诗人白居易的经历。

生：我在序言和第四段中找到的，从“左迁”“谪居”可以看出白居易如今被贬到浔阳做司马，从“卧病”可见他身体不好，“终岁不闻丝竹声”——听不到优美的音乐，“住近湓江地低湿，黄芦苦竹绕宅生”——住的环境也很恶劣，“往往取酒还独倾”——只能一个人借酒消愁。（教师板书：谪居卧病、取酒独倾）

师：找到了白居易如今的处境，谪居卧病、取酒独倾。（播放 PPT 第 5 页，展示表 2）

表 2

琵琶女		白居易	
过往	如今	过往	如今
名动京城	委身商人	身居高位	进谏遭贬
艳盖群芳	年长色衰	声名远播	谪居卧病
人捧人妒	孤身一人	春风得意	情境凄凉
年年欢笑	独守空船	高朋满座	取酒独倾

师：请同学们再仔细揣摩琵琶女与白居易的经历之间有什么关系？

生：曾经生活很好，如今都过得不好。

师：很好，文中哪一句话对此做出了总结？

生："同是天涯沦落人，相逢何必曾相识。"

任务二：寻情探感，品读滋味

师：请同学们把这两句齐声朗读一遍。

生（齐声朗读）："同是天涯沦落人，相逢何必曾相识。"

师：同学们对刚刚的朗读满意吗？请同学自我评价一下。

生：我不太满意，没有读出那种白居易对琵琶女的同情。

师：文中哪些地方可以读出诗人白居易对琵琶女的同情？

生："同是天涯沦落人，相逢何必曾相识"里的"同"，意思是"一样"，即两个人都是沦落天涯的人，所以白居易同情琵琶女。

师：从总结句中找到了一个"同"字，很好。还有吗？

生："江州司马青衫湿"，白居易感动得哭了，这也可以看出他对琵琶女的同情。

师：这是全诗中情绪的一个爆发点。白居易因为二人的"同"而产生了同情，在听琵琶女演奏时落泪。文中还有一处比较明显的情绪流露，同学们可以找到吗？

生："往往取酒还独倾。"

师：一般古代文人在愁苦之中会"借酒消愁"，这里喝酒的动作其实是在写白居易的愁。同学们仔细品味这七个字，想想如何写出诗人的愁。

生："往往"是"常常"，表示频率很高，经常喝酒；"独"是孤独一人。

生："倾"是"倒"，表示急于喝醉。

师：非常好，诗人常常喝酒，"倾"的本意是"歪、偏斜"，引申为"倒出、倾尽"，倾壶而尽，急于把自己灌醉。想想如果把"倾"换成"饮""酌"就是另一番景象了，合适吗？

生："饮"就是喝酒，没有特别强调什么。"酌"仿佛在慢慢品味、小酌。两个字都没有"倾"那种对喝醉的急切感。

师：诗人为什么如此愁？

生：谪居卧病，被贬。

（教师播放 PPT 第 6 页）

是时盗杀武元衡，京都震扰。居易首上疏，请亟捕贼，刷朝廷耻，以必得为期。宰相嫌其出位，不悦。俄有言："居易母坠井死，而居易赋《新井篇》，言浮华无实，行不可用。"……追贬江州司马。（《新唐书·武李贾白传》）

师：《新唐书》记述白居易被贬江州的原因是，当时有盗贼刺杀武元衡，京城议论纷纷。白居易第一个上书皇帝，请求紧急抓捕盗贼。有权贵厌嫌他越职行事，对他十分恼怒。此前，白居易经常上书言事，剖析朝政，还写了大量讽刺社会政治的诗歌，比如同学们初中学过的《卖炭翁》等，可见他有士大夫精神，以国事为己任，但也因此得罪了很多权贵。不久就有传言说，白居易的母亲落井而死，他却写了篇《新井篇》，词句十分浮夸华丽，如此品行不可重用。实际上，白居易是在母亲去世前写的《新井篇》，他被权贵们诬陷了。后来白居易被贬为江州司马。再回到诗中，处于被贬状态下的白居易为何会注意到琵琶女？

生：白居易送客时没有管弦，此时恰好听见琵琶声。

师：琵琶声有什么特征，足以引起白居易的注意？

生：很好听，出神入化。

师：除了琵琶女的技艺高超，还有一个细节。同学们看序言中有一句话"听其音，铮铮然有京都声"，想一想这句话起到什么作用。

生：为后文介绍琵琶女来自京城铺垫。

师：很好，这是结构上的作用。同学们想想他被贬在远离京都的浔阳江头，突然听见京都之声会产生怎样的想法？

生：惊讶，想浔阳怎么会有京都之声。

生：好奇。所以"寻声暗问弹者谁"，"移船相近邀相见"。

生：有熟悉感，他也是从京城来的，京城就像故乡一样。

师：他还是被贬到这偏远的浔阳的，所以白居易除了熟悉感，可能还会有怎样的感受？

生：触景伤情，听到京都之声，想到自己从京都被贬出来。

师：我们知道，在古人"学而优则仕"的传统中，古代读书人多以从政做官、经世济民为人生理想。京城是政治中心，是古代文人实现理想之处，而此刻的白居易却被贬在外，他对京声的敏锐，可见他对京都的思念，这背后还有壮志难酬的悲痛。现在请同学为我们小结一下白居易与琵琶女的关系。

生：琵琶女和白居易的人生经历相似，白居易在人生低谷也就是被贬浔阳期间遇见了琵琶女，此时的白居易谪居卧病、心情愁苦，为琵琶女和自己的人生痛哭。

师：所以，我们可以说，相似的人生遭际，一个英雄失路，一个美人迟暮，白居易与琵琶女产生了情感共鸣，这是一种相通的感情本质。因此，琵琶女身上有着白居易的情感投射，郁结、悲伤。再看那句"江州司马青衫湿"，诗人不仅在哭琵琶女，更是在哭自己。请同学们先自由朗诵 30 秒，再齐声朗读这几句话。（播放 PPT 第 7、8 页）

（学生自由朗诵，齐声读）

任务三：大胆质疑，问学以进

师：（播放 PPT 第 9 页）同学们的朗读很有代入感，我仿佛听见了千年前的白居易在吟唱。有同学在预习单中提出了非常好的问题，同学们一起讨论。诗人可能和琵琶女产生情感共鸣吗？

生：当然啦！从两个人相似的人生经历可以看出来，白居易同情琵琶女，也寄托了自己的人生感悟。

师：很好，刚刚听课很认真。我们仔细想一想，为什么同学会有这样的疑惑呢？人和人真的能相通吗？你对我的遭遇真的能感同身受吗？哪些因素可能会成为人与人之间相通的阻碍？对此，同学们怎么看？

（同学们思考30秒）

生：我觉得可能不行。白居易是“官”，琵琶女是“倡女”，两个人身份完全不同，具体的人生经历也完全不同，白居易很难对琵琶女的年老色衰、独守空船有切身体会。

生：男人和女人完全不同，在古代区分更大，女人的地位很低。

师：大家打开新思路了，很好。其实，诗人与琵琶女的具体经历完全不同，诗人能够懂得曾经被追捧的琵琶女的内心满足，以及琵琶女年老色衰的无奈、落差吗？能够体会一个虽有丈夫却不得依靠的妇人，独自熬过漫漫长夜吗？也许很难。那么，诗人对琵琶女的同情是假的吗？如果不是，诗人对琵琶女的同情到底是怎样的同情？

生：同情，不一定要两个人遭遇一模一样吧？每个人的遭遇都不一样，但是我们会对别人产生同情，是一种心灵上的互通。

生：虽然两个人身份完全不同，但是诗人并没有瞧不起琵琶女，反而欣赏她的琵琶声，还为她作《琵琶行》。

师：非常好，我们刚刚提过琵琶声有京都之音引起了诗人的注意，同时，同学在上课之初朗读的音乐描写也是非常重要的，琵琶女自身技艺高超，吸引、感动了诗人。从客观的角度看，两人身份完全不同，但在《琵琶行》中，在诗人眼中，并没有呈现出这种身份、地位、性别差异带来的阻碍，反而突出了强烈的“情感共鸣”。归纳一下——这种情感共鸣来源于认同感，包括超越了身份地位等阻碍的单纯的人格认同、相似的人生经历的身世认同、高超的抒情的音乐声的认同。

师：最后还有一个问题，其实我们的讨论建立在这样的基础上——诗人在浔阳江头的秋夜遇见了琵琶女，听完琵琶演奏与她的身世之后创作了《琵琶行》。但是千年前的秋夜真的发生了这件事吗？故事是真实发生的吗？这个基础可靠吗？有没有其他可能？

生：不会是假的吧？

师：其实南宋洪迈和清人赵翼都提出过这种怀疑。（播放PPT第10页）

白乐天《琵琶行》一篇，……予窃疑之。唐世法纲虽于此为宽，然乐天尝居禁密，且谪官未久，必不肯乘夜入独处妇人船中，相从饮酒，至于极弹丝之乐，中夕方去，岂不虞商人者它日议其后乎？乐天之意，直欲摅写天涯沦落之恨尔。（〔南宋〕洪迈《容斋随笔·五笔卷七》）

（乐天）身为本郡上佐，送客到船，闻邻船有琵琶女，不问良贱，即呼使奏技，此岂居官者所为？岂唐时法令疏阔若此耶？盖特香山借以为题，发抒其才思耳。（〔清〕赵翼《瓯北诗话》）

师：琵琶女是“千呼万唤始出来”，对于相见，琵琶女是迟疑与心怯的，而白居易作为朝廷贬官，在送客时接触沦落江湖的京城“倡女”，很可能会带来麻烦。因此，他们觉得《琵琶行》所记之事很可能是假的。如果白居易根本没有遇见琵琶女，他为什么会写《琵琶行》？

生：诗人为了抒发自己的被贬浔阳的苦闷。

师：后人的质疑，也许正是白居易的匠心独具——要通过一个不太可信的叙事，抒发自己的天涯沦落之恨，有着“欲盖弥彰”的效果，使得抒情更加丰富、艺术性更强。无论是真实还是虚构，这首诗歌描写高妙的音乐审美、叙述相异的人生矛盾、抒发相通的情感本质是确定的。（播放 PPT 第 11 页）其中，音乐审美留给大家思考。课后，请同学们——第一，赏析《琵琶行》中描写音乐的语段，可以抓住写作手法，尝试画出韵律节奏，分析这些内容在全文中的作用；第二，在理解的基础上进一步修改完善预习任务，演绎《琵琶行》。下课！

【教学反思】

1. 教学内容的选择

《琵琶行》的传统教学重点在音乐描写的鉴赏上，但鉴赏音乐描写除鉴赏描写技巧上的高妙之外，也应该与整篇诗歌紧密联系。我将诗人白居易与描写对象琵琶女之间的异同选为教学点，以叙事为切入点，再由大问题层层深入，将整篇诗歌紧密地融为一体。

2. 预习任务的设置

本节课教学改变了传统预习方法，以学生喜闻乐见的形式设置情境，形成驱动型学习任务，将任务融入情境之中，凸显语文学科的实践性和实用性。创造性地改编与演绎，既有利于激发学生的学习兴趣，又有利于加深学生对文本的理解深度，还能帮助学生提升基于实际问题创造性解问题的能力，更能推动基于真实学习的自主学习需求。在此过程中，特别注意聚焦大问题，设立任务台阶，一步一步拾级而上。

3. 课堂教学的反思

根据学情，预习任务中可以增加字词句翻译或叙事梳理，保证学生在上课前结合注释、读顺课文字词句。教学过程中，教师把握住几个大问题，学生的答案与思考可以根据实际情况进行回应与引导。当学生没有怀疑过这个故事的真实性的时候，需要教师点拨。如果课时充足，后续可以进行音乐描写的赏析交流、朗读演绎的分享。

以形喻声，人乐合一：赏析古诗中的音乐描写

执教/浙江省平湖中学　金　中

本课课件

【专题目标】

联读白居易的《琵琶行》、韩愈的《听颖师弹琴》和李贺的《李凭箜篌引》，学会赏析古诗的音乐描写艺术，领会诗人在音乐描写中所表现的思想情感。

【预习任务】

1. 诵读这三首诗，要求读准字音、节奏，能结合注释读懂诗句大意。

2. 参照示例，查阅相关资料，简介韩愈、李贺的诗歌成就或诗风特点。

示例：白居易(772 年—846 年)，唐代伟大的现实主义诗人，与元稹共同倡导新乐府运动，主张“文章合为时而著，歌诗合为事而作”，代表作有《长恨歌》《琵琶行》等。

3. 找出三首诗中描写音乐的诗句，分析其手法及表达效果。

【教学实录】

师：同学们，白居易的《琵琶行》，叙写了诗人与琵琶女同病相怜的邂逅，记录了琵琶女精彩绝伦的演奏艺术。这一节课我们比较鉴赏白居易、韩愈和李贺描写音乐的三首诗作，品读诗人们笔下的音乐描写艺术，聆听演奏者及诗作者的心声。(播放 PPT 第 1 页)

任务一：整体把握，聚焦音乐描写

师：我们先来赏析白居易《琵琶行》中的音乐描写，请大家梳理一下，诗中琵琶女一共弹奏了几次？

生：两次。第一次是在第二段，在诗人“千呼万唤”下琵琶女羞涩地出场演奏，还有一次是最后一段，诗人再次邀请琵琶女演奏。

师：这两次演奏写得比较清楚，有不同意见吗？

生：应该有三次。在第一次邀请前，诗人“忽闻水上琵琶声”，无意间听到了琵琶女的独

自弹奏。

师：确实有三次，这三次音乐描写详略不同，在诗中有何不同的艺术效果？

生：第一次最简略，一笔带过，却引发了“主人忘归客不发”的效果，为下面的演奏铺垫；第二次描写最详细，可以看作一次完整的演奏过程，听众沉浸在音乐艺术的无限想象之中，“东船西舫悄无言，唯见江心秋月白”；第三次描写也比较简略，但最让人感动，“满座重闻皆掩泣”。

师：概括很到位，接下来我们聚焦琵琶女的第二次演奏。作为一次完整的演奏，诗人是从哪一句写起的？请把这个过程朗读一遍，说说演奏过程中有哪些环节。

生：从“千呼万唤始出来”开始。（学生朗读从“千呼万唤始出来”到第二段结束）演奏过程包括出场、调弦、演奏两首曲子、曲终收拨这些环节。

师：一般的表演都是从演奏者出场开始写起，那么第一段中的景物描写与演奏有关吗？

生：应该有关。

师：第一段的景物描写“枫叶荻花秋瑟瑟”有何作用？

生：营造了凄凉的氛围，奠定了全诗的情感基调。

师：那么是否也可以说，开头的景物描写为琵琶女的演奏营造氛围呢？

生：可以。

师：（播放 PPT 第 2 页，展示表 1）下面我们根据表 1 的示例，结合描写琵琶女演奏的诗句，说一说诗人描写音乐的手法及表达效果。如“大弦嘈嘈如急雨，小弦切切如私语”两句，用“嘈嘈”“切切”两个叠词来模拟琵琶大小弦弹出不同的声音效果，这种手法叫作“摹声”（以声摹声），而用“急雨”和“私语”来写大弦和小弦发出不同音量的声音，这是“比喻”（以声喻声）。

表 1

手法	例句	表达效果
以声拟声 （摹声）	大弦嘈嘈 小弦切切	用“嘈嘈”“切切”两个叠词来模拟琵琶大小弦弹出不同的声音效果

生：“嘈嘈切切错杂弹，大珠小珠落玉盘”，这两句也是用拟声和比喻手法来描摹琵琶演奏的清脆乐声。

师：这两句不仅写出了琵琶女演奏的听觉形象，甚至还让我们仿佛看到了“大珠小珠落玉盘”中的视觉形象。那么诗人接下来又是如何描写旋律变化的呢？

生：从“间关莺语花底滑”到“四弦一声如裂帛”，运用比喻手法来写琵琶曲的旋律变化。

师：还是要具体地赏析，可参考课文注释。

生：用黄莺在花下啼叫比喻旋律的婉转流畅，用泉水在冰下艰难流过比喻乐声滞塞不畅，还用“银瓶乍破”“铁骑突出”“刀枪齐鸣”来比喻旋律暂歇后突然迸发出激越雄壮的声音。

师：这些诗句除了运用了比喻的修辞手法以外，是否还有其他的手法？比如，诗人用黄莺在花间飞舞来写旋律的流畅，用冰下的泉水艰难地流淌来写旋律的艰涩，这是用视觉形象来写听觉感受，这种手法叫——

生：通感。

师：对，通感也叫“移觉”，就是将人的听觉、视觉、嗅觉、触觉等不同感觉互相沟通、移用。在描写声音旋律时，用视觉形象来写音乐形象，使听觉可视化、形象化，这种“以形喻声”的手法，我们在朱自清的《荷塘月色》中还会读到。以上这些诗句都是正面描绘音乐的演奏效果，那么像第二段最后两句，“东船西舫悄无言，唯见江心秋月白”，放在这里是否显得不太协调呢？

生：这是从听众的角度来写琵琶女高超的演奏技巧的。

师：这两句中哪里有“听众”？

生：就是东船西舫中的人，包括诗人和客人等。

师：对，用“东船西舫”来借代船里的诗人与客人，用听者的神态“悄无言”来衬托琵琶女高超的演奏技艺，那么“唯见江心秋月白”也指人的活动吗？

生：这是从听者的感受过渡到江心的月亮，用开阔的自然空间来表达音乐给诗人等以无限想象的空间。

师：你说得很好，有些诗歌以景作结，来表达“言有尽而意无穷”的艺术效果，如李白的《黄鹤楼送孟浩然之广陵》，以“唯见长江天际流”结尾就有这样的效果。白居易这两句诗可以看作琵琶女这次演奏的一个小结，通过听众的所感来表现琵琶女演奏引发出无限想象的空间。（播放 PPT 第 3 页，展示表 2）

表 2

手法	例句	表达效果
以声拟声（摹声）	大弦嘈嘈 小弦切切 嘈嘈切切错杂弹	用“嘈嘈”“切切”两个叠词来模拟琵琶大小弦弹出不同的声音效果
以声喻声（比喻）	大珠小珠落玉盘	用比喻手法来模拟琵琶的乐声，不仅写出了听觉形象，“大珠小珠落玉盘”中还有视觉形象
以形喻声（通感）	间关莺语花底滑 幽咽泉流冰下难 银瓶乍破水浆迸 铁骑突出刀枪鸣	运用比喻手法来写琵琶曲的旋律变化。用黄莺在花下啼叫比喻旋律的婉转流畅，用泉水在冰下艰难流过比喻乐声滞塞不畅，还用“银瓶乍破”“铁骑突出”“刀枪齐鸣”来比喻旋律暂歇后突然迸发出激越雄壮的声音
衬托（侧面描写）	东船西舫悄无言 唯见江心秋月白	通过听众的所感来表现琵琶女演奏引发出无限想象的空间

师：我们小结一下《琵琶行》的音乐描写艺术——主要采用以声拟声、以声喻声、以形喻声手法，即通过具体物象来描摹乐音与旋律的变化，还通过人的感受和景物特点从侧面来衬托音乐的演奏效果。我们再来朗读这些诗句，体会琵琶女演奏的旋律变化以及各种手法的表达效果。

（学生朗读第二段）

任务二：比较鉴赏，学会迁移拓展

师：我们暂时离开琵琶女与白居易的浔阳江头，到韩愈与李贺两位诗人给我们营造的演奏现场，听一听诗人笔下颖师的琴声与李凭乐师的箜篌声。

听颖师弹琴

〔唐〕韩　愈

昵昵儿女语，恩怨相尔汝。
划然变轩昂，勇士赴敌场。
浮云柳絮无根蒂，天地阔远随飞扬。
喧啾百鸟群，忽见孤凤凰。
跻攀分寸不可上，失势一落千丈强。
嗟余有两耳，未省听丝篁。
自闻颖师弹，起坐在一旁。
推手遽止之，湿衣泪滂滂。
颖乎尔诚能，无以冰炭置我肠！

李凭箜篌引

〔唐〕李　贺

吴丝蜀桐张高秋，空山凝云颓不流。
江娥啼竹素女愁，李凭中国弹箜篌。
昆山玉碎凤凰叫，芙蓉泣露香兰笑。
十二门前融冷光，二十三丝动紫皇。
女娲炼石补天处，石破天惊逗秋雨。
梦入神山教神妪，老鱼跳波瘦蛟舞。
吴质不眠倚桂树，露脚斜飞湿寒兔。

（学生朗读《听颖师弹琴》《李凭箜篌引》这两首诗）

师：下面，我们借鉴《琵琶行》的音乐描写手法来赏析《听颖师弹琴》。请同学们完成表3。（播放PPT第4页，展示表3）

表 3

作品	音乐描写特色	相同点
《琵琶行》	形象化描写，将乐音和旋律可视化。运用比喻和通感，以声喻声，以形喻声，通过日常可感的自然现象与社会场景，形象、生动地描摹琵琶女演奏的乐音和旋律的变化过程	
《听颖师弹琴》		
《李凭箜篌引》		

生：韩愈《听颖师弹琴》这首诗的音乐描写与《琵琶行》有相似之处，都用比喻来表现乐声特点和旋律的变化，如用“昵昵儿女语”来比喻琴声的轻柔细腻，用“勇士赴敌场”比喻旋律的昂扬激越，用“浮云柳絮无根蒂”来比喻琴声的高远悠扬，用“喧啾百鸟群”表现琴声的欢快热闹。

师：看来音乐描写有相通之处，都用自然或社会现象作比，引发读者的联想。那么这首诗除了正面描写颖师的弹奏效果外，有无侧面描写呢？

生：有的，从“嗟余有两耳”到尾句，都是通过诗人的感受来写乐师的弹奏效果。

师：能否说得具体一些？

生：诗人“推手遽止之，湿衣泪滂滂”，与白居易的“满座重闻皆掩泣”有相似之处，都是通过听者的动情流泪衬托乐师演奏的艺术魅力。

师：如此看来，《听颖师弹琴》与《琵琶行》都运用正面与侧面描写相结合的手法来表现演奏者高超的艺术。那么李贺的《李凭箜篌引》是否也运用了类似的手法呢？

生：李贺的这首诗也用比喻来描写乐音，如“昆山玉碎凤凰叫，芙蓉泣露香兰笑”，写出乐声的清脆悦耳、旋律的忧伤与欢快。其他的诗句好像也与音乐有关，但我说不清楚。

师：李贺的这首诗写得确实不如前两首明朗，我们看诗人运用的意象，如“江娥”、“素女”、“紫皇”、“女娲”、“神妪”、“吴质”（吴刚）、“寒兔”等，都是神话中的人和物，可见作者擅长什么手法？

生：李贺是一个浪漫主义诗人，他擅长运用想象和夸张手法，这首诗大概是借用这些神话人物来表现李凭弹箜篌的艺术魅力。

师：你能结合李贺的诗风特点，可以说找到了解读这首诗的切入口，给你“点赞”！其实这首诗的手法与前两首都是借用外物表现音乐演奏的艺术效果，前两首主要借用我们熟悉的自然景物和社会现象来表现，而这首诗是借用我们相对陌生的神话人物来表现。从这个角度，再参看这首诗的译文来解读诗人的表达意图。

生：前四句表现李凭弹箜篌的艺术魅力，其中“空山凝云颓不流”，用夸张和拟人手法衬托箜篌声的美妙神奇，而“江娥啼竹素女愁”则借用湘娥啼泪、素女忧愁这些神话人物的表情，侧面表现箜篌声的如泣如诉、哀怨动人。

生：“梦入神山教神妪，老鱼跳波瘦蛟舞”两句，写音乐声可以让神妪感动，让老鱼、瘦蛟跳起舞来，可见音乐的神奇。

生：最后两句写吴质不眠、寒兔湿脚，也是从侧面衬托箜篌声音的美妙。

师：其实从第七句“十二门前融冷光”开始到结尾，都是侧面衬托李凭演奏的神奇效果。诗人的想象是由近及远，由实入虚，即由人间的长安城扩大到天上的仙府月宫，想象奇特，意境幽深，可与李白的梦游天姥相媲美。（播放 PPT 第 5 页，展示表 4）

表 4

作品	音乐描写特色	相同点
《琵琶行》	形象化描写，将乐音和旋律可视化。运用比喻和通感，以声喻声，以形喻声，通过日常可感的自然现象与社会场景，形象、生动地描摹琵琶女演奏的乐音和旋律的变化过程	一是通过比喻、通感，用具体物象来比喻乐音及旋律变化。二是通过人和物的感受侧面烘托音乐的演奏效果
《听颖师弹琴》	前十句形象化描写旋律变化，后八句通过诗人的感受来表现音乐的魅力。全诗遣词造句新奇妥帖；五言七言交错运用，与琴声的疾徐、断续相协调	
《李凭箜篌引》	对音乐效果想象奇特，形象鲜明。前四句侧面描写；五六句正面描写乐声的清脆多变、悲喜交加；后面八句都是对演奏效果的想象描写，形象鲜明，意境幽深，充满浪漫主义色彩	

任务三：知人论世，领悟赏乐奥秘

师：（播放 PPT 第 6 页）赏析了韩愈、李贺这两首诗后，回过头来，我们再读白居易的《琵琶行》，其内容上有何不同？

生：韩愈和李贺的两首诗对乐师及其演奏的正面描写比较简短，而白居易对琵琶女的演奏描写则具体完整，既有琵琶女的羞涩出场、认真调弦，也交代了乐器指法、演奏曲目，描述了表演的整个过程。

生：《琵琶行》的篇幅较长，内容更为丰富。韩诗和李诗主要描写乐师的演奏效果及诗人的感受，而《琵琶行》除了描写琵琶女的精彩演奏外，还穿插了琵琶女的不幸遭遇和作者的贬谪经历，表达两人的同病相怜之感。

师：《琵琶行》中，诗人用大量的篇幅描写琵琶女与诗人的身世遭遇，这与音乐描写是否有关？

生：我觉得有关系。第三段琵琶女自述身世，呼应第二段“似诉平生不得志”“说尽心中无限事”；了解琵琶女的不幸身世，再读第二段，似乎能从抑扬顿挫的旋律中感受到琵琶女愤懑不平的心声。

师：确实有关系，那么诗人自诉处境与琵琶女的演奏有关系吗？

生：也有关系。第一，诗人自述贬谪遭遇，是由琵琶女的不幸命运引发的；第二，诗人自述遭遇触发了琵琶女的再次演奏。

师：结尾的那次演奏虽然略写，但效果最佳，“满座重闻皆掩泣”，听众为什么动情？

生：因为了解了琵琶女的身世遭遇后，再听她的演奏就可能理解得更加深入。

师：确实如此，大家都有这样的人生体验，了解了艺术家的人生经历，再去赏析他们的作品，就可能与艺术家产生情感的共鸣。从这个角度上看，似乎也能理解“粉丝”们为何疯狂追星了。那么再来探究一下，为何诗人白居易流的泪最多？

生：因为诗人与琵琶女有相似的人生经历，听了琵琶女的演奏及身世之后，产生了“同是天涯沦落人，相逢何必曾相识”的人生感慨，他与琵琶女的共鸣最多，因此入情最深。

师：白居易本身也精通音律，可以说他是琵琶女的“知音”，他听琵琶女的演奏，不仅能听出琵琶女的心声，也联想到他的不公平的遭遇，达到“人乐合一”的境界。而琵琶女听到诗人的身世遭遇，感慨良久后“却坐促弦弦转急”，此时的演奏不仅蕴含着对社会不公的宣泄，更有对知音知己的倾诉，因此“凄凄不似向前声”是演奏者与听众共同作用而产生的艺术效果。

师：最后请大家来总结一下这堂课中关于音乐描写与音乐欣赏的学习所得。

生：音乐描写常通过拟声、比喻、想象等手法，形象地描绘乐音特点及旋律变化，也可以通过自然环境的渲染及人的感受，侧面衬托音乐演奏的效果。

生：音乐演奏常常融入演奏者的人生感悟，而欣赏音乐最好先了解演奏者的人生经历，学习相关的音乐知识，才能与演奏者形成共鸣，更好地欣赏音乐表演。

（教师播放 PPT 第 7 页）

小结：关于音乐描写与音乐欣赏

（1）通过拟声、比喻、想象等手法，形象描绘乐音特点及旋律变化，其中的比喻手法可分为以声喻声、以形喻声（通感）两种。

（2）通过自然环境的渲染及听者的感受来烘托音乐演奏的效果，即以景染声，以感衬声等。

（3）音乐演奏常常融入演奏者的人生感悟，而欣赏音乐最好先了解演奏者的人生经历，才能与演奏者形成共鸣，达到“人乐合一”的艺术境界。

师：感谢两位同学简明扼要的总结，希望大家能用课堂上学到的知识去鉴赏其他描写音乐的作品。在所有的艺术形式中，音乐最擅长抒发情感，欣赏音乐可以丰富我们的情感体验。今天的作业是请大家选择一首拨动你心弦的乐曲，借鉴三位诗人的音乐描写手法，写一篇音乐赏析。

【教学反思】

1. 聚焦音乐描写，学会欣赏音乐

音乐描写是本单元选文《琵琶行》的写作特色，赏析音乐描写是本单元的学习任务之一，学习欣赏时应当重点关注白居易《琵琶行》把抽象无形的音乐化为具体可感的形象。《琵琶行》中的音乐描写不仅体现在运用比喻与通感手法，以声喻声、以形喻声，将乐音和旋律可视化，也包括以景物来渲染音乐氛围，以人的感受来衬托音响效果的侧面描写。同时，《琵琶行》也暗含了音乐欣赏的要求，即知人论世，这样欣赏者更容易入情入境，达到“人乐合一”的境界。

2. 落实学习重点，引导拓展迁移

这堂课采用群文联读、比较鉴赏的方式来达成教学目标。白居易的《琵琶行》、韩愈的

《听颖师弹琴》与李贺的《李凭箜篌引》被誉为“摹写声音至文”，但一堂课时间有限，只能突出重点，即重点引导学生赏析《琵琶行》的音乐描写艺术，其他两首用以参照，作为知识迁移、拓展阅读的对象。从教学效果来看，这样的设计符合学生的认知规律，掌握了《琵琶行》的音乐描写手法后，大多数学生能顺利地赏析《听颖师弹琴》。

3. 提供学习支架，突破学习难点

本堂课的学习难点有两个。一是《琵琶行》中音乐描写与两人身世的关系，这涉及《琵琶行》的写作特色，我将它放在第三个教学任务进行探究，通过比较两次演奏的不同效果，多数学生能找到两者之间的内在关系。第二个难点是赏析李贺《李凭箜篌引》的音乐描写特点。一是李贺天马行空的想象，大量的神话典故让学生不知所云；二是诗中大量有关演奏效果的侧面描写不同于以正面描写为主的《琵琶行》，这让学生的迁移不太顺利。好在有一位学生联系李贺的诗风特点，以此切入，老师再提供疑难诗句的译文，学生对李诗侧面描写的表达效果才有所领悟。

阅读微专题

铜琵琶与红牙板:宋词的豪放与婉约

执教/浙江省余姚中学　黄徐辉

本课课件

【专题目标】

联读三首宋词——《念奴娇·赤壁怀古》《永遇乐·京口北固亭怀古》《声声慢》(寻寻觅觅)。教材要求三首词中,苏词为精读,辛词、李词为自读,但李词是本教材所选婉约词的唯一篇目,故此,联读重点为苏词和李词,并通过联读比较,体会宋词豪放和婉约之美。

【预习任务】

1. 结合单元起始课,了解词的产生与流变。

2. 查阅相关资料,初步了解这三首词的写作背景、内容大意并背诵这三首词。

3. 查找《永遇乐·京口北固亭怀古》中使用的典故,分析诗人所要表达的情感,完成表1。

表1

人物	典故史实	关键词句	诗人情感(用典目的)
孙权(孙仲谋)	曾在京口建都,并打败曹操军队,保卫了家园	英雄 风流	不满现实,表达仰慕之情,渴望抗敌救国
刘裕(寄奴)			
刘义隆(元嘉)			
拓跋焘(佛狸)			
廉颇			
概括用典之美:言简意丰,借古抒怀,委婉含蓄地表达情感			

4. 班级微信公众号"古典诗词"专栏要推荐阅读宋词,请你从这三首词中任选一首、任选一个角度,写一段推荐文字,谈谈宋词之美。

【教学实录】

师:(播放 PPT 第 1、2 页)同学们,宋词是诗歌艺术的又一高峰。品读宋词,我们常常为诗人的豪情壮志所感发,也常常为诗人的缠绵悱恻而低回流连。豪放和婉约犹如宋词诗歌艺苑中的两朵奇葩,等待着我们去欣赏品味,今天我们就通过两首词来领略宋词的艺术魅力。

师:先请男同学们声情并茂地朗读《念奴娇·赤壁怀古》,然后来谈谈这首词带给你的感受。(播放 PPT 第 3 页)

(男生齐读)

生:澎湃激昂。词的第一句"大江东去,浪淘尽,千古风流人物"就让我热血澎湃起来。(生笑)

生:我的感觉是感慨万千,比如"遥想公瑾当年,小乔初嫁了"就有了那种回忆历史、感慨今昔的感觉。

生:恢宏壮阔,豪迈旷达。

师:同学们的感受力不错,表达能力也不错,读出了一些豪放词的共同点,如豪迈旷达、气势恢宏等。接下来我们细读《念奴娇·赤壁怀古》《永遇乐·京口北固亭怀古》,来进一步了解豪放词。

任务一:细读苏辛,悟豪放之美

师:这首词中,"大江东去,浪淘尽,千古风流人物",开篇气势非凡,历来被人们称颂,但也有同学提出疑惑,"风流人物"都被"浪淘尽"了,如何才能转入下文,抒发情感呢?(播放 PPT 第 4 页)

生:我看到诗的后一句"故垒西边,人道是,三国周郎赤壁",诗人将目光转移到了历史遗迹上,"故垒"是旧时军队营垒的遗迹,可见诗人回想起了历史。

生:英雄人物虽然是被浪花淘尽了,然而留在赤壁的英雄业绩还在。

师:在豪放词中,英雄的功业往往是诗人凭吊的对象,以此抒发心中的块垒。

师:我们再来讨论,《念奴娇·赤壁怀古》中的写景句"乱石穿空,惊涛拍岸,卷起千堆雪"何以能成为千古名句?(播放 PPT 第 5 页)

(小组讨论 2 分钟)

生:诗人既写了看到的赤壁景象——穿空的乱石、拍岸的惊涛、如雪的浪花,也写了听到的浪花拍岸声,视听结合,很有震撼力。

生:"乱""穿""惊""拍""卷""千"等字合在一起,感觉有千钧之力,如画江山似在眼前。

生:我觉得这句诗虽然写的是赤壁风光,但感觉这样的风光里也有历史风云的味道。

(生笑)

师:感觉很敏锐呀,赤壁之战惊心动魄,卷起风云变幻,遂成三国鼎立之势。这位同学说写景的同时还有怀古之情,这是基于诗歌上下文的一种联想,非常好!

师:在做预习任务的时候,有同学提到,辛弃疾的用典让人感觉很大气,我们请这位同学

结合预习任务单来分析一下辛弃疾的用典艺术。（播放 PPT 第 6 页）

（师生交流预习任务 2，教师播放 PPT 第 7 页，展示成果，见表 2）

表 2

人物	典故史实	关键词句	诗人情感（用典目的）
孙权（孙仲谋）	曾在京口建都，并打败曹操军队，保卫了家园	英雄 风流	不满现实，表达仰慕之情，渴望抗敌救国
刘裕（寄奴）	在京口起事，并建立政权；为恢复中原，大举挥师北伐	金戈铁马 气吞万里	不满现实，表达收复中原的远大抱负
刘义隆（元嘉）	元嘉二十七年，草率北伐，想建立霍去病那样的功业，结果惨败	草草 仓皇	借鉴历史，委婉告诫韩侂胄不能草率行事
拓跋焘（佛狸）	击败宋文帝，率军追到瓜步山上并建立行宫，即佛狸祠	可堪	表达对南宋政权不图恢复中原的不满
廉颇	免职后跑到魏国，渴望重得赵王重用，却被进谗	凭谁问	以廉颇自况，想为国效力，却遭降职，壮志未酬，深感悲愤
概括用典之美：言简意丰，借古抒怀，委婉含蓄地表达情感			

生：辛弃疾这首《永遇乐·京口北固亭怀古》的用典有个特征，就是典故中的人物比如孙权、刘裕、拓跋焘、廉颇都是能够横刀立马，血战沙场的英雄人物，所以读起他们的故事就感觉有一股豪迈之气。

生：那刘义隆的"元嘉草草，封狼居胥，赢得仓皇北顾"怎么说？难道也是英雄豪气吗？

生：虽然刘义隆失败了，但是词人是想以此告诫南宋朝廷要汲取历史教训，是词人对北伐成功的一种渴望和期待，词人这样说就反映出他本人的一种英雄气概。

（学生们颇为赞同）

师：两位同学的这一番分析，倒是给我们找到了欣赏豪放词的另一条路径——用典。在感受词的写景状物、用意取象之外，还可以有这条路，真不错。

任务二：吟咏李词，品婉约之致

师：我们再看李清照的《声声慢》，这回请女同学来朗读这首词。读后思考，这首词的主旨句和关键词（诗眼）是什么？主旨句是如何推出来的？关键词包含哪些丰富的内容？（播放 PPT 第 8 页）

（女生齐读）

生：主旨句是"这次第，怎一个愁字了得！"关键词为"愁"。

师：主旨句是如何推出来的？关键词包含哪些丰富的内容？

生：词人先寻寻觅觅，寻而不得，就感觉环境冷冷清清，接着内心产生了凄凄惨惨戚戚的感受。之后词人开始描写天气，天气是冷暖不定的，这让她难以休息，酒又是淡的，因作者心中愁浓，秋风吹来时，也不能借酒解愁。大雁飞过，她想起了从前家乡的美好时光，然后看见眼前满地的黄花，自己也是飘零憔悴，只能独自守着窗儿，挨到天黑。加上梧桐雨落，词人的愁情就达到的极点。

师：这位女同学娓娓道来，好像李清照曾将她的心路历程都告诉过她一样，这天下还是女人最懂女人啊！（大家笑，教师播放 PPT 第 9 页）

唐圭璋《唐宋词简释》中写到李清照有“六层可伤之事”，即“气候寒暖不定之可伤”“晓（晚）风逼人之可伤”“雁声入耳之可伤”“懒摘黄花之可伤”“日长难黑之可伤”“雨滴梧桐之可伤”，最后凝结为“这次第，怎一个愁字了得！”

师：词人妙选意象，用“滚雪球”的方式一步一步地推出来。结合相关背景看，关键词“愁”包含哪些丰富的内容？

生：据我所知，词人此时是南渡后不久，正孤独地一个人生活，所以在她的愁情里应该有丧夫之痛、故国之思。

师：还有没有补充？

生：还有南渡来的颠沛之苦和亡国之恨。

师：刚才那位同学说，李清照此时正一个人孤独地生活，看来还有孀居之苦吧！

师：我们总结起来就是——

（板书）

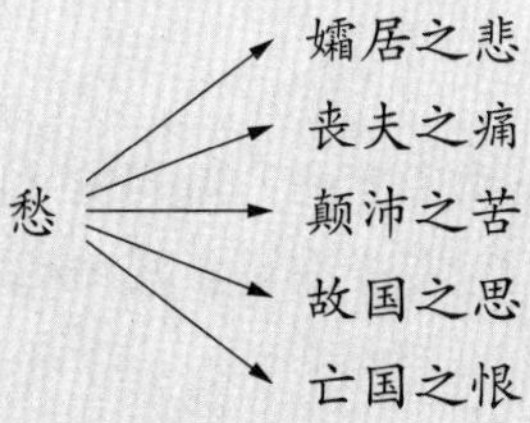

师：同学们，我们从《声声慢》（寻寻觅觅）的意象选取和情感表达上体会了婉约词的哀婉动人之外，我还想再追问，你们觉得《声声慢》（寻寻觅觅）前三句（三句十四字七组叠字）能够重新组合语序吗？（播放 PPT 第 10 页）

生（齐）：不能。

师：请说明理由。

生：这七组叠字具有极强的层次性。“寻寻觅觅”描摹的是精神恍惚，若有所失，到处寻觅的外部动作；而“冷冷清清”是寄身异地，无人为伴，孤独寂寞的生活处境；最后六字“凄凄惨惨戚戚”则是人到中年，命运凄惨，心情悲痛的内心世界。三句叠字，三个层次，逐层深入、“文情并茂”地表达了词人面对夫死、家破、国亡的惨境，异常空虚、无可寄托、心绪难宁的悲苦情状。（教师播放 PPT 第 11 页）

师：层次清晰的表述让我们一听了然，那么七组叠字在音律上有什么特点？

生：这个我体会不出来。

师：有没有同学能再来读一读这十四个字，我们来体会一下。

（一女生读）

师：有没有同学能感觉到音律上的特点？

生（举手）：我觉得有很多齐齿音。

师：齐齿音你也知道？你来给大家介绍一下吧！

生：叠字中的“觅”“清”“凄”，加上后面的“将”“息”“急”“积”，乃至“点”“滴”“得”“第”，分别为齐齿音字和舌头音字，这种音读来短促轻细，大家可以用我们自己的方言来读读看。（许多学生开始用方言模仿，一时教室里方言四起，学生觉得很有趣，有发现新大陆般的喜悦）这种音像是停留在唇齿边上的细呻低吟，仿佛女主人公在啮齿叮咛、自泣自诉，这就很好地表达了诗人的惆怅、忧郁和悲苦、凄凉。（教师播放 PPT 第 12 页）

师：这位同学的音韵知识掌握得非常棒，我们给她一点掌声。她给我们打开了一扇诗歌鉴赏的大门，用声音去体会诗情。

生：我曾在一篇关于《声声慢》（寻寻觅觅）的赏析文章中看到这样一句话，他说三句十四字七组叠字，创意出奇，抑扬顿挫，波澜起伏，极富音乐美感。

师：真好，那我们一起再来读一读，感受一下李清照难以言说的愁情！

任务三：含英咀华，词情相依

师：同学们，我们进一步深入研讨豪放词和婉约词的用词之妙。

赤壁大战时，周瑜 33 岁，而《念奴娇・赤壁怀古》却说此时“小乔初嫁了”，难道古人也晚婚？该怎样理解这个“初”字？（播放 PPT 第 13 页）

《三国志・周瑜传》记载周瑜娶小乔是汉献帝建安三年（公元 198 年），时周瑜 24 岁；赤壁之战发生在建安十三年（公元 208 年），时周瑜已经 34 岁了，即小乔嫁给周瑜已经十年时间了。

生：我想是为了突出周瑜年轻有为、志得意满的儒将形象。

师：请具体说一说。

生：写周瑜事业春风得意，又新婚燕尔，美人衬英雄，岂不珠联璧合、相得益彰？

师：这段婚姻外托君臣之义，内有兼葭之亲，令人羡慕。那苏轼明知不合史实还如此写，不是让人一眼看出破绽，故意夸大吗？

（生默然）

师：写诗乃是文学创作，此等写法于史为失实，于词为夸张，是允许的，反而能使诗情抒发得更加酣畅。（播放 PPT 第 14 页）

师：相应地，《声声慢》（寻寻觅觅）当中，人民文学出版社《李清照集校注》中“三杯两盏淡酒，怎敌他晚来风急”一句，在朱彝尊、汪森编《词综》等词选中则作“三杯两盏淡酒，怎敌他晓来风急”，你认为“晚来风急”好，还是“晓来风急”好？为什么？（播放 PPT 第 15 页）

生（齐答）：“晚”好。

师：也请说明理由。

生：“晚来风急”让人感到李清照白天孤独寂寞地活着，黄昏时，挡不住急风寒气，更显其无依无助。

生(举手):我觉得“晓来风急”更好。

师:为什么呢?

生:“晓来风急”说明她昨天一晚上都没有睡好,今天早上起来,她还是很愁,然后喝酒了,喝酒了以后,被风一吹,酒就醒了!

师(故作惊讶状):酒就醒了?

(全班大笑,有同学小声说,一阵风酒就醒了)

师(追问):然后呢?

生:酒醒了,风吹着很冷,她又伤心了。看到周围的一切,雁过、黄花、细雨、梧桐,件件都催逼着她,岂不比刚才“晚来风急”更煎熬人吗?

(学生鼓掌)

师:妙啊!这位同学,你可真是说出了词评家的水准,你把刚才的想法写下来,可以发表在文学评论刊物上了!(同学们又为她鼓掌)

师:同学们,我们来看朱靖华《物境与心境交互染色——〈声声慢〉赏析》。(播放 PPT 第 16 页)

“晚来风急”的“晚”字……作“晓”字,是可从的。词的上下文,显然是写一整天的愁绪和感受。譬如下文便有:“守着窗儿,独自怎生得黑?”可见此时尚未到“晚”;再下句:“梧桐更兼细雨,到黄昏,点点滴滴”,也证明雨是下了一整天的,直到黄昏,才越下越大。再者,“淡酒”,一般多指早酒而言,古人在卯时(晨五时至七时)饮酒,称“卯酒”,也称“扶头酒”。如用“晓来风急”,则使词境更添一番情趣:即说女主人公昨夜是辗转反侧,刚刚度过了一个无人共语、独宿不眠的夜晚,因而她才起来喝“早酒”。也只有在这样的情况下,女主人公被一阵凛冽寒冷的晨风袭击,吹醒了酒意,才仰望天空,发现了使她更为难堪的景象:雁过也,正伤心,却是旧时相识。

师:“晚来风急”和“晓来风急”各有一番韵味值得我们品味,都能将女主人公的哀愁展现出来。诗歌是文学作品,需要我们调动自己的生活经验和想象力去体悟挖掘,才能常读常新。

任务四:整理归类,各美其美

师:(播放 PPT 第 17、18 页)《历代诗余》中载,东坡在玉堂日,有幕士善歌,因问,“我词何如柳七?”对曰,“柳郎中词,只合十七八女郎,执红牙板,歌‘杨柳岸,晓风残月’。学士词,须关西大汉,铜琵琶,铁卓板,唱‘大江东去’。”东坡为之绝倒。柳永和李清照善写婉约词,如女子出门,要反复描眉搽粉,斟酌衣裙颜色搭配。这些都形象地写出了豪放词和婉约词的风格之别。(播放 PPT 第 19 页)接下来交给同学们,请大家根据表 3 提示,归纳整理豪放词和婉约词的艺术魅力。

表3

分类	题材	意象	意境情感	艺术表现
婉约词		多为小巧而情思细腻的事物，如风花雪月、梧桐细雨、芭蕉杨柳等	多柔婉、含蓄、细密、萦绕低回、缠绵悱恻、哀婉凄凉等	
豪放词	广泛多样。“以诗为词”“无言不可入，无事不可入”，多为豪山壮水、记游咏物、怀古说理、军情国事、百姓疾苦、个人抱负等			多为大笔勾勒，借古抒怀、托古喻今，直抒胸臆、汪洋恣意，语言朴实，不拘格律等

（学生介绍自己的学习成果。教师播放PPT第20页，展示自己的归类〔表4〕，供参考）

表4

分类	题材	意象	意境情感	艺术表现
婉约词	狭窄单一。“词为艳科”，多写男女恋情、悲欢离合、赏花惜春、艳月歌舞、都市繁华等	多为小巧而情思细腻的事物，如风花雪月、梧桐细雨、芭蕉杨柳等	多柔婉、含蓄、细密、萦绕低回、缠绵悱恻、哀婉凄凉等	多为细腻的白描、委婉的抒情，语言圆润，辞藻华美，音律谐婉等
豪放词	广泛多样。“以诗为词”“无言不可入，无事不可入”，多为豪山壮水、记游咏物、怀古说理、军情国事、百姓疾苦、个人抱负等	多为宏阔的事物，如大江大河、名胜古迹、金戈铁马等	多奔放阔大、气势恢宏、高逸旷达、慷慨豪迈、苍凉悲壮等	多为大笔勾勒，借古抒怀、托古喻今，直抒胸臆、汪洋恣意，语言朴实，不拘格律等

师：这节课我们联读了三首宋词，从词的情感抒发、物象选用、用词用韵等角度，在较短的时间内完成了对豪放词和婉约词的比较和鉴赏。最后，请同学们结合今日所学内容修改写好的“古典诗词”专栏的推荐词。（播放PPT第21页）

【教学反思】

必修上册第三单元是古诗词诵读单元。古诗词是中华传统文化的瑰宝，蕴含着古人丰富的情感、深邃的思想、多样的人生。品读古诗词可以提高自己的文学审美趣味，还可以感受诗人的精神世界，体会诗人对社会的思考与对人生的感悟，从而提高自己的思想修养和文化品位。

本节课的设计围绕豪放词和婉约词的艺术魅力展开，设计了四个任务。任务一是对苏轼、辛弃疾词的赏读，主要从景物选取、意境营造、用典的角度揣摩品味，进而体会豪放词的艺术特点；任务二是对李清照词的赏读，主要从词人的情感和用词用韵的角度分析品味；任务三是进一步结合历代词评，深入体味豪放词和婉约词的用字艺术；任务四是由学生自主整理，从题材、意象、意境情感和艺术表现四个角度归纳总结豪放词和婉约词的艺术特色。四个任务由浅入深，不断向纵深挖掘，进而引导学生生成自己的学习成果。

回顾课堂：任务一，学生通过朗读很快能够抓住豪放词的特点，并且通过教师提问、细读文本，明确苏轼豪放词中运用景物意境、英雄功业等营造豪放的诗情，也顺带完成了关于辛弃疾豪放词用典艺术的分析；任务二，学生在对李清照词的内容理解上没有问题，但在音韵方面，大部分同学不能感受，这和学生缺乏音韵学的相关知识有关，幸而有一个女同学有这方面的知识，在课堂上给同学们普及以后，同学们纷纷模仿发音，有了新的认知，由他们自己完成了这个环节；任务三，学生对词作为一种文学作品，可以运用多种艺术手法、可以形成不同的解读进行了分析尝试，应该说这是新高一学生学古典诗词应该具备的文学意识和鉴赏素养，需要多加锻炼；任务四是引导学生运用语文学习的必备技能——归纳整理，经过一节课的学习他们都能较快地完成任务、达成目标；最后的作业，是和预习任务呼应，旨在让学生将学习成果通过文字的形式通顺流畅地表达出来。

阅读单元教学，老师们都在尝试打破单篇文本的单一、封闭结构，这有利于改变学生被动接受的学习方式，真正进行自主探究式的学习。在一节课的时间里完成比较和鉴赏，显然会对作品文学风格的同与不同留下更加深刻的印象。老师要做的就是做好知识铺垫、问题引领和适时的总结提升。

遗音沧海如能会，便是千秋共此时：古典诗词的吟诵

执教/宁波市镇海中学　高培圣

本课课件

【专题目标】

通过搜索资料，了解、欣赏古老的吟诵，设计诵读脚本并进行演练，开展“古典诗词吟诵会”，初步改变对古诗词的刻板印象，深化对古诗词音韵节奏与情感基调的理解。

【预习任务】

1. 网上搜索关于古典诗词吟诵的相关音频和视频资料，初步了解吟诵这一诵读形式。
2. 节选阅读叶嘉莹先生《古典诗歌吟诵九讲》、徐健顺老师《普通话吟诵教程》等与吟诵相关的著作。
3. 观看文学纪录片《掬水月在手》片段，欣赏陈炳铮老师吟诵南唐后主李煜的《虞美人》、苏立康老师吟诵杜甫的《登高》、陈少松老师吟诵杜牧的《清明》。
4. 选择自己喜欢的一首古典诗词，尝试设计一个诵读脚本，并配上乐曲和背景，在小组内分享并推选。

【教学实录】

任务一：情通古人——欣赏与发现

师：叶嘉莹先生说，吟诵里有诗歌一半的灵魂。不知大家通过欣赏和尝试，是否发现了一些古老吟诵的秘密呢？（播放 PPT 第 1、2 页）

> 据学者考证，“吟诵”一词始见于《晋书·儒林传·徐苗》：“苗少家贫，昼执锄耒，夜则吟诵。”盛唐大诗人李白于《游泰山（其四）》中亦云：“清斋三千日，裂素写道经。吟诵有所得，众神卫我形。”

生：谈不上发现秘密，但我们小组了解到，“入短韵长”“平长仄短”“平低仄高”是吟诵的基本原则。（生笑）

师：说得很顺溜，这十二个字绝对是一串吟诵的密码，平仄相间、长短高低错落有致正是对吟诵特征的概括。还有其他发现吗？

生：我听了陈少松先生吟诵的《清明》，其中“雨纷纷”中“纷”吟诵得特别有味道。一个“纷”字余韵悠长，一下子将雨下得绵密、下得悠长、下得惆怅的意境渲染开来了，传达出一种凄美的境界。所以韵脚应该吟诵得绵长一些，这是我的小小感悟。

师：你能从“纷”字中体悟古诗词的音韵美，很了不起！

生：其实我们还查到“依字行腔”和“依义行调”这两个原则，前者大概就是按照字的读音去唱，这个字怎么念就怎么唱。后者指吟诵时每个字、每句话的高低长短，要按照文意来安排，不过这个比较难把握。

师：的确如此。古诗词“吟诵”与当下生活存有一定的距离，吟诵也是一项复杂而系统的技能。其实还有“文读语音”，也就是恢复部分古音读法，比如“敕勒川，阴山下，天似穹庐，笼盖四野”，“野”读“yɑ”。

生：我们组在老师的指点下，查找学习了“横排吟诵符号”。

师：为师很欣慰，愿闻其详。（生笑）

生：平声三个符号都是“横”。一三五位上的平声字用短横(-)；二四六位上的平声字用中横(一)；因韵字拖得最长，故用长横(—)。仄声都用“竖”表示。入声用“竖”加“点”(¦)表示，其中“竖”表示入声归为仄声，“点”意味着读入声得短促有力。

师：同学们，这个很关键，这是解锁吟诵的工具啊！大家大概听明白了吗？（生微笑点头）

生：老师，刚刚大家都发现了一些吟诵的密码，我这里倒是有些困惑。

师：困惑也很有价值，不妨说来听听。

生：我欣赏了几个名家的吟诵，发现大家似乎是“自成一派”？这是不是意味着吟诵就是由着个人喜好，随性而为的呢？

师：你的困惑应该也是不少同学的困惑吧。（生笑，点头）其实啊，古典诗词诵读的形式、形态纷然，有带旋律的吟诵，有不带曲调的诵读，有吟哦，有默咏，有高低急徐，有长短细慢，不一而足。传统的吟诵，每人旋律不一，每个地方的吟诵也带有当地音乐特色。吟诵形式有差异，但其背后的基本原则还是殊途同归的。

生：哦，大概就是求同存异这个意思吧！（生笑）

师：你的领悟力还不错！同学们，吟诵是最能传情达意的读诗方式。叶嘉莹先生说，吟诵不是念诗，更非西方所传入的“朗诵”，它是根据中国汉字单音独体的特质，用一种最符合其声调节奏、声律特色的方式，将中国诗歌抑扬高低的美感传达出来的一种方式。

生：老师，要像叶嘉莹先生一样吟诵，难度实在有点大啊！（生笑，窃窃私语）

师：大家不要有太多顾虑，的确，我们都只是略懂皮毛而已。我们的学习任务也主要以欣赏为主，初步感知吟诵呈现的典型特征，能大致区分常见的平仄，能运用简单的符号做适当的标注。然后试着从音韵、节奏、情感等角度来试一试即可。

任务二：余韵悠长——设计与完善

师：同学们，古典诗词的吟诵演绎需要设计一个贴切的诵读脚本。从课前大家提交的诵读脚本来看，很多小组将目光聚焦于古今七律第一的《登高》。难道是杜甫的这首诗特别有魅力？

生：老师，委婉点说，第三单元中就属《登高》最“凝练”。（生大笑）

师：原来如此啊！也好，我们不妨就从《登高》入手，通过音韵、节奏，去触摸诗人的身世之悲与忧国情怀。哪个小组先来分享一下？

生：那我们组就抛砖引玉吧！平仄处理上，我看大家基本无疑义。不过还是要重点落实入声词的处理，注意平长仄短、平低仄高。（播放 PPT 第 3 页，展示图 1）

登高

〔唐〕杜　甫

风 急 天 高 猿 啸 哀，渚 清 沙 白 鸟 飞 回。

— | — — — | —，— — — | | — —

无 边 落 木 萧 萧 下，不 尽 长 江 滚 滚 来。

— — | | — — |，| | — — | | —

万 里 悲 秋 常 作 客，百 年 多 病 独 登 台。

| | — — — | |，| — — | | — —

艰 难 苦 恨 繁 霜 鬓，潦 倒 新 停 浊 酒 杯。

— — | | — — |，— | — — | | —

图 1

师：有道理！你们是怎么处理这首七言律诗的节奏的呢？

生：朗读前四句节奏感要强，后四句节奏要缓慢沉重。风急/天高/猿啸哀，渚清/沙白/鸟飞回。无边/落木/萧萧下，不尽/长江/滚滚来。万里/悲秋/常作客，百年/多病/独登台。艰难/苦恨/繁霜鬓，潦倒/新停/浊酒杯。

师：可不可以再具体一点，把节奏背后要读出的情感意蕴也来分享下？

生：“风急”要读得凄凉，“天高”要读得阔远，“猿啸哀”要读出哀婉凄绝；读“渚清沙白”当有种凄清冷落之感，读“鸟飞回”要想象杜甫就如同这一只孤单的飞鸟，茫然无助，徘徊漂泊；颔联中要特别留意“萧萧”和“滚滚”两个词，可联想落木窸窣之声与长江汹涌之状，读出韶光易逝、人生迟暮的感伤；颈联要体会罗大经《鹤林玉露》中提及的八重悲，读出沉郁与苍凉；至于尾联，要读出诗人潦倒的生活之苦和无法释怀的国难家仇，“艰难”语调缓慢一些，“苦恨”读得重而有力，“新停”要读出无限悲凉之意。

师：非常好！感情基调上，首联哀婉孤独，颔联沉郁高昂，颈联愁苦沉痛，尾联幽愤无奈。我建议尾联可重复读一遍，并适当加入颤音与哀叹声。（生点头表示认同）

师：下面我们请同学再来分享一下“诵读脚本说明”。

生：要不我们先来吧！查找资料的时候，我们看到刘大櫆在《论文偶记》中关于诵读的一段话，说得特别有道理，“读古人文字时，便设以此身代古人说话，一吞一吐，皆由彼而不由我。烂熟后，我之神气即古人之神气，古人之音节都在我喉吻间，合我喉吻者便是与古人神气音节相似处，久之自然铿锵发金石声”。由此可见，诵读之时学“神气”之重要！（生鼓掌）

师：引经据典，令人耳目一新，给你“点赞”！具体怎么处理诵读时的“神气”呢？

生：首联，诵读者头可微微上扬；读颔联“萧萧”“滚滚”两词时配合手部动作，似见落木纷纷，江河滚滚；颈联，读到“独登台”时右手由胸口逐渐向右前方伸展，做远眺状；读尾联时，可微微颤抖，做摇头叹息状。

师：“好画传诗情，妙诗现画境”，你这么一说啊，画面感产生了，不错！那么大家会怎样来设计吟诵时背景画面的要素呢？我这里先给大家提供两幅图作为参考。你会选择哪一幅作为诵读背景？（播放 PPT 第 4 页）

图 2

图 3

生：我们觉得图 2 更贴合一些吧，近景表现一位在高台上、急风中的老者，然后再通过急流的江水、顺流而下的船只，以及远处隐约的群山，将空间从纵横上推远，以呼应“无边”与“不尽”。要是画面能有流动感，以强化急风来体现浓郁的苍凉和时空的阔远，或许更好。

师：精益求精，要的就是贴合！很期待你们将诵读设计脚本转化为真实的现场表演！（生笑）

生：老师，还可以考虑下配乐，不过要体现这份苍凉顿挫之感，目前还没有想到最合适的，或许可以尝试用呜呜然的箫声伴奏，也欢迎其他组同学给我们一些启发。

师：伴奏可以再精心挑选一下。同学们，设计朗诵脚本可为古诗词的吟诵提供可视化、可操作的文本提示。同时，诵读脚本的修改与完善，也是对古诗词吟诵的精细化调整，有助于深入古典诗词的肌理，触摸其韵律节奏与情感基调。每一小组都要在这点上下足功夫。

任务三：自成曲调——诵读与涵泳

师：余光中先生曾谈到，中国文人吟诵诗文，多出之以乡音，曼声讽咏，反复感叹，抑扬顿挫，随情转腔，其调在“读”与“唱”之间，进入中国古诗意境，这是最自然最深切的感性之途。同学们，我们将根据小组的推荐，共推出 6 位（组）同学在班级中展示古典诗词的吟诵，大家是不是有点小期待了啊？

生（齐声）：是！

师：不过每个同学都有任务哦，除了登台的同学，其余同学都将作为评委和大众评审参与其中。我和课代表一起商议了诗词吟诵会的规则与流程，下面我们有请两位课代表，请他们来具体说一说。

（学生播放 PPT 第 5 页）

生：大家好！万众瞩目的古典诗词吟诵会即将拉开帷幕啦！（生笑）我们建议古典诗词的选择以必修上册第三单元中的古诗词为主，希望古典诗词中的音韵之美能与你们相伴。

生：各小组课前将背景、配乐、道具等辅助资料准备完毕。然后按抽签顺序依次登台展示，每位（组）的呈现时间控制在 3 分钟以内。

生：提醒一下，每小组可派出 1 名同学作为评委，自己小组展示时回避评分。其余同学作为大众评审，决定是否亮出手中的“笑脸”。每小组最终评分以评委的星级评定均分（1 星计 2 分，共 50 分）与大众评审的“笑脸”评分（1 个笑脸得 1 分）合成总分。

生：（播放 PPT 第 6 页）我们也为大家提供了几个古典诗词的诵读评价的观察视角（见表 1），其中重点关注第 1 条与第 2 条。第 3—5 条根据展示实际，酌情评分。根据 6 位（组）同学的展示评分，最终评选出“最美雅韵”“最佳创意”“最具人气”各 1 位（组）。

表 1

序号	观察视角	星级评定
1	是否呈现了古典诗词的音韵之美？	☆☆☆☆☆☆☆☆
2	是否传达出古典诗词的情感意蕴？	☆☆☆☆☆☆☆
3	是否有得体的服饰与恰当的动作？	☆☆☆☆
4	是否有贴切的配乐、背景、道具？	☆☆☆☆
5	是否有古诗词诵读的创新意识？	☆☆☆☆

师：我补充一下，届时还可视时间进展，适当发布“吟诵代表感言”“评委代表点评”“大众评审代表观后感”（播放 PPT 第 7 页），希望大家踊跃参与，参与者有小惊喜哦。（学生鼓掌）

师：百啭千声随意移，同学们，无论是古韵古声还是古风新韵，其目的都在于因声求气，涵泳诗味，提升审美鉴赏能力。非常期待大家精彩的演绎！这节课就上到这里，下课！

【教学反思】

中华优秀传统文化是中华民族的精神命脉，在吟诵中感受诗歌的音韵，想象诗词的意境，体悟诗人的精神世界，提升自我的文化品位，既是旨归，也是路径。以下从三个维度对本节课教学进行探讨：

1. 知识传承还是素养导向？

诗文吟诵有两千多年的传统，吟诵也是古人诵读诗词、推敲字句的一种有效方式，但这一传统对于当下学生而言陌生而又神秘，师生对于古典诗词韵律、节奏的理解还是浅层次的，对古音的把握难免存在疏漏之处。且客观而言，单纯通过一堂课也无法承载这一古老的诵读形式。若从知识传承的角度而言，恐怕一节课的传授也会显得过于单薄。从这个意义上而言，古典诗词吟诵的语文知识，并非这一微专题学习的主要目的。

我们更要思考的是，如何通过吟诵这一传统的诗教方式，在具体的语文学习情境和活动任务中，引导学生亲近古典诗词，丰富审美体验，进而推动文化传承与理解，增强民族文化自信。在具体的教学中，至少应遵循两点：第一，降低古典诗词吟诵的门槛，不让学生觉得遥不可及，听读模仿、欣赏品味都是一种积极有效的学习方式；第二，在把握基本韵律与节奏的前提下，可以允许古韵古声与古风新韵多元呈现，充分肯定学生的积极性。

2. 学习活动还是学习任务？

当下，基于大单元设计、开展多样的学习任务，似乎是新课标落地以来的一种学习常态。但也会存在热闹有余、“底气”不足的情况。本微专题的设计聚焦于“古典诗词的吟诵”，也有这样的顾虑。当然，这里还是要明确两个不同的概念。古典诗词的吟诵是一项语文学习活动，又不单纯是语文学习活动。学习活动是学习任务中进行语文实践的具体操作环节，也就是说“古典诗词吟诵会”只是本次学习任务的一个呈现环节。

而学习任务需要整合学习情境、学习内容、学习方法和学习资源，具有项目化学习的特质，是一种整体性、系统性的学习体验。从这个意义上而言，“古典诗词的吟诵”既要观照吟诵知识本身、诵读脚本设计，也应考虑创设吟诵活动情境、拟定吟诵评价维度等，让学生在连贯的语文实践活动中，实现深度理解与能力迁移。要达到这一点，本节课还有诸多可以完善之处。

3. 单向评价还是多元评价？

如果一节课的铺垫、一节课的呈现，最终只是为了评出所谓的优胜小组，无非是为了评价而评价，这种单向度的评价必然会降低学生审美活动的体验感与获得感。本次“古典诗词吟诵”的评价，师生共同提出了五个具有指向性特征的维度，对本次学习评价予以导引。同时充分尊重学生的主体地位，增设了大众评审环节，积极建构学习和评价的共同体。

之所以设置“最美雅韵”“最佳创意”“最具人气”这三个奖项，实质上综合考虑了诵读脚本设计、现场演绎表现、个性品质与精神态度等多个方面。而“吟诵代表感言”“评委代表点评”“大众评审代表观后感”，也是对学生自我发展过程的积极回应。至于如何通过语文学习任务，进行多元化评价，丰富学生的表现性评价等，还需要更科学、合理、有效的探索与实践。

写能聚焦，评有标准：诗评的写作和讲评

执教/上海市虹口区教育学院　成　龙

本课课件

【专题目标】

诗评写作是文学短评写作的一种形式，该专题引导学生学习写作诗评，从《短歌行》《归园田居（其一）》《梦游天姥吟留别》《声声慢》（寻寻觅觅）等古诗词中选择写作训练点，学习写作诗评的方法，提高古代诗歌鉴赏能力。

【预习任务】

1. 查找曹操、陶渊明的生平资料，掌握曹操的主要人生经历及思想观念，理解陶渊明归隐前后的基本思想状况。

2. 查找游仙诗、七律、古体诗的文体知识，理解其基本写作特点。

3. 阅读帅杨《论苏轼谪居黄州期间的心灵历程》一文，参读苏轼贬谪黄州期间的主要诗词作品，如《卜算子·黄州定惠院寓居作》、《定风波》（莫听穿林打叶声）、《浣溪沙》（山下兰芽短浸溪）等，理解词作基本内容。

4. 参读辛弃疾《水龙吟·登建康赏心亭》一词；掌握借古抒怀、用典手法等知识。

5. 阅读梁衡《乱世中的美神》，做好阅读批注。

6. 预习《春江花月夜》全诗，了解诗歌基本内容。

【教学实录】

任务一：认识文学短评，夯实基础

师：（播放 PPT 第 1 页）同学们好！今天我们要学习的是文学短评的写作，这个内容属于必修上册第三单元的单元学习任务。请同学们用两分钟时间阅读、思考教材第 69 页《学写文学短评》的内容。阅读后请同学说说你学习这一知识短文的收获。（播放 PPT 第 2 页）

生：这篇短文告诉我写作文学短评要善于表达出自己感触最深的地方，以及需要去看作

者是如何渲染气氛、怎么描摹景物和运用哪些手法，还要选择小的切入点去看它的细节。

师：好，你能不能对你所说的内容做一个提炼？知道什么叫提炼吗？

生：提炼就是把话变得更简练一点。

师：提炼和简练有区别吗？提炼是什么？简练又是指什么？

生（思考）：简练是简洁、精练的意思，提炼是由多到少、由繁到简，对吧？

师：提炼是找到重点，是要在现有具体内容的基础上找出一个统领的内容，还要善于从具体的一点发展出抽象的一点。好，你说说提炼的结果。

生：我觉得这篇短文讲的是方法，比如从细节就可以知道作者想表达什么。

师：很好，你提炼出了这篇知识短文的重要内容。再请一位同学说一说学习后的收获。

生：我认为教材的这篇知识短文，主要介绍了文学短评的定义，以及具体的写作方法。

师：第二位同学说到一点，这个材料告诉了我们文学短评是什么，就是定义的问题。大家是如何认识“定义”呢？

生：我认为定义要回答“是什么”的问题，准确的定义可以帮助我们更好地认识事物。

师：是的。当我们要去认识、思考一个事物的时候，我们首先就要明确事物定义的内涵与外延。文学短评在高中统编语文教材中第一次出现，我们很有必要对它做一个更为清晰、具体的认识。现在请同学们再次阅读教材中的知识短文，进一步明确文学短评这一概念的内涵。

生：文学短评就是阅读完一篇文章以后，写出自己对于文章的理解，然后抓住一些重点进行分析。

师：这位同学说“抓住重点进行分析”。请大家思考，使用“分析”这个词对吗？

生：我认为不仅仅要分析，还需要展开评价。当然，在评价之前需要进行分析。

师：很好，同学们懂得从概念入手思考问题。请大家记住，从概念入手，用概念去思维是一个非常重要的思维过程，更是一种思维方法。当我们要去认识一个事物的时候，你要知道这个事物究竟是什么。现在，请同学们再次阅读教材中的知识短文，用自己的话为“文学短评”下定义。

生：我认为，文学短评是指对所阅读的文学作品进行评价的较为简短的文章。

师：这位同学所说的文学短评的定义是准确的。同学们，用概念去思维先要对概念的内涵做出准确的界定。此外，还须对概念本身做更细致的分析，以更好地把握事物的特点。现在，为了更充分地理解文学短评的特点，我们对“文学短评”这四个字再进行更为细致的分析、理解。

生：我认为，“文学短评”中的“评”字，是评价的意思，这是从表达方式的角度提出了要求，即要使用议论的表达方式。

师：那么，议论是文学短评唯一的表达方式吗？

生：我认为不是。教材里的知识短文说“写文学短评主要运用叙议结合的方式”，我觉得还可以再进一步细化。不过，我不知道如何细化。

师：这位同学对知识短文的阅读很仔细，并且在理解的基础上，有所质疑，这种精神是可贵的。文学短评是一种以作家或作品为评论对象的文章，并且从短语构成上来说，“评”是中心词，前面的三个字是定语。因此，文学短评应该以议论这种表达方式为主，议论性是文学评论的主要特点，但叙述仍是必要的，叙述主要在介绍作家、作品内容以及相关写作背景时发挥作用，写作的关键的是议论与记叙要有机融合。“有机”的标准是议论表达观点、展开论述，叙述为议论提供必要的内容介绍，以帮助读者更好地理解文章。

生：我认为“文学短评”中的“短”字意味着篇幅短小、内容集中，这是从篇幅上提出的要求。对于我们中学生来说，篇幅大体上与考场作文接近。

师：我再补充一点，篇幅虽然短小，不过，“麻雀虽小五脏俱全”，文章的各个要素还是要齐全的，观点、论据、论述过程、作品内容本身的介绍等还是不可少的。

生：我觉得“文学短评”中的“文学”二字交代的是写作对象。文学作品与其他类型的作品是不一样的。

师：你能不能说具体些？

生：比如，时事短评，就是针对时事热点的简短的评论，我想这与文学短评应该有较大的不同吧。

师：这位同学说得非常好，他能够从写作对象的不同入手，分析文学短评的写作特点与要求。现在，我来总结对文学短评的总体认识。文学短评重在“评”——评论、评价。观点须明确地表达出对评论对象或高下或优劣的判断，论据真实、切合观点，论证过程须充分，论证方法能有效增强论证效果。从这个角度来看，文学短评与文学鉴赏、读后感等文体是有不同之处的。这一点，请同学们特别注意。文学短评的外延，包括诗歌短评、戏剧短评、小说短评、散文短评。

同学们，心理学，特别是认知心理学知识，是能够帮助我们认识学习这件事的非常重要的理论知识，当然，对于同学们来说，学习心理学知识，可能有一定的难度，这也不是我们语文学科学习的内容，不过，还是建议同学做些了解。到目前为止，我们所讲的内容，从知识性质的角度来看，属于陈述性知识，首先回答“是什么”的问题，即介绍文学短评的概念、特征等基础性知识。在回答了“是什么”的基础上，其次要着力解决“为什么”与“怎么办”的问题，“为什么”的问题，回答的是文学短评写作的价值，比如对于提高古诗鉴赏能力有怎样的作用。“怎么办”的问题，即写作方法，属于程序性知识，这类知识建立在陈述性知识的基础上，是提高写作能力的具体方法。

任务二：诗评写作，课内得法

师：今天的课，我们进行诗评写作训练，选择诗歌这个文学样式作为评议对象，进而举一反三，获得对整个文学短评写作的启示。我们从一个主问题入手，去体会思考问题的过程，如果能够从思维的过程中提炼出思维方式，可能我们的收获又会更大一些。这个主问题是“诗评写作如何可能”？（播放 PPT 第 3 页）

生：老师，什么是“如何可能”？

师：“如何可能”是对问题解决的方法、前提条件等的追问，通过这样的追问，我们可以对问题做出更为深入的思考。

生：我觉得“诗评写作如何可能”这个问题有点大，回答起来有点难。

师：老师这里教给大家一种思维方法——将一个大的问题，分解成几个小的问题，小的

问题之间要有内在的关联。(播放 PPT 第 4 页)

分析主问题,学习思维方法

诗评写作如何可能?

(1) 解答这个问题,需要分为几个步骤?

(2) 划分步骤时,要注意哪些问题?

师:就“诗评写作如何可能”这个问题,我们可以这样来分解。第一,诗歌特点有哪些?第二,诗歌的内容、情感是什么?第三,诗评写作有哪些方法?第四,写好诗评,需要怎样的知识?请同学们独立思考这四个问题,再做回答。

生:回答诗歌特点这个问题,是整个诗评写作的基础,因为文体特点的不同,写作要求上也会有所不同。诗歌的文体特点主要是借助特定的意象来抒发情感、表达思考的。

生:诗歌往往借助多种表现手法来表情达意。

生:诗歌还有相应的节奏、音韵等格律上的要求。

师:同学们对诗歌文体特点的认识是比较全面的。准确把握住诗歌文体特点,就是我们之前说的思考要从对象特征入手,诗歌与小说、戏剧、散文等其他文学样式有很大的不同。当然,这里也要提醒同学们注意,诗歌的个性特点与文学体裁重在表达思考与情感的共性之间的关系。

生:第二个问题是说在写作诗评时,首先要准确理解诗歌的内容、情感。这一点,教材知识短文第二段已经做了说明。当然,对诗歌等文学作品的情感、主旨的理解可以是多样的。

师:同学们要注意,理解诗歌内容、情感,既要有所创新,又不能刻意地标新立异。

生:第三个问题是具体的写作方法问题。这一点,教材里的知识短文说得比较详细。我觉得可以按照那些方法来写作诗评。

生:第四个问题,我平时很少从写作需要怎样的知识这个角度来思考。

师:老师这里明确提出“写好诗评,需要怎样的知识”这个问题,目的在于增强大家学习与运用知识的意识。其实教材里的《学写文学短评》这篇短文里就包含了很多知识。为了加深同学们对知识的理解,我们不妨先写一段诗评文字,获得感性的认识。我们以《春江花月夜》这首诗中四句诗为写作对象,写一段 200 字左右的诗评。同学交流,评点、推荐。这四句诗是“人生代代无穷已,江月年年只相似。不知江月待何人,但见长江送流水”。(播放 PPT 第 5 页)

生:老师,写这四句诗的短评,需要结合整首诗的内容、情感吗?

师:这位同学的问题,实际上表明了一个解读文本的方法——词不离句、句不离段、段不离篇。这就是我们常说的语境。同学们课前已经初步了解了《春江花月夜》这首诗的基本内容,请大家将这四句诗放在整首诗里去理解,去展开评议。好,请同学们开始写作。时间 10 分钟。

(学生写作)

师:时间到。请同学们六个人一个小组,互相阅读,推荐本组写得较好的短评,并做简要点评。

(学生互相交流、点评)

生:我们这一组推荐的内容是,“作者抓住人生与江月的相似之处——循环往复的特点,点出人事交替、时光漫漫。句中运用‘代代’‘年年’的叠词,精准而直观鲜明地将岁月漫漫的印象印在读者心中。后两句用‘不知’‘但见’相对比,将每个人的生死兴衰置于长江流水的时间长河中,表达对人生短暂、常新常替而岁月无穷的感叹。选用的意象‘江月’与‘长江’与《赤壁赋》的‘水与月’相映照,给全文蒙上孤寂惨淡之感”。

生:我来点评。这位同学抓住诗句中的关键词,结合诗句的整体意思,写出了诗歌所表达的人事、时光、人生哲理,并且与《赤壁赋》结合起来理解,有新意与深度。

生:我们这一组推荐的内容是,“人生代代无穷已,而江月会一直高悬,卒莫消长也。世间万物似乎都是亘古不变的,唯有人事兴替能让人感受到时间的流动性。伫立在永恒的时空下,面对着照耀千古的明月,面对着无垠的江水,时间流动着,人却在时间中感受到了盛大的永恒。那一刻,月亮照亮的不是自己,是沟通古今的时空廊桥。于是,当时间的流动被忽略,人便在广阔的时空中找到了时间的缝隙”。

生:我来点评。我认为这位同学善于将人、时间、古今融合起来分析,表达了对历史、人事的感悟,特别是人在古今时空长河中渺小而短暂的存在。我觉得,如果作者能够多结合诗句中的关键词来分析,内容会更具体而且更有针对性。

师:同学们的现场写作效率是高的,内容上总体符合诗歌本身的内容,特别是读出且读懂了诗歌中关于人生、时空的深刻思考。同学们的写作、交流与点评,有助于获得诗评写作的感性认识,当然,我们还需要朝着更高的写作目标去追求。老师找了两段关于这四句诗的文字。请同学们朗读 PPT 中呈现的文字,然后思考这样两个问题。第一,这两段文字的特点是一样的吗?第二,你从中获得怎样的诗评写作的启示?(播放 PPT 第 6、7 页)

阅读文本一:

个人的生命是有限的,但一代又一代的人生是无穷的。个人的生命是小生命,人类的生命是大生命,这是一扬。然而永恒的江月却总是那样冷静,不动表情、不露声色,以年年相似的模样看着月光下不断变幻的人生,这是一抑。世界到底是有情还是无情?若说无情,江月何以有“照”?一个怀有照亮温暖他人之心的主体,总该是有情的吧,又是一扬;若说有情,江流何以分秒东逝“不复回”,全不顾念“吾生之须臾”?“是江流又一无情之物也”,又是一抑。这句“不知江月待何人”与最后的“不知乘月几人归”相呼应,在“人”和“江月”的对照中,让人感受到宇宙的深邃和生命的敬畏。但透过对永恒“江月”的凝视,导致的不是“人”的“自我矮化”或精神的“贫困化”,而是从个人的局限性中挣脱出来的完美人性的可贵。

——张伯伟:《宫体诗的“自赎”与七言体的“自振”——文学史上的〈春江花月夜〉》,载《文学评论》,2018 年第 5 期

阅读文本二:

张若虚在此处却别开生面,他的思想没有陷入前人窠臼,而是翻出了新意:“人生代代无穷已,江月年年只相似。”个人的生命是短暂即逝的,而人类的存在则是绵延久长的,

因之“代代无穷已”的人生就和“年年只相似”的明月得以共存。这是诗人从大自然的美景中感受到的一种欣慰。诗人虽有对人生短暂的感伤，但并不是颓废与绝望，而是缘于对人生的追求与热爱。全诗的基调是“哀而不伤”，使我们得以聆听到初盛唐时代之音的回响。

“不知江月待何人，但见长江送流水”，这是紧承上一句的“只相似”而来的。人生代代相继，江月年年如此。一轮孤月徘徊中天，像是等待着什么人似的，却又永远不能如愿。月光下，只有大江急流，奔腾远去。随着江水的流动，诗篇遂生波澜，将诗情推向更深远的境界。江月有恨，流水无情，诗人自然地把笔触由上半篇的大自然景色转到了人生图像，引出下半篇男女相思的离愁别恨。

——吴翠芬：《张若虚〈春江花月夜〉赏析》，载《唐诗鉴赏辞典（第2版）》，上海：上海辞书出版社，2004年

生：我认为这两段文字的写作特点是不一样的。“阅读文本一”带有突出的议论特点，观点鲜明，充满理性分析，给读者以思想上的启迪。我认为这就是典型的诗评。

生：我认为“阅读文本二”以抒情、叙述的语言特点为主，特别是对“不知江月待何人，但见长江送流水”两句诗的鉴赏，以充满诗情画意的语言，再现画面，强调情感，给读者以充分的阅读审美体验。这属于鉴赏性的文章，不是文学评论性质的文章。不过，我认为这种鉴赏性的文字，对于我们提高古诗鉴赏的能力还是很有帮助的。

师：同学们的判断是准确的，看来，大家对诗评甚至文学短评的写作特点有了更为清晰、准确的认识。同学们要注意，文学评论与文学鉴赏都是语文学习的必要内容。今天我们学习文学短评的写作，并非否定文学鉴赏写作的价值。同学们要善于将文学短评与文学鉴赏连通起来。现在，请同学们说说从这两段文字的对比中，特别是从“阅读文本一”中获得了怎样的诗评写作的启示。

生：我就是单纯觉得“阅读文本一”写得很好，作者为什么写得这么好，我还是想不出什么原因。

生：“阅读文本一”指出了诗歌的两次“扬”与两次“抑”，特别是结合诗歌最后的“不知乘月几人归”来分析，这给我启发。

生：我想，“阅读文本一”的作者应该是读了很多的书，掌握了很多文学、哲学的知识，所以才能写出这么有深度的文字。

生：我从“阅读文本一”中获得了这样的启示——读懂诗歌字面内容是诗评写作的基础，但也只能发挥基础的作用，关键还是要揭示出诗句背后更为深刻的哲理。

师：更为深刻的哲理？你能说具体些吗？

生：比如说一些看起来很有深度的词语，像“主体”“宇宙的深邃”“自我矮化”“贫困化”等，当然，关键是要把这些有深度的词语连成句子，比如最后一句，“透过对永恒‘江月’的凝视，导致的不是‘人’的‘自我矮化’或精神的‘贫困化’，而是从个人的局限性中挣脱出来的完美人性的可贵”。我写不出这样的句子，也一时间无法完全理解它的含义，不过，我就是觉得写得特别深刻。

师：这位同学对“阅读文本一”的点评也是很有深度的。诗评文字的深度要符合诗歌的情感与主旨，这是关键。

生：老师，能告诉我们究竟如何才能写出高质量的诗评吗？

师：这个问题，是对我们之前提出的主问题“诗评写作如何可能”的追问。现在，我们可以更好地来回答这个问题，特别是对第四个问题做出回答了。大家还记得第四个问题吗？

生：第四个问题是“写好诗评，需要怎样的知识”，老师是希望我们重视知识的学习与运用。

师：同学们说说看，写好诗评，需要怎样的知识？

生：需要文学短评的写作知识，这是从共性上来说的。

生：需要诗歌文体的知识，这是从个性上来说。比如古代诗歌中的格律的知识，现代诗歌中的流派，像新月派诗歌、朦胧诗等，它们各有特点。

生：举一反三。如果是写戏剧短评，我们就需要戏剧文体的有关知识；写小说短评，就需要小说文体的知识。

师：这位同学说的“举一反三”是一种非常重要的学习方法，我们也可以用一个学习理论的术语来表示，这个术语是“迁移”。你能够迁移，将所学的知识运用到新的任务情境中去，这才能说明你已经真正理解并掌握了相应的知识，也才能够形成相应的能力。

生：我认为，我们还需要语文学科表现手法的知识，比如修辞手法的知识，还有想象、象征、托物言志等手法的知识。

师：说得非常好！我们需要掌握基本的语文学科表现手法的知识，当你要去议论分析的时候，就要调动起相应的表现手法的知识；如果你不具备这些知识，你的分析就会受到影响。

生：我认为，我们还须具备必要的文学知识，包括作者信息、文学史的知识，以及作品的写作背景的知识。

师：我们用四个字概括，叫作——

生（齐）：知人论世。

师：对。不过，我们对知人论世的方法也要保持必要的警惕，并非所有的作品都必须知人论世，甚至我们可以这样说，如果一部作品只有在特定的写作背景中才有价值，那么这部作品的价值就大打折扣了，因为经典的作品能打破时空界限，历久弥新。

生：老师，像“阅读文本一”中所谈的人生哲理类的知识，属于哪一类知识呢？

师：我认为属于人文知识。为什么文学短评写作要结合人文知识呢？有一句名言叫作“文学即人学”，意思是说，文学要表现人性、人生。所以在评议文学作品的时候，要从人的角度去思考，比如，一些人生的哲理问题，关于人生的哲学思考的问题，关于人如何看待自身生命意义、价值的问题，关于人在时间与空间当中的所处以及如何自处的问题，等等。所以我们平时要多读书，多积累有关的人文方面的知识。

生：我认为，还有一些不属于上面所说的五类知识，但这些知识对于我们写作诗评也有作用，比如文化知识、逻辑知识，甚至其他学科知识，特别是地理、历史学科知识，应该也很重要。我用“其他知识”来表示。

师：这位同学的补充非常重要。请同学记住，你所积累的知识的广度，将影响你思考的深度。当然,如何运用知识是更为重要的。同学们,知识是人类智慧的结晶,大家在学习语文的过程中,千万不要忽视了知识的学习与运用,审美的感悟、体验看起来不需要明确的知识,但如果没有知识,这些感悟、体验的质量是不高的。(播放 PPT 第 8 页)

写好诗评,需要怎样的知识?

A. 文学短评的写作知识;

B. 诗歌文体的知识;

C. 语文学科表现手法知识;

D. 文学知识;

E. 人文知识;

F. 其他相关知识。

师:现在我们来总结一下诗歌短评的写作方法的知识,这些知识属于程序性知识。综合起来说,诗评写作方法可以包括以下几个方面。(播放 PPT 第 9 页)

诗评写作方法提炼

(1) 了解诗歌创作相关背景,了解诗人创作的基本特点,准确理解诗歌基本内容,把握诗歌情感。

(2) 调动知识积累,将艺术手法、人文思想、文学史等方面的知识融入诗评写作选点、构思中。

(3) 观点先行,基于论据,论述为主。避免以例代证、以叙代议。

(4) 遵循“小切口、深挖掘”的原则,避免平均用力、面面俱到而带来的重点不突出、缺乏深度等问题。

师:其中“小切口”可以是对诗歌情感、主旨的评论——立足知人论世,发掘古诗词的当代价值,增强自觉传承中华优秀传统文化的意识与能力;可以是诗歌意象的选择——突出“象”的特征分析与“意”的深入挖掘,特别是“意”与“象”的有机结合;可以是艺术手法的评论——结合形式与内容的辩证关系展开论述,特定的内容固然需要相应的形式,但特定的形式亦可以服务特定的内容。“深挖掘”则是透过语言,揭示出诗歌深层次的情感、主旨、艺术魅力,有时还须结合自身的思考、阅历、体验,阐述古诗词带来的启迪。

任务三:目标驱动,举一反三

师:同学们,经过刚才的学习,我们对文学短评的概念的内涵与外延有了比较充分的认识,经过当堂写作训练、交流与点评,特别是与名家写作结果的对比阅读,加深了印象。我们还总结了具体的诗歌短评的写作方法。现在,我们进行巩固训练,同学们要善于将课堂所学的诗歌短评的写作方法迁移到新的写作目标中,学会举一反三。(播放 PPT 第 10 页)

请同学们从必修上册第三单元中任选一篇作品,写一段诗评,不少于 300 字。

教材第三单元的10首古诗词，均为经典，可供选择的评论点有许多，同学们可以自行确定评论点。以下选题可供参考——

（1）知人论世，结合曹操的主要人生经历及思想观念，评论《短歌行》中曹操的人生抱负；结合陶渊明归隐前后的基本思想状况，评论《归园田居（其一）》中陶渊明的人生观念。

（2）从游仙诗的特点看《梦游天姥吟留别》的主旨表达；评论《登高》中的格律；评论《琵琶行》的音乐描写。

（3）从苏轼贬谪黄州期间创作的一组词作，探寻苏轼心理变化的文化原因。

（4）评论辛弃疾词作中的用典手法。

（5）评论《声声慢》（寻寻觅觅）中叠词的表达效果；以《声声慢》（寻寻觅觅）为例，看个人与时代的呼应与互动。

现在，请同学们现场写作。

（学生写作，时间10分钟）

任务四：讲评精准，思维可视

师：同学们，这一次的诗评写作，应该会比刚才第一次的写作更为出色。现在，请选择相同课文篇目的同学坐在一起，形成一个小组，小组内同学互相交流、点评，并推荐优秀习作。

师：老师设计了一个评价修改表（见表1），请同学们阅读表格的内容，特别是理解“设计意图”的内容，根据小组讨论的结果，将内容填入表格的相应位置。这个评价修改表的作用，在于让我们写作的过程具体化，让思维可视。“老师评语”这一栏的内容，若习作在课堂未被老师点评，留待课后老师点评后再补充。（播放PPT第11页）

表1

我的评论对象、评论点及观点	（设计意图：学生养成写作目标明确、观点具体、评论方向聚焦的写作习惯）
同侪建议	（设计意图：学生形成良性沟通、互助学习、取长补短的学习习惯）
老师评语	（设计意图：老师评语针对性要强，语言简洁、准确，指出关键问题，发挥指导学生修改及迁移的作用；学生能够内化迁移）
我的修改依据	（设计意图：学生找到修改的理论依据，言之有据，增强学理意识；标注理论依据来源，感受学术规范，培养学术道德）
我的修改要点	（设计意图：学生综合同侪建议、教师评语，经过自身思考，确定修改要点，培养正确处理独立思考与采纳他人建议之间关系的意识与能力，在修改中提高诗评写作的能力）

（同学们调整座位，组成新的小组，交流、讨论、点评，老师随机点评学生习作）

生：我们这个小组推荐的是《登高》的诗评。“无边落木萧萧下，不尽长江滚滚来”这两句中，杜甫从大处落笔，描写了远眺之景，无边的落叶随秋风落下，无尽的长江从远处滚滚而来,又不知奔向何处。作者看似重在写景,实则表达了对空间广漠、时间永恒的一种寂寥之感,并为颈联营造了一种萧瑟凄凉的氛围。杜甫在看到此景后而不由得长叹一声"万里悲秋常作客,百年多病独登台"。这一"悲"字,作为诗眼,更引起读者的思考——诗人为何而悲?仔细剖析背后的情感,竟发现有九重之苦——生逢战乱,时值悲秋,离乡万里,漂泊他乡,人到暮年,体弱多病,孤苦无依,国家不定——这些是诗歌所表达之苦,再加一层——读者品读之后共鸣之苦。真可谓"词浅而意深"。

(生鼓掌)

师:同学们的掌声已经表明了大家的态度!的确,这位同学的写作紧扣诗歌内容,叙述为议论提供基础,对诗歌深层次的情感与蕴含人生哲理的揭示准确并且有深度,诗歌"八重之苦",有所借鉴,这一点是要说明的。但这位同学别开生面地从读者的视角,提出品读之后的"共鸣之苦",这是很有新意的。

老师刚才大致浏览了同学们的写作,总体上看,能够做到议论与品赏相结合,且结合诗歌内容,做到有理有据。课堂上我们就呈现这一位同学的写作。课后,老师将对大家的写作做出点评,同学们将评价修改表的内容填写完整。

任务五:课后训练,巩固提高

师:这堂课,经过对比阅读、方法提炼、两次当堂写作训练后,大家对诗评写作的特点、要求、方法等应该有具体而更深入的理解,但仍须借助课后训练,以达到巩固提高的目的。课后训练,既可以是修改课堂习作,也可以是依据课堂所学及所形成的能力,选择新的评论点。(播放 PPT 第 12 页)

课后练习

(1) 根据课堂讲评,自行修改课堂习作,填写评价修改表。

(2) 另选写作对象及角度,完成一篇 800 字左右的诗评;选择相同写作对象的同学,小组内交流。

师:下课!

【教学反思】

文学短评的写作与文学鉴赏能力的提升二者之间可以互相促进。要实现这一目标,就需要立足文学阅读能力的提高,遵循学生认知规律、写作训练要求进行教学。

1. 遵循学生认知规律与写作训练的要求

学生认知一般有从感性到理性、从具体到抽象的心理过程,因此,教学中要善于设计具体可见、可感的内容与活动,帮助学生认识新事物,促进学生新能力的培养。写作训练是本节课的重点,教学中在引导学生充分认识文学短评的特点之后,先安排学生进行写作训练,经由讨论、交流,获得了丰富的感性认识,再安排与名家作品的对比阅读,加深了学生的认识,并促进其认识向理性、抽象的方向提升。总结写作方法后,再以教材篇目为写作对象进行写作练习，有利于巩固课堂所学。

2. 突出思维方法的学习

课堂教学乃至整个教育的核心价值之一在于帮助学生掌握思维方法。使用概念思维是认识事物的重要思维方法。写作文学短评是统编教材的一大创新，教师与学生对此的认识是陌生的，因此需要对“文学短评”这一概念的内涵有充分的认识，这是接下来写作训练质量的重要基础。确定并分解主问题、解决小问题、整合小问题回到主问题，是具体的思维方法，这对于提高学生分析问题、解决问题的能力，是很有助益的。

3. 强调知识的基础性作用

知识是人类在社会实践中所获得的认识和经验的总和，正确的知识是人类智慧的结晶。语文教学要教知识这一理念正得到应有的回归。教什么知识以及如何教这些知识，其基本的原则是依据教学内容的特点及要求来确定。写好文学短评至少需要本节课中所总结提炼出来的六大类知识。教授这些知识，要在学生有具体且充分的写作、交流的实践基础上，再顺势展开教学。知识教学这个问题，值得做深入的研究。

关于本专题的教学，建议根据具体的课堂教学时间，在写作对象的确定、课堂习作的展示与点评、评价修改表格的运用等方面做出灵活处理，其基本的原则是有利于学生充分认识新事物、获得新知识、形成新能力。

第四单元

人物有情，风物有信：家乡人物（风物）访谈

执教/浙江省慈溪中学　杨巧琳

本课课件

【专题目标】

通过访谈、记录等方式，了解家乡的过去、留住家乡记忆，落实对“当代文化生活”的参与。感受家乡的底蕴，增强对身边人、事、物的思考意识，增进对家乡的文化认同，培养家国情怀，传承人文精神。

【预习任务】

1. 学习毛泽东《反对本本主义》中“调查的技术”片段、王思斌《访谈法》等，掌握基本的访谈知识，为访谈实践活动提供知识支撑和理论指导。

2. 观看《杨澜访谈录》等知名访谈类节目，关注访谈主题、提问方式和语言技巧等对访谈效果的影响。

3. 利用互联网、书籍等多个渠道检索、查阅与家乡有关的人物、风物资料，了解对家乡影响深远的知名人物和独具特色的风物，从熟悉的场景中激活记忆。

【教学实录】

师：家乡是一个让无数游子魂牵梦萦的地方。对同学们来讲，家乡也可能是最熟悉又最陌生的所在。你了解你的家乡吗？你关注过它的过去、留心过它的现在、展望过它的未来吗？你知道在慈溪这一片唐涂宋地上，涌现过多少风云人物，又出产了多少美妙风物？在这个单元的学习活动中，我们将通过开展人物访谈、实地考察、检索资料、撰写人物（风物）志等活动，更加主动、深入地走进家乡，去发现家乡独特的美、去体悟潜移默化中熏陶着我们的家乡文化。（播放 PPT 第 1 页）

活动一：了解家乡，确定对象

师：我们先请同学来说一说你所知的家乡名人和风物。（播放 PPT 第 2 页）

生：慈溪杨梅甲天下。

生：慈溪名人辈出，比如巨商虞洽卿、美术家陈之佛、教育家杨贤江。

生：徐福东渡的出发地达蓬山。

生：鸣鹤古镇、五磊寺。

生：周巷黄花梨、新浦葡萄、古窑水蜜桃、龙山黄泥螺、三北豆酥糖，慈溪好吃的物产实在太多了。

生：庵东盐场，杭州湾本地小海鲜，透骨新鲜。

生：越窑青瓷，这个最厉害！

……

师：同学们刚才提到了很多从慈溪大地上走出的人、产出的物，很多都是我们耳熟能详且引以为豪的。但他们与家乡文化生活的密切程度如何？哪些可以成为我们下一步访谈和考察的对象呢？同学们可以在小组内进行自由讨论，并思考你的判断依据是什么。

（课前，教室内的座位根据生源地情况进行了临时调整。首先，相同或相近的生活环境有利于相识不久的高一学生打开话匣子，便于讨论的开展；其次，也更容易产生共同的议题和地域文化认同，便于讨论的深入；再次，也是为之后的访谈活动做人员准备，就近组队保障了后续活动的可开展性）

师：有哪些人物或风物会进入同学们的视野，成为我们访谈和考察的对象呢？说说你们讨论的结果，并简单陈述选择或淘汰他/它的理由。

生：龙山黄泥螺、三北豆酥糖这种纯粹的特产不适合成为我们了解家乡文化的考察对象。它们确实风味独特，在慈溪人的餐桌上常见，也是馈赠亲友的佳品，但它们在地方文化的生成中影响较小。

生：越窑青瓷是慈溪的一张金名片，上林湖有荷花芯窑址，余秋雨的散文里也提到过青瓷，慈溪还有青瓷博物馆、体验馆。越窑青瓷是慈溪历史文化的重要构成，具有明显的地域影响力。

生：陈之佛适合成为考察、访谈的对象。首先，他是现代知名的画家，对中国的现代绘画有重要意义；其次，在市区有陈之佛故居，具备地区影响力；最后，普通的慈溪市民对陈之佛并没有想象中的那么熟悉，我们小组里就有不了解陈之佛的，通过访谈能更好地扩大人物影响力。

生：慈溪是一个滨海小城，庵东又靠近杭州湾，庵东一带有盐场旧迹，虽然现在没落了，但在历史中，庵东盐场于人民生活有重要作用，我们觉得它也可以成为考察和访谈的对象。

……

师：同学们都各自表达了自己的想法。家乡的人物、风物很多，但并不是所有的人物、风物都适合成为进一步访谈的对象。从结果来看，大家排除了那些虽然有一定的地方特色，但只停留在饮食等浅表层面的物产，而选择富含人文情怀、能滋育当地民众的文化品格和精神风貌的人或物。我们为什么会直觉地认为前者访谈的价值不大，而倾向于后者呢？

生：前者在家乡文化生活方面没什么好谈的。

生：精神层面的东西比物质层面的东西影响更大，后者可访谈的空间更大。

师：这两位同学的意思是，当我们为“家乡文化生活”这一主题寻找访谈对象时，我们更看重的是他（它）们在地域影响力、对当地人精神成长的引领作用以及对地区文化建设的贡献等若干方面的价值。（板书）

人物，风物——地域影响 / 精神引领 / 文化建设

（通过本环节的讨论，同学们明确了应围绕访谈活动的主题确定访谈对象。访谈对象是否典型、恰切决定了访谈活动是否具有价值以及价值的大小）

活动二：设定访谈表，拟定访谈计划

师：确定对象是进行访谈的第一步，但确定对象后我们就可以去访谈了吗？在开始访谈前，我们还要做哪些准备工作？

生：我们要知道可以找谁做访谈。如果访谈对象还活着，访谈对象就可以成为采访对象；如果已经去世了，那就要找他的后人了。

师：万一找不到后人或没有后人呢？哪些人也可以成为我们的采访对象？

生：邻居、朋友应该也可以的吧。

师：也就是说我们首先要挑选受访者，从不同的受访者口中得到的信息准确度各不相同，越接近源头，就越准确。其次要寻找尽可能多的知情者，采访的样本越多，样本与对象的关系越多元，我们得到的信息就可能越全面。（播放 PPT 第 3 页，展示图 1，板书“采访对象的选定”）

生：我们还要事先拟定向受访者提问的问题，了解他与访谈对象的关系。不同关系的受访者，在问题的设定上也应该体现出差异性。

师：你说得很有道理，不同的对象确实应该有不同的问题设定。但按照这一说法，我们似乎很难准备问题，因为受访者不相同。这样看来，访谈成功的诀窍全在临场发挥了？

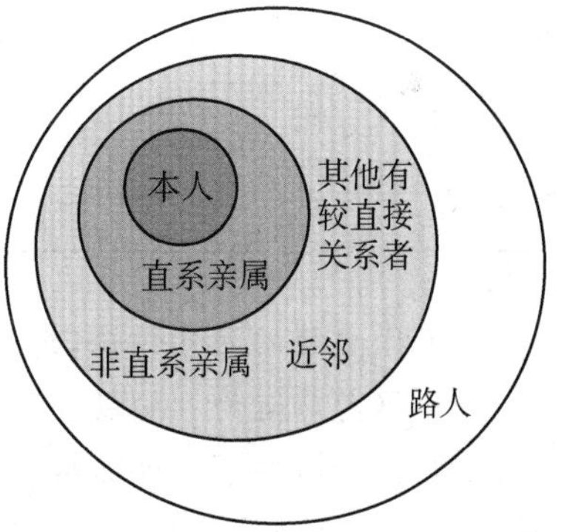

图 1

生：我觉得我们还是需要准备一些通用性问题的，适合全部的受访者回答，也应该根据临场情况和受访者的特点组织个性化问题。

师：那么通用性的问题有哪些呢？个性化问题又该如何设置？这两点在等一会儿的小组讨论中，大家可以重点商量。（板书：采访问题的编订——通用性问题、个性化问题）

师：假设我们已经确定了采访对象，也明确了采访时要提问的两类问题，访谈活动是不是就可以开始了呢？

生：我觉得还应该和对方约定一下时间，这样能确保访谈工作顺利开展，不至于浪费时

间、跑空趟，也能为我们争取主动，准备与对象有关的问题，同时还可以让受访者有足够的心理准备。

师：你考虑得非常周到，看得出你是一个很细心的人。当然在和对方约定时间的时候，也可以和对方沟通一下采访的形式，比如是线下、线上，还是电话采访等。

生：其实我们在联系受访者时是不是也可以把个性化问题给准备好了呢？

师：核心的问题可以准备，零星的一些还是得看现场。如何自然亲切地引入话题，如何根据当事人的情绪和采访环境调整你提问的方式、方法，这些都不是机械死板的工作。访谈是技术活，好的访谈是艺术活。

生：我觉得访谈开始前最重要的是了解对象。只有了解访谈对象，才能确定受访者；只有明确了受访者，了解了他的情况，才能设计出有效的采访问题，得到我们想要的信息。

师：你的思维很缜密，也很有条理，把前后的逻辑关系梳理得相当清晰。那么，接下来同学们就根据地域就近或兴趣接近的原则组建访谈小组。先选择一位家乡人物或一样家乡风物作为访谈对象；再根据访谈对象的情况，确定受访者，并针对受访者设计采访问题；最后根据课本提供的访谈记录表的样式，编制切实可行的访谈表。（播放 PPT 第 4 页，展示访谈表示例，见表 1）

表 1

<table>
<tr><td>对象</td><td></td><td>性别</td><td></td><td>年龄</td><td></td></tr>
<tr><td>访谈成员</td><td colspan="3"></td><td>访谈时间</td><td colspan="2"></td></tr>
<tr><td>访谈提纲</td><td colspan="2">1.
2.
3.
4.
5.</td><td>访谈记录</td><td colspan="2"></td></tr>
</table>

（基于之前的课堂讨论，通过小组合作，学生较快确定了访谈对象，也圈定了受访者范围，并根据受访者的身份设计了一些富有共性和个性的问题。鉴于课堂时间有限，当堂设计的问题较粗糙，要求学生课后在更充分、广泛地占有资料后予以精细加工，最后形成科学且具有可操作性的访谈表，同时拟定适宜的访谈计划）

活动三：落实访谈，田野采风

（这一阶段活动属于课外实践，需要学生走出校园，访谈对象各异，访谈地点不限，访谈形式不拘。教师在此环节开展过程中直接介入的不多，主要是前期指导和任务布置。前者如：提供访谈类的视频或文字案例，让学生对访谈该怎么进行以及在进行中的注意事项有所了解；强化小组成员分工、合作的意识，尽量确保每个学生在此次活动中能发挥自己的长处，并有所得。后者如要求访谈小组及时做好图片、影像、文字资料的收集、整理工作，以便为下一阶段的课堂交流和人物志、风物志的撰写做好准备）

活动四：交流活动，碰撞精彩

师：（播放 PPT 第 5 页）经过精心策划、积极活动、及时梳理整合，我们“家乡文化生活”的田野调查基本告一段落，大家在此次的访谈活动中都有了怎样的收获呢？期待在接下来的展示、交流中同学们能“百花齐放”。根据访谈对象的不同，我们把课堂的展示交流分为人物类与风物类两大块。当然，“外行看热闹，内行看门道”，我们在听和看的同时，也需要大家以访谈小组为单位对展示小组的访谈活动进行评价。（播放 PPT 第 6 页，下发《访谈活动评价表》，见表 2，要求学生对照评价条目，量化评价小组的访谈成果。在交流时确保主题相对集中，按先人物、再风物的次序开展）

表 2

评价要素	评价标准	总分	得分
访谈设计	访谈结构完整，包含开场白、主体、结束语，不少于四个问题	10	
	访谈问题设计合理，符合受访者的身份	15	
	访谈问题直接明确，没有歧义	15	
访谈实施	访谈者围绕访谈目的进行访谈	10	
	访谈者态度中立，尊重访谈对象	10	
访谈效果	访谈内容深入，达成访谈目的	20	
	访谈结论合理、清晰	20	
总计		100	

生：我们组确定的访谈对象是陈之佛先生。因为陈先生本人已经去世，我们也无法与其后人取得联系，最后圈定了四类人群作为受访者，即陈之佛艺术馆的负责人和其他工作者、馆内的访客、其他社会人员，并有针对性地设计了四份访谈表，见表 3 至表 6。（学生播放 PPT，展示访谈表）

表 3

<table>
<tr><td rowspan="2">受访者</td><td rowspan="2">艺术馆负责人</td><td>性别</td><td></td><td>年龄</td><td></td></tr>
<tr><td>职业</td><td></td><td>与访谈对象的关系</td><td></td></tr>
<tr><td>访谈成员</td><td colspan="2"></td><td>访谈时间</td><td colspan="2"></td></tr>
<tr><td>访谈提纲</td><td colspan="2">1. 您负责陈之佛艺术馆工作多久了？
2. 馆内布置有什么讲究吗？
3. 您认为陈之佛对慈溪的意义是什么？
4. 近期有没有宣传陈之佛先生的活动或计划？
5. 您觉得该如何保护、传承先生的精神呢？</td><td>访谈记录</td><td colspan="2"></td></tr>
</table>

表 4

<table>
<tr><td rowspan="2">受访者</td><td rowspan="2">艺术馆工作人员</td><td>性别</td><td></td><td>年龄</td><td></td></tr>
<tr><td>职业</td><td></td><td>与访谈对象的关系</td><td></td></tr>
<tr><td>访谈成员</td><td colspan="2"></td><td>访谈时间</td><td colspan="2"></td></tr>
<tr><td>访谈提纲</td><td colspan="2">1. 您在这里工作多久了？
2. 平时来这里的人多吗？
3. 您对陈之佛有什么了解？印象最深的是什么？
4. 陈之佛对您的生活有影响吗？
5. 您觉得陈之佛对慈溪有何影响？</td><td>访谈记录</td><td colspan="2"></td></tr>
</table>

表 5

<table>
<tr><td rowspan="2">受访者</td><td rowspan="2">游客</td><td>性别</td><td></td><td>年龄</td><td></td></tr>
<tr><td>职业</td><td></td><td>与访谈对象的关系</td><td></td></tr>
<tr><td>访谈成员</td><td colspan="2"></td><td>访谈时间</td><td colspan="2"></td></tr>
<tr><td>访谈提纲</td><td colspan="2">1. 您住在陈之佛艺术馆附近吗？
2. 之前来过陈之佛艺术馆吗？（频率怎么样？）
3. 您对陈之佛有什么了解？
4. 您觉得陈之佛对慈溪有影响吗？（在哪些方面？）
5. 您觉得政府在宣传陈之佛上还可以做些什么？</td><td>访谈记录</td><td colspan="2"></td></tr>
</table>

表 6

<table>
<tr><td rowspan="2">受访者</td><td rowspan="2">路人</td><td>性别</td><td></td><td>年龄</td><td></td></tr>
<tr><td>职业</td><td></td><td>与访谈对象的关系</td><td></td></tr>
<tr><td>访谈成员</td><td colspan="2"></td><td>访谈时间</td><td colspan="2"></td></tr>
<tr><td>访谈提纲</td><td colspan="2">1. 您听说过陈之佛吗？
2. 市区有陈之佛艺术馆，您去过吗？近期有计划前往吗？
3. 如果去艺术馆，您想了解陈之佛哪些方面？
4. 您觉得陈之佛对慈溪有影响吗？</td><td>访谈记录</td><td colspan="2"></td></tr>
</table>

生：在访谈的过程中，我们了解了陈之佛先生的生平事迹和主要贡献，他精于艺学，又德高望重，奖掖后学，培养了一批美术人才。这种求学上的孜孜不倦、精益求精对慈溪人精神上的砥砺与丰厚无疑是有益的；他所创造的艺术作品也是慈溪宝贵的文化遗产。说来惭愧，如果不是这次访谈活动，我们不会主动去了解这样一位家乡名人。作为年轻的一代，我们有义务去弘扬家乡文化，传承前人的文化薪火，努力为家乡文化建设添砖加瓦。

（这组同学汇报后，教室里响起了不少认同之声，大家都觉得身边人或者说受访者对家乡文化的感知都比较淡薄,“墙内开花墙外香”的现象并不少见,比如杨贤江、吴耕民等在家乡人心中并没有占据特殊地位,乡贤的文化价值和精神意义还存在很大的可挖掘空间)

生:我们组确定的访谈对象是庵东盐场,采用实地走访和群众访谈结合的方式。实地走访主要是通过参观庵东“七二三”盐工革命斗争史陈列室,了解庵东盐场的历史沿革以及制盐的器具、流程等。在访谈群众时,我们有意识地找了不同年龄层次的受访对象,试图了解在时代变迁、地域环境改变的前提下,庵东盐场或制盐工艺对不同代的庵东人的影响。(学生播放 PPT,展示实地走访的内容,见图 2,以及访谈表,见表 7)

图 2

表 7

受访者		性别		年龄		职业	
访谈成员				访谈时间			
访谈提纲	1. 您在庵东生活的时间? 2. 您听说过庵东盐场吗? 3. 您对庵东盐场有什么印象吗? 了解什么传闻? 4. 您认为制盐对庵东有什么影响?			访谈记录			

生:制盐原本是庵东人非常熟悉的生活日常,但时至今日,知道庵东产盐、庵东盐场以及制盐工艺的年轻人屈指可数。虽然我们应该与时俱进,但了解过去的生活方式,了解本地的历史也是分内之事。不割裂过去,扎根于过去,才能更好地面向未来。

……

(在组建访谈小组时,因考虑到全员参与及组内成员分工等问题,在人数上有所限定,要求 3 至 6 人为一组,最后班级需要汇报交流的共有 12 个小组,每个小组汇报展示的时间为 5 分钟,整个展示交流的活动持续了 2 个课时。这里只展示其中有代表性的部分,展示交流结束后,反馈量化评价结果,选出最佳访谈小组)

活动五:定格文字,助力家乡

师:访谈活动带给大家的是田野调查的经验,也让我们知道了“凡事预则立,不预则废”;而课堂交流活动既拓展了我们的视域,让我们对更多的家乡人物或风物有了更好的认知,也促使我们思索,面对家乡文化,我们可以尽怎样的努力。那么,如何将我们的活动经验更好地定格,并实现对家乡文化的助力呢? 我们能做的首先就是记录。请同学们整理自己手上积累的素材，并通过互联网、图书馆等途径完善资料，最后撰写一篇家乡人物志或家乡风物志。要求凸显人物或风物的特点，反映人物的精神、风物的地区影响和历史沿革，挖掘他（它）们在家乡文化建设中的价值与意义。（播放 PPT 第 7 页）

（学生对人物志、风物志的撰写并不熟悉，老师提供写作支架，一类是章学诚《修志十议》、陈红光《论新方志中人物传的撰写》等典范文本，一类是具体写作的要求。比如，人物志的特点：通过典型事件来凸显人物特点，将人物与历史事件统一起来，实现历史性与文学性的统一，并能借助人物的描写，反映一地的历史面貌；风物志的特点：借助说明性文字，体现风物特点，反映其历史沿革和地区影响，语言简明，能考虑到非当地人士的阅读需要）

【教学反思】

“家乡文化生活”单元属于“当代文化参与”学习任务群。按课标所示，“本任务群旨在引导学生关注和参与当代文化生活，学习剖析、评价文化现象，积极参与中国特色社会主义先进文化的传播和交流，增强文化自信”。

作为活动单元，教材不设例文，只提供《调查的技术》《访谈法》《节日与文化》三篇学习资源，要求以访谈、调查等学习方法来组织学习活动。单元设计意在让学生利用这些学习方法参与家乡文化生活，了解家乡文化，在实践和体验中实现积极的自我建构，感受家乡的底蕴，增强对身边人、事、物的思考意识，增进对家乡的文化认同。

本次学习活动侧重人物访谈的落实，通过访谈、记录等方式使学生了解家乡过去，留住家乡记忆，落实对“当代文化生活”的参与。在活动过程中，课堂环节主要借助小组讨论和头脑风暴来开启话题、活跃思维，让学生明白访谈活动前需要多方准备：确定访谈对象、落实受访者、设定访谈记录表、拟写访谈计划、明确成员分工；田野调查环节，既是学生走出“故纸堆”“象牙塔”，走向鲜活当下的尝试，也是他们在具体的语言实践中自主建构学科核心素养的努力。相较于传统的课堂教学，恰切适宜的活动教学能激发学生自主学习的乐趣。当然，在进行访谈时，学生也遭遇了困难。比如，预设有余而应变不足，有时较难有效推进访谈；又比如，在及时记录、筛选信息上有欠缺，导致素材整理上阻碍较大，不利于最后的总结等。

相较于学生，教师在面对活动学习单元时，更应该提防教学中的“去教师化”。活动学习并不是一个什么都可以往里面装的“筐”，我们既要敢放手让学生通过自主活动进行语文学习，又要为学生提供有力的知识支架和必要的活动指导。首先，要让访谈活动有的放矢，而非放任学生自流。其次，访谈活动是语文活动，不能过度开发使其“非语文化”，“耕了别人的地，荒了自家的田”。最后，还要能及时反馈学生在学习过程中的表现，助力他们及时调整学习方法与策略、反思自己的学习路径和方法。

寻找云间传奇，聆听文化心声：调查报告的写作

执教/上海师范大学附属外国语中学　李初阳
教学设计/上海市松江区教育学院　陈　赣

本课课件

【专题目标】

聚焦家乡生活中的某种文化现象，运用文献检索、实地考察、访谈、问卷等方式进行调查。整理和分析调研中获取的资料、信息和证据，撰写调查报告，加深对家乡文化的理解、思考和认同，增强对家乡文化的热爱之情。

【预习任务】

最优调研小组以 PPT、音视频展示等形式准备班级深度汇报，包括本小组如何确定调研主题、明确调研目的、拟定调研计划、收集调查信息、撰写调查报告等，特别要关注调研过程中的困惑、反思、收获或感想等。

其他小组阅读该小组调查报告《乡村振兴视野下叶榭非遗舞草龙接受现状调查及传承与发展的策略研究》，反思本小组在调研过程中的亮点与不足。

【教学实录】

师：（播放 PPT 第 1 页）经过两个月的努力，我们形成了“家乡文化生活”调查报告。上节课各小组进行了“深度汇报竞标会”，接下来公布最终结果。

生：经过小组自评、他评，以及教师评价，最终前三甲是舞草龙小组、广富林小组、滚灯小组。恭喜舞草龙小组，获得深度交流展示的机会。

师：在交流展示前，我们再明确一下要求。舞草龙小组在汇报调查报告如何一步步做出来的过程中，其他小组要在“倾听记录单”（表 1）中认真做好记录。

表 1

调研小组名称	
亮点	

（续表）

不足 （我认为可以这样改进）	
我们也有同样的经历	
我们是这样解决的	
我的困惑、反思、收获或感想	

任务一：头脑风暴，确定调研主题

师：撰写调查报告，要先确定调研主题，制订调研计划。请舞草龙小组交流他们具体是怎么做的。

生：我是课题小组组长。我的家乡叶榭有舞草龙、软糕、张泽羊肉一条街等。在班级展开的关于选题的头脑风暴后，我最终选择了自己最感兴趣的舞草龙。目前喜欢和了解叶榭舞草龙的年轻人并不多，但它作为家乡的一项集民族文化、审美艺术、竹编工艺于一体的传统文艺活动，我希望它能够更好地被保护和传承，这也正是响应国家乡村振兴战略的号召。基于这样的目的，我们把调研主题定为“乡村振兴视野下叶榭非遗舞草龙接受现状调查及传承与发展的策略研究”。

生：我们几个人都对这个调研对象感兴趣，于是组成了 4 人的研究小组，并在老师指导下，拟订了调研计划。（播放 PPT 第 2 页，展示表 2）

表 2

主题	乡村振兴视野下叶榭非遗舞草龙接受现状调查及传承与发展的策略研究
调研人员	吴同学、徐同学、金同学、周同学
调研目的	了解叶榭舞草龙接受现状，研究其传承与发展策略
调研对象	上海市松江区叶榭镇社区文化活动中心工作人员 松江区高中师生及家长
调研方法	(1)文献梳理；(2)实地考察；(3)访谈；(4)问卷调查
时间进程	(1) 2 周查阅资料，讨论制订具体调研计划 (2) 4 周完成实地考察、访谈、问卷调查等 (3) 2 周整理资料，撰写并修改调查报告 各阶段具体分工(待细化)

师：听完了舞草龙小组的介绍，同学们能否结合“倾听记录单”，总结应该如何确定调研主题、制订调研计划？

生：舞草龙小组从自己感兴趣的文化现象出发，切入点小，调研目的明确，值得学习。我们小组由于只有组长对董其昌书画感兴趣并有些了解，在后续研究过程中，组员面临的挑战很多，影响了研究进程。所以确定调研主题，不仅要所有组员感兴趣，最好还是大家熟悉的，这样便于做深入、细致的研究。

生:刚才舞草龙小组在说调研目的时,我很有共鸣。在实地考察过程中,作为记录者,当我把镜头移向松江博物馆内长廊时,看到展览的石雕大多裸露,缺少保护装置,心中在想,如今我们传统石雕文化怎么会这般萧条?这些前人留下的极富价值的智慧结晶,这些宝贵的文化遗产,难道不应被很好地传承保护吗?

师:同学们对调研主题和调研目的的思考都很真诚,我很受打动。我们的家乡文化生活包含方方面面,只要有人生活的地方,就有文化,文化无时无刻不影响着人。生活在家乡,不仅要关注传统文化,还要关注现代文化;不仅要关注物质文化,还要关注精神文化;不仅要关注城市文化,还要关注乡村文化;不仅要关注文学艺术,还可以关注政治、经济、军事等;不仅要关注名胜古迹,还要关注风俗习惯、生活方式等。我们的调研主题要在"家乡文化生活"的范畴内,选择自己感兴趣且最好擅长的,切入口可以小一些。此外,调研目的要明确,刚才舞草龙小组和醉白池小组都做了很好的示范。关于如何制订调研计划,谁还要说说?

生:舞草龙小组的调研计划值得学习。我们研究的是天马山古建筑文化,由于实地考察爬山太累,且分工存在一些问题,导致收集材料不够充实,从而影响了后续研究进程。

师:拟定调研计划非常重要,它包括确定适切、可操作的调研主题,组成3—4人调研小组,明确调研目的和对象,确定调研的方法和内容,安排调研的时间进度,明确各个阶段的主要任务与分工,这也为进一步收集有意义的证据和信息做准备。

任务二:开展调查,收集调研信息

师:具体如何开展调查,收集有意义的调研证据和信息呢?请舞草龙小组继续交流。

生:围绕调研主题和目的,我们进行了文献梳理。我在家里翻出了上海辞书出版社出版的《叶榭镇志》,其中卷二十三详细介绍了"灯舞"。实地考察中,叶榭镇社区文化活动中心何老师还给我们提供了相关的报纸资料和一篇重要论文,其中有关于舞草龙传承人与竹编工艺等重要信息。我们还在"中国知网"中检索出十来篇相关论文。面对大量资料,要阅读、梳理、分类、归纳,这个过程尽管费力且痛苦,但也锻炼了我们整体把握文章、提炼有用信息以及分类归纳等能力。最终我们分几个部分梳理,包括舞草龙的"现状分析研究""发展出路研究""中日对待匠人的对比研究"等。一步步攻克难关的过程其实也是快乐而充实的。

生:围绕调研主题和目的,我们还进行了实地考察和访谈。中秋节前,我打电话联系了叶榭镇社区文化活动中心工作人员,预约了中秋节上午进行实地考察。考察前,我们做了细致分工,包括采访、摄影、录音、笔录等。为了更全面地记录访谈内容,我们选择了交替记录,即两人错开记录,再一起整合。另外,我们还考虑了访谈时的注意点。一是把握重点,明确主题和目的,不要偏离;二是顺着采访对象的话锋,适时调整问题顺序;三是采访过程中若有新的问题和发现,要及时做好调整及补充。在此基础上,我们正式进行了实地考察。

生:到了考察地点后,我们见到了非遗文化传承工作负责人何老师。他带我们参观了叶榭非遗陈列馆,并为我们讲解了舞草龙活动的基本流程、编织舞草龙的过程以及舞草龙在叶榭的传承现状等。做好拍摄工作后,我们正式开始访谈。我们参考事先准备的访谈提纲进行提问，同时在征得对方同意的前提下，进行了分工记录和拍摄。访谈过程中，我们灵活调整了提问顺序，并产生了一些新的问题，比如针对其提到的舞草龙展示平台，我们追问团队在丰收节期间如何组织舞草龙展示，效果如何。整个访谈过程中，何老师从专业角度深入分析了导致舞草龙生存现状的根本原因，提出在传承保护中遇到的困境，并向我们提供了一些专业人士在舞草龙传承保护方面的见解。访谈后当天下午，我们便约好对访谈内容进行整理（播放 PPT 第 3 页），整个过程轻松快乐。

生：围绕调研主题和目的，我们还进行了问卷调查。（播放 PPT 第 4 页）我们先设计了粗略的初稿，又参考老师给出的示例进行修改。先是在问卷前介绍我们的身份、目的，考虑到被调查者可能不知道舞草龙，又加了舞草龙的简介。接着对问题进行优化，调整问题顺序，方便连贯作答，还修改了问题表述。题型可以多样，包括单选、多选、排序等，但尽量少些填空，要考虑到被调查者耐心可能有限。后又商讨答案的设置，让答案完善、不重复。最终和老师探讨修改过的稿子，定稿后通过“问卷星”发放并回收。

生：本次我们回收有效问卷 378 份，回收好之后进行数据分析。这是针对“被调查者观看舞草龙情况”的调查数据（播放 PPT 第 5 页，展示图 1），由图 1 可知，近 59%的人没有看到过舞草龙的实物及图片，说明舞草龙在对大众的普及方面还有很大的提升空间。本次受访者当中，上海本地人占近 98%，可见，即使是本地人，也缺乏对本地文化的了解，这也侧面反映舞草龙宣传力度不够大，未能让舞草龙进入大众视野。以上便是我们开展调查的主要过程。

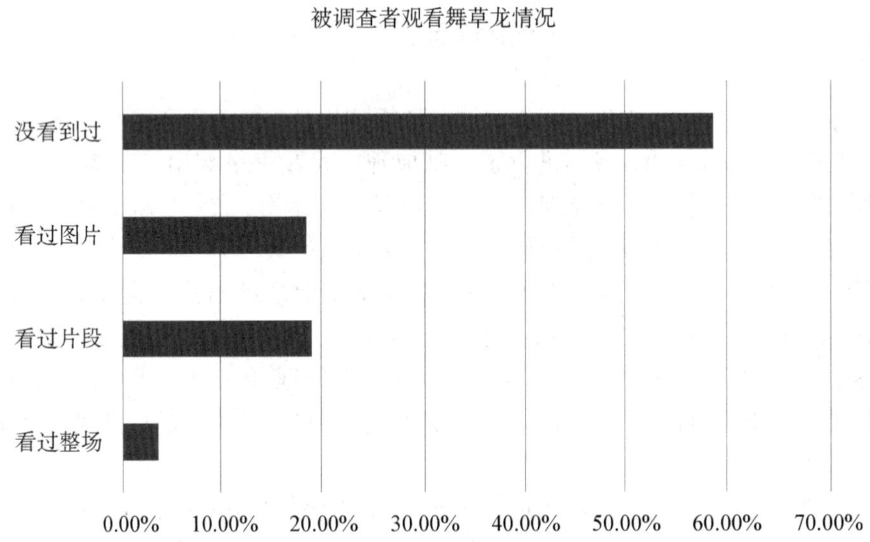

图 1

师：听完舞草龙小组的汇报，同学们能否继续结合“倾听记录单”谈谈你对如何开展调查的思考或感受。

生：我们小组也通过文献梳理、实地考察、访谈、调查问卷与数据分析来收集调研信息，但由于缺少与老师的沟通，在问卷分析阶段才发现，由于问卷思考不全面，一些需要的信息在设置问卷时没有涉及。

生：舞草龙小组整个调查过程分工精细，配合默契。特别是他们在访谈前做了充足的准备，列好了详细的提纲，但我们小组访谈前就没有那么仔细和认真，所以真正访谈时，就有些手足无措。另外，他们还根据工作人员的回答灵活改变访谈内容，而我们小组访谈时就显得有些生硬。

生：舞草龙小组的精细分工也值得我们小组学习。我们原本约好去醉白池董其昌馆访谈，但由于没有和访谈对象沟通好，第二天去并未采访到，后来非常感谢上海书协的张老师接受我们的采访，并给我们进行了详细、耐心的介绍和解读，但由于录音没录清楚，所以没法整理。对此，我们也向张老师表示歉意。

师：同学们的思考和感悟都很真挚。根据调研目的和调研内容开展调查，离不开小组精细的分工合作，这是收集到有效证据和信息的重要保证。设计问卷要注意以下几点。（播放PPT 第 6 页，展示表 3）

表 3

问卷前言：简要介绍调查者的身份、调查目的、调查的大致内容、作答方法和规则。		
问题设置	**答案设置**	**题型**
（1）这个问题是否有必要问？提问的目的是什么？ （2）提问是否考虑到主要的因素？ （3）问题表述是否明确？是否带有倾向性？ （4）问题的数量是否适中？顺序是否合理？	（1）答案与问题是否匹配？ （2）供选择的答案是否穷尽？ （3）各个选项之间是否有交叉？ （4）开放性的题目是否太多？	单选题 多选题 排序题 比重题 填空题 开放题 ……

师：感谢舞草龙小组，为我们做了很好的示范！

任务三：整理资料，撰写调查报告

师：完成调研后，舞草龙小组又是如何整理资料、撰写调查报告的呢？

生：调查过程中，我们参考老师给出的示例，及时整理资料，撰写了“调查背景与目标”“文献综述”“调查步骤与方法”“调查内容与分析”“结论”。调查结束后，针对调研过程中总结出的舞草龙“宣传力度不够”“传承人少，几乎无年轻人参与”“保护的碎片化困境”三大问题，又从“注重宣传，扩大乡土文化受众”“注重传承，引领新一代年轻人才”“注重保护，避免碎片化困境”三个方面给出建议。

生：接着我们又进行了“反思”。在老师指导下，我们又对“龙”进行了溯源，我们找到了有关舞龙灯的古典诗词，如“谁家见月能闲坐，何处闻灯不看来”“正月中旬动地京”“宝马雕车香满路。凤箫声动，玉壶光转，一夜鱼龙舞”“元宵争看采莲船，宝马香车拾坠钿”，这些古诗词以艺术的方式，为我们再现了古代耍龙灯的盛况，也为我们展现了当时人们的情思。我们又去汉典网查了“龙”字，在《礼记》《孔子家语》等中出现过“龙”，其本义是“古代传说中一种有鳞有须能兴云作雨的神异动物”，是祥瑞之物，而舞龙灯起初作为一种祭祀活动，本身也应有祈求祥瑞的意思。经历这一过程，我们对舞草龙所代表的传统文化又有了更深的了解。

生：给出“反思”后，我们又撰写了“摘要”“关键词”，给出了“参考文献”。由于报告长达一万多字，又编了“目录”。整个调研过程中我们就像呵护一颗种子，从最初萌芽，到破土而出，直到调查成果被大家看见。希望我们的努力能激发大家对于非遗传承的一点思考，我想这些应该是有价值的。

师：感谢舞草龙小组的分享！其实调查报告没有固定的格式，但一般要有标题、导言、主体和结尾四个部分。调查报告的主体部分是“调查内容和分析”，分析中注意——尽量获得比较多的信息；对于不同的资料和信息注意进行比较；对自己的分析过程进行反思和评估，得出基本的结论。关于本次调研活动，大家还有什么收获或感想？

生：这次调查，给了我们非常珍贵的锻炼综合能力的机会，让我们对家乡文化有了更深入的了解。我们在研究中更深刻地意识到，无论在什么时代，产生了什么新兴文化，中华优秀传统文化都应是所有文化中的主流。

师：这节课我们主要通过舞草龙小组做深度汇报的形式，加深大家对如何确定调研主题、收集调研信息、撰写调查报告的思考与认识。我们调研的目的并非让同学们一定要写出多么了不起的报告，而是希望大家去关注家乡的一草一木、一砖一瓦、一人一物，去体验过程中点点滴滴的乐趣，去感悟并思考家乡文化生活与自身成长的关系，去萌生保护与传承家乡文化的意识，甚至参与到家乡文化生活建设中去。在这个过程中，寻找自己的情感归宿，增进对家乡的文化认同，树立文化担当意识，这也是本次活动的意义所在。课后作业是，请同学们修改并完善调查报告，也希望大家能参加各类后续活动，比如自主创建各类文学社团、参加各类比赛、做志愿公益等。（播放 PPT 第 7 页）下课！

【教学反思】

1. 关注体验，增进文化认同

统编高中语文必修上册第四单元的人文主题是“家乡文化生活”，包括三项学习活动，其中一项是“家乡文化生活现状调查”。如何开展家乡文化生活现状调查，撰写调查报告？本节课通过优秀调研小组深度汇报、其他小组倾听交流的形式，引导学生在反思如何确定调研主题、明确调研目的、拟定调研计划、收集调研信息、撰写调研报告等过程中，加深对家乡文化生活的理解、思考和认同，增强对家乡文化生活的热爱。汇报交流时，关注学生在整个调研过程中真实的体验，包括困惑、反思、收获或感想等，在“寻证”中“悟理”“增情”。

2. 关注学情，设计学习支架

本节课需要学生在完成调查报告的基础上进行，这对刚踏入高中的学生来说，是一个极富挑战性的任务。为此，教师需要针对学生学习的关键点、难点设计有效支架，往往还可能要多管齐下。比如，尽管已经给出了问卷设计优秀示例，但学生实际设计过程中还是问题很多，这就不仅需要教师及时搭建有效的学习支架，给出如课堂中所给出的问卷提纲，还需要对调查问卷进行个性化指导。除了问卷部分，文献梳理、实地考察、访谈、建议等部分都要精心设计相应的学习支架。

3. 关注评价，助推深远发展

本次调查活动尽管只安排了两个月，但学生的思考、探究应绝不止于这两个月，整个高中三年，甚至上了大学，还可以不断思考、不断完善。为此，要鼓励学生参加各类后续活动，如自主创建各类文学社团，参加各类比赛，做志愿公益等，并将其纳入评价体系中。目前，学生成果已获得 11 项上海市级奖项，以及若干区级奖项。但如何把本次活动放到本单元所属的“当代文化参与”学习任务群中，建立完整的评价体系，还需要不断思考与探索。

情奉山海，意化笔端：家乡文化参与

执教/浙江省奉化中学　李夏蔚　郑颖萍　马慧芳

本课课件

【专题目标】

立足于人文主题“家乡文化参与”，通过搜集资料、实地考察、访谈调查等实践活动，开展对家乡风土人物、文化生活现状的研究，参与家乡文化，合作撰写调研报告并汇报展示。

【预习任务】

1. 研读课本《调查的技术》《访谈法》等学习资源，掌握考察、访谈、调查、写建议书等的相关知识，并分享交流。

2. 自由组织调查队伍（5—7 人一组），确定考察对象和主题，明确队名和队员任务分配，完成表 1 和表 2。

3. 制订行动计划，并进行实地考察、采访。在考察、采访过程中，采用拍摄照片、录音、做笔记等方式，记录考察、采访过程，完成表 3。

4. 整理资料：

（1）用文字简要备注活动照片内容，即拍摄的是什么，谁在干什么等。

（2）整理其他有意义、有价值的成果，如制作的问卷及数据分析，导游或讲解员的讲解词，自己整理的历史大事记、绘制的地图等。

5. 完成调研报告（见表 4）。

表 1　高一____班“家乡文化生活”调查汇报队伍登记表

序号	队名	队长	队员 1	队员 2	队员 3	队员 4	队员 5	队员 6
1								
2								
3								
4								

（续表）

序号	队名	队长	队员 1	队员 2	队员 3	队员 4	队员 5	队员 6
5								
6								
7								
8								
9								
10								

表 2　高一____班____队“家乡文化生活”队内任务分配表

选题：			
任务内容	**负责成员**	**计划时间**	**备注**
	队长打☆标记		

表 3　采访记录表

采访主题	
采访提纲	
采访人	
采访时间	
采访地点	
采访对象	对象 1(简介) 对象 2(简介) ……
采访记录	(一) 对象 1 问： 答： 问： 答：

（续表）

	（二）对象 2 问： 答： 问： 答： ……

表 4　对于____的调研报告(题目要具体)

调研背景	调研原因	现象＋问题＋调研目的(或想要通过调研获得什么成果、起到什么作用等)
	时间	
	地点	
	成员	队长打☆标记
	内容	
	方式	
调研步骤与分工	前期准备	在每个任务后备注负责成员的姓名
	中期开展	
	后期整理	
调研内容与分析	可按照调研成果取得的顺序(前期、中期、后期)来写，也可以按照内容的性质(历史、现状、未来等)来写，但要做到尽可能丰富，有详有略，重点突出。分析要体现自己的思考和见解，体现剖析现象、阐述观点的能力	
结论		
建议		
参考资料		

【活动实录】

楔子：情“奉”山海，意化笔端——“家乡文化参与”三行诗展

“三行诗”即三行内、一般不超过 30 字的诗，在诗歌王国中属于“微雕艺术”。学生以“赞美、反思、建设家乡文化”为主题，参与三行诗原创大赛，每班将精选作品制作成手抄报，在学校公共场合展出，见图 1—图 6。

开场白：尊敬的各位来宾，亲爱的同学们，大家好！欢迎来到宁波市奉化区奉化中学家乡文化生活汇报展。让我们欢迎到场的评委，同时欢迎到场的各位嘉宾。说起家乡每个人

图 1

图 2

图 3

图 4

图 5

图 6

都一定会感慨万千，是啊，我们的家乡山风清翠，溪水缓流；我们的家乡绿草如茵，花香飘逸。每个人都有自己的家乡，每个家乡都有着自己的骄傲。人是家乡好，月是故乡明，山是家乡翠，水是故乡碧。家乡的歌是一支清远的笛，家乡的情是一杯浓烈的酒。接下来就让我们一起领略家乡奉化的文化底蕴。（展示顺序见表 5）

表5 展示顺序表

第一篇章："奉"土风物篇		
1	《家乡风物志——笋特产篇》	102 开个派对 王瑶露(主讲)、陈喆、邬一吾诺、吴旖萱、严慈慧、印昊玄
2	《渔家傲——桐照栖凤》	106 渊鱼小组 杨卓妤(主讲)、陈栢烨、江双灵、黄宇鑫
3	《茶溢于野，醇香似叶》	106 超级飞侠组 王熠庭(主讲)、梁玉杰、方柏翰、陈芮、李佳静
4	《奉化风物志之玉露水蜜桃》	107 重在参与组 徐诺(主讲)等
5	《沙燕风筝的故事》	104 鸿鹄战队 张豪霖(主讲)、杨宇泽、丁之棹、杨文涛、江胡嘉、郭旭瑞、胡家华
诗朗诵《四季江南》		孙一骊、唐沁妤、黄宇鑫、郑庚、王皓翀、王泉博、王佳鑫、陈子豪
第二篇章："奉"承文化篇		
6	《悠悠一方之言， 款款千年乡情》	101 时光咖啡馆 王泉博(主讲)、沈扬、王灿、董乙睿、许家源
7	《奉化古建筑调研 ——以马头村为例》	104 "俞"你无关 俞力文(主讲)、周芊愉、周菲、应钰楚、管昕妍、忻嘉璐、孙宁宇
8	《皮尺下的历史 ——奉化红帮文化》	109 66 小队 骆丹(主讲)、邬竹欣、霍自杰
9	《追寻历史的脚印 ——寻访莼湖岙口灾童教养院》	110 不要掉队 殷俪腕(主讲)、王艺桢、李馨远、汪镠坷
10	《慈行天下，和乐人间》	111 笑容组 胡杨雯(主讲)、孙恬、毛雨平、周璨、陆星玥
诗词歌咏《如梦令》(昨夜雨疏风骤)		王瑶露、王学敏、王梓宜、任芳沅

第一篇章："奉"土风物篇

1. 小组展示

《家乡风物志——笋特产篇》102 班"开个派对"组：(1)由自制 140 多瓶奉化油焖笋支援上海疫情防控而走红的 76 岁退休教师毛佰钧的爱心故事导入。(2)通过一个采访稿，展开"笋的自我介绍"，包括笋的种类、热量、营养、料理及保存方式等。(3)介绍奉化笋的特产种类并与其他地方的笋进行比较，概括奉化笋特产的特点。(4)根据问卷调查，进行结果分析和调研建议。建议创立大规模的笋特产生产企业，守住"老底子"味道，创新品牌包装，用现代化和科技的手段赋予奉化笋特产新活力。(展示见图 7)

《渔家傲——桐照栖凤》106 班"渊鱼"小组：(1)简要介绍渔文化及宁波渔村的历史。

(2)介绍调研的第一站栖凤码头，展示实地走访拍摄到的渔船装配系统以及码头冰库的照片，播放采访冷库工作人员的记录视频，分析总结优势与不足。(3)介绍第二站桐照鱼市场，介绍鱼干的晒制过程和具体的晒制工艺。(4)进行活动总结与反思——通过调研深刻体会到宁波渔文化历史悠久、渔业产业链相对成熟，针对本地海鲜产品运输、贮存、售卖过程中的一些不足之处，提出可以参照成功案例，辅以政府补助、文化宣传等方式，带动家乡渔业发展。(展示见图 8)

图 7

图 8

《茶溢于野，醇香似叶》106 班“超级飞侠”组：(1)通过现场提问及展示前期问卷调查发现，指出年轻人对茶的了解和喜爱程度不高，对奉化曲毫茶的了解更是寥寥，因此提出实地调研可以增进对家乡茶文化的认知。(2)“奉茶之源”环节，介绍奉化尚田杨家堰南山茶场，小组成员通过采访茶场方老板进一步了解奉化曲毫的历史，20 世纪 90 年代方乾勇等一众茶道专家一起研发奉化曲毫茶产品，因其优良品质、平民价格而热销。(3)“制茶之道”环节，介绍小组成员参观茶场生产车间，了解到的曲毫的制作流程，即色光机筛掉杂质、200℃高温杀霉(称为“杀青”)、用风机冷却、旋转搅匀装袋。相较于其他茶叶，奉化曲毫茶最大的特点即增添了揉捻的工艺，不仅使外形蟠曲好看，而且更能激发出茶叶内在的香醇。(4)“长久之计”环节，针对奉化曲毫茶面临的困境，提出以下两点建议——承时代之势，以互联网平台为媒，邀名人助力加以推广；借政府之力，发挥自身优势，创新销售理念，融入大众生活。(展示见图 9)

《奉化风物志之玉露水蜜桃》107 班“重在参与”组：(1)奉化水蜜桃的特点。奉化水蜜桃被誉为“中国之最”，有“琼浆玉露，瑶池珍品”之誉，富含营养。(2)奉化水蜜桃的渊源。奉化水蜜桃有 700 多年的悠久历史，奉化被国务院发展研究中心农村发展部等部门命名为“中国水蜜桃之乡”。(3)奉化水蜜桃的生长环境优越。土层深厚肥沃，有机质含量大于 10 克/千克，地下水位在 1.0 米以下，pH 为 5.1—6.7；四季分明，温和湿润，气候也非常适宜水蜜桃的种植。(4)水蜜桃营销策略建议。一是注重产品质量，对水蜜桃的单果重、糖度、外观等指标进行精确严选和分级；二是注重品牌效应，提升产品附加价值，推广“欢喜奉桃”“白凤”“湖景蜜露”等优秀品种；三是注重数字赋能，推广线上直播，利用新媒体、新技术吸引流量；四是注重产业链开发，以水蜜桃为特色主题举办“蜜桃音乐节”，开设创意集市，售卖蜜桃冰淇淋、蜜桃气泡饮、蜜桃便利贴等文旅产品。

《沙燕风筝的故事》104 班“鸿鹄战队”组：(1)了解。追溯风筝的渊源，风筝在东周便已出现，放风筝的活动在宋代盛行；介绍历史上与风筝有关的典故如“四面楚歌”等。沙燕风筝原属北京风筝，其中具有代表性的“曹雪芹风筝”（简称“曹氏风筝”）已是国家级非物质文化遗产，奉化莼湖街道缪家村乡贤缪伯刚，正是“曹氏风筝”第四代传承人。(2)探访。分享与奉化沙燕风筝手艺传承人黄普炯的访谈内容，向大家介绍相关常识、制作技巧、传承意义，简介奉化尚田中心小学“尚鸢”特色校本课程、奉化历年风筝比赛概况。(3)制作。展示“鸿鹄战队”在黄老师指导下亲手做的沙燕风筝，并分享心得体会。(4)总结。对奉化沙燕风筝文化习俗传承与发展的现状进行概括介绍，并提出总结反思。（展示见图 10）

图 9

图 10

2. 过渡协奏：校朗诵社诗朗诵《四季江南》

（朗诵《山雀子噪醒的江南》《荷塘月色》《秋天》《雪花的快乐》的节选）

第二篇章：“奉”承文化篇

1. 小组展示

《悠悠一方之言，款款千年乡情》101 班“时光咖啡馆”组：(1)奉化话概述。分析奉化方言的特征与趣味。如比拟词前缀、颠倒之美、去入相分、清浊有别、文白双读等。(2)作用与发展。方言具有长期性、亲切性、乡土性，但传承困难，流失严重。(3)传承与做法。提出“去土气、爱家乡、力传扬”，在生活中，不该对语言进行过多限制，从而释放语言的丰富性与文化活力。语言是工具的同时，也是一种文化，生活中的方言应该被接纳。（展示见图 11）

《奉化古建筑调研——以马头村为例》104 班“‘俞’你无关”组：(1)从马头村的白日街巷、夜市码头等现场照片引领观众走进马头村的世界。(2)概述马头村的人文历史——浪起鸡鹳、马头千年、地灵人杰、文乡武阜。(3)以马头村的经典古迹——王淮房、惟塈堂、椿荫堂三座古建筑为主体，对马头村建筑的材质、结构、造型、纹饰等特色进行重点讲解，并播放现场调研视频。(4)总体介绍马头村的布局结构、功能审美。(5)从村委村民、外来游客等群体以及文创开发、文化宣讲等角度总结马头村的传承保护。

《皮尺下的历史——奉化红帮文化》109 班“66 小队”组：(1)历史悠久。红帮裁缝起源于清末民初。介绍探访红帮文化之乡王溆浦村和采访“红帮裁缝”新时代的领航者、非遗传承人金达迎师傅的情况。(2)技艺特点。识人定寸(目测)，手工针法多样，讲究四平八稳，懂人体学，注重色彩搭配等。(3)社会价值。红帮文化激励着每一代人、每一行业的人刻苦奋斗，不断创新。(4)面临的挑战和解决方法。红帮裁缝技艺面临传承艰难、社会影响力小的困境。建议当地政府出台相应的政策，提高保护意识，形成保护文化的氛围；通过多种途径引领人们学习非遗技艺；加大品牌宣传力度等。(展示见图 12)

图 11

图 12

《追寻历史的脚印——寻访莼湖岙口灾童教养院》110 班“不要掉队”组：(1)从奉化小小的岙口村导入。(2)介绍奉化爱国实业家竺梅先夫妇毁家纾难、教养灾童的故事。深情讲解竺梅先、徐锦华萌生想法，建立教养院，遭遇困境，竺梅先咯血离世，徐锦华艰苦维持等历程，娓娓道来。(3)通过视频分享小组成员调查过程。(4)联系《难童求学记》分享感受，提出利用互联网加大宣传力度、修缮教养院遗址的建议。(5)推荐根据相关事件改编的电影作品《雏鸟的天空》。(展示见图 13)

《慈行天下，和乐人间》111 班“笑容”组：(1)弥勒文化概况。据史料记载，世人认定唐末五代四明长汀村的一位布袋和尚就是弥勒的化身，而岳林、雪窦古刹亦被称为弥勒道场。弥勒佛象征着慈悲宽容、乐观豁达。(2)弥勒文化的发展历程。弥勒信仰起源于印度，晋代开始在中国渐趋流行，在隋唐时期达到鼎盛，逐渐走向衰弱。民国时期，杨仁山居士从国外取回许多失传已久的资料，使得佛教义学与弥勒信仰重为世人重视。蒋介石为雪窦寺题额，太虚大师应邀出任方丈，雪窦寺步入辉煌时期。(3)弥勒文化的当代重兴。简介奉化弥勒文化园、弥勒圣坛、弥勒文化节，各类活动借助 AR、XR 等技术展现雪窦山悠久深厚的历史文化。(4)弥勒文化的现代意义。它体现了慈悲、平等、宽容等价值观念。(展示见图 14)

图 13

图 14

2. 活动终曲篇：校国学社表演诗词歌咏《知否知否》

（改编自李清照《如梦令》〔昨夜雨疏风骤〕，作词——李清照、张靖怡，作曲——刘炫豆）

结束语：家乡是一条街，是一壶茶，无论身在何方，我们对家乡都回味无穷；家乡是一张照片，是一幅年画，不管走到哪里，我们都珍藏在心底。家乡永不老去，未来永远可期。奉化中学 2022 至 2023 学年语文周家乡文化汇报展到此结束，谢谢大家。

【活动反思】

家乡，是我们出生和居住的地方，是我们心灵的依靠和情感归宿。家乡文化融于我们居住的街道、社区和村落的一切生活中，是我们每个人精神生活的重要依托。家乡的人物、景致、习俗都承载着我们丰富的记忆和情感，需要我们去寻访、探究，进而发掘它们的内在文化价值。了解、认识并积极参与家乡的文化生活建设，不仅是我们学好语文的重要途径，也是我们的责任。

本次活动分为两个部分，包括家乡文化三行诗创作大赛和家乡文化生活调研汇报，教师提供相关学习支架和指导，给予学生充分的自主探究发展空间，点燃学生的兴趣，发挥学生的个性特色，最终形成内容充实、制作精美的各项成果。特别是通过精彩纷呈的展示汇报，展现了奉化中学学子的风采，表达了对家乡文化的热爱与自信。其中，两个小组还特意将他们的调研对象——奉化油焖笋、尚田沙燕风筝带到了现场供大家品尝或近距离欣赏，非常有创意。更有一位学生在汇报中不时穿插生动的奉化方言，引起了全场共鸣，掌声雷动，活动现场氛围高涨。

当然，本次活动也有一定的遗憾，比如由于场地有限，部分同学未能来到现场，只能在各自班级教室内观看校内直播。再比如，时间不够充裕，学生发挥还有空间。

给予学生一方小小的舞台，他们就会创造一个惊喜的天地。希望能以本次活动为契机，让语文不囿于课堂，更浸透在学习生活的角角落落，让我们一起发现、创造语文之美。

激扬文字:为家乡文化生活提出合理化建议

执教/宁波市镇海中学　叶隆晓

本课课件

【专题目标】

积极参与语文综合实践活动。考察家乡文化生活现状,以社会主义核心价值观为标准,对家乡文化现状做出理性思考;分析评价家乡文化现象,提出合理化的建议,并以建议书的形式表达自己的见解。

【预习任务】

1. 查阅相关文学作品和历史资料,探究清明节的起源、风俗等相关知识,并做成知识卡片。

2. 通过调查、访谈等形式了解家乡的清明节习俗。细化调查内容,确定访谈对象,并寻找具有地方特色的习俗。探究其文化,辨析其意义。

3. 学习建议书的写作要求和规范。

【教学实录】

师:同学们,在中国的传统节日中你最有感触的是什么节日,又是怎么度过的呢?

生:我最喜欢的是春节,因为春节的假期最长,可以好好地放松休息,看看电影,打打游戏。(生笑)

生:我最有感触的是清明节,因为在这一天我们一家人会一起去祭祀去世的亲人,这不仅让我感受到亲情的可贵、生命的可贵,也让我更真切地感受生死。

生:我最有感触的是端午节,我们一家子会一起包粽子、吃粽子,然后还会在午饭后一起去看划龙舟,非常精彩!

师:中国传统节日习俗在现代生活的影响下,日渐式微,在有些同学的眼中,无论什么节日,活动内容只有一个——休息。但是,也有些同学的家乡保留着很多传统习俗。我们班有不少同学是宁波市外的。今天我们就按照预先设定的内容,来讲一讲家乡的清明节。今年(2023年)是清明节成为国家法定假日的第十五年,经过政府和民间的十多年的合力推动,清明节出现了文化复归的趋势。那么,我想问一问,是不是所有的清明节传统习俗都是好的呢？

生：不是的。有精华，也有糟粕。

师：那面对这些既有精华又有糟粕的传统文化，你觉得作为新时代的青年，应该怎么做？

生：我觉得我们要学会辨别，决不能跟风，而是有选择地参与。

师：好的，请坐。同学们，传统节日的习俗并不是所有的内容都是有益的，我们要做好分析、筛选，有选择地继承。那么，如果有机会让你参与家乡清明节的文化建设，你会提出哪些建议呢？（播放 PPT 第 1 页）今天就让我们一起参与到这个活动中。

任务一：追本溯源，探究文化

师：要想更好地认识和辨别清明节的习俗，首先要对它的起源有充分的了解。在预习作业中，老师已经让大家回去搜集相关资料，并制作成小卡片。大家彼此之间分享、交流一下。

（学生交流各自的知识卡片）

师：老师也有两张小卡片，大家看一下。课后大家可以继续交流。（播放 PPT 第 2 页）

清明节名称的由来

古时将“清明节”称为“三月节”，《月令·七十二候集解》说：“三月节……物至此时，皆以洁齐而清明矣。”这里的三月指的是夏历的三月，因此得名“三月节”。《历书》有言：“春分后十五日，斗指丁，为清明，时万物皆洁齐而清明，盖时当气清景明，万物皆显，因此得名。”

清明节的形成

清明节是在清明节气的基础上，不断吸收上巳节和寒食节的节庆习俗、节庆内涵，经过汉魏、隋唐的历史演进，最终在宋朝形成的独立性节日。在明清之时大部分地区清明已经基本取代寒食，形成了现代意义上的清明节。

师：同学们，古人常常通过诗歌的吟咏来抒发感情，表达志向。每逢节日，诗人的情感更易触发，正所谓“每逢佳节倍思亲”，因此留下了大量与清明节有关的诗。接下来，我们就看看古人过清明节，都有哪些习俗？我们通过这些诗歌来探究一下，说说这些节日的内涵。（播放 PPT 第 3 页）

三月三日诗

〔西晋〕陆　机

迟迟暮春日，
天气柔且嘉。
元吉隆初巳，
濯秽游黄河。

寒食行

〔唐〕王　建

寒食家家出古城，老人看屋少年行。
丘垄年年无旧道，车徒散行入衰草。
牧儿驱牛下冢头，畏有家人来洒扫。
远人无坟水头祭，还引妇姑望乡拜。
三日无火烧纸钱，纸钱那得到黄泉？
但看垄上无新土，此中白骨应无主。

师：我们先来看第一首，探究一下魏晋时期的清明习俗和文化。谁来说？

生：从“濯秽游黄河”可以看出当时的“初巳”，也就是后来的清明，有在河中清洗以及在河边游玩的习俗。我觉得文化意义就在于祈福消除病邪，让身体更健康吧。

师：很好，看来讲卫生让人们更健康是古今的共识啊。（学生笑）下一首，谁来讲一讲。

生：这首《寒食行》所体现出来的习俗与我的老家很相似，就是清明节上坟祭扫，包括烧纸钱等，这是传统迷信思想的影响。但是，它里面的文化也有积极的一面，就是对祖先的怀念，希望祖先在另一个世界也能过得很好，这是另一种形式的孝顺。

师：你说得很对，这样的习俗要放在时代的背景下去看，如果现在还用烧纸钱的方式，是不是有些不妥呢？（众生点头示意）我们再看下一首吧。（播放 PPT 第 4 页）

清明插柳

〔宋〕宋伯仁

清明是处插垂杨，
院宇深深绿翠藏。
心地不为尘俗累，
不簪杨柳也何妨。

寒食日献郡守

〔唐〕伍唐珪

入门堪笑复堪怜，
三径苔荒一钓船。
惭愧四邻教断火，
不知厨里久无烟。

生：《清明插柳》这首诗歌所反映的习俗再明确不过了，就是插柳。我觉得其中的寓意可能是柳树象征春天的生机，所谓“一年之计在于春”吧。也是对一年的祝福，希望大家都能健健康康，充满活力。

师：刚刚你说是“可能”，是不是猜的？（学生点头）你猜的“可能”挺对的。正所谓“无意插柳柳成荫”，柳树遇水就能长，的确是特别有活力的植物。插柳这个习俗在很多地方改为植树了，也是挺好的。最后一首谁来说一下。

生：《寒食日献郡守》所反映的习俗应该是禁火，这个习俗是为了纪念先贤介子推的。他不接受晋文公的封赏，鄙弃功名利禄的气节，流芳百世，非常感人，后人因此纪念他。

师：没错，这个习俗倒是不常见了，但我们可以感受到古人对先贤的推崇。好的，最后老师来总结一下。在这些古诗中我们可以发现古代的清明节活动有着较多的仪式性与趣味性。既有祭扫等仪式性的活动，让人们学会敬畏生命，纪念先贤；也包括插柳、放风筝、踏青等活动，表达人们对平安的期待，对新生、新气象的期待。如今，传统节日风俗有些渐渐消失，有些则发生了变化，我们要如何面对呢？

任务二：对照古今，理性思辨

师：在课前，我已经让不同地区的同学对家乡的清明节习俗进行调查，现在同学们可以分小组将自己的调查报告进行简单的阐述。

生：我代表宁波地区小组来做阐述。我发现宁波习俗重祭祀，尤其以上坟祭祖、做清明羹饭为重，他乡游子，清明时节要赶回故里上坟祭祖。清明时节，宁波人也在家祭祀，俗称“做清明羹饭”。之后，人们携带青团、麻糍、酒食等物品，去先人的坟地扫墓。在农村习俗中，新亡故者头三年里，家人都要在清明节当天去上坟。主要是烧纸钱、上香等。宁波人在清明时节还兴“戴柳”。门窗上要挂杨柳，妇女头发上簪柳梢，还要给小孩编个柳圈戴着。

生：我代表温州地区小组来阐述。在温州，扫墓，也叫“上坟”，民间祭祀扫墓一般于清明节前，历时半月。各户扫墓时均要除草、填土，或者修理加固。扫墓结束，会放鞭炮，给小孩子分清明果子。回家后，家族内举行聚餐，俗称“上坟酒”或“清明酒”。此外，还有踏青、荡秋千等。

生：我的老家在金华，在我们家乡清明节也有扫墓、踏青、植树等活动，另外，还会吃一种特殊的美食——清明粿。早在三月初，金华人就已经开始准备清明粿了。在我的记忆里，清明粿整体是白色的，再点缀一点点红。

师：各地的习俗都很丰富。那么，在这些习俗中，从现在的眼光来看，是否存在一些不文明的地方？有哪些危害？下面我们就来头脑风暴一下，同学们都来说一说。

生：我觉得焚烧纸钱这种行为应该被摒弃掉。这是一种封建迷信活动，而且还污染环境。

生：我认为燃放鞭炮不对。因为坟墓一般都在山上，而燃放烟花爆竹很容易引发山火，并且也会污染环境。

生：我觉得我们家乡喝清明酒不好，声势浩大，铺张浪费。有些宗祠有几百人，酒席摆满整个村道，还影响交通。

生：我觉得我们也要注意一些清明“新陋习”，比如烧“别墅”“苹果手机”的，还有些人，特别喜欢讲排场，组一个车队去扫墓，这些行为很奇怪。

生：我来说一个极端情况，就是有些同学不参加任何形式的纪念活动，这也是不对的，毕竟，这个传统节日有很多意义和文化。

师：同学们说得很好，能够直面清明文化中的陋习。去芜存菁，家乡的文化建设需要每一个有担当的青年参与其中。

任务三:集思广益,提出建议

师:我们要倡导新风尚、新文化。作为中国重要的传统节日,清明节蕴含着华夏文明的文化基因。在城市化、市场化、国际化的进程中,在现代生活与传统节日不断碰撞与冲突的当下,我们要摒弃不文明的内容,取其精华,去其糟粕,不断丰富发展其内涵,才能更好守护民族精神家园,才能坚定文化自信。(播放 PPT 第 5 页)接下来,我们就分组讨论,先破后立,对这些不文明的行为提出自己的解决方案,或者替代的方案。

(学生讨论 5 分钟)

生:我们小组对烧纸钱、焚香秉烛、供祭品等封建迷信行为提出解决方案。我们可以通过发放宣传单进行宣传教育,陈述弊端;鼓励新型祭扫方式;在公共场所加强监督,防范不文明行为……可以有一些替代方案,比如鲜花祭祀,放一枝鲜花来寄托哀思;植树祭祀,结合清明踏青习俗,种一棵树来寄托哀思;网络祭扫;等等。

师:说得很棒!认识问题的根源,才能对症下药,替代方案充分考虑了人们的接受程度和情感表达的需要。

生:我们小组想对一些"新陋习"说不。首先还是要加强宣传,比如向村民发放倡议书,告知他们祭扫的意义,对讲排场的行为进行劝说和引导,树立良好的社会风气。替代方案就是用更健康、更绿色的方式。真要讲排场,就多种几棵树。(同学笑)

师:如果要扩大宣传面,撰写建议书是一种很好的方式。同学们对这种实用文体是否了解?下面由老师给大家做一个介绍。(播放 PPT 第 6 页)

建议书是个人或者单位有关方面为了开展某项工作、完成某项任务,或进行某种活动,而倡议大家一起做什么事情,或提出合理化的意见、建议时使用的一种文体,也叫意见书。

1. 标题

一般在第一行中间写上"建议书"字样。有的建议书还写上所建议的内容。

2. 称呼

要求注明受文单位的名称称呼或个人的姓名,要在标题下隔两行顶格写,后加冒号。

3. 正文

由以下三部分构成:

(1) 要先阐明提出建议的原因、理由以及自己的目的、想法。

(2) 建议的具体内容。一般建议的内容要分条列出。

(3) 提出自己希望被采纳的想法,但同时也应谨慎虚心。

4. 结尾

一般是表示敬意或祝愿的话。与一般书信相同。

5. 落款

要署上提建议的单位或个人的姓名,并署上成文日期。

师：建议书是个人或者单位为了开展某项工作、完成某项任务，或进行某种活动，而倡议大家一起做什么事情，或提出合理化的意见、建议时使用的一种文体，也叫意见书。在清明节日的复归中，我们要用现代文明来审视其意义，取其精华，去其糟粕。我们可以通过撰写建议书，发放给村民，从而实现我们的目的。大家觉得建议书的语言上要有怎样的特点？

生：我觉得要简练、朴实，大家一看就懂；还要有亲和力，让人们乐于接受；最后，还要有号召性，能够让大家一起行动起来。

师：没错，这几个特点归纳得很好。下面我来介绍一下建议书的固定格式，它一般由标题、称呼、正文、结尾、落款等几个部分组成。标题一般在第一行中间写上“建议书”字样。有的建议书还写上所建议的内容，如“关于暑期中小学生阅读的建议书”。建议书的称呼要求注明受文单位的名称称呼或个人的姓名，要在标题下隔两行顶格写，后加冒号。建议书正文由以下三部分构成。一要阐明提出建议的原因、理由以及自己的目的、想法。这样往往可以使受文单位或个人从实际出发，考虑你的建议的合理性，为采纳你的建议打下基础。二要写明建议的具体内容。一般建议的内容要分条列出，这样可以做到醒目。建议要具体明白切实可行。三要提出自己希望被采纳的想法，但同时也应谨慎虚心，不说过头的话，不用命令的口气。结尾一般是表示敬意或祝愿的话，与一般书信相同。落款要署上提建议的单位或个人的姓名，并署上成文日期。下面我们就根据前面的讨论的结果来完成下面的建议书。明确建议内容，写明建议理由和步骤。（播放 PPT 第 7 页）

关于文明过清明的建议书

尊敬的社区领导：

清明节作为中华节日文化的重要组成部分，凝结着中华民族共同的文化记忆。我们社区居民重视传统活动，但在此过程中也有许多陈规陋习。清明文化须与时俱进，充分和现代社会融合，因此我提出以下四项建议。

一、摒弃陋习，过文明清明

____

二、缅怀追思，过感恩清明

____

三、低碳节俭，过环保清明

____

四、健康和谐，过平安清明

____

望采纳，并衷心祝愿家乡物质精神文明双发展！

此致

敬礼！

××学校　××

×年×月×日

（学生分小组讨论）

师:大家把小组讨论的内容读一下,可以选择一个或多个主题,谁先来?

生:我写的是过"过文明清明"。具体内容是"守公德,讲文明,坚决抵制封建迷信祭祀用品,以网络祭奠、鲜花祭奠、清扫墓碑、鞠躬默哀、植树绿化等方式缅怀先辈、追念故人"。

师:文明祭扫的方式说得很具体,但是封建迷信的内容可以写具体一点,如烧纸钱、焚香、烧冥物等,老百姓能够一眼看明白。

生:我写的是"过感恩清明"和"过平安清明",分别是这么写的——"大力弘扬尊老的传统美德,树立'孝道注重当下'的理念,提倡在老人在世时多尽孝道,做到老有所养、老有所乐""人人增强安全意识,自觉维护交通秩序、祭扫秩序,不违规用火,共同营造一个和谐有序的节日环境。提倡以献一束花、敬一杯酒、清扫墓碑、网上祭奠等符合时代特点的方式寄托哀思"。

师:很棒,给出的建议非常具体,有操作性。今天我们的课就上到这儿,大家总结一下今天的所思所学,完成下面的作业。(播放 PPT 第 8 页)下课!

课外练习

历史文化名城宁波,是"博纳兼容、经世致用"的浙东文化的摇篮。伴随着改革开放的历史进程,宁波的城市面貌发生了翻天覆地的变化。城市发展与文物保护既相辅相成,也存在着一定的矛盾。城市发展需要空间,文化保护需要资金。一些历史建筑的拆除以及一些景区的过度开发会让一个城市逐渐失去城市的特色。结合梁思成《关于北京城墙的存废问题的讨论》这篇文章,调查走访宁波的文物保护现状,并给宁波市文物局写一篇建议书。

【教学反思】

形式多样的实践活动是统编版教材的一大特色。《普通高中语文课程标准(2017 年版 2020 年修订)》指出,语文课程应加强实践性,着力在语文实践中培养学生的语言文字运用能力。必修上册第四单元"家乡文化生活"旨在引导学生的语文学习向课外延伸,通过调查访谈、写建议书等方式参与和谐社区的建设。下面我就结合教学设计和教学过程,谈谈自己的想法。

1. 活动引领,学用结合

语文课程的综合性和实践性让语文课堂大有可为。这节课的设计不是停留在传统的语文知识的传授上,而是以一个个有趣的活动作为引领,促进学生在实践中发现问题、解决问题。在这堂课中,我以学生的认知规律为线索,设计了"阅读卡片分享会""调查报告交流""头脑风暴""撰写建议书"等活动,以认识节日、理性思辨、提出建议的顺序让学生深入活动本身,从课堂延伸到课外,最终通过协作的方式形成最终的具有实用性的学习成果。整个过程自然流畅,激发了学生解决问题的主动性,在学习的过程中,学生也自然获得了经验和能力。然而,因为课堂的容量有限,活动的深入程度如何还需要反思。

2. 实践载体,语文为本

在这堂课中,丰富的实践活动是载体,它建构起学生学习的方式,然而,学习的内容选择，必须体现出“语文性”，不能将语文实践活动课上成只剩“热闹”的“观光课”。因此，我在进行内容选择和课堂引导上格外注意学生在听说读写方面的遣词造句，在各种文体中如何体现出形式与内容的有机融合。例如，建议书的撰写，要在语言运用中体现出准确性、号召性和亲和力。此外，我选择用“语文”的方式去引导学生认识文化。例如，在对清明节的文化内涵的解读中，以诗歌为载体，让学生既能了解习俗，也能挖掘文化，还能体验情感和主旨，一举多得。为完成建议书而做的一系列言语实践，体现了语文课程的丰富性。

3. 学生主体，过程评价

合理、及时、有效的教学评价能够更好地引导学生展开学习，也能够更好地激发学生的学习热情。实践活动的特点是教师能够参与学生的学习过程，这也促使教师能够及时关注学生的学习过程，从而指出学生的问题，再加以改进。在这堂课中，学生观察，交流，探讨，争辩，撰写，将自己置于学习主体的地位，在师生的协作中，促进有效课堂的生成、知识和能力的获得。

第五单元

粗细结合，依体而读：学术类著作阅读指导

执教/浙江省余姚中学　闻人金滢

本课课件

【专题目标】

在阅读《乡土中国》一书前，掌握学术类著作阅读方法，了解学术著作的特点、价值。通过阅读序言、后记管窥全书，形成学术类著作阅读经验。

【预习任务】

阅读《乡土中国》的目录、序言、后记，查找资料，完成课前学习任务单上的预习任务：

1. 列出费孝通先生的生平经历和职业成就。
2. 阅读《重刊序言》，指出《乡土中国》的写作目的。
3. 阅读《后记》，简述社会学的历史和学科特点。

【教学实录】

师：苏霍姆林斯基有言，“教育的使命之一是帮助学生找到一本真正属于自己的书，阅读这样的书是一种自我总结，又是自我教育的开始，还是对自我良心的自白”。现在就让我们一起打开这样一本书，并力求让这本书能够真正属于我们自己，这就是我们在第五单元要学习的《乡土中国》。（播放 PPT 第 1 页）

任务一：前后勾连，比较文体异同

师：其实大家并不是在高中才接触到“整本书阅读”，据我所知，初中时大家已经阅读了很多的“整本书”，它们的类别各不相同。（播放 PPT 第 2、3 页）例如，《海底两万里》《水浒传》等是故事类的，《红星照耀中国》是纪实类的，《昆虫记》是科普类的，《傅雷家书》是书信类的，《艾青诗选》是诗歌类的……这些都可以算作文学类著作。而我们从今天开始要学习的《乡土中国》，大家经过预习，应该已经知道了，这本书是什么类型的书呢？

生：学术类。

师：没错。那么根据大家的阅读经验，你们认为学术类著作与之前阅读过的文学类著作有什么区别呢？请大家用一句话来概括你发现的差异。

生：故事类作品一般是小说，有故事情节；纪实类作品虽然不是小说，但也有故事情节……文学类著作好像情节性比较强，但学术类著作情节性很弱。

生：其他类型的作品比较有意思，《乡土中国》这样的学术类著作我看不下去。（众生笑）

师：希望你通过我们今天的学习以后，能够建立阅读学术类著作的信心。还有其他同学有想法吗？

生：我认为文学类著作中，作者是故事的讲述者或者参与者，身份很复杂，不能一概而论；而学术类著作的作者一般以一个冷静的旁观者的形象出现，身份比较固定。

师：大家的发现都很细致，表达也很到位。老师也试着简单概括一下，文学类著作重在人物形象的塑造和故事情节的叙述，而学术类著作重在从生活现象中提炼概念以及概念的演绎阐释；文学类著作偏于感性，而学术类著作偏于理性。大家同意吗？

生：同意。

师：好，那么通过比较我们得到了对学术类著作的初步印象，接下来，我们还需从理论方面进一步了解它。

任务二：明确概念，了解价值意义

师：什么是学术著作呢？我们一起来齐读PPT上的定义，预备，起！（播放PPT第4、5页）

学术著作是作者根据某一学科或领域的研究成果而撰写的作品。这些作品或在理论上有创新见解，或在实践中有新的发明，或具有重要的文化积累价值。本通知所指学术著作包括哲学社会科学、自然科学等学科的研究型著作，通俗理论读物、科普读物等不在其列。

——摘自新闻出版总署：《关于进一步加强学术著作出版规范的通知》，2012年9月4日

（学生齐读定义）

师：这是国家新闻出版管理机构给“学术类著作”下的定义，能够帮助我们从理论的角度更好地认识这一类著作。那么结合这个定义，以及大家初步的阅读感知，你们认为阅读学术类著作对我们而言是必需的吗？对我们有什么意义呢？

生：我认为我们是需要阅读学术类著作的，因为学术类著作中包含着很多知识，学习这些知识可以推动社会的进步和发展。

生：我们肯定是需要阅读学术类著作的，学术类著作和文学类著作代表了人类文明成果的不同方面，都值得我们学习。阅读学术类著作应该也可以锻炼我们的思维，提升我们的思维品质，让我们思考问题更有逻辑。

师：刚才读不下去的同学，你觉得我们有必要阅读学术类书籍吗？

生：那肯定是有必要的。虽然像《乡土中国》这样的学术类书籍很难读，但阅读也是一件

需要跳出舒适圈的事情，一直固定在情节性比较强的简单的作品里，我们的思维模式也会变得单一、变得简单，这从长远来看是不利于我们自身发展的，也不利于社会的发展。

师：大家说得都很有道理。关于这一点其实很多学者也早已有论断，我们可以一起来看一看。（播放 PPT 第 6 页）

> 高尔基说，书籍是人类进步的阶梯。人类能不断进步就是因为我们能突破局限，去尝试着阅读不同类型的书籍。阅读学术著作，于个人而言有助于我们理性精神的培养，于民族而言，则有助于我们国家的科技进步、文化繁荣、精神强健。
>
> 恩格斯：一个民族要想登上科学的高峰，究竟是不能离开理论思维的。
>
> 林忠港《学术初阶》：学术论著代表人类最高的理性精神，它对人的思维发展、思想成熟起着十分重要的作用。

师：正如同学们所说，学术类著作中包含着人的理性思维。帕斯卡尔在《思想录》中有一句经典的话，“人是一根能思想的苇草”。学术类著作就是人思想后的产物。一个人阅读学术类著作，可以培养这个人的理性精神；一个民族愿意阅读学术类著作，学术类著作可以带领这个民族攀上理性精神的高峰。那么在正式走入《乡土中国》这本学术著作之前，我们还应该先了解一下作者费孝通先生。大家可以结合我们的《学教评》来聊一下，费孝通先生取得的成就。请大家现在迅速交流一下，费孝通先生都有哪些贡献和成就？

（学生讨论）

生：费孝通先生青年时期发表了博士论文《江村经济》，它被马林诺夫斯基誉为“人类学实地调查和理论工作发展中的一个里程碑”。

师：这是《江村经济》的意义。

生：还有中年时期，他在昆明附近创立了“魁阁”学术团，他在此进行社会研究，写出代表作《生育制度》《乡土中国》《乡土重建》和《皇权与绅权》。

师：对，这也是学术成就，他写出了一系列非常有影响力的社会学著作。你们这个组能不能派人说一说，除了学术贡献，他还做出了什么社会贡献？

生：他曾担任民盟中央主席、中国社会学学会会长、全国政协副主席、全国人大常委会副委员长等职。

师：是的，费孝通不光做大官，他还要做大事。我这里给大家稍微补充一下。我们中华人民共和国自成立起就是一个多民族国家，但是当时中国到底有多少个民族、有些民族怎么称呼是不知道的。费孝通先生利用自己人类学、医学和社会学的知识，深入基层民族调研，然后他干了一项工作叫作“民族识别”。经过费孝通先生、林耀华先生等学者的努力，56 个民族才真正被鉴别出来，所以这是一个很大的贡献，民族政策也是由此制定的，这个成就是不是非常大？然后，改革开放后，中国最早富起来的其实是费孝通先生的老家——苏南，苏南那一带在费孝通先生的竭力倡导、直接理论指导之下开始了乡镇崛起的道路，最终形成“苏南模式”，这个“苏南模式”一直到现在还存在，而这就是他很大的社会贡献。所以，学社会学其实是能改变很多的。当然，他还有文化贡献，这个文化贡献有 16 字口诀，大家找到了吗？

生：他在晚年提出“各美其美，美人之美，美美与共，天下大同”的社会和谐观。

师：这个社会和谐观与其他和谐观相比有什么不一样？

生：要包容各种文化。

师：不同的文化体之间是可以互相包容的，是可以互相赞美对方、接纳对方的，而不必是相互排斥的。对于费孝通先生的学术成就有了一定的了解，对我们学习下面的内容其实是有一定帮助的。（播放 PPT 第 7 页）

任务三：粗读序言，了解内容特色

师：那么，接下来我们就要正式翻开《乡土中国》这本书了。（播放 PPT 第 8 页）要想读好学术类著作，读书方法不可少。在这里，老师给大家提供学术类书籍整本书“五步阅读法”，大家可以在平时的学习中选择性使用。当然，在我们的课堂上，面对这些比较长的篇目，我们还是以粗读为主。我们拿到的《乡土中国》，前面有一个温儒敏先生写的导读，在导读中，温儒敏先生就告诉我们读这种学术类书籍要先粗再细。什么叫“粗读”呢？我们今天就来尝试这种阅读方法。说实在话，在我自己的读书经历当中，我是看不完书架上的每一本书的，于是有一些书我就粗读了。那么粗读要看哪些东西呢？第一，我肯定去翻它的序言；第二，翻看它的后记；第三，看它的目录；第四，大概看看每一篇在写些什么。翻书了解，这就是粗读。（播放 PPT 第 9 页）

学术类书籍整本书“五步阅读法”

(1) 跳读，浏览目录，大致了解书的结构

(2) 粗读，粗读每一章的核心概念和主要观点

(3) 细读，逐字逐句，用批注记录自己的心得体悟

(4) 研读，对在阅读中发现的问题进行反复重读和思考

(5) 走读，在生活实践中审视反思书中观点

师：如果我们将学术类著作整本书比作一幢房子，那么序言就好比是这幢房子的窗户；如果我们将学术类著作比作一个人，那么序言就好比是这个人的眼睛。透过序言，我们可以更好地理解全书内容。昨天给大家布置的任务之一，其实也是让大家读序言。现在我们先交流一下大家在序言中读到了哪些有用的信息。迅速和旁边同学分享一下。（播放 PPT 第 10 页，学生讨论）

阅读《重刊序言》，回答：

(1) 作者的写作目的是什么？

(2) 本书与作者其他著作相比有什么特点？

(3) 你还能找到什么有用信息？

生：首先序言里有一些基础内容，首版年份是 1947 年。

师：对，第一个信息，出版时间，离现在（2022 年）是多少年？

生：75 年。第二个信息是出版目的，他自己说是为了回答他当年提出的一个问题，即"作为中国基层社会的乡土社会究竟是个什么样的社会"。另外还介绍了他的成书过程，是在传授学生知识的过程中，把他的教案拿出来编写成书。他又说明了这本书的性质，是学术类文章。

师：这里要补充一下，他其实是在比较当中，写出了这本书的特点。把这本书与他之前的《江村经济》《禄村农田》进行比较，并且认为前面的两本是具体的刻画，现在这本是宏观的描绘。

生：这篇序言是"重刊序言"，说明这本书应该是经过修订的。而且最后一句也说这是一份"校订过的稿子"。

师：好的，你看得还是相当仔细的。事实上，从 1947 年开始，这本书被不同出版社出版，有多个版本，非常了不得；而且在学术类书籍中，它的销量是惊人的。通过序言，我们收集了这些有用信息。

任务四：粗读后记，感受学术精神

师：接下来我们来看后记。后记很长，比序言长好多倍，我们已经知道这是一部社会学著作，通过后记，大家对社会学有哪些了解呢？（播放 PPT 第 11、12 页）

生：了解了社会学发展的历史。《乡土中国》出版时，社会学产生不到 100 年，其概念相当于我们现在所说的"社会科学"的统称，后来才逐渐变为现在的社会学。它主要讲述的是社会制度，在不断发展的过程中，经济学、法学等逐渐被分离出去。

师：所以当时，社会学有一个很讽刺的称谓，叫"剩余社会学"，人们认为社会学没什么用。但我要补充，费孝通先生在去燕京大学读社会学之前，他是考入东吴大学学医的，后来从东吴大学转学到燕京大学去读了社会学。所以从个人选择来说，好像是从一个"有用的"学科去了一个"没用的"学科，听上去似乎有点"吃亏"。除此之外，这里还介绍了哪些社会学的"牛人"？

生：孔德，斯宾塞。

师：对，了解哲学的同学会发现，这两位对哲学也有很大贡献，所以社会学是从哲学当中分出来的。

生：后记还写了费孝通先生对社会学趋势的判断，他认为社会学的趋势是社区研究也就是社区分析。

师：那么我们从中可以看出社会学还是很有用的，这体现了一种学术自信。对社会学这门学科有一定的了解，也有助于我们去学习这本书。在后记当中，我希望同学们能找到瑶山调查经历这个片段，大家交流一下，你们读了这个片段之后有什么感受？（播放 PPT 第 13 页）

生：先讲正统观点，费孝道先生与妻子王同惠实地调查时，妻子失足坠崖去世，他本人也身负重伤，体现了做实地调查的艰难；也可以看出他在社会学上付出了巨大的努力，对社会学事业的献身。

师：所以要在一个领域里成为大师、取得大成就，就是要有献身精神。你的潜台词是还有“不正统”的观点吗？

生：不正统的观点，是指费孝通经历了丧妻之痛，居然还能做出这么伟大的成就，没有疯掉、没有萎靡不振、没有一落千丈，我非常佩服这种沉稳高贵的品质。

师：这个也很正统，还可以给你鼓鼓掌。（生齐鼓掌）我还可以补充一些细节，他在这里的记述是很简单的，在费孝通先生自己的学术回顾当中，他做了一个比较详细的描述。当时在广西很偏僻的地方，他们在那里做一个人类体质学的调查，调查结束后要翻过一座山回到住处。晚上翻山的过程中，费孝通走在前面，妻子走在后面，费孝通不小心掉进了瑶民捕猎的陷阱中，其中的老虎夹是越挣扎越紧的，妻子不懂如何救他，只能下山去喊人来救援，在这个过程中可能因为又黑、又急，一不小心掉下悬崖去世了。后来费孝通的呼喊引来了山民，获救后，他的腿其实也受了重伤，他回去养伤，在养伤的过程中写出了文章。这个事情让我们知道，学术是要有献身精神的。我们再看这里的笔调，是什么样的？是很平静的。发表成果的时候，费孝通把妻子的名字放在第一个，而把自己放在第二个。在这样的学者身上，我们也能学习一些品质。

任务五：联系现实，理解文化传统

师：同学们，就社会形态来看，七十年来中国发生了翻天覆地的变化；就民族性格而言，我们又沿袭了乡土中国时代的文化基因。唯有充分了解自我，才能做到文化自觉；唯有对这个民族有更深的了解，才能实现民族复兴之大业。（播放 PPT 第 14、15 页）课后，请同学们根据本节课所学的五步阅读法，与小组同学协商，拟订《乡土中国》整本书阅读的学习规划，并相互监督落实。希望大家在接下来一周时间里，跟着费孝通先生一起好好打量一番我们所深爱的中华民族。下课！

【教学反思】

整本书阅读比单篇精读、多文本联读的容量更大，内容更丰富，尤其是《乡土中国》这样的学术类著作对学生而言还很陌生。本次教学对学术类著作整本书阅读突破如下：

1. 立足整书，聚焦方法

《乡土中国》整本书阅读对于学生而言的首要难题是读完、读懂，而且本单元的单元导语指出“学习不同类型书籍的阅读方法”将使我们受益终身，因此本专题作为《乡土中国》整本书阅读的起始课，介绍阅读方法，让学生感到阅读有路径，对学术类著作的阅读建立信心。但阅读方法很多，课堂应当有所聚焦，所以以本专题课题为抓手，首先确立“因体而读”的理念，提出“跳读”“粗读”“细读”“研读”“走读”五种针对学术类著作的阅读方法；其次围绕课堂教学的需要，以粗读为主、细读为辅，有代表性地提醒学生使用这些阅读方法；最后以课后学习任务为引领，让学生灵活选择、掌握不同阅读方法。

2. 宏观把握，微观探究

整本书阅读是一个很宏大的概念，要在有限的课堂时间内组织教学，就要找到合适的微观切入口，再走向对整本书的宏观把握。本专题从序言、后记等零碎的篇目入手，回答写作目的、社会学特点、作者学术精神等问题，由浅入深地帮助学生走近这本社会学著作；同时，本专题从学术类著作的定义入手，让学生从理解概念和价值出发，建立对学术类著作的宏观认识。因此，从微观导向宏观是本专题的一个线索。

3. 化繁为简，学以致用

学术类著作阅读教学不必追求艰深，教师要充分挖掘教学资源。本专题联结学生初中阶段对整本书阅读的已知和高中阶段对学术类著作阅读的未知，在比较中架起了文体概念理解的桥梁；同时也运用《学教评》等参考资料，帮助学生更快地把握重点。但本专题有一个缺憾是没有运用到学术类著作化繁为简的代表性阅读方法“思维导图”，我考虑在本专题教学的修订过程中加入思维导图的制作方法，让学生学会前后勾连、自我整合。

概念与观点:《乡土中国》的概念与观点的关系

执教/宁波市镇海中学　王　静

本课课件

【专题目标】

用一组从具体社会里提炼出的概念来表明自己的观点,是《乡土中国》的特色,也是我们解读这本社会学著作的钥匙。该专题通过引导学生理解《乡土中国》的核心概念来把握作者的思想观点。

【预习任务】

1. 从每章中圈出1—3个核心概念。可重点关注目录和每章的开头、结尾。

2. 这些核心概念分别从不同角度对"中国基层社会的乡土社会是个什么样的社会"做了分析与解剖,你能用所提取的核心概念来表述每一章的观点吗?

3. 重点研读《差序格局》和《系维着私人的道德》,理解"差序格局"的内涵。找出文中相关比喻,比较"差序格局"与"团体格局",概括"差序格局"的特点。

【教学实录】

师:费孝通先生在《重刊序言》中说,"这本小册子和我所写的《江村经济》《禄村农田》等调查报告性质不同。它不是一个具体社会的描写,而是从具体社会里提炼出的一些概念"。概念是打开这本学术著作的金钥匙。今天我们就通过抓概念来把握全书的主要观点和作者的学术创见。(播放PPT第1页)

环节一:引话题,明方向

师:我先给大家讲一个故事。(播放PPT第2页)

郄(qiè)家在村里有两大支(房),其中一支(房)在村里一直掌握领导权。60年代这一房的郄老三当了大队党支部副书记。这个村是移民村,地很少,如果只靠种地根本养活不了全村百姓。农村开始搞承包制时郄老三和他的四个儿子集资办了一个厂。后来一位曾在县法院当过干部,而且有城市户口的女子下嫁到郄家当了他的四儿媳,她的父亲在县农行负责贷款业务,而她哥哥是搞外贸的,这些资源对郄家非常重要。但是不久发生了一件事情,四儿子另有所爱,提出要与四儿媳离婚,郄家觉得这件事很丢面子,马上召开家族会议(他们称为"议事会"),大家一致认为坚决不能让这两个人离婚。因为郄家离不开四儿媳所带来的资源。他们"硬"的一招是把厂子的法人代表转为四儿媳。(摘编自杨善华《当代中国的家族势力》)

师:这是一个真实的故事,是北大社会学系教授杨善华先生在田野调查时所了解到的。这个故事让我想到了《乡土中国》中《家族》这一章里的一个概念。大家想一想,这一事实反映了"家族"的什么性质?可以用《家族》这一章里的哪个概念来概括?

(学生翻阅《乡土中国》中《家族》这一章)

师:家族的功能与性质,与西洋家庭有何不同?

生:在西洋,家庭是团体性的社群,这个社群能经营的事务很少,主要是生儿育女。家族虽包括生育的功能,但不限于生育的功能。

师:家族不限于生育的功能,那还有什么主要的功能?

生:事业。

师:文中哪个词语概括了乡土社会中家族的这一性质?请补充完整课件中的这个句子,家族在中国的乡土社会里是一个——

生:事业社群。

师:在乡土社会中,家族不限于生育功能,是个事业组织。当家族利益被危及时,家族里便会有人出来干预,郄家的故事就是个很好的例子。

师:刚才我们通过找概念的方法来理解乡土社会中所发生的真实故事。用概念概括社会现象是《乡土中国》的主要特色,那么,什么是概念?你觉得概念有哪些特点?

生:我觉得概念是用简洁的语言把它的特征、性质概括出来。

师:也就是说,概念有两个主要特点。一是语言简洁,往往用一两个词或者短语来表述,二是比较抽象,它要概括现象或者事物的本质特点。

环节二:绘概念"星阵图",把握作者观点

师:《乡土中国》整本书主要围绕一个大概念展开,那就是"乡土社会"。费孝通先生曾经说过,"搞清楚我所谓乡土社会这个概念,就可以帮助我们去理解具体的中国社会"。乡土社会到底是个怎样的社会?作者并没有做具体的描绘,而是用很多其他的概念来丰富它的内涵。也就是说,要理解"乡土社会"这个大概念,首先要理解每一章讲了哪些核心概念,这些概念又表达了作者怎样的观点。(播放PPT第3页)

搞清楚我所谓乡土社会这个概念就可以帮助我们去理解具体的中国社会。概念在这个意义上，是我们认识事物的工具。（费孝通《乡土中国·重刊序言》）

活动任务：

乡土社会是个怎样的社会？请找出每章的核心概念（1—3 个），说说作者通过这些核心概念表达了怎样的观点。

师：之前给大家布置了学案，大家都做得很认真。这是其中一位同学的学案。（播放 PPT 第 4 页，展示图 1）

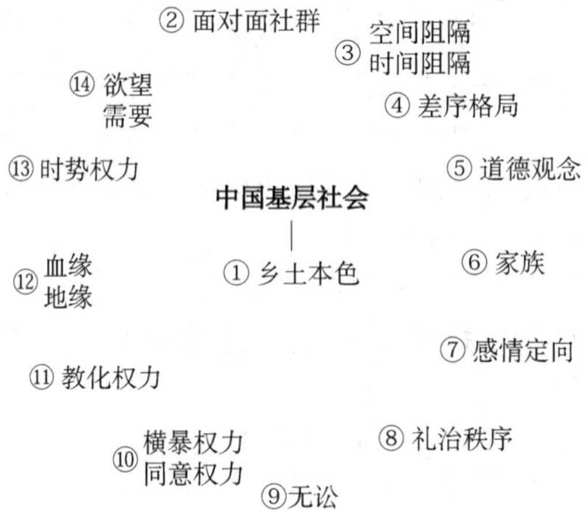

图 1

师：这份学案中找出的每一章的核心概念，是否正确？大家评一评，可以自己独立判断，也可以和同桌交流一下。

（学生边讨论，边修改）

生：我觉得第三章有些不妥。因为“面对面社群”讲的就是“空间阻隔”。第三章“再论文字下乡”，费先生是通过“时间阻隔”这一方面来讲的，“定型社会”因为没有“时间阻隔”，语言足够传递世代间经验，所以不需要文字。在“时间阻隔”旁可以加上“定型社会”，然后把“空间阻隔”放到第二章。

师：好，我们修改一下。还有吗？

生：我觉得第十章有点问题。第十章虽然讲了“横暴权力”和“同意权力”，但最后说乡土社会既没有“横暴权力”，也没有“同意权力”，所以应该再加上一点“无为政治”。

师：很好。老师也发表一下自己的看法，我觉得第五章和第七章也有些问题。“道德观念”是什么观念呢？“感情定向”又是哪个方向？这两个词语好像并不能把本质特点显示出来。谁来纠正一下？

生：第五章是说私人间的道德要素，可以改为“维系着私人的道德”。第七章说的感情定向，是偏向同性交往。

师：也就是“男女有别”。其他还有问题吗？

生：我觉得十一章可以加上“长老统治”，十三章还可以加上“名实分离”。

师：好。第六章的“家庭”，我们之前就已经区别过“家庭”和“家族”了，应该改为什么？

生：“家族”和“事业社群”。

师：学案中，每一章列出的核心概念，从不同角度说明了中国基层社会“乡土社会”的结构特性，就像“众星拱卫”一样，我们不妨将它命名为“星阵图”。

师：下面，请大家根据修改过的“星阵图”，用每一章的核心概念来阐述一下作者的观点。

（师生边讨论边修正，最后教师播放 PPT 第 5 页，出示参考答案）

(1) 从基层上看去，中国社会是“乡土性”的。

(2) 乡土社会不需要文字，因为“面对面社群”，没有空间阻隔。

(3) 乡土社会不需要文字，因为“定型生活”，没有时间阻隔。

(4) 中国社会的基层结构是“差序格局”。

(5)“差序格局”中的道德体系是“系维着私人的道德”。

(6) 乡土社会的基本社群“家族”，它是“事业社群”。

(7) 乡土社会是个“男女有别”的社会，也是个安稳的社会。

(8) 乡土社会是“礼治秩序”，礼是维持秩序的力量。

(9) 维持礼治秩序的理想手段是教化，即“无讼”。

(10)“横暴权力”和“同意权力”在乡土社会受到限制，因此确立了“无为政治”的理想。

(11) 乡土社会的权力机构中，主要是“教化权力”在起作用，于是产生了基层社会的“长老统治”。

(12)“血缘和地缘”：从血缘结合到地缘结合，从“身份社会”到“契约社会”，社会性质发生转变。

(13) 社会变迁，出现“时势权力”，长老权力“名实分离”。

(14)“从欲望到需要”是社会变迁中一个很重要的里程碑。

师：同样地，每一章的核心概念下都有一些更小的概念在支撑。这些小概念就是某一段、每一层的关键词。我们也可以用同样的方法来找到这些小概念，并用小概念来理解这一段或这一层的观点。下面我们就以《名实的分离》中的一段为例，来试一试。（播放 PPT 第 6 页）

回到长老权力下的乡土社会说，反对被时间冲淡，成了“注释”。注释是维持长老权力的形式而注入变动的内容。在中国思想史中，除了社会变迁激速的春秋战国这一个时期，有过百家争鸣的思想争斗的场面外，自从定于一尊之后，也就在注释的方式中求和社会的变动谋适应。注释的变动方式可以引起名实之间发生极大的分离。在长老权力下，传统的形式是不准反对的，但是只要表面上承认这形式，内容却可以经注释而改变。结果不免是口是心非。在中国旧式家庭中生长的人都明白家长的意志怎样在表面的无违下，事实上被歪曲的。虚伪在这种情境中不但是无可避免而且是必需的。对不能反对而又不切实用的教条或命令只有加以歪曲，只留一个面子。面子就是表面的无违。名实之间的距离跟着社会变迁速率而增加。在一个完全固定的社会结构里不会发生这距离的，但是事实上完全固定的社会并不存在。在变得很慢的社会中发生了长老权力，这种统治不能容忍反对，社会如果加速地变动时，注释式歪曲原意的办法也就免不了。挟天子以令诸侯的结果，位与权，名与实，言与行，话与事，理论与现实，全趋向于分离了。

师：这一段的核心概念是什么？

生：我觉得是“注释”和“长老权力”。

师：你能用这两个核心概念来表述一下观点吗？

生：社会变迁之下，通过“注释”的方式，维持长老权力的形式，注入变动的内容，引起了名与实的分离。

师：从“乡土社会”这个大概念，到每一章的核心概念，再到段落层次中的小概念，同学们已经初步掌握了阅读这本书的方法。

环节三：多向探求，理解“差序格局”

师：《乡土中国》这本书是由一组组层级概念来表达观点的。在众多概念中，“差序格局”可以说是最核心的概念，也是概括中国社会结构的经典概念。下面我们就通过分析这一核心概念，来深入理解作者的核心理论。

师：关于“差序格局”，作者并没有采用下定义的方式，而是通过比喻的方式来阐释它的内涵。我们集中看一下这一章中的相关比喻。（播放 PPT 第 7 页）

我们的格局不是一捆一捆扎清楚的柴，而是好像把一块石头丢在水面上所发生的一圈圈推出去的波纹。每个人都是他社会影响所推出去的圈子的中心。被圈子的波纹所推及的就发生联系……

这个网络像个蜘蛛的网，有一个中心，就是自己。我们每个人都有这么一个以亲属关系布出去的网，但是没有一个网所罩住的人是相同的……

以“己”为中心，像石子一般投入水中，和别人所联系成的社会关系，不像团体中的分子一般大家立在一个平面上的，而是像水的波纹一般，一圈圈推出去，愈推愈远，也愈推愈薄。

师：作者将乡土社会结构的格局比作什么？

生：一圈圈的波纹、蜘蛛的网。

师：如果用“图示法”来表示，就是以“己”为中心，一圈圈推出去的同心圆。（播放 PPT 第 8 页，展示图 2）

师：这个网主要以哪些关系推出去的？

生：亲属关系，还有地域关系。

师:这一格局有哪些特点?

生:愈推愈远,愈推愈薄。

生:每个人的关系网不一样大,范围的大小依着中心的势力厚薄而定。

师:也就是说,依势而定,可伸缩。

生:有差等的次序。顺着这同心圆的伦常,就可向外推,从己到家,由家到国,由国到天下。

(将学生概括出来的特点,一一标注在图 2 同心圆上,最后形成图 3)

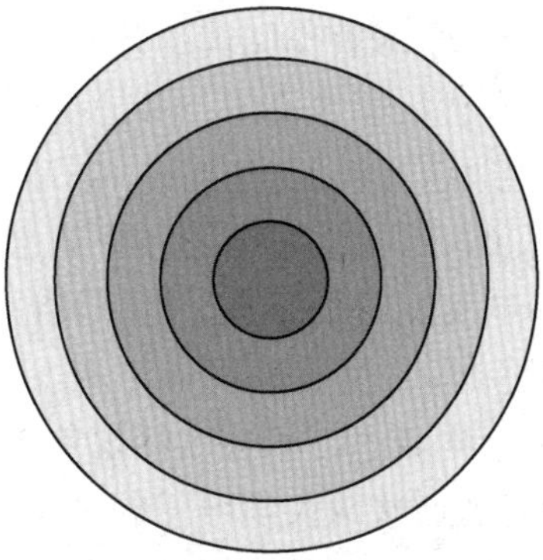

图 2

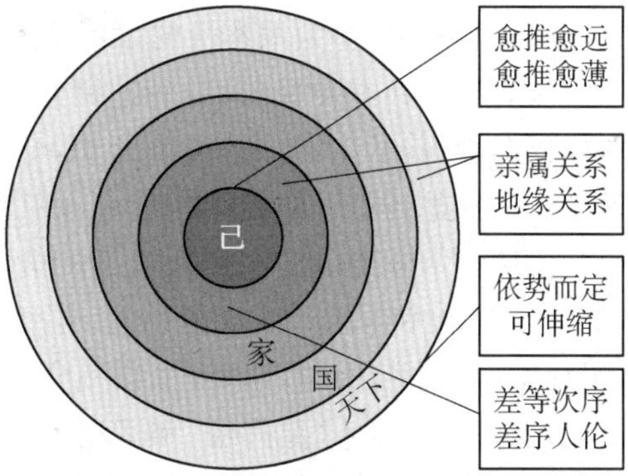

图 3

师:为了突出中国乡土社会的结构形式,费孝通先生采用了和西方社会结构形式做比较的方法。根据比较,在上图中还可补充哪些内容?

(学生讨论后补充:自我主义、界限模糊、群己相对、公私相对)

师:社会结构格局的差别引起了不同的道德观念。如果将“差序格局”与“维系着私人的道德”两个概念联系起来,又会有怎样的认识?请继续补充上图内容。

(学生讨论后补充:克己复礼、私人道德)

师:以上,我们从比喻、比较、关联等角度入手,多向探究了差序格局的丰富内涵。下面,我们就用差序格局的概念来关联一下我们现实中新出现的现象。你认为“微信朋友圈”是差序格局的表现吗?你觉得“微信朋友圈”有哪些新的特点?可否也将你的观点凝结成概念?(播放 PPT 第 9 页)

(学生热烈讨论)

生:“微信朋友圈”突破了血缘、地缘关系,可以是商业、工作关系。朋友圈的范围大小,不仅和势力,还和人的性格有关,看他是否喜欢交往。

生:“微信朋友圈”很不稳定,随时可以建群,偶然认识、交往不多的人,可通过“推名片”“摇一摇”等方式加入,也随时可以解散。

师:大家讲了很多“微信朋友圈”的特点,有谁能用概念来概括一下?

生:我想用喇叭格局来形容“微信朋友圈”。“微信朋友圈”跟差序格局有一定的类似,也是一圈圈地往外推,但与之相反的是,在“微信朋友圈”里,跟你关系最好的亲属,你反而不会和他聊很多的话,比如和父母亲。倒是那些跟你志同道合的朋友,或者跟你在商业利益上有往来的人,你会跟他们聊得很多。

师：那为什么称为“喇叭格局”？

生：因为喇叭是对着空气发声的。“微信朋友圈”本来就是虚拟网络，跟对着空气一样，而且越不认识，反而越能聊得多。

师：很好。这节课，我们不仅通过梳理层级概念把握了整本书的主要观点，而且还尝试着像费先生那样用概念来理解、概括社会现象，可以说收获颇多。

【教学反思】

1. 聚焦根本任务

对《乡土中国》来说，何为根本性的学习任务？一是基于学术著作阅读的一般要求，即能理解书中的核心概念和重要观点，准确把握此书的学术思想及学术价值。二是基于整本书阅读的课标指向，培养学生“整”的阅读意识，学会系统性地思考问题，建构整本书阅读的经验。三是基于《乡土中国》著作的结构特色及其理论阐发的方式，学习运用层级概念来概括社会现象和建构学术框架，提升分析、概括的能力，进一步发展逻辑思维。本课设计正是据此而定，课堂环节始终聚焦于概念的梳理、层级关系的把握，以及核心概念与观点的理解。环节一，引导学生结合社会故事理解抽象概念，以了悟社会学概念与社会生活现象之间的关系。环节二，通过建构概念“星阵图”和运用核心概念阐述观点这两大学习任务，使学生初步把握《乡土中国》整本书的思想体系和基本观点。环节三，根据本书理论阐发的多样方式，如善用形象比喻、中西比较、关联概念等，多向探求核心概念的丰富内涵。

2. 坚持学生立场

整个课堂教学，力求强化学生“学”的三种意识。一是交流意识。课外以自主阅读为主，课内以交流讨论为主。比如，概念“星阵图”与每一章主要观点的修改、“差序格局”同心圆图的补充等，无不是在学生独立完成学案的基础上展开交流与讨论。二是运用意识。要善于将课堂中习得的学习经验转化为具体的学习方法和策略。比如，从宏观的整本书的大概念“乡土社会”，再到中观的每一章的核心概念，再到微观的段落层级的小概念，就可建构起阅读学术著作整本书的路径。三是问题意识。学习的终极目的不是理解作者的学术思想，而是要将理论与现实关联，善于发现其中的“脱节点”。在课堂教学中引入“微信朋友圈”的讨论，就是一种有效的尝试，可以促使学生养成连接概念与生活的思维习惯。

钩玄提要，纲举目张：《乡土中国》的结构框架及知识体系

执教/宁波市李惠利中学　浦　晖

本课课件

【专题目标】

在通读《乡土中国》的基础上，再次略读《重刊序言》、目录、后记和正文部分的14篇论文，理解14篇论文的关联，把握乡土社会的结构特点，在分析整本书框架的基础上，把握《乡土中国》的知识体系。

【预习任务】

1. 通读《乡土中国》的《重刊序言》、目录、后记，圈画出重要信息。

2. 通读《乡土中国》正文部分的14篇论文，分出14个学习小组，每小组重点研读一篇论文。(1)理解文章标题的意思。(2)浏览全文，勾画重要论述句。勾画出作者所下的肯定与否定的判断，以及相关理由。(4)摘录核心概念。(5)概括每一篇论文的重要观点。

3. 思考14篇论文主要论点之间的关系，用简单的思维导图的形式表达出来。

【教学实录】

师：课前，请同学们阅读了《乡土中国》，这本书和我们平时阅读的小说、散文、戏剧、诗歌等文学类著作有什么不同？

生：它是学术类著作。

师：是的，《乡土中国》是一部学术著作。学术著作具有较强的逻辑性，各个篇章共同呈现出一个相对完整的学术知识体系。今天这节课，我们要在归纳14篇论文主旨的基础上，梳理《乡土中国》的整体框架及知识体系。（播放PPT第1页）

任务一：梳理整体框架

师：同学们已经预习了《重刊序言》、目录和后记，我来检查一下大家的预习成果，请快速

抢答。（播放 PPT 第 2 页）《乡土中国》一共由几篇文章构成？（播放 PPT 第 3 页）

生：14 篇。

师：从种类和主题看，《乡土中国》是一部什么类型的著作？比如政治学、经济学、法学、社会学……（播放 PPT 第 4 页）

生：社会学。

师：《乡土中国》主要运用了社区分析中的哪一种研究方法？（播放 PPT 第 5 页）

（学生快速翻书，没人抢答。老师直接展示答案：比较研究）

师：大家可以到后记里找到这个问题的答案，课后再仔细看看后记。

《乡土中国》中，作者想要回答的问题是什么？（播放 PPT 第 6 页）

（学生快速翻书）

生：作为中国基层社会的乡土社会究竟是个什么样的社会。

师：同学们，一般的学术著作，除了正文，我们还要读题目、内容提要、目录、导读、序、跋、注释、参考资料、索引、后记、附录等内容。阅读学术著作就要纵观全书，了解全书整体框架、写作背景和全书的主旨。（播放 PPT 第 7 页，板书：全书主旨）

师：《乡土中国》由 14 篇论文组成，全书的大问题是“作为中国基层社会的乡土社会究竟是个什么样的社会”。那么，作为十四分之一，每篇文章要回答一个什么小问题？请根据课前预习时梳理出的每篇论文的重要论点，学习小组合作探究，概括出这一篇要解决的小问题，并做概要回答。我们进入第二个活动“问答促读”。（播放 PPT 第 8 页）

学习小组在合作探究过程中，一要注意著作类型。《乡土中国》是一本理论性而非应用性的学术著作，主要回答“是什么”“为什么”问题。我们可以从“是什么”“为什么”角度来表述问题。二要着重阅读标题、开头、结尾，以及篇与篇之间的过渡句段。抓住标题里的关键概念，就抓住了这一篇的论述对象。三要借助课前预习时对每篇的关键概念和主要内容的把握，来提炼小问题，并简要作答。（播放 PPT 第 9 页）

（以课前分好的学习小组为单位，学生快速浏览、跳读自己小组负责的那一篇。学习小组内合作探究，小声讨论）

师：请发言人代表全组发言，其他同学做好记录，把问题记在目录页上。我们从第一篇开始。

生：我们小组认为这一篇讨论的问题是中国社会乡土性的基本特点是什么。基本特点是黏着在土地上、不流动、聚村而居。

师：你们小组的回答很规范。因为聚村而居，一个村的人生于斯、死于斯，所以这是一个什么样的社会？人与人关系怎样？

生：这是一个“熟悉”的社会，没有陌生人的社会。

师：很好。因为这本书要解决的大问题是乡土社会是一个什么样的社会。我们的小问题在表述时最好包含“乡土社会”这个概念，这一篇的小问题我们可以概括为乡土社会的基本特点是什么。下面我们来看第二篇《文字下乡》。

生：这一篇要解决的问题是为什么乡土社会不需要文字。我们的回答是，在面对面的社群里，文字是间接的说话，是不太完善的工具，用语言交流就可以了，有时候连语言都不用，用表情、动作就够了。

师：这一篇要解决的问题是什么，"我们"的回答是什么，你们小组的发言很清楚，以后发言的小组可以借鉴。有请第三组同学发言。

生：这一篇要解决的问题是为什么乡土社会不需要文字。我们的回答是，乡土社会里的人不但在熟人中长大，还在熟悉的地方长大，经验不需要不断累积，语言足够传递世代间的经验。

师：《文字下乡》《再论文字下乡》这两篇要解决的问题是不是完全一样呢？请同学们翻到《再论文字下乡》，读一读第一段。

（学生阅读，思考）

生：不一样。《文字下乡》是从空间上看为什么乡土社会不需要文字。《再论文字下乡》是从时间上看。

师：非常好，请大家把"从空间上看""从时间上看"这两个限定词补充上去。下面，我们来看《差序格局》。

生：要解决的问题是"差序格局有什么特点"。

师：你的问题表述里没有"乡土中国"这个概念，最好给"差序格局"加个定语，再想想怎么表述比较好。

生：作为乡土社会基层结构的差序格局有什么特点。

师：不错。你们的回答是什么？

生：以"己"为中心，像水的波纹一般，一圈圈推出去，愈推愈远，也愈推愈薄。

师：也就是说，在差序格局中，一个人和别人所形成的社会关系，是有差等的次序。而且这富于伸缩性的社会圈子会因中心势力的变化而变化。有请下一组发言。

生：这一篇要解决的小问题是乡土社会中的道德有什么特点。我们的回答是，差序格局中没有一个超乎私人关系的道德观念，中国的道德和法律，都因之得看所施的对象和"自己"的关系而加以程度上的伸缩。

师：你们小组的回答主要是引用原文，最好可以用自己的话概括。这一篇要解决的问题是紧承前一篇《差序格局》而来的，所以不妨再加个修饰成分，概括为乡土社会差序格局中的道德有什么特点。我们来看下一篇《家族》。

生：《家族》这一篇要解决的小问题是乡土社会中的小家族有什么特点。我们的回答是这是一个绵续性的事业社群，强调纪律，排斥感情。

师：不错，抓住了这篇的主要论述内容。有请下一组。

生：我们小组研读的这篇题目是"男女有别"，问题是为什么乡土社会中感情定向是向同性方面发展的。我们认为原因是稳定社会关系的力量，不是感情，而是了解。

师：你们的回答似乎不能解决问题。同一小组的同学有补充的吗？

生：乡土社会是稳定的社会，要维持这样的社会更需要了解，而不是感情。男女之间的感情具有破坏和创造作用。

师：补充得很好，但可以更好，老师再补充一下，因为男女有别，男女间无法充分了解，所以传统的感情偏向同性方面发展。这样是不是更完整？（学生点头）请下一组同学发言。

生：为什么说乡土社会是礼治社会？因为礼是经教化过程而成为主动性地服膺于传统的习惯，人们对传统有敬畏感，所以礼成为维持社会秩序的力量。

师：很好，言简意赅。请下一组发言。

生：《无讼》这一篇要解决的问题是在乡土社会为什么推崇无讼。因为理想的礼治是每个人都自动守规矩，打官司就是表示教化不够，是可羞的。

师：我们会发现《无讼》是紧承着《礼治秩序》来论述的，把问题表述为“在礼治社会中为什么推崇无讼”会更准确。请下一组作答。

生：《无为政治》要解决的问题是什么是横暴权力和同意权力。

师：打断你一下，你们概括出的这个问题跟“乡土社会是个什么样的社会”有关系吗？再想想。先请下一组回答，你们组再考虑一下。

生：我们组概括的问题是为什么乡土社会的权力结构是教化权力。因为乡土社会重视长幼之序，年长者握有强制年幼者接受传统文化的教化权力。

师：问题概括得很好。但你们的回答可以再完善。生活方式稳定、文化稳定，是乡土社会的特点，这样的社会很少产生新问题，年长者的经验就非常有价值。也就是说教化权力的实施，从社会继替角度看，对乡土社会是有利的。（上一组发言同学举手）看来，上一组同学可以补充发言了。

生：《无为政治》中提到了“横暴权力”“同意权力”，从最后一段来看，问题应该是为什么乡土社会里的权力结构是松弛和微弱的，是挂名的，是无为的。因为乡土社会经济上的拘束和分工体系不发达，所以横暴权力和同意权力的作用不大，是无为政治。

师：我们知道一篇论文的重要观点往往出现在开头、结尾，文章的标题里往往包含最重要的概念术语。你们能抓住最后一段来回答是切中了肯綮。还剩下三篇，接下来发言的小组要学习前人的经验。

生：《血缘和地缘》要解决的问题是血缘与地缘的关系和性质是什么。血缘是稳定的力量，地缘不过是血缘的投影。血缘是身份社会的基础，地缘是契约社会的基础；血缘是乡土社会的特性，地缘是现代社会的特性。

师：这组同学很擅长从原文中筛选有用信息，读得很仔细。有请下一组发言。

生：这一篇要解决的问题是乡土社会在变迁中，为什么出现名与实的分离。在变化很慢的乡土社会，长老权力更有势力。但是如果社会发生激烈变迁，实际上，权力让位给有能力的人，也就是时势权力。

师：在这篇中，提到了一个重要的概念“注释”，请同学们找到它。（学生翻书，快速阅读圈画）一旦社会发生激烈变迁，长老的权力有名无实，但传统又不允许反对长老，于是通过“注释”的方式，名义上遵从长老权力，实际上已经让位给更有能力的人（时势权力），于是引起了名实分离。下面请最后一组同学发言。

生：这一篇要解决的问题是为什么发生从欲望到需要的变化。

师：太简略了，能不能说得更详细一点。（学生有点茫然，没有作答）从这篇的第一段可知，这一篇还是在讨论社会变迁的问题，所以这篇的问题表述为从乡土社会到现代社会，指导行为的方式为什么会发生从欲望到需要的变化，是不是更好？（学生点头表示同意）请你们组试着回答这个问题。（学生翻书，不能作出回答）这篇内容确实比较深奥，大家课后可以再仔细去研读一下。我们用问答促读的方法，来把握每一篇论文的要义，大家以后在阅读学术著作时也可以用这个方法。（板书：篇章要义）

任务二:把握知识体系

师:老师在备课的时候也为每一篇论文提炼了问题,(播放 PPT 第 10 页)跟同学们的发言基本一致,不同之处,欢迎课后交流。接下来,请同学们从阐释“乡土中国”特点的角度,把梳理出来的每一篇的问题进行分类,想想这些问题可以分成几个小单元,简要说明这样分类的理由。我们进入第三个活动“整合单元”。(播放 PPT 第 11、12 页)要注意篇与篇之间的关系,思考哪几篇有共同的主题。之前概括出来的问题供大家参考。

(学生翻到目录页,翻书,思考,圈画。老师巡视,点名让学生回答)

生:《乡土中国》是第一单元,这是总论。《文字下乡》《再论文字下乡》是第二单元,都在说乡下不需要文字的原因。《差序格局》《系维着私人的道德》《家族》是第三单元,都是从乡土社会是差序格局这个基本特征讨论开去的。《男女有别》《礼治秩序》《无讼》《无为政治》《长老统治》是第四单元,都在说乡土社会的秩序。剩下三篇是第五单元,都在说社会变迁的问题。

师:大家赞同这位同学的观点吗?把第一篇作为总论,把《文字下乡》《再论文字下乡》作为第二单元,大家同意这样划分单元吗?(大多数学生点头)把最后三篇组成一个单元,大家赞同吗?(很多学生点头)确实,从标题就可看出,这三篇都是两个概念对举,讨论的是社会变革问题。那么,对中间 8 篇的划分,大家赞同吗?请有不同意见的同学说说自己的意见。

生:我认为《男女有别》应该和《家族》划到一个单元去,因为《男女有别》在讨论乡土社会感情定向问题,跟前一篇《家族》中说的小家族里主轴是父子、婆媳,夫妇是配轴,有很大的关联。

师:这位同学关注到了篇与篇的关系,非常好。我们阅读学术著作一定要关注篇章间的相互关联。单元的整合没有标准答案,但一定要有合理的理由。大家觉得这位同学说得有道理吗?

(不少学生说“有道理”)

师:还有不同意见吗?

生:有一些参考书把《差序格局》《系维着私人的道德》组成第三单元,主要论述乡土社会的结构;把《家族》《男女有别》组成第四单元,说的是乡土社会的经济方式和感情走向。我觉得很有道理。

师:这位同学“善假于物也”,阅读学术著作确实需要多参考别人的阅读成果来开阔我们的视野。同学们,我们通过整合单元,概括出了单元主题。(板书:单元主题)接下来我们一起来画思维导图,(播放 PPT 第 13 页)请以小组为单位,根据“全书主旨——单元主题——篇章要义”这三级内容画出全书知识体系的思维导图,要特别注意单元内几篇文章之间的关系,有时候前一篇与后一篇之间未必是并列关系,也可以是因果关系、总分关系等。(播放 PPT 第 14 页)

(学生小组讨论,画思维导图。教师巡视,参与学生学习小组的讨论,挑选两个小组学生的思维导图,并拍照投影展示,见图 1、图 2)

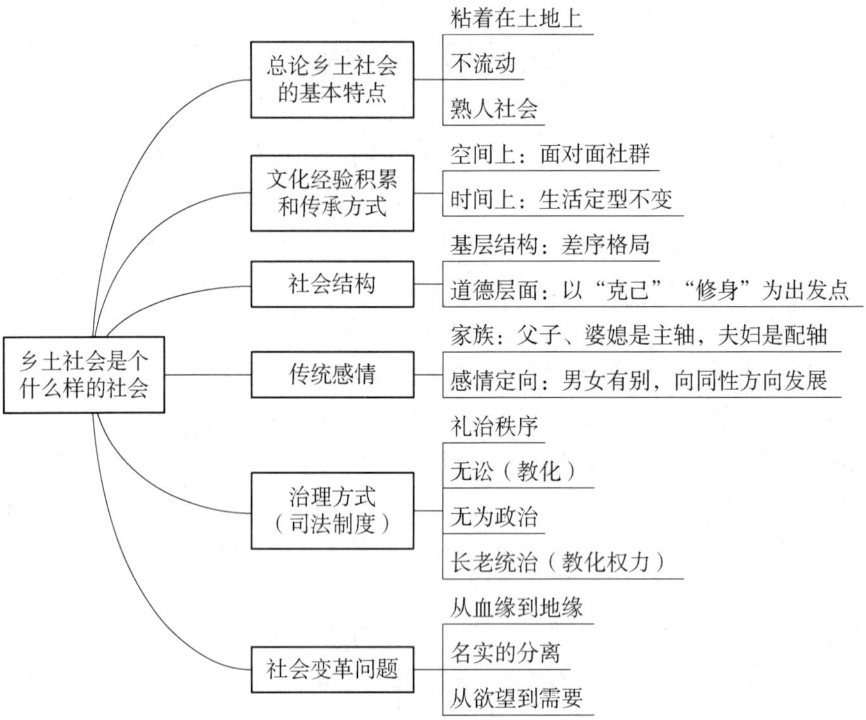

图 1

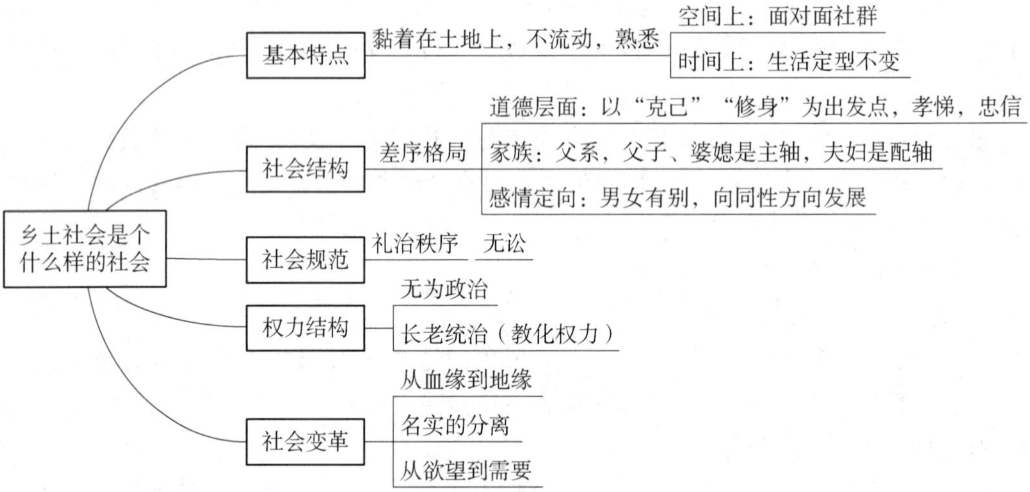

图 2

任务三：图文映照，推介《乡土中国》

师：这两份思维导图纲目清晰，可以看出功在课外，这几位同学肯定花了很多时间研读《乡土中国》。《乡土中国》是一部非常优秀的学术著作，非常值得大家花时间精读。请同学们根据全书思维导图写一段话，向别人推荐《乡土中国》，让更多人从阅读中获益。（播放

PPT 第 15 页)

(学生思考,写推介词,课堂分享)

生:《乡土中国》是费孝通先生写的一本社会学著作,共有 14 篇文章构成,阅读后,我们明白了作为中国基层社会的乡土社会究竟是个什么样的社会……

师:推介词的写法是比较灵活的,但要紧扣整本书的内容,不能泛泛而谈。我也写了两则推介词,分享给大家。(播放 PPT 第 16 页)

(1) 这是一本社会学著作,从基本特点、文化传承、社会结构、传统感情、治理方式、社会变革等方面介绍、剖析了中国乡土社会。《乡土中国》可以带我们更深入地理解我们的传统社会,是乡土中国的"导游图",值得每一位中国人静心阅读。

(2)《乡土中国》揭示了乡土社会是熟人社会的基本特点,创造性地道出了差序格局这一基层社会结构,指出乡土社会既不是法治社会,也不是人治社会,而是礼治社会。这个社会虽然变化缓慢,但也慢慢经历着从血缘到地缘、名实分离、从欲望到需要的变化。阅读这本社会学著作,能让你增长知识,拓展眼界,提升素养。

师:课后,请同学们修改自己的推介词。

师:今天这节课我们通过快速抢答、问答促读、整合单元、理清纲目等活动,绘制"全书主旨——单元主题——篇章要义"三级思维导图,以此来把握《乡土中国》的整体框架和知识体系。希望同学们能够学以致用,举一反三。(播放 PPT 第 17 页)阅读学术著作是一项艰辛的工作,却能够锻炼我们的意志,提高我们的智慧,让我们成为一个博学的人,让我们一起努力吧!下课!

【教学反思】

因为是第一次尝试学术著作的整本书阅读教学,在做教学设计前,我翻阅了很多文献资料,其中美国学者艾德勒、范多伦著的《如何阅读一本书》给我很多启示。"如果你的阅读目标是获得利益——不论是心灵或精神上的成长——你就得保持清醒。这也意味着在阅读时要尽可能地保持主动,同时还要做一番努力——而这番努力是会有回馈的。"①我们提倡整本书阅读,目的不仅仅在于要学生读一本书,而是要培养会读整本书的主动的阅读者。所谓"主动的阅读者",应该是想从阅读中获益,而不仅仅是取乐的阅读者;应该是会思考、运用和质疑,而不仅仅是被动接受的阅读者。"会用"的前提是"读懂",关键是如何引导学生愿意主动去亲近这部学术著作,努力想从中获益。

这节课,我以微专题教学的方式,聚焦《乡土中国》"框架与体系"设置学习任务,运用"三步阅读法"来帮助学生读懂《乡土中国》,积累阅读学术著作的经验和方法。

1. 循序渐进,关注过程指导

对于刚接触学术著作的高一学生来说,如果没有具体的方法指导,阅读时很可能手足无措。所以,这节课我注重过程指导,在阅读实践中践行"三步阅读法"。第一步,先粗后细法。

① [美]艾德勒、[美]范多伦著,郝明义、朱衣译:《如何阅读一本书》.北京:商务印书馆,2004 年,第 42 页。

根据这个策略，引导学生阅读《乡土中国》的顺序是：《重刊序言》——后记——目录——正文。先大致了解写作背景、写作目的，了解研究对象和研究方法、全书主旨和章节结构，再细读正文的14篇论文。第二步，问答促读法。学生在课前已经通读了《乡土中国》全书，勾画出了重要观点句和重要概念，在课堂上通过学习小组合作探究的方式来确定每一篇的“问题”和“应答”，以促进学生深入理解文本。第三步，单元整合法。通过问答促读法，学生对每一篇的内容已经有比较明确的认知。接下来就让学生从阐释“乡土中国”特点的角度，把梳理出来的问题分成几个小单元，并根据篇与篇的关系，概括出单元的主题。从课堂交流情况看，这节课基本落实了“三步阅读法”。

2. 启发引导，强化导读作用

相对于学生来说，老师是“资深阅读者”。为了更好地把握《乡土中国》的整体框架与知识体系，应该要凸显教师的“导读”作用。在这节课中，无论是“问答促读”中每篇论文的“问题”和“应答”、14篇论文的单元整合，还是思维导图的绘制、图书推介词的写作，老师都参与学习小组的讨论中，并在课堂上分享自己的阅读成果。要让学生成为“主动的阅读者”，老师首先得成为“主动的阅读者”。在师生、生生的对话交流中，有老师的启发引导，学生才能逐渐沉浸到文本中。

高一学生普遍缺少阅读整本学术著作的经验和方法，很多学生缺乏乡村社会生活的经验，而且书中所描绘的20世纪40年代的“乡土中国”与当今的中国“新农村”确实也存在一些差异。如何才能引导学生主动亲近陌生的费孝通先生和《乡土中国》呢？在这节课中，我尝试用活动实践和情境教学去激发学生的学习兴趣。从课堂表现来看，学生基本能梳理和把握《乡土中国》的框架和体系，但学生的阅读能力存在较大的差异，课前的预习效果也参差不齐，要想引导学生进入更深层次的主动阅读，还需要投入更多的时间和精力。

从熟人社会到公民社会:“差序格局”的现代观照

执教/宁波市第二中学　孙　立

本课课件

【专题目标】

阅读《乡土中国》的重要章节《差序格局》,准确理解“差序格局”“团体格局”等概念并加以评析,积极思考,就真实情境中的两难问题展开辩证思考。

【预习任务】

1. 在东西方比较的维度上,完成“圈子性质”“社会结构”“核心概念”等对比点的填写。
2. 自读《孟子·尽心上》“舜窃负(父)而逃”,思考舜应如何决策。
3. 思考:你更愿意在一个“差序格局”还是“团体格局”主导的社会中生活?为什么?

【教学实录】

环节一:公家与自家

师:(播放 PPT 第 1 页)前几年,小小的口罩成了最紧俏的商品,这恐怕是大家都没有预料到的。疫情宅家期间,缺口罩的同学后来是怎么获得口罩的?有多余口罩的同学第一时间支援了谁?

生:父母单位发的。

生:政府平台预约的。

生:亲戚朋友匀的,后来我们家也匀了一部分给邻居。

师:显然存在两种不同的方式——公和私。私而来的多借助于“自家”的亲戚朋友,多了也会匀给好朋友、亲戚、邻居;公而来的往往来自企业、政府。

活动一:举例阐释“自家”的特点

师:请同学们齐读《差序格局》第六、七段,结合图 1 举例阐释“自家”的特点。(播放 PPT 第 2 页)

（1）每个人都是他社会影响所推出去的圈子的中心。

（2）自家人的范围是因时因地可伸缩的，大到数不清，真是天下可成一家。

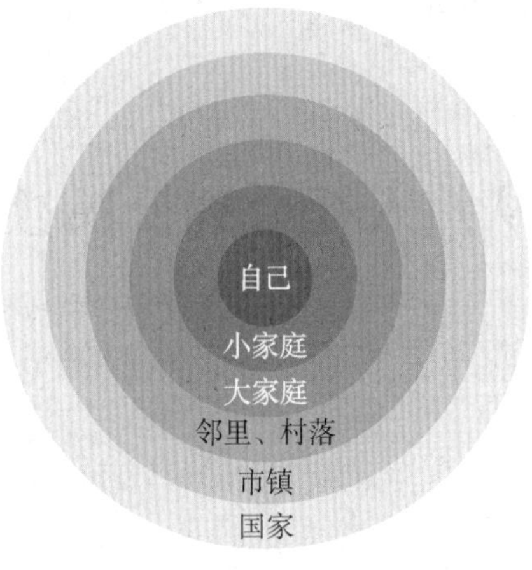

图 1

生：今天我们高一(1)班的同学参加校运会，代表一个班级，走出×中校门，大家是“×中人”。如果我们到上海读大学，我们就代表宁波人。有一天到大洋彼岸去留学，身份就是中国人。这个“家”的范围、圈子的大小是伸缩自如的。

生：但是所有的伸缩都有一个出发点，从哪儿出发的？就是图 1 当中作为圆心的自己。

生：从自己出发以后，最远可以延伸到天下，以天下为己任；近的呢，就自己一个人。

生：不同维度下，我的身份变化了，我的圈子，比如朋友圈、校友圈，也会变化。住在一个楼道里，建个微信群就形成了楼道圈、邻居圈。

师：可见，差序格局的优势是伸缩自如，大至天下，小及自身，不同圈子可以在不同时空动用；不论隐性的圈子如何伸缩变化，“自家”的中心是“己(自我)”不变。它也体现了乡土社会界限模糊的特点，有时会暴露出明显的弊端。

环节二：“差序格局”与“团体格局”

活动二：给“伦”下定义

师：费孝通先生的老师——社会学家“潘光旦先生曾说：凡是有‘仑’作公分母的意义都相同，‘共同表示的是条理，类别，秩序的一番意思’”(《差序格局》)。现在大家动动笔，给“仑”加不同的部首，写出两个字，看看有没有共性规律。结合这种规律，再给单人旁的“伦”字下一个定义。（播放 PPT 第 3 页）

生：沦——小波，水起微波。

生：轮——轮流、流转，依照次序一个接替一个。

生：论——言说，分类有序地说。

师：好比我们的议论文，总是要依据一定的条理展开。

生：抡——挑选选拔，如抡材。

师：那也是要依据一定的条理、类别、秩序。这样看来，“伦”的含义已经呼之欲出。

生:“伦”是按照一定的次序、等级,区分人与人关系的远近亲疏。

师:比较课堂概括的“伦”和费孝通先生定义的“差序格局”——“从自己推出去的和自己发生社会关系的那一群人里所发生的一轮轮波纹的差序”的社会形态,可见“伦”和“差序格局”几乎是一回事。一定程度上可以说,“伦”就是“差序格局”,“差序格局”就是“伦”。但是就全世界范围来讲,并不只有差序格局这一种,还有团体格局。

活动三:概括“团体格局”的特征

师:请同学们根据《差序格局》相关段落,概括“团体格局”的特征。(播放 PPT 第 4 页,展示图 2)

生:如 PPT 中火柴图(图 2)所示,火柴与火柴捆是有一定界限的。一根火柴从火柴捆中被抽出来,是它自己;进入另一捆火柴,就是进入了另外的团体。比如,政治团体里的政府首脑离开政治团体,就是社区的普通一员。

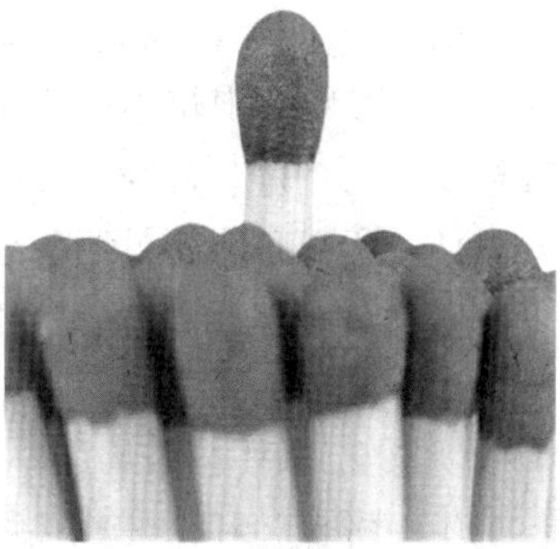

图 2

生:文本中有“团体是有一定界限的”“团体里的人……对于团体的关系是相同的”的表述。

生:延伸开去说,一根火柴作用有限,柴捆合力才能发挥更大作用,所以需要相互合作。

师:结合以上三位同学的概括,谁能提炼抽象一下?

生:团体格局是指由若干人组成的关系平等、界限分明、相互合作的团体构成的社会形态。

师:比如,德国前总理默克尔女士,离开了政府大楼,她作为一个主妇也要去超市排队买东西,这是在团体格局这一社会结构中的普遍现象。西洋社会的国家团体,存在着明显的“群己界限”(自己和他人的界限);而中国传统文化发轫于“自给自足”的农耕文明,产生于距离近、人情浓的乡土社会,在这种差序格局中,人们从自己出发,推己及人,多讲私少讲公,总体上是一个熟人社会,也称为乡土社会。

《乡土中国》成书于 1940 年代,80 年后的今天,“自给自足”的环境已经不复存在,乡土社会是否依旧是中国社会的主导?我们彼此之间是否还保留着熟人社会的特征呢?

环节三:从“熟人社会”到“公民社会”

活动四:合作讨论——是“私”还是“公”促成了好事发生?

师:请大家看《钱江晚报》2020 年 1 月的暖心报道,思考是“私”还是“公”促成了好事发生。(播放 PPT 第 5 页)

《宁波一家人武汉回来就自我隔离!微信群里发了个消息,万万想不到的是……》

邻居 1:“断粮了我们支援你!”

邻居 2:“有状况及时说,我电话不关机!”

邻居 3:“食物咋办?我们可以帮你们送到电梯门口放着。”

当事人方女士："群里不能发（需求）。一发，现在有一个阿姨给我送又是饺子又是菜的，还有肉，太不好意思了！"

生：这是差序格局，"私"的体现。"邻里"本就是差序格局中的一个圈，由小家"推己及人"，到大楼邻居，家族圈就变为邻里圈，体现了差序格局伸缩自如的灵活性。

生：我认为其中也有自身利益的考虑。如果无人伸出援手，被隔离者迫于生存无奈出门，整个楼道里的人都有可能受感染，自己也很难独善其身。

生：这是团体格局下的公民互助，是"公"的体现。权利义务清晰——为保证一方免于受感染的威胁，另一方失去了出门的权利，那受保护的这一方就有救助的义务。

师：社区，这一政府的基层派出机构，在疫情中有没有承担救助的社会责任？

生：当然有，但也不全依靠政府。互助就是公民出于理性，互相帮助，为了他人，甚至可以接受自己一定利益的损失，推而广之，这就是邻里间、同乡会等"熟人"承担起了相应的公共责任。所以不能简单地用是"私"还是"公"来界定。

师：课前我问了大家一个问题，你更愿意生活在"差序格局"还是"团体格局"主导下的社会？四分之一的同学支持差序格局，四分之三的同学支持团体格局。从刚才的发言当中，我们确实感觉到，团体格局那一派的声音更强，现在，你们对自己的观点有修正吗？

生：我仍然倾向于差序格局，是因为其中所强调的"己"，符合人利己的本性。同时，我们既可以从"己"出发，更应在利己前提下推己及人至整个国家，这也符合人类的伦理道德。

生：我仍然倾向团体格局，它界限分明，有助于我们更理性地处理私人关系，促进个人权利的实现和义务的完成，有利于维护社会的公平正义。但我现在也理解差序格局有它自身的形成原因，它不阻碍人在"达"时"兼济天下"的抱负。

环节四：差序格局的现代观照

活动五：合作讨论——若我为舜，将如何选择？

师：我们来听听儒家经典《孟子》中天子舜"乐而忘天下"的故事。（播放 PPT 第 6 页）

"桃应问曰：舜为天子，皋陶（舜的下属，相当于现在的法官）为士，瞽瞍（舜的父亲）杀人，则如之何？孟子曰：执之而已矣。然则舜不禁与？曰：夫舜恶得而禁之？夫有所受之也。然则舜如之何？曰：舜视弃天下，犹弃敝屣（xǐ）也，窃负而逃，遵海滨而处，终身欣然，乐而忘天下。"（《孟子·尽心上》）

（大意）桃应问："舜做天子，皋陶做法官，如果瞽瞍杀了人，那怎么办？"孟子答："把他抓起来就可以了。""那么，舜不阻止吗？"答道："舜凭什么去阻止呢？皋陶那样做是有所依据的。""那么，舜该怎么办呢？"答道："舜把丢掉天子之位看作如丢破拖鞋一般。他可以偷偷地背着父亲而逃走，傍着海边住下来，一辈子逍遥快乐，忘记了他曾经君临天下。"

师：以上的故事被记载于"四书"之一《孟子》中，大有深意。儒家究竟怎么评价兼具"天子"和"人子"两种身份的舜呢？

生:为“人子”有人子之理。中国人骨子里有“小家为先”的思想。

生:做“天子”有天子之道,应该秉公执法,自己首先要做道德上的君子。

生:但是将自己的父亲抓起来,不就是不孝吗?“大公无私”“舍小家为大家”,难道不是一种道德绑架?

生:问题在于,舜是一个负有政治责任的君王,他得首先完成私人的道德义务。自己是差序格局中道德体系的出发点,自己的德行修养,是一切其他道德的起点。没有“修身”,就没有“齐家、治国、平天下”。

师:当“天子”和“人子”两种身份无法兼顾时,怎样做才算得上有美德呢?

生:“舜视弃天下,犹弃敝屣也,窃负而逃,遵海滨而处,终身欣然,乐而忘天下。”在这个假设的故事中,孟子想让舜“窃负而逃”“乐而忘天下”,不失美德,这也体现了道德准绳作用于具体人物身上时的伸缩自如。

师:有道理。正因如此,西方人很难理解中国人的“关系”,甚至将“关系(guanxi)”的词条,收入了鼎鼎大名的《牛津大辞典》中。差序格局这一社会结构是以“己”为中心构建起来的,换言之,一旦身处差序格局之中,圈子内的社会道德舆论压力,就要求自己必须是一个品行端正、值得信赖的人,引导人修身向善。从这个意义上说,差序格局不是传统文化的糟粕,不应该是时代进步的障碍。

费孝通先生在《重刊序言》中明确了本文的社会学讲稿属性,也指出“(乡土中国)是包含在具体的中国基层传统社会里的一种特具的体系……它并不排斥其他体系同样影响着中国的社会”。两种社会两种格局产生于自己的文化土壤,不能简单以高下论之。费孝通先生行文 80 年以来,两者有相互融合的趋势,且各有各的好处和弊端。如何“取其精华,去其糟粕”是你作为一个中国青年应有的思考。

【教学反思】

统编高中语文必修上册第五单元为费孝通先生的《乡土中国》整本书阅读与研讨学习单元。《乡土中国》是一部学术著作,其阅读方法与高中生以往熟悉的文学作品阅读有所不同。就整本统编高中语文教材而言,这个单元的教学就是学生阅读学术作品,梳理方法与规律的重要契机,也可能会是学生阅读习惯、方法乃至思维的一个重要转折点。

对于高中生来说,正如负重登山需要登山鞋、登山杖一样,如何阅读一本学术著作也是要有专门的工具和方法的。熟悉著作中的原创性核心概念如“差序格局”“礼治秩序”等就是方法之一。

以下三个要求,应当是检验学生是否真正读懂《乡土中国》的三把尺子。

第一,读懂文意。学生应能识记、理解《乡土中国》中的核心概念,并能在书本内外的语境之中准确应用。比如活动一至活动三,对于“自家”“差序格局”“团体格局”等概念的特征概括,均体现了这一教学目标。

第二,读出方法。学术著作在界定概念、逻辑推导等方面有一系列要求,《乡土中国》在语言表达、论证手法等方面又有自身鲜明特点。比如活动二中,寻找“仑”作“公分母汉字”的规律给“伦”下定义,将“伦”和“差序格局”的定义进行共性抽象,就是界定学术概念的常见做法。再比如,预习作业中完成“圈子性质”“社会结构”“核心概念”等对比点的填写,就包含了在比较中确定概念内涵的学习方法引导。

第三，读出想法。学术著作有着天然的思辨属性，《乡土中国》又特别擅长联系比较乡土社会与其他社会的异同。分析比较中产生的碰撞交流、时代差异下的现实观察，都将激发同学们的探究潜能，甚至产生小小的学术研究成果。比如：活动四用《钱江晚报》的暖心报道，引导学生从现实社会真实情境中品悟两难的普遍存在；活动五古今对照，借既是“天子”又是“人子”的舜的故事，探讨重“私”是文化糟粕还是理想模式。

在课堂的讨论生成中，“从‘熟人社会’走向‘公民社会’”的意义逐步凸显，学生由衷地表达对“差序格局”“团体格局”各自的优劣评判，思考当下更为理想的社会结构是什么等真实的学术性话题，逐渐走近了学术著作的阅读。

综合实践活动微专题

如是我读:《乡土中国》阅读交流会

执教/浙江省象山中学　黄黎莲

本课课件

【专题目标】

本专题以读书心得交流会的形式来引导学生分享在阅读《乡土中国》中的点滴收获,基本要求是能读通、读懂,理解核心概念;发展要求是能就一点深入思考,联读其他文本及联系现实进行批判性阅读。

【预习任务】

1. 完成《乡土中国》整本书阅读,并撰写读书心得。

2. 开展“《乡土中国》阅读之星”评选活动推荐工作,由每个学习小组推荐一位选手参加最终交流。

3. 师生讨论评价量表,商议活动流程,选好主持人、四位评委代表。

4. 选手根据评价量表再次修改自己的读书心得并做好课件。

【教学实录】

师:同学们好。今年暑假必定是难忘的,经历中考的厮杀,大家进入了心仪的重点高中。更难忘的是,暑假就接到阅读任务,要阅读费孝通先生的《乡土中国》。(有学生笑)这本书好读吗?(全体:“不好读”)是的,的确不好读,这是一本学术性著作。所以,开学这一个月来,我们尝试以做摘抄、画思维导图、写体会等形式,从粗读全书到慢慢细读文本。随着时间推移,我们也渐渐地发现了这本“难读”的书中经典的、有趣的、发人深思的论说。今天这堂课是大家交流阅读体会的活动课,现在将舞台留给你们,请尽情展示、畅所欲言吧!(播放PPT 第 1 页)

(主持人上场)

生(主持人):又是一年金秋时。在田野里,金色的秋阳烘熟了弯弯的稻穗,散发出熨帖的乡土气息;在校园里,我们围坐在这儿共读《乡土中国》,品味着经典的芬芳。前阵子反复涵泳,到了检阅的时候了。今天,我们由同学推荐和个人自荐选定了超有实力的八位选手;

这边，是同学们票选出来的四位公平公正的评委；当然还有最具眼光的你们，大众评审团。（播放 PPT 第 2 页）今天，我们将选出“《乡土中国》阅读之星”。现在，我们来看一下评价细则。（选手、评委、主持人等选拔以及评分细则的商议制订都在课前完成。主持人播放 PPT 第 3 页，展示表 1）

表 1 “《乡土中国》阅读之星”评价量化表

评分（100 分）	关键词	层级三	层级二	层级一
内容（55 分）	观点（15 分）	观点富有启发	观点一般	观点不明确
	材料、论证（30 分）	材料翔实 条理清晰	材料较翔实 较有条理	空洞无物 无条理
	创新（10 分）	有创新，有亮点	较有新意	无新意
表达（25 分）	声音、语速、体态（10 分）	声音清晰悦耳 语速适中 体态自然大方	音量适中 语速稍快（慢） 体态一般	音量过轻（重） 语速太快 体态随意
	语言（15）分	语言准确、具有思辨性、生动	语言准确简明	语句通顺
多媒体（10 分）	课件制作（10 分）	制作精美	制作一般	制作粗糙
其他（10 分）	脱稿、时间（10 分）	完全脱稿 时间掌控好	脱稿但有磕巴 时间掌控不足	死板念稿 时间控制不好

注：选手最终得分＝评委打分（满分为 100 分，取平均值）＋观众票数（每票为 1 分）

生（主持人）：请大家注意，选手得分是评委组打分加大众评审投票。评委满分为 100 分，大众评审投票，每票是 1 分。好，《乡土中国》读书交流会现在开始！有请前两位选手。

生（选手一）：大家好，我交流的话题是《如何跨越心理障碍，走进乡土中国》。我想问大家一个问题——在得知《乡土中国》是必读书目时，你们心中是否有过不知所措，甚至有点儿怀疑？请举手示意一下。（很多同学举手）看来不只我一个人。

一开始我翻哪儿读哪儿，翻开的第一章就是关键概念特别多的《差序格局》。不过竟没有想象中的那般晦涩，作者用“柴捆”和“将石头扔进水面产生一圈圈的波纹”分别比喻西方的团体格局和中国乡土社会中的差序格局。原本模糊的概念通过这些新鲜巧妙的例子变得实体化、生活化，让人下意识就想赞叹和认同一句，“哈，真是这样”。（有同学点头）诸如此类的例子还有很多，而不论是如何生僻的概念，作者往往能通过实例、经验，或是运用比喻为读者扫清障碍，因此，概念上的恐惧自然是不复存在的。

阅读期间，我也总能听见些抱怨，无非是什么时代在发展啊，现在的我们读这老书有必要吗？反正读了也没有共鸣。但卸下心防，细细品读第一篇《乡土本色》时，你真的无法感同身受吗？

"我初次出国时，我的奶妈偷偷地把一包用红纸裹着的东西，塞在我箱子底下……这是一包灶上的泥土"，读到这段话时，我一下子想到自己类似的经历——小时候经常参加各种夏令营，我外婆就总爱塞个小纸包在我的背包里，每次都是偷偷地，她不明说，我也不挑破，有谁愿对一份关怀、一份爱意说"不"呢。"宁恋本乡一捻土，莫爱他乡万两金"，这经久不变的乡土情怀，带着些笨拙的、温暖的土气，也让现在的我始终感恩与铭记。像这样，在学术性研究著作的背后，《乡土中国》带着它那浓浓的家国情怀和乡土情结，总能以意想不到的方式吸引着我往下阅读。

借用书中《从欲望到需要》这篇文章的观点，不仅仅是乡土社会的行事方式从基于欲望到基于需要转变，对于那些心存恐惧，迟迟不愿翻开《乡土中国》，或只是在勉强自己阅读、心中顾虑未消的同学来说，单靠欲望行事也是受限的，是靠不住的。阅读欲望逐渐进化为需要，需要是主动和自觉的，是对阅读行为本身的理解和认同。要跳出阅读的舒适圈，去突破当前认知框架中的书籍，而不是一味追求欲望与愉悦。

当然了，很多文字、阅读体验是需要伴随我们人生体悟的丰富而不断锤炼深化的。就像很多人说，"少时不懂鲁迅，读懂已是中年"。但这不是阻止少年读鲁迅的理由。哪怕是一词一句让你无法忘怀，或是在未来人生的某个瞬间给你力量，让你释怀，令你流泪，它就必然是你一生的宝藏。

跨过心里的那道小坎，跳出舒适区，让我们一起走进《乡土中国》！（热烈的掌声）

生（选手二）：大家好，今天我交流的话题是《读〈乡土〉，读懂生活》。起初，我与第一位选手感觉完全相同。但读到《乡土本色》的这一处，我被深深打动了。

只有直接有赖于泥土的生活才会像植物一般地在一个地方生下根，这些生了根在一个小地方的人，才能在悠长的时间中，从容地去摸熟每个人的生活，像母亲对于她的儿女一般。（《乡土中国·乡土本色》）

"生了根在一个小地方""在悠长的时间里""从容地去摸熟每个人的生活"，这番描述很接近我们小县城里的生活，当然，最贴近的是村里的祖辈们的生活，熟悉、悠长、充满温情。一到村子里去，阿公阿婆就要唤着"谁家的孙子回来了"，陪着奶奶择菜的时候，总要听到各种家长里短，倒不是揭人隐私，而是生活得久了，熟悉得就像自己家小孩一样，即使早已走出乡土，落户城市，但在祖辈们心里，他们永远像树梢的叶子，根依然在这儿。

在乡村的奶奶家，有时奶奶关着门在炒菜，外面响起一阵敲门声。问"谁啊"，答"我啊"，她"吱溜"就把门打开了。这实在是个司空见惯的现象，而费先生对此做了阐释，"在'面对面的社群'里甚至可以不必见面而知道对方是谁……你不妨试一试，如果有人在你门上敲着要进来，你问：'谁呀！'门外的人十之八九回答你一个大声的'我'。这是说，你得用声气辨人。在面对面的社群里一起生活的人是不必通名报姓的"。费先生以他深入浅出的语言，为我们揭开了乡土社会肌理下的秘密，读来非常有意思，也很受启发。

这书实在巧妙，他教会我如何观察生活里的现象，如何用社会学的理论解释现象，让我深深感受到其中流淌着的乡土情结和浓浓的传统文化。

生（主持人）：谢谢两位精彩的发言，非常接地气。从他们的分享中，我们有这样的共同感受，《乡土中国》虽是学术著作，高一的我们还是可以读的。但它毕竟真的是学术著作，我们也不能仅仅停留在具体的例子上，那些抽象的概念和观点又该如何读懂？欢迎下面两位选手。

生（选手三）：“00后”的我们受到的教育是，“我国要坚持依法治国和以德治国相结合”。所以书中冒出了一个“礼治”，我觉得很难懂。礼治和法治有什么区别呢？带着这个疑问我进入书本。

“礼治秩序”，顾名思义，是根据礼制来进行治理的社会秩序。是乡土社会的一个特色。礼？不是礼节、礼貌吗？“礼是社会公认合式的行为规范。”“礼”这个字常给人一种彬彬有礼、温文尔雅的感觉。而文中有这么一句，“礼并不带有‘文明’，或是‘慈善’，或是‘见了人点个头’、不穷凶极恶的意思。礼也可以杀人，可以很‘野蛮’”。我听过礼教会吃人，听过贞节牌坊后那些女人的哭泣。但孔子说“富而好礼”，推崇周礼，显然礼是两面的，礼也有温和的一面。

那么，“礼”与“法”有什么区别呢？“法律也是一种行为规范。礼和法不相同的地方是维持规范的力量。”法律靠国家权力推行，礼靠传统维持。然则，为什么乡土社会依靠“礼”？而现代社会更侧重“法”呢？乡土社会是不流行的、变迁缓慢的，因此，在生产、生活上，个人不但可以信任自己的经验，而且同样可以信任祖辈父辈的传统经验。渐渐地，人们对于传统就有了敬畏之心，由不得你不信，差序格局中的伦常你不得不遵从。而现代社会变迁很快，传统经验难以满足日新月异的变化，传统的价值被贬低，新萌生的事物一次次刷新我们的认知，在急切的追赶求新中，传统沦落，谁也不能依着老法子应付新问题了，这样出现了法律。那么，当代中国需要礼治吗？我想请大家来回答。

生（观众）：我认为不需要。因为现代社会是一个高速发展的社会，而礼来自传统，可能不太适应现代社会的发展。而且礼从某种意义上来说是刻板的，如鲁迅在《二十四孝图》中，提到“老莱娱亲”，这里的礼是比较虚伪的。

生（选手三）：同学有独特的见解，但我认为比较片面。（生笑）礼是两面性的，既是凶狠的又是温和的。当代社会我们需要法律的束缚，但也需要礼的教化，在内心形成一种敬畏之心、一种更有力的道德自觉，是一种更理想的境界吧！

生（选手四）：同学们好，今天我想与大家分享《联读〈差序格局〉〈系维着私人的道德〉的两种方法》。第一种是思维导图。我尝试运用思维导图将第四章的核心概念“差序格局”与第五章的比较复杂的观念却是儒家的核心思想的“仁”做一个联系。

同学们可以根据我的思维导图（图1），翻动你手中的书本。就我理解的，第四章侧重从乡土社会的社会结构来引出“差序格局”，而第五章指出差序格局在道德层面的体现。《差序格局》中，作者以波纹形象地比拟社会结构——以“己”为中心，像石子一般投入水中，产生水的波纹后，一圈圈推出去，如《礼记》中所言，“修身、齐家、治国、平天下”。这是一种自己和别人联系的社会关系，亲疏有别。而且这种群己关系具有相对性、可伸缩的特点，伸缩能力是由中心势力的厚薄来决定的，中心势力薄，如苏秦潦倒之时归来，妻子都不愿意理他；中心势力厚的，像贾府大观园容纳了一系列沾亲带故的人，而当贾府势力一倒，大观园的圈子就散了。

由此，在道德层面上，道德的出发点是克己或者说是修身，并推己及人，一直上升到“仁爱”的境界，而“仁爱”是儒家思想的核心。在追求“仁爱”的过程中，也有波纹形象。靠近“克己”的先是有关亲缘关系的“入则孝，出则悌”——孝顺父母、敬爱兄长的德行；接着是受地缘

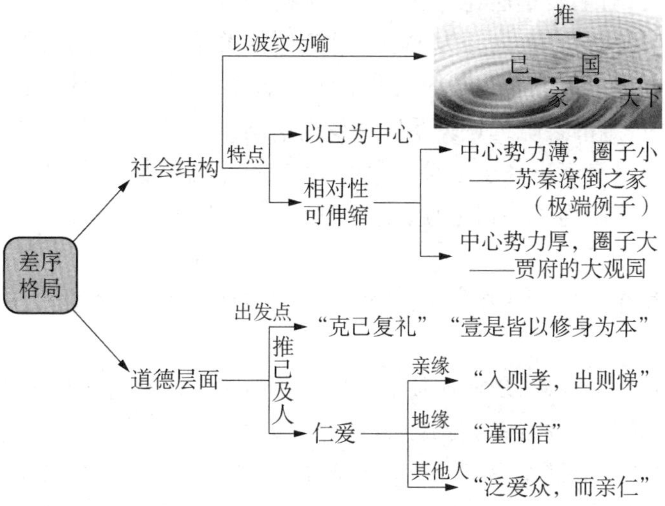

图 1

关系而产生的“谨而信”，做事一丝不苟、说话言而有信的品德；最外的圈才是“泛爱众，而亲仁”的博爱民众、亲近仁人的仁爱。

第二种方法是表格对比……抽象的概念和这两种方法更配，大家都动动手指用起来吧。

生（主持人）：谢谢两位为我们提供了切实有效的方法。但是，在座的你们真的听懂了吗？有没有疑问？我们可以让他们现场解惑。

生（观众）：听完差序格局和团体格局的区别后，还是有点蒙。想问，我们学校生活是差序格局还是团体格局？

生（选手四）：我认为，既有差序格局又有团体格局。像学习小组、班级这类团体，每个人各有分工，在组（班）内是平等的，属于团体格局。而在日常相处中，每个人又像投入水中的石子，以“我”为核心，我们学习小组与其他学习小组之间就有差异，就属于差序格局。

生（主持人）：谢谢两位精彩的表现！其实有同学在读到“差序格局”的时候确实产生了疑问，有的同学则通过《乡土中国》认识了另一部经典《论语》，有请这两位选手。

生（选手五）：我想谈谈我对《差序格局》这章的一些疑惑。“差序格局”是费孝通先生最富有创造性的一个概念。这两个概念，我觉得读懂了。但是，我随之产生了一个疑问，西方人就不以己为中心了吗？他们难道不存在“私”的一面吗？

我将这个疑问向老师提了出来，老师说，你这个疑问很有价值，这边有两篇文章推荐你读一读。老师给的是苏力先生的《较真“差序格局”》和陈心想先生的《差序格局：双线运作》。我读苏先生的这篇文章时，心里窃喜，他的想法跟我不谋而合。

其次，差序化地应对和想象世界，是人的本能和必然。……“对常人来说，爱如果不是爱一些人胜过爱其他人的话，就没有任何意义。”……即使一视同仁，也从来必须是在一个圈子或团体或社区或国家中，不可能漫无边际。……如果理解了差序化的普遍、必要和命中注定，就可以断定，差序一定不是仅出现在乡土中国人生活中的现象。（苏力《较真“差序格局”》）

可为何差序格局会得到国际社会学界的公认？讲人情、走关系，这确确实实是发生在我身边的事，即使离先生的调查过去了七十多年，这一点仍然存在。所以我也仔细阅读了陈心想先生的《走出乡土：对话费孝通〈乡土中国〉》，他提到“这个概念属于‘理想类型’，为了分析的方便……西方社会同样也有自己为中心的远近厚薄关系网。只不过因为走出了乡土之后的社会团体，其关系更多地建立在契约之上。而且基督教的……主流文化背景，也弱化了这种中国式‘伦理圈’规定的亲疏远近关系”。《乡土中国》成文于20世纪40年代后期，40年代的中国，大部分农民没有走出乡土社会，而西方城市化、工业化较早，转型较早，因而差序格局在中国更为普遍，所以为了探讨方便，没有细分差异，是可以理解的。这一番质疑、阅读、思考的过程让我受益匪浅。

生（选手六）：我在读《乡土中国》时，注意到书中多处引用了《论语》，查阅了一些资料，与大家分享。

熟悉是从时间里、多方面、经常的接触中所发生的亲密的感觉。这感觉是无数次的小摩擦里陶炼出来的结果。这过程是《论语》第一句里的“习”字。“学”是和陌生事物的最初接触，“习”是陶炼，“不亦悦乎”是描写熟悉之后的亲密感觉。……规矩不是法律，规矩是“习”出来的礼俗。从俗即是从心。换一句话说，社会和个人在这里通了家。（《乡土中国·乡土本色》）

这是来自《论语》中的两处记载，一句是“学而时习之，不亦说乎”，一句是“从心所欲不逾矩”。费孝通先生认为，乡土社会就是在地方性的限制下所造成的没有陌生人的、“熟悉”的社会，本段以此结论为前提，分析了造成“熟悉”的原因以及个人在这种社会中与社会规范的关系。这段引用给这两句建立了因果联系。我本来将第一句理解为学习让人有所得而快乐，或者“高大上”点认为学习这件事本身就是快乐的、有意义的，第二句是在夸孔子到了七十岁了，德行学问愈发炉火纯青而心灵自由。而费先生给了我另一种视角，这份快乐是因为在熟悉的社会中，我们会得到从心所欲而不逾规矩的自由。

他将习的对象定为“矩”，“矩”是习出来的礼俗，先学社会礼俗，又不断地习，不断熟悉，内化于心，内心指引下的行动都能符合礼俗的要求，就可以“从心所欲不逾矩”，个体自由与社会规范同一，“不亦说乎”！简直打通了“任督二脉”！也更加让我明白了《乡土本色》中“熟悉”这一特征。

家里大闹起来，被人拉到乡公所来评理。那位乡绅，先照例认为这是件全村的丑事。接着动用了整个伦理原则，……这样，大家认了罚回家。……子曰：“听讼，吾犹人也，必也使无讼乎。”——当时体会到了孔子说这话时的神气了。（《乡土中国·无讼》）

《论语》是一本语录体著作，微言大义，缺少语境，给我们的理解带来了困难。现在费先生以他的调查给《论语》配上了情境，让我们明白孔子所说的“讼”并不是法治的过程，而是依据礼俗的调解、教育。调解和教育只是分辨是非，不是厘定权利。案子里三个人都认了罚。在一个相对封闭、等级分明的乡村里，人人都守规矩，人人都能听从礼俗，那么“无讼”就可能实现了。费先生在本书中对此做了很多引用和阐释，说明乡土中国与儒家文化有密切的联系。“半部《论语》治天下”，为了更好地读懂《乡土中国》也好，认真读读《论语》真的很有必要！

生（主持人）：非常佩服两位的探究精神。哎，都是女生哎，还真是男女有别，总算男生要出场了。男生们要带来什么精彩的发言？有请两位男生带来的《〈男女之别〉之现代变奏》《从〈重刊序言〉〈后记〉看费老品质》。

生（选手七）：在现代社会的变迁中，《男女有别》中有些风气、现象仍然存在，而有一部分已经难以找寻痕迹。

因为乡土社会所求的是稳定。它是阿波罗式的。……那就是男女有别的原则。“男女有别”是认定男女间不必求同，在生活上加以隔离。这隔离非但是有形的，所谓男女授受不亲，而且还是在心理上的，男女只在行为上按着一定的规则经营分工合作的经济和生育的事业，他们不向对方希望心理上的契洽。(《乡土中国·男女有别》)

费孝通在本文中引入阿波罗式感情与浮士德式感情来阐释乡土社会与现代社会中“男女有别”的原因。乡土社会中，“男女有别”不仅是生理上的，更是在心理上的，“他们不向对方希望心理上的契合”。而这一点，显然在现代社会中发生改变。除了生理上的无法跨越，在心理上，现代男女更追求心灵的契合，甚至把对方称为“灵魂伴侣”。这一点上，我觉得是社会的进步。

而费孝通提到“男女有别的界限，使中国传统的感情定向偏于同性方面去发展”，这点在现代社会中依然在延续。在生活中，“闺蜜”和“兄弟”是最重要的情感载体。

最后，联系《家族》这一章，夫妻关系在现代家庭中成为最重要的一层关系，但不可否认，一方面，女性频频抱怨“丧偶式的婚姻”，女性天经地义地要担负起生养、抚育孩子，照顾家庭的主要责任这一观念仍然根深蒂固，而且，重男轻女的陈旧观念真的完全去除了吗？这些方面都值得商榷。另一方面，人们可能会举出消费投资与市场价值领域这样的“鄙视链”——少女＞儿童＞少妇＞老人＞狗＞男人。所以，“男女有别”这一组关系怎样走向和谐有序，还得由我们这一代继续探索实践。谢谢大家！

生(选手八)：大家好，我想分享的是《从〈重刊序言〉〈后记〉看费老品质》。费老是一位勇于创新、谦和稳重的研究者。

我当时在大学里讲课，不喜欢用现存的课本，而企图利用和青年学生们的接触机会，探索一些我自己觉得有意义的课题。那时年轻，有点初生之犊的闯劲，无所顾忌地想打开一些还没有人闯过的知识领域。(《乡土中国·重刊序言》)

我就在想，如果我是他的学生那该多好，这样的老师肯定是非常受人欢迎的，充满了创造力、拼劲闯劲，有着自己独立的思考。联想到冯友兰先生为西南联大纪念碑写的碑文，“联合大学以其兼容并包之精神，转移社会一时之风气，内树学术自由之规模，外来‘民主堡垒’之称号，违千夫之诺诺，作一士之谔谔”。真名师大师也！他是一位有创新精神的思想者。

《重刊序言》中“尝试回答我自己提出的‘作为中国基层社会的乡土社会究竟是个什么样的社会’，这一点把我震撼住了。我生活的圈子就只有学校、家，生活圈子小，社会经验少，我对所有看到的事物都习以为常，很少会去问为什么，怎么会这样，更不会从宏观上去看社会究竟是什么样的。他这份气度和思考的深度深深打动了我。联系当时背景，20世纪三四十年代，政局紧张，费老为什么会在那时想到这样的课题？查了资料后，得知费老是在思考战后“家园重建”的问题，更让我感受到了他的家国情怀。新中国成立后，他也做出了不朽的贡献。他是一位心怀家国的济世者。

《后记》的字里行间流露出他对前妻不幸遇难的悲悯，把这件事原原本本写出来，也是对她学术贡献的尊重，一点都不贪私。“无情未必真豪杰，怜子如何不丈夫。”这本书很学术，但我也能感受到费老在字里行间的温度，非常打动我。他是一位有至情至性的真丈夫。

生(主持人)：果然是须眉不让巾帼。男生依然是学富五车、才华横溢、风流倜傥……(全班笑）现在，大家心中应该有了阅读之星的人选？谁会当选呢？请评委打分，大众评审投票，请收票人收票。评委正在紧张地结分，我来现场采访一下。

生（主持人）：同学，你心中是不是早就锁定了人选？

生（观众）：是的，我认为是选手四。从形式上来看，她完全脱稿，语气从容，给观众一种真正在分享一个报告的感觉。从内容上来说，她抓住“礼”的两面性，解决了我们在读《乡土中国》时容易产生的错误认识。并且她提出“当代中国社会需要礼吗”，来促进我们对这个问题的思考，让我印象深刻。

生（主持人）：谢谢你！现在到了激动人心的时刻！有请评委组组长上台公布结果。（评委组组长宣布获奖名单，并简要点评）恭喜！有请今天的阅读之星！有请老师为她颁奖！（播放 PPT 第 4 页）

（老师回到台前、颁奖）

生（主持人）：江苏吴江市松陵公园里有块大石头，上面刻着一行字“逝者如斯而未尝往也”。生命劳动和乡土结合在一起就不怕时间的冲洗了。让我们以乡土为名，探究沉淀于细微角落的未知，读懂千年中华的独特文化，读懂今日中国！报告会到此结束！（播放 PPT 第 5 页）

师：子贡以墙作譬喻，曰“夫子之墙数仞，不得其门而入，不见宗庙之美，百官之富”。从今天同学们的精彩表现可以看出，大家已经成为《乡土中国》的“入门者”。《乡土中国》这部学术著作我们不但可读，且能初步读懂，但离登堂入室还有一定的距离，有些理解亦失之偏颇，这有待于我们进一步阅读、交流。再次以热烈的掌声送给所有表现精彩的你们，希望大家继续深入阅读《乡土中国》，读懂过去的中国，理解当下的中国，参与、设计未来的中国！谢谢，下课！

【教学反思】

温儒敏先生指出，“教材中‘整本书阅读’的要求主要是充实知识，拓展眼界，提升素养。如果还能探索一下阅读这类书的门径，甚至引发对某些问题的思考探究，那就更好”。我们在具体学习中，可分成粗读全书（序言、后记、目录、泛读全文）、把握逻辑（辨析概念、理清思路、概括主旨）、辩驳分析三步走（程载国老师的《整本书“学教评”》），其中可穿插做摘抄笔记、绘思维导图、制作表格、写读书心得、交流展示等实践活动。

而《乡土中国》对于高一学生来说，有一定的难度和时间隔膜。这堂课设计为活动展示课，也是出于对学生阅读感受的尊重与呵护。整本书的阅读与研讨可以学生的自主阅读、撰写笔记、交流讨论为主，教师从中发现学生阅读的成功经验，为他们积极创设平台，及时组织交流与分享，以便后期教学能够有的放矢、突出重点、解决难点。

本次教学有收获，也留下思考，具体如下：

1. 促进学习方式的转变。教师在整堂课中只出现了 5 分钟，是一个大胆突破。整堂课，学生主持、选手展示、观众互动、评委评分等环节真正体现了以生为主体，增强了学生学语文、用语文的自觉意识。在此过程中，学生积极运用信息技术以及其他资源，体现了实践性。

2. 幕后依然要有精心的课堂设计。交流会的形式是比较自由的，但也可能形式大于内容，特别要让没发言的同学依然学有所得，所以活动课依然是阅读课，要有明确的学习目标。这八位选手的展示努力绘制了一条阅读《乡土中国》的可行路径：跨越障碍，入乎其内（选手一、二）——厘清概念，绘制导图（选手三、四）——质疑思辨，拓展阅读（选手五、六）——联系当下，出乎其外（选手七、八）。随着教学的深入，学生阅读的感受也应随之深化，这堂课里的一些思考也值得商榷。

3. 对话交流，评价多元。这堂课除了主持人、选手的精彩表现外，有很多细节也让其他同学积极主动地融入课堂。如选手展示时与观众互动提问、现场观众评价、评委代表点评，让对话多点展开，评价主体呈多元化。但是，观众在喧闹中收获几何，如何让这部分同学经过这堂课也产生自己的成果，这一点有待进一步思考、改进。

第六单元

学习之道：获得教养的途径

执教/浙江省宁波中学　洪　斌

本课课件

【专题目标】

联读《劝学》《师说》两篇古文，理解文中关于学习的主要观点，分析荀子和韩愈提出自己思想主张的社会及文化语境，探讨两者学习观的源流关系，深入领会古人的学习观。

【预习任务】

细读两篇古文，完成课前任务单上的预习任务。

1. 借助注释阅读《劝学》《师说》，读懂文意。
2. 借助单元学习提示，结合文本内容，把握两篇文章关于学习的主要观点。
3. 分析文章的论证结构与方法，完成全文结构思维导图的绘制。
4. 查阅资料，结合历史学科相关内容的学习，完成两位作者的履历表。
5. 联系作者的思想主张和写作背景来理解作者的观点，并比较两者学习观的异同。

【教学实录】

师：（播放 PPT 第 1、2 页）《中华世纪坛序》有云，“文明圣火，千古未绝者，唯我无双”。身为中华儿女，我们有理由骄傲——历经千百年时间的洗礼，人类四大古文明中的古巴比伦、古埃及、古印度文明早已湮灭，唯独我们中华文明绵延至今。缘何？我想原因有很多。其中一个很重要的原因，便是我们中华民族“好学”的精神。中华儿女通过学习将文化代代相传。与之相伴的便是我们几千年来的“好学”文化。老师请同学们想想，我们从小接触过哪些关于学习的古诗文？

生：颜真卿《劝学》，“黑发不知勤学早，白首方悔读书迟”。

生：“书中自有黄金屋，书中自有颜如玉”，是宋真宗的《劝学》诗。

生：王贞白的《白鹿洞二首》，有“读书不觉已春深，一寸光阴一寸金”。

生：“昨日邻家乞新火，晓窗分与读书灯”，来自王禹偁的《清明》。

师：同学们的积累让老师惊叹。大家举出的例子大多都是古诗。这些古诗主要强调刻苦学习的重要性。那么谁来辅助学习者呢？学习者又需要检验、反省什么呢？本节课我们联读《劝学》和《师说》两篇古文，进一步探究古人的“学习之道”。

任务一：深入文本，析学习观的内容

师：（播放 PPT 第 3 页）两篇古文虽都是谈论学习，然各有侧重，论述的结构和方式也不尽相同。我们先将目光投向荀子的《劝学》，看看荀子是如何“劝学”的。读一篇论说性的文章，我们第一步就要明确本文的中心论点。老师请同学们思考，本文的中心论点是什么？

生：全文的第一句，“君子曰：学不可以已”。就是说，学习很重要，学习是不可以停止的。

师：《劝学》一文开宗明义，第一句就提出观点，即学习非常重要，不可停止。那么荀子是如何进一步对此展开论述的呢？我们请几位同学，根据课前画好的思维导图，为我们梳理一下。

（几位学生展示思维导图，根据思维导图回答问题）

生：《劝学》是从“学习的意义”“学习的作用”“方法与态度”这三个层次铺排展开。

师：《劝学》为并列结构，用三个分论点共同阐释中心论点“学不可以已”，全文结构整饬。不仅如此，《劝学》的每一个分论点内部也有清晰的层次关系。我们以第二段为例，在这个分论点中，荀子提出学习具有哪些意义？

生：荀子以“青出于蓝”“冰寒于水”，说明事物经过一定的变化过程，能够有所发展、有所提高。这告诉我们，学习能够提高自己。

生：以“鞣木为轮”“木受绳则直”“金就砺则利”说明事物经过加工改造，可以改变原来的状况。可见人只要坚持学习，是可以改变自己的。

生：荀子认为，学习对完善人的品性起着决定作用，人要超越自我成为“知明而行无过”的君子，就要“博学而日参省乎己”。

师：同学们归纳得非常准确，“提高自己”“改变自己”“完善自己”正是荀子第一个分论点“学习的意义”所包含的三个内容。由此可见，荀子的学习观是人的知识、道德、才能都不是先天生成的，而是后天不断通过学习、改造获得的。顺着我们第二段整理的思路，我们看看，第三段中又呈现了荀子怎样的学习观呢？

生：荀子先说明“终日思”与“须臾学”的关系，强调空想不如学习。他以生活中的实例证明，登高、顺风、假舆马、假舟楫，也就是主张善于利用外界条件，可以在不改变体质的情况下取得好的效果，由此得出结论，“君子生非异也，善假于物也”。

师：是的，在荀子看来，君子并非天性超过常人。而人之所以能成为君子，是善于利用外物，也就是通过学习来弥补自己的不足，这正是学习的作用。至此，荀子已经完成了“学习的意义”和“学习的作用”两层论述，最后他还要向我们展示“应该怎么去学习”，也就是学习的“方法与态度”。我们找一找，第四段中有哪些出现频次非常高的字词？

生：“积”。

生：“不舍”。

生：“用心”。

师：非常准确。“积”强调要逐步积累，“不舍”强调坚持不懈，“用心”不能急躁而要专一，点出了学习更要专心致志。至此，我们梳理完了全文的结构和脉络。（播放 PPT 第 4 页，展示图 1）

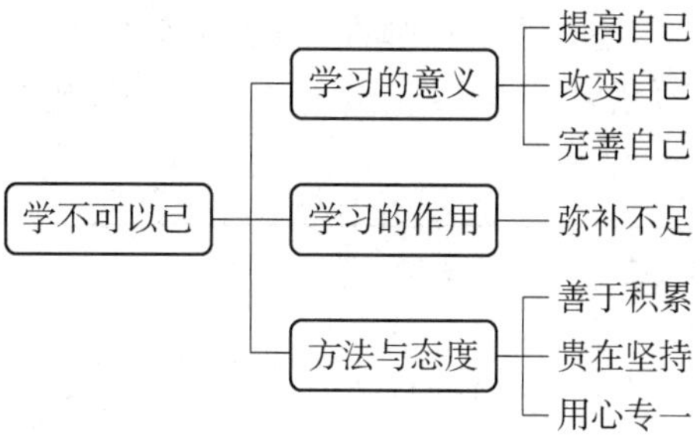

图 1

师：和《劝学》相比，韩愈的《师说》又有什么不同的侧重点？他的主论点是什么？

生：荀子说“学习是重要的”，而韩愈认为“从师学习是重要的”。

师：完全正确。那么韩愈是如何论述这一观点的呢？我们请一位同学来展示一下他整理的思维导图。

生：我认为韩愈是从“为何从师”“师道之不传久”“圣人无常师”“作《师说》以贻之”这四个层次展开论述的。

师：我们顺着这位同学的思路来看看——他找到的“为何从师”，其实就是韩愈提出第一个分论点，也就是论述“从师的必要性”。韩愈先以“古之学者”为榜样来宣扬师道，接着论述“师”的作用，即“传道受业解惑”。老师请同学们思考一下，“师道之不传久”和“圣人无常师”两个层次之间有什么关联？

生：“嗟乎！师道之不传也久矣！欲人之无惑也难矣！”是针对现实问题的，而下文用历史去对比现实，借孔子的实践，体现“圣人无常师”的正确性。表明从师而学是很有必要的。

师：回答得很好，“师道之不传久”和“圣人无常师”两者组成了“先破后立”的关系。韩愈先批判了当时耻于从师的不良风气，后以圣人孔子的言论和实践为例，正面论述“圣人无常师”。至于“作《师说》以贻之”，则是文章表面上的写作目的，即缘由。总结一下，《师说》这篇文章是从作用、现状、期望、缘由等角度阐释中心论点，四者环环相扣，呈现出“递进式”的结构。（播放 PPT 第 5 页，展示图 2）

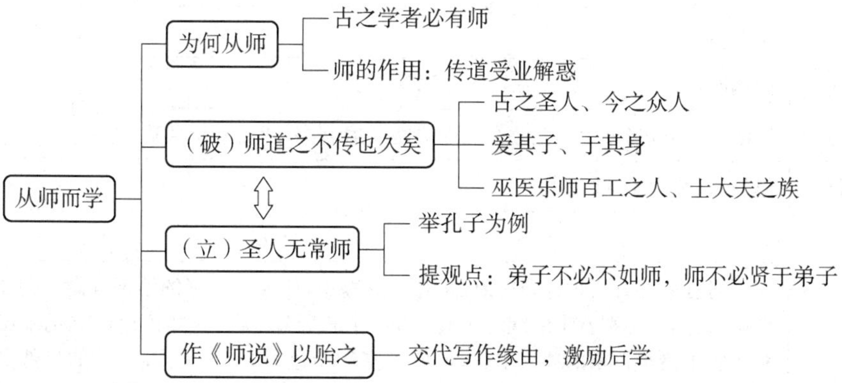

图 2

师：梳理完两篇文章的结构脉络之后，我们可以对两篇文章的“学习观”进行比对。两篇文章都强调学习的重要性，但论述的重点不同。《劝学》讲学习的重要性，讲学习的态度和方法，强调要“善假于物”，要积累、要坚持、要专一等，核心就是“学不可以已”，随时随地学习知识，增长才干；《师说》围绕师道展开，反对“耻学于师”，强调要重视传统的师道，尊重老师，学习儒家之道。（播放 PPT 第 6 页，展示表 1）

表 1

课文	观点	具体论述
《劝学》	学不可以已	《劝学》讲学习的重要性，讲学习的态度和方法，强调要“善假于物”，要积累、要坚持、要专一等，核心就是“学不可以已”，随时随地学习知识，增长才干
《师说》	从师而学	《师说》围绕师道展开，反对“耻学于师”，强调要重视传统的师道，尊重老师，学习儒家之道

任务二：考察语境，探学习观的生成

师：白居易曾言，“文章合为时而著，歌诗合为事而作”。这告诉我们，写文章不能无病呻吟，议论要有的放矢，观点更要一针见血。不同的文章，其写作目的与作者所处的时代背景、本人的思想都有很大的关联。我们先请同学们拿出课前布置的“人物履历表”。（播放 PPT 第 7—9 页，出示荀子和韩愈的履历表，请同学们小组合作填写完毕，然后讨论交流）

师：从荀子履历表（表 2）中，我们可以看出荀子有什么主张？这和他所提倡的学习观又有什么关系？

表 2

荀子履历表	
姓名	荀况
别名	荀子、荀卿、孙卿、字卿
著名弟子	李斯、韩非、张苍
生活年代	战国时期
主要生活经历	曾游学于齐，当过楚国兰陵令。后失官居家著书，死后葬于兰陵
主要成就	思想家、文学家、政治家
主要作品	《荀子》
主要思想	荀子对各家都有所批评，唯独推崇孔子的思想，认为是最好的治国理念。荀子以孔子的继承人自居，特别着重地继承了孔子的“外王学”。他又从知识论的立场上批判地总结和吸收了诸子百家的理论主张，形成了富有特色的“明于天人之分”的自然观、“化性起伪”的道德观、“礼仪之治”的社会历史观，并在此基础上，对先秦哲学进行了总结。荀子最主要的努力是确认人在道德修养和治理国家中的主体地位。在道德修养方面，作为前提与起点的，是荀子主张的性恶论。荀子从天人相分的立场出发，否定了人性中先验的道德根据。在他看来，所谓人性就是人的自然本性，是所谓“生之所以然者”，其自然表现为“饥而欲饱，寒而欲暖，劳而欲休”，其实质就是人天然有的、抽象的自然生物本能和心理本能

生：荀子提倡“性恶说”，认为“人性本恶”。故他强调道德教育的必要性，强调后天学习的重要性，因而重视“求贤师”“择良友”以使人改“恶”为“善”。

师：回答得非常好！与孟子主张人性本善相对，荀子认为人性本恶。荀子主张“性伪之分”。人有自然本性，叫性。荀子认为人的本性是恶的，善是经过教育后的成果，是人为的结果，叫伪。人性本恶，任其发展，就会产生争夺，争夺的结果是天下大乱。因此，要制订礼，对民众进行教育，遵循礼的人才是善的。由此荀子强调道德教育的必要性，强调后天学习的重要性——如果能够接受礼的教化，并且依照行动，就可以“积礼义而为君子”；如果天下人都能接受教育“化性起伪”，则天下大治。

师：与荀子不同，韩愈又是针对什么问题而写作的呢？请同学们联系表 3 及写作背景，回答这一问题。

表 3

韩愈履历表	
姓名	韩愈
别名	昌黎先生、韩吏部、韩昌黎、韩文公
所处时代	唐朝
主要生活经历	贞元八年(792 年)，韩愈登进士第。两任节度推官，累官监察御史。后因论事而被贬阳山，历任都官员外郎、史馆修撰、中书舍人等职。元和十二年(817 年)，出任宰相裴度的行军司马，参与讨平“淮西之乱”。其后又因谏迎佛骨一事被贬至潮州。晚年官至吏部侍郎，人称“韩吏部”。长庆四年(824 年)，韩愈病逝，年五十七，追赠礼部尚书，谥号“文”，故称“韩文公”。元丰元年(1078 年)，追封昌黎伯，并从祀孔庙
主要成就	“唐宋八大家”之首
主要作品	《论佛骨表》《师说》《进学解》
创作背景	魏晋以来，社会上风行非学无师，重视“家传”，在韩愈所处的中唐时代，虽然推行科举制度，耻于从师的风气却很盛行，上层“士大夫之族”无论学业如何都有官可做，所以他们不愿从师学习，而且他们也反对别人从师学习。正是在这样的背景之下，唯有韩愈“奋不顾流俗，犯笑侮，收召后学”“抗颜而为师”，并写下了《师说》。作者借为文送学生李蟠来大力宣扬从师的必要性和正确途径，抨击那些上层“士大夫之族”

生：这篇文章是对从魏晋以来“士大夫之族”耻于从师的错误观念的抨击，倡导从师而学的风气。同时，也是对那些诽谤者的一个公开答复和严正的驳斥。作者表明任何人都可以做自己的老师，不应因地位贵贱或年龄差别，就不肯虚心学习。

师：(播放 PPT 第 10 页，展示表 4)回答得非常准确！本文看似是写给李蟠的一封普通书信，实质针对的是“师道之不传也久矣”的社会风气。唐代中期为什么会有以相师为耻的风气？可能的原因有三，一是随着封建等级制度的逐渐完备，尊卑贵贱的社会层次更趋分明；二是文人相轻的陋习顽固；三是社会风气的浮靡，经济发展，人们贪图享受，不思进取，不想学习。韩愈的学习观，就是倡导从师问道。圣人无常师，倡导向一切可以学习的人学习。在那个时代，韩愈“奋不顾流俗，犯笑侮”“抗颜而为师”，来纠正社会的风气，堪称真正的勇士！

表4

课文	《劝学》	《师说》
时代背景	战国时期,一些士人对学习的意义认识不足,不修养品性,道德败坏	唐代普遍存在门第观念,社会上存在"耻学于师"的不良风气
作者思想	"性恶论",强调道德教育的必要性,后天教育的重要性,要"明礼义而化之"	"文以载道",宣传儒家之道,也就是圣人道德教化之道。而师者,可以传道。因此要重师道
文章观点	学不可以已	从师而学

任务三:迁移提升,寻学习观的源流

师:《劝学》和《师说》有诸多不同,中心论点不同,在论证手法和结构上亦有差别。(播放PPT 第 11、12 页)《劝学》主要采用比喻论证,用并列结构逐项阐述自己的观点;而《师说》则是倾向于对比论证和举例论证,层层递进深入论证。我们在仔细阅读和对比两篇文章之后,能不能从中找到关联?请结合表 5,与同学交流,深入理解荀子、韩愈学习观的源与流。

表5

课文	观点	论证方法	论证结构	论证语言
《劝学》	学不可以已	比喻论证 对比论证	并列结构,逐项阐述自己的观点	句式整齐,大量运用比喻、对比和对偶的修辞,呈现出错综与齐整之美,增强了全文的气势和雄辩的色彩,感染力极强
《师说》	要重视师道	对比论证 举例论证	递进结构,逐层深入论证自己的观点	整句与散句结合,使得语言错落有致,有丰富的语气表达,雄奇奔放又富有气势

师:老师提示一下,《劝学》的中心论点是"学不可以已"。《劝学》中君子之所以能够改变天性、获得教养、成为君子,其本质的原因是什么?是君子天赋异禀吗?

生:不是,"君子生非异也,善假于物也"。

师:对了,也就是借助外物能达到事半功倍的效果——借助什么外物呢?借助"后天的学习"。我们再联系老师推送的荀子《劝学》的补充章节,其倡导学习的内容是什么?学习的途径中有无从师的主张?(播放 PPT 第 13 页)

《荀子·劝学》语段补充资料

学恶乎始?恶乎终?曰:其数则始乎诵经,终乎读礼;其义则始乎为士,终乎为圣人。真积力久则入。学至乎没而后止也。故学数有终,若其义则不可须臾舍也。为之,人也;舍之,禽兽也。(《荀子·劝学》)

学莫便乎近其人。礼乐法而不说,《诗》《书》故而不切,《春秋》约而不速。方其人之习君子之说,则尊以遍矣,周于世矣。故曰:学莫便乎近其人。学之经莫速乎好其人,隆礼次之。上不能好其人,下不能隆礼,安特将学杂识志,顺《诗》《书》而已耳,则末世穷年,不免为陋儒而已。(《荀子·劝学》)

生:有的。荀子认为"学莫便乎近其人",最好还是要跟着人去学习。

师:"学莫便乎近其人"意思是学习没有比接近贤师更便利的了。为什么呢?

生:学习最好是向圣人学习。不能只是埋首于儒家的典籍,因为"礼乐法而不说,《诗》《书》故而不切,《春秋》约而不速"。这些具体的书本和知识点,如果不加以阐释,就没有办法融通,最终学习者只能是一个"陋儒"。

师:是的。正如荀子所言,"方其人之习君子之说,则尊以遍矣,周于世矣",仿效良师学习君子的学问,既崇高又全面,还可以通达世理。所以说学习没有比亲近良师更便捷的了。荀子强调后天学习的重要性,重视学习以使人改"恶"为"善"的作用。在这一过程中融会贯通内化为自身的智慧是关键。书本的知识点是固定的、无法自我阐释的——而能够以身示范、现身说法的"贤师",则远远比单纯的书本要鲜活,因而在君子的学习和成长中能起到举足轻重的作用。

师:我们再看《师说》的中心论点"从师学习是重要的"。那什么才是韩愈心目中的"贤师"呢?贤师的作用只是教你读书吗?

生:不是。韩愈说的"贤师",要能够"传道受业解惑"。也就是传授道理、教授学业、解释疑难问题的人,不只是限于具体的学问,还要让学生能够懂得道理。

师:对。在《师说》一文中,韩愈把"师"分为"知识之师"和"方法之师"。"知识之师"偏重具体的学问。韩愈反对学习只着眼于具体学问,也就是他所批判的"小学而大遗"。韩愈强调的"从师"之"贤师",不仅是"知识之师"更是"方法之师",是能够在学习过程中帮助君子获得"智慧"并加以融通的得力辅助者。这与荀子提到的圣人贤师要做到"尊以遍矣,周于世矣"有异曲同工之妙。因此,两篇文章的论点其实是一脉相承的,《师说》可看作是对《劝学》观点的补充和解说。

师:本节课我们共同品读了《劝学》和《师说》这两篇阐释"学习之道"的经典古文。首先,我们从论说结构层面深入文本,剖析了两篇文章学习观的具体内容;然后,我们知人论世,结合作者的思想背景和具体时代语境,分析了两篇古文学习观点的生成原因;最后,我们将两篇文章放进历史的长河,看到了两篇时隔千年的文章在学习观上遥相呼应、一脉相承的特点。同学们,正如本课开头所言,几千年来中华民族所传承的学习文化,一如滔滔长河,滋养着无数中华子民。荀子"学不可以已",韩愈"古之学者必有师",更是长河中两颗熠熠生辉的珍珠,照亮成千上万人的人生。让我们怀着无比崇敬的心情,再一次高声朗读《劝学》和《师说》两篇课文!

(本教学实录参考朱德勇老师的教学设计)

【教学反思】

作为典范的"论学"文章,荀子的《劝学》和韩愈的《师说》重要性不言而喻。而新课程提倡“大单元微专题教学”，对两篇课文的教学提出全新要求。本次教学，是在新课程理念下做出的尝试，现将反思总结如下：

1. 立足专题任务，观照文本特征

就课程内容与教学点选择而言，本课从专题任务出发，并观照论述类文本的特征，尝试“因体而教”。

部编版高中语文必修上册第六单元“单元导语”指出，“本单元的文章从不同角度论述有关学习的问题”“以‘学习之道’为核心”，确定了本单元的人文主题为“学习之道”。因而本次教学从“学习之道”展开，以“古人的学习观”为教学点。与此同时，单元导读“把握作者的观点和态度”等相关表达，明确了本单元选文为论说文这一文体。故本次课程着重观照文本特征，因体而教。在学习过程中引导学生体会论说文说理的逻辑，把握其论证的结构与方式，并见贤思齐，化为己用。

2. 连接课堂内外，还原文本语境

就课程实施而言，本课使用“学习任务”来推进，将课前任务与课内环节相互连接，将课外知识与文本语境相互连接。

课前，我设置了两个任务。任务一是“绘制思维导图”。课前学生绘制思维导图，课上师生展开交流。从课堂来看，高中生能快速找到“学不可以已”和“从师而学”两个主论点。而对其展开的角度，则略显困惑。经过课上师生合作探究后得出，《劝学》从学习的重要性、必要性、意义、方法、态度等角度论证中心论点，而《师说》则是从重要性、态度、目的等论证。以此为基，学生可把握两篇文章的论证思路。任务二是“制作荀子和韩愈的履历表”。在课下同学们查阅资料，结合历史学科相关内容的学习，在课上联系作者的思想主张和写作背景来深入理解作者的观点。这有助于学生变单点积累为立体积累，变浅层学习为整合学习。

3. 落实能力要求，拓展文本联读

就教学方法而言，本节课依照课标能力要求，对文本联读进行拓展。

教学过程中，笔者有意引导学生联读两篇课文，进行比较学习，让学生将两篇文章的细节一一对应，提炼具有可比性的知识点。比如两篇文章论说的艺术，为何荀子采用比喻论证、循循善诱，而韩愈则是层层对比、言辞激烈？因为这与论说者的身份、处境、论说对象息息相关。对比后采用图表的形式进行总结，结论一目了然。

为了使孤立的知识点相互关联且具有拓展性，我着重在联读中让零碎知识点相互印证，以便挖掘文本深层文化内涵。比如将“君子善假于物”和“道之所存，师之所存”建立联系，引导学生理解儒家“劝学文化”与“尊师重教”的源流关系，在历史文化高度重新审视两篇文章，从而培养学生的多元解读与思辨能力。

取譬说理：重估喻证的价值

执教/浙江省宁波中学　时剑波

本课课件

【专题目标】

联读《劝学》和《拿来主义》，引申联系《墨子·非攻》，体会以喻证进行形象化说理的效果，并分析喻证的利弊。

【预习任务】

1. 以表格形式列出《劝学》与《拿来主义》中的喻证，并具体分析其作用。
2. 联读《墨子·非攻》，分析其中的多种论证方法。
3. 分析《拿来主义》的论证思路与论证方法。
4. 理性分析《劝学》以喻代议的弊端。

【教学实录】

师：(播放 PPT 第 1 页)俗话说"会讲理的讲个理，不会讲理的打个比方"，说理不能流于说教，所以要讲求技巧，而比喻论证因为形象生动，从古至今备受青睐。请同学说一说，什么是比喻论证？

生：比喻论证是通过打比方的方式来证明论点的方法。

师：那么，与作为修辞的比喻有何区别？

生：我觉得两者的区别在于，比喻是为了增强语言的表现力和感染力，比喻论证是为论证服务，增强说服力和论辩力。

师：嗯，目的有别，一个为了修饰语言，一个为了说理论证。(播放 PPT 第 2 页)

比喻与比喻论证的区别

比喻是基于相似点以此喻彼，为了生动可感。

比喻论证是用形象生动的事物来证明抽象道理，为了明辨事理。

任务一：取譬说理，理解传统

师：取譬说理的传统源远流长，我国古代论述文从先秦诸子起步，就形成了这一传统。（播放 PPT 第 3 页）

取譬说理

《论语·雍也》中孔子就提出了“近取譬”的说法，就是从熟悉的近处取材，让说理通俗明白。

刘勰在《文心雕龙·论说》中还专门进行总结，说“喻巧而理至”，也就是喻法精妙，所论道理就会自然显现。

师：下面请大家列举一篇学过的作品，说说其中运用的比喻论证及其特点。

生：孟子论述“舍生取义”的主张时说，“鱼，我所欲也；熊掌，亦我所欲也。二者不可得兼，舍鱼而取熊掌者也。生，亦我所欲也；义，亦我所欲也。二者不可得兼，舍生而取义者也”。他把生命比作鱼，把义比作熊掌，引出并且形象地论述了观点。

师：嗯，孟子的比喻论证还经常用排偶句式推出，气势充沛，说理带有雄辩的风格。还有吗？请同学再举一例。

生：庄子也是喻证的高手，庖丁解牛、邯郸学步、曳尾涂中等比喻论证的使用比比皆是，而且天地万物都可入笔，构成了一个独特的世界。

师：这也形成了庄子想象独特、汪洋恣肆的风格。可见有一种风格，就有一种特色，比喻论证也是如此，如战国时纵横家更广泛地把喻证作为游说之策，有纵横捭阖的意味。更有特色的是墨子，墨子总结出“譬”“侔”“援”“推”四种方法，并在辩论时进行综合运用。（播放 PPT 第 4 页，展示表 1）

表 1

譬	比喻
侔	类比
援	援例
推	推理

师：请找一找上面这些方法在《墨子·非攻》中的具体运用。

生：比喻论证体现在，举出日常生活中偷别人家的东西，与攻打别国侵占土地的行为作比，两者性质一样，都是偷盗行径。

师：这是比喻和援例，类比与推理体现在哪里？

生：从入人园圃窃其桃李到杀无罪人，不断类推，这些都是“不义”，而到了“至大为不义，攻国，则弗知非”的阶段却“从而誉之”，以前面的事例类比，从而推出后面的结论，由此要论述的“战争大为不义”的观点，就顺理成章了，让人想起了“窃钩者诛，窃国者诸侯”。

师：联系得很好。其中还运用了归谬法，从推论中体现逻辑的荒唐。还对事例之间“义”与“不义”进行对比。短短篇幅，墨子综合运用多种论证方法，形成“组合式”说理，因而逻辑强大，墨子的论辩术在一定程度上也代表了先秦论述文的高峰。

任务二：分析喻证，各尽其用

师：好，下面我们来列一列《劝学》中的喻证，分析围绕“学习”的话题荀子分别证明了哪些道理。二、三、四段落我们分别请三位组长来列举，按顺序来。

生：第二段中用“青出于蓝”“冰寒于水”证明学习可以让人发展，获得提高。用“木直中绳，𫐓以为轮”证明学习可以改变自我，实现超越。最后还用“木受绳则直，金就砺则利”推导出通过学习、不断“参省乎己”才能达到君子的品格。

师：说了五处喻证，并做了相应的分类与整合，这一点值得借鉴。继续。

生：第三段中也有五处。用“吾尝跂而望矣，不如登高之博见也”来证明人要超越本性，就需要借助学习。之后连续用“登高而招”“顺风而呼”“假舆马者而致千里”“假舟楫者而绝江河”证明人通过学习，可以弥补自身的不足。

师：嗯，后四个是连续设喻。

生：第四段中有十处喻证，有三个层次。“积土成山”“积水成渊”与“不积跬步”“不积小流”证明学习重在积累，不断积善成德，才能具备圣心的境界；“骐骥一跃”“驽马十驾”与“朽木不折”“金石可镂”证明学习贵在坚持；“蚓用心一”与“蟹用心躁”证明学习需要专一的态度。

师：这一段三个层次涉及两个方面，积累是学习的方法，而坚持与专一其实是学习的态度。大量喻证是《劝学》的突出特点。还可更深入一步思考，荀子的设喻具体有什么特点？四人小组可以讨论一下。

（学生讨论，之后回答）

生：有一种质朴、平实的力量，因为设喻都是关于自然界和日常生活中的现象，因而道理浅显化，通俗易懂。

师：追问一句，为什么要这样设喻？

生：大概当时民众知识水平比较低，这样容易接受。

师：对，可见一定的方法要适应一定的对象，用现在的话说就是有读者意识。还发现了其他特点吗？

生：荀子显得很博学，其中有日常事物“青”“冰”“轮”，也有人的行为“登高招”“顺风呼”“假舆马”“假舟楫”，有自然物“山”“水”“江”“海”，还有生物“骐骥”“驽马”“蚓”“蟹”，涉及了各种事物。

师：旁征博引是一大特色，因为荀子是先秦儒家的集大成者，曾三次担任齐国稷下学宫的祭酒，两度出任楚国的兰陵令，他的文章有“学者之文”的特色，这一点在《劝学》中也有体现。不过，文章用大量喻证，不感到单调与重复吗？

生：有点单调，但没有重复。

师：为什么？

生：因为每一处喻证都有其具体作用，而且设喻的手法也是多样化的，有单独设喻的，也有构成正反对照的，还有同类连续设喻的。

师：《劝学》多用喻证，设喻手法的多样化减轻了单一感，不过大量运用喻证，有利有弊，这一点等会儿与《拿来主义》比较后会更清楚。下面我们以表格的形式梳理一下。（播放PPT 第 5 页，展示表 2）

表 2

<table>
<tr><th>设喻</th><th>证明的道理</th><th>特点</th></tr>
<tr><td>青出于蓝、水寒成冰</td><td>证明学习可以让人发展，获得提高</td><td rowspan="6">(1) 旁征博引，从事物“青、冰、轮”到人“登高招、顺风呼、假舆马、假舟楫”，从自然“山、水、江、海”到动物“骐骥、驽马、蚓、蟹”，体现荀子“学者之文”的博学
(2) 反复设喻，手法多样。有单独设喻、同类并举设喻、正反对照设喻等</td></tr>
<tr><td>𫐓以为轮</td><td>证明学习可以改变自我，实现超越</td></tr>
<tr><td>木受绳则直，金就砺则利</td><td>推导出通过学习和“参省乎己”才能达到君子境界</td></tr>
<tr><td>跂望不如登高</td><td>阐明人要超越本性，需要借助学习</td></tr>
<tr><td>登高而招、顺风而呼、假舆马者、假舟楫者</td><td>证明人通过学习，可以弥补自身不足</td></tr>
<tr><td>积土成山、积水成渊与不积跬步、不积小流</td><td>证明学习重在积累，不断积善成德，以备圣心</td></tr>
</table>

师：下面再请大家列出《拿来主义》中的设喻、含义、所证道理，分析其喻证特点。段落主要是集中在后几段。请这一排的同学来。

生：大宅子这一段，比喻的是继承文化遗产，写了三种人三种态度。“徘徊不敢走进门的孱头”是逃避，“放一把火烧光的昏蛋”是全盘否定，“欣欣然蹩进卧室的废物”是全盘接受。

师：为三类持错误态度的人画像，立此存照，分别是逃避主义者、虚无主义者、投降主义者。

生：倒数第二段中鱼翅是比喻文化遗产中的精华、有益无害的部分，鸦片比喻文化遗产中益害共存的部分，烟枪和烟灯比喻可作反面教材的文化遗产中的旧形式，姨太太比喻文化遗产中的糟粕、有害无益的部分。

师：嗯，不同遗产不同对待，这就自然顺承了“要运用脑髓，放出眼光，自己来拿”的道理。那么这些喻证与之前《劝学》相比，有怎样的独特之处?

生：这些喻证不是单独使用，而是相互关联的，让人一目了然。

师：对，整体设喻是一大特色，以“大宅子”领起，喻中套喻，三种错误态度三次设喻；针对文化遗产的不同类型又连设了四个喻证，也是环环相扣，避免了碎片化。还发现有其他特点吗?

生：我觉得这些设喻很有画面感，像孱头徘徊、昏蛋放火、废物蹩进卧室，非常形象。

师：这就涉及鲁迅杂文的漫画手法，他自己曾经评价说“论时事不留面子，砭锢弊常取类型”，“常取类型”就是对人物进行画像，形象鲜活，由此可以感受到鲁迅杂文的独特魅力。好，我们也梳理成表格。（播放 PPT 第 6 页，展示表 3）

表 3

<table>
<tr><th>设喻</th><th>含义</th><th>证明的道理</th><th>特点</th></tr>
<tr><td>大宅子</td><td>文化遗产(或外来文化遗产)</td><td rowspan="4">要摈弃对待文化遗产的三种错误态度</td><td rowspan="8">(1) 以“大宅子”的设喻领起,喻中套喻,三种错误态度三次设喻;针对文化遗产的不同类型连设四个喻证,环环相扣,形成一个整体
(2)“砭锢弊常取类型”,以杂文漫画手法进行画像,有立此存照的效果</td></tr>
<tr><td>孱头</td><td>懦弱无能、拒绝借鉴的逃避主义者</td></tr>
<tr><td>昏蛋</td><td>盲目排斥、全盘否定的虚无主义者</td></tr>
<tr><td>废物</td><td>崇洋媚外、全盘接受的投降主义者</td></tr>
<tr><td>鱼翅</td><td>文化遗产中的精华,有益无害的部分</td><td rowspan="4">对文化遗产,需要运用脑髓,放出眼光,自己来拿,取其精华,去其糟粕</td></tr>
<tr><td>鸦片</td><td>文化遗产中弊利共存的部分</td></tr>
<tr><td>烟枪烟灯</td><td>文化遗产中的旧形式,可作反面教材</td></tr>
<tr><td>姨太太</td><td>文化遗产中的糟粕,有害无益的部分</td></tr>
</table>

任务三:梳理思路,感受逻辑

师:论证要合乎逻辑,安东尼·韦斯顿在《论证是一门学问》中说,“没有层次感的论证是无效论证”。下面我们来分析一下《拿来主义》的论证思路与论证方法,请先找出观点来。

生:是这一句,“我只想鼓吹我们再吝啬一点,‘送去’之外,还得‘拿来’,是为‘拿来主义’”。

师:好,再找一找提出观点的理由,有哪几条?

生:因为只是送去,违背了礼尚往来的原则。

生:还因为只是送去,子孙后代必将沦为乞丐,只能讨一点残羹冷炙。

师:这是需要拿来的两重理由,一个是常理,一个是对后代的影响,这是多维度的因果分析。还有吗?

生:还因为听凭送来,我们就会大受别人的经济侵略,像英国的鸦片、德国的废枪炮等。

师:这是对现实的影响,也是需要拿来的理由。结合“抛来”“抛给”“送来”,鲁迅还界定了“拿来主义”这一核心概念,请同学们具体辨析这几个概念的不同。

生:“抛来”是随意的,“抛给”是有方向与目的的,“送来”应该与“抛给”意思类似。

师:哪句是具体写“拿来主义”的?具体内涵是什么?

生:拿来是“运用脑髓,放出眼光,自己来拿”。就是要运用智慧,分辨鉴别,主动选择。

师:也就是说“拿来”与“送来”的区别在于,第一是主动还是被动的姿态,第二是受益与受害的结果不同。这一辨析非常重要,因为核心概念的界定与辨析是论述文的逻辑起点。这是文章的核心层次,那么前面与后面分别写了什么?

生:前面是批判了“闭关主义”和“送去主义”。

师:这两者之间是什么关系?

生:“闭关主义”是“送去主义”的根源。

师:也可以说是两个极端,从排外到媚外,这是追溯历史与现实。文章后面部分写了什么?

生："拿来主义"的具体做法，要占有，挑选，创新。

师：也就是对策探讨。下面来整体梳理一下全文。（播放 PPT 第 7 页）

梳理思路，感受逻辑：《拿来主义》的思维层次

中国一向是所谓"闭关主义"。自从给枪炮打破了大门之后，到现在，什么都是"送去主义"了。（追溯历史与现实，针砭时弊）

但我们没有人根据了"礼尚往来"的仪节，说道：拿来！（有针对性地表明自我观点）

因为只是送去，违背礼尚往来的原则；

因为只是送去，子孙后代将沦为乞丐；

因为听凭送来，我们大受其经济侵略。（多维度的因果分析——需要拿来的三重理由：常理、对后代与现实的影响）

拿来不是抛来、抛给、送来，而是运用脑髓，放出眼光，自己来拿。（概念辨析、理解）

占有，挑选——鱼翅（使用）鸦片（存放）

烟枪烟灯、姨太太（毁灭）。

创新——文艺要成为新文艺，人要成为新人。（对策探讨——拿来的具体措施）

师：这样就看到了文章清晰推进的逻辑链。好，再来分析论证方法，除了比喻论证、因果论证外，还有哪些？

生：还有举例论证，开头列举了一系列送去的事例；还有对比论证，将"送去主义"和"拿来主义"进行对比。

师：对，有举例论证和对比论证。还可补充一个类比论证，从尼采不是太阳类推到中国也不是太阳，没有无尽的光和热，不可能一味地给予。这样我们就可以看到《拿来主义》与《墨子·非攻》一样，也是"组合式"综合使用多种论证方法，所以逻辑就比较强大。

任务四：以喻代议，弊端分析

师：回过头再来分析，《劝学》单一使用喻证法，有什么不足？

生：论证手段比较单调，而且用大量事例来代替论述，不仅有堆砌之感，逻辑上来说也不够可靠。

师：这就有以喻代议、以例代议的倾向，就如列举众多的"白天鹅"并不能证明"天鹅就是白的"一样。真正的论述说理更需要的是阐释、论辩、推理等多种方法的参与。还可质疑，这些比喻与要论述的道理之间有直接的逻辑关系吗？

生：感觉只是形似而不是性质相同，缺少必然的联系。

师：对，比如由水和冰的关系推理不出人的行为，更不能由蚯蚓、马等动物推理出人的某些能力、性质。所以喻证，有时会与所证道理间存在逻辑纰漏。当然这一点与这篇文章写于古代论述文的萌芽期有关。

师：那么，我国古代论述文存在以喻代议、以例代议的倾向，对后世有何影响？

生：好像现在也是这样，很容易堆砌喻证与例证。

师：这样的倾向经一代代强化，固化成了一种思维模式，说理就缺少了逻辑推理过程。当然这也与我国古代逻辑学发展不够充分有关，往往举例加比喻就认为是论述。所以余党绪老师说，“比喻、引用名人名言、援引格言谚语都属于表达技巧，只能传达、渲染和夸饰道理，本身并不具有论证的逻辑效力，不属于论证方式”，这是有一定道理的。我们可以把《劝学》大量使用喻证的利与弊小结一下。（播放 PPT 第 8 页）

《劝学》中使用大量喻证的利与弊

利：(1) 以常见事物设喻，适应当时民众知识水平普遍不高的现实，将抽象的道理形象化。

(2) 设喻的手法多样化，或单独设喻，或正反对照，或并举设喻。

弊：(1) 以喻代议，重在援例，不重逻辑推理。

(2) 比喻与要论述的道理之间缺少直接的逻辑关系。

(3) 说理手段单一，缺少真正的论证过程，使得论述文的逻辑不够充分。

（这也是中国古代论述文的共同缺憾，也与中国古代逻辑学发展不够充分有关）

师：另外，喻证在形象生动之余，也容易所指不明。《拿来主义》中“大宅子”的喻证，从上下文看，它的本义是指什么？

生：应该指外来文化遗产，因为前文谈论的都是中外交流。

生：从“祖上的阴功”的修饰语看，也可以指传统文化遗产。

师：这样就有了争议，前后的逻辑好像不太一致。看看学者们的讨论——（播放 PPT 第 9 页）

众说纷纭“大宅子”

有人认为：“‘大宅子’的出现，使原本针对‘外来文化’的矛头，转向了‘文化遗产’。从逻辑上说，这个比喻打得并不成功。”（黄邵震《〈拿来主义〉逻辑纰缪》）

也有人认为，“拿来主义”包括对待中外文化两方面内容，文章对中国和外国文化分别论证，类似“互文见义”，对待外国文化的态度和做法同样适用于中国文化遗产。文章逻辑没有问题，而行文更简洁、灵活。（张心科《〈拿来主义“逻辑”诊断〉的逻辑诊断》）

还有人认为：“前文批闭关、送去、送来，批的是中外文化交流中，我们对传统文化的盲目自信、自欺、自大；后面批孱头、昏蛋、废物，批的是面对传统文化时，我们的不自信、不负责、不自醒。由此来看，中外、古今不仅不矛盾，而且有机统一在如何批判继承传统文化上了。”（郝敬宏《〈拿来主义〉：矛盾之真假，对立之统一》）

师：由此可见，取譬说理，不能仅着眼于形象生动，更重要的是与整篇文章间形成严密的逻辑推理关系，不能顾此失彼；此外，喻证需要与其他论证法组合使用，形成综合效果。下课！

【教学反思】

学者黎鸣曾指出，“逻辑理性是中国传统文化琴声中最弱的一根琴弦”。这一单元属于思辨性阅读与表达,就意在发展比较、推断、实证、批评等能力,增强思维的逻辑性和深刻性,培养理性精神。这一课以“取譬说理:重估喻证的价值”为抓手,努力方向在于:

1. 聚焦思辨,深度理解

着眼于取譬说理的利与弊,打破了平面化分析喻证作用的做法,以此为思辨点,是对语文教学中确证意识淡薄、思辨能力缺失的一种弥补。教学中引导学生对《劝学》单一使用喻证法及《拿来主义》“大宅子”所指内涵的质疑,致力于改变学生“只会正向认同,缺少反向质疑”的思维习惯。有学生在分析时感受到《劝学》论证手段的单一化,大量事例的堆叠化,喻证与所述道理间缺少必然联系,虽然只是审辨意识的萌芽,却是重要的起步。

2. 完整分析,理性思考

课堂将《墨子·非攻》的组合式说理与《劝学》的单一化喻证进行比较,对《拿来主义》整篇逻辑链进行的分析,意在引导学生不是孤立地分析文本,而是学会在文本对读中增强比较意识,进而辩证、完整地分析问题。而理解逻辑、辩证思考、完整评估都带有理性色彩,均属于思辨能力的应有之义。课后有学生反映“经典也可能存在瑕疵”,对自己的思维带来颠覆性影响,这恰是对现实中语文教学偏重感悟体验式学习,理性思维培养存有短板的一种反拨,有助于增强批判性思维。

3. 立足古今,由点到面

因为两篇文章一古一今,教学既不能机械地分析喻证法,也不能牵强地进行联读,而需要置于中国论述文的传统中看到发展脉络,从《劝学》《墨子·非攻》一直到《拿来主义》,中国论述文有发展也有缺憾,《劝学》大量堆叠喻证的缺憾不仅仅属于该篇,也属于传统,《拿来主义》“大宅子”所喻形象虽然生动却有模糊处,都带有中国式思维重具象、重感性、易模糊的特点,而与西方式思维重抽象、重理性、重精确的特点显然有别。这样,学生的思维就不会局限于孤立的一点,而是有了整体一个面的理解,从而更能培养思维的完整性和开阔性。

有比较才有鉴别:赏析对比说理

执教/海南华侨中学　汤成慧

本课课件

【专题目标】

联读《师说》《反对党八股》,在明确文章观点与态度的背景下,分析对比说理的表现形式,充分掌握对比论证的方法与技巧,提升自身的思维品质,应用于议论文的实际写作。

【预习任务】

1. 通读两篇文章,整体感知文章的基本内容,初步领会作者的观点与态度。
2. 聚焦两篇文章中对比说理的部分,尝试分析对比论证的内容与角度。
3. 阅读相关时评文章,推荐一篇典型的运用对比论证的时评文章与同桌交流。

【教学实录】

任务一:领会两篇文章的观点与态度

师:(播放 PPT 第 1、2 页)说理是一种艺术,是一种策略。提升说理艺术,从学习论证方法开始。今天我们要联读《师说》《反对党八股》这两篇文章,一篇是论说文,一篇是政论文。在它们中间,老师找到一个联读支点,即对比论证。通过对比来说理,大家不陌生吧。

生(齐):不陌生。

师:我们学习过《劝学》,对"对比说理"的技法意犹未尽。现在请同学们先迅速整理《师说》《反对党八股》这两篇文章的观点与态度,看看标题、开头段的中心句、结尾段的总结句,再找找议论色彩强烈的句子来概述《师说》《反对党八股》两篇文章的观点。(播放 PPT 第 3 页,展示表 1)

表 1

篇目	作者	观点与态度
《师说》	韩愈	
《反对党八股》	毛泽东	

师：这位同学谈谈你梳理的《师说》的观点和态度。

生：《师说》的观点和态度是我们要正确地学习，就要正确看待老师和学生之间的关系，不要因为身份的不同而不拜师学习，从而阻碍了学习。

师：韩愈把矛头指向了哪些人？

生：当时社会的士大夫们。

师：这些士大夫们给社会带来什么不良风气？

生（齐）：耻学于师。

师：韩愈通过批判士大夫“耻学于师”的社会风气，论证从师学习的重要性，倡导师道回归。那《反对党八股》呢？

生：《反对党八股》它主要写毛泽东对延安时期一些党内文章的批判，这些文章具有八条罪状。毛主席对这些文章进行批判的同时也指出应该怎么去写文章，要贴近人民，要言之有物等。

师：说白了，他就是借这篇文章来整顿党的学风、党风和文风。（播放 PPT 第 4 页，展示表 2）

表 2

篇目	作者	观点与态度
《师说》	韩愈	通过批判士大夫“耻学于师”的社会风气，论证从师学习的重要性，倡导师道回归
《反对党八股》	毛泽东	通过分析党八股的坏处及危害，论证反对党八股的重要性，整顿全党的学风、党风、文风

任务二：合作探究对比论证的表现

师：领会了文章的主要观点和态度，我们温习一下对比论证。什么是对比论证？可以用你理解的方式来说一说。

生：对比论证就是先把两个或多个对象的特点罗列出来，然后再把这些不同对象明显的差异点加以展现，达成一种很鲜明的效果。

师：你侧重说的是对比本身，就是通过求异思维，制造反差与冲击力。那对比只存在于不同的对象当中吗？

生：不是，自身前后也可以通过对比来互相衬托，互相凸显。

师：也就是说对比既可以是横向比较，来自两个或多个对象，比如《劝学》中的骐骥和驽马，朽木不折和金石可镂等，也可以是同一对象自身前后不同阶段之间的纵向比较，比如《伶官传序》中庄宗得天下之“盛”与失天下之“衰”的历史事实对比。其他人还有自己的理解吗？

生：就像今天我们把这两篇课文对比联读，它们有相同点，也有不同点。通过对比这两篇文章，从内容、写法、结构等多方面进行比较，最后得出一个结论。

师：你注意到了结论，非常好。对比，是多维度信息的大“对战”，但对比论证归根结底要服务于观点的建设。下面我们以前后四人为小组，认真阅读《师说》和《反对党八股》，找出关于对比论证的具体内容，并依据内容探究对比的角度及层次，确认正反差异点，以此检验与观点的有效关联。

师：左边小组先开始分享。

生：我们找到圣人和众人的对比。“古之圣人，其出人也远矣，犹且从师而问焉；今之众人，其下圣人也亦远矣，而耻学于师。”

师：这是基于什么层面的对比？（播放 PPT 第 5 页，展示表 3）

（学生疑惑）

表 3 《师说》中的对比论证

<table>
<tr><td>对象</td><td>古之圣人</td><td>今之众人</td><td rowspan="3">（横比/纵比）从________的角度，强调____________</td></tr>
<tr><td>行为</td><td></td><td></td></tr>
<tr><td>结果</td><td></td><td></td></tr>
</table>

师：借鉴图表的分类，首先明确对象，其次从行为与结果来分析，最后得出结论。可以横向对比，也可以纵向对比。

生：对象在身份上有明显的区别，圣人境界高，众人境界低。行为是境界高的圣人反而从师学习，境界低的众人却耻学于师，结果自然是“圣益圣，愚益愚”。

师：这确实很“打脸”，高手还要修炼，虾兵蟹将已“歇菜”。（学生笑）这是横向对比还是纵向对比？

生：横向对比，强调从师学习对个人品性的淬炼。

师：最终的“圣益圣，愚益愚”，就是从价值，从意义本身强调从师学习的重要性。好，下个小组。

生：我们找到的也是横向对比，“巫医乐师百工之人，不耻相师。士大夫之族，曰师曰弟子云者，则群聚而笑之”。这两类人在从师学习的态度上有了鲜明的对比。

师：你的总结很到位，态度上明显有所区别。和境界比你们高的人比，你们不行；和地位比你们低的人比，你们也不行。从态度的角度批判了士大夫。下个小组继续。

生：还有纵向对比，是就一个人对他自己与对他孩子从师学习的态度上作对比，“爱其子，择师而教之；于其身也，则耻师焉”。

师：对其孩子的“择师而教之”，拜师学习都学什么内容？

生：学的都是一些句子断句的知识。

师：雕虫小技，小学而已，不是韩愈心目中的大学真知。这里的对比论证非常微妙，既落实从师学习与不从师学习的态度，又针对从师学习的内容作深层次的挖掘，强调从师学习的方向——突出解惑。还有别的对比论证吗？

生：还有孔子和士大夫的对比，“孔子师郯子、苌弘、师襄、老聃”，今之众人却耻学于师，实在可笑。

师：比不过圣人孔子好像也无可厚非，今之众人还比不过一个年轻人。

生：比不过李蟠。他不拘于时，学于韩愈，在背离师道的风气里独树一帜，也给士大夫之族敲了一下警钟。

师：非常精当的分析。李蟠被单独点名，还是为了对比，他是当下从师学习的榜样人物，这就是韩愈倡导师道回归的典型。同学们整体对《师说》的分享很扎实，接下来我们听听针对《反对党八股》的对比论证。本文的对比论证主要集中在批判党八股的第一条罪状（第二自然段），此处的观点为批判空话连篇、言之无物的文风。

生：我们发现一处横向对比，先讲斯大林在苏联战前发表了一篇演说，篇幅长短只有一篇社论那么长，然后文章又转到“要是我们的老爷写起来……起码得有几万字”。斯大林讲这么重要的演说篇幅却如此之短，而我们有些同志偏偏写空话连篇的长文，对比鲜明突出。

师：战时背景下，短文是匕首，是钢炮，写空话连篇的长文给谁看？

生：没人看，后面那些同志也不会看这些文章，这等于在做很多无用功。相反斯大林这篇演说能鼓舞士气，成功号召苏联人民起来保卫祖国。

师：到什么山头就要唱什么歌，这也是写作的基本常识呀。群众都看不下去，还“散布坏影响，造成坏习惯”，对我党都是一种伤害。这处横向对比是从影响的角度，说明战争时期尤其需要简短和精粹的文章。你们再继续补充。

生：还有一个横向对比是后面的《资本论》和有些同志在前方写的长报告。它们都很长，但它们在本质上又有所区别。那些长报告是空话连篇、言而无物的，而《资本论》虽然是长篇巨著，却言之有物。

师：不怕你文章写得长，就怕你文章写得没有内容，没有品质。这里是从特征的角度，强调文章长短要服从内容的需要。（播放 PPT 第 6 页）

师：有比较才有鉴别，有鉴别才知优劣。通过是与非的鉴别，方可以拨乱反正。在《师说》中，作者从拜师学习的价值、方向、态度、范围、影响等维度推进，差异点精确、具体、深入、渐进，对比效果鲜明有力，直击人心。《反对党八股》则主要从文风的影响与特征的角度，运用双重案例，展开事实对比论证，使结论轻松映衬而出。既干脆利落地批判了言之无物的“长而空”，又提倡“看菜吃饭，量体裁衣”，最后得出结论——“战争时期固然需要短文章，但尤其需要有内容的文章”，“最要反对的是言之无物的文章”。接下来，我们要深入探究一下这两篇文章背后共性的对比论证思维。

任务三：合作探究对比论证的共性

师：对比论证是一种论证方法，它也给我们的议论文写作提供了较好的思维支架。但是对比论证不是简单现象、结果的排列，它相当注重过程的推导，进而服务观点。（播放 PPT 第 7 页）我给同学们一个表格支架（表 4），请同学们根据老师提供的对比内容，分别从“反差类型”与“论证效果”的角度思考。细读文本，同桌之间交流后填写表格。

我先举个例子，《师说》里“巫医乐师百工之人”务实拜师学习，而“士大夫之族”务虚耻学于师。《反对党八股》里大人物诸如斯大林、毛泽东等都写“短”文章，而小人物诸如“有些同志”“我们的老爷”尽爱写“长”文章。大人物偏偏干实在活，小人物却尽干虚头巴脑的事。两篇文章此处的对比论证，是基于对象身份与作为的反差。一亮相，极为醒目刺眼。

表 4 《师说》《反对党八股》共性的对比论证思维

	反差类型	《师说》	《反对党八股》	论证效果
横向对比	________的反差	巫医乐师百工办“实”事（拜师学习） 士大夫之族办“虚”事（耻学于师）	大人物写“短”文章（斯大林、毛泽东） 小人物写“长”文章（“有些同志”“我们的老爷”）	
	________的反差	李氏子蟠拜师学习（学六艺经传） 众人之子拜师学习（学句读停顿）	有些同志的“长”报告空洞无物 马克思的《资本论》长而言之有物	
纵向对比	________的反差	众人之子小时候从师，学“小学” 众人之子长大后则耻学于师	战争时期有些同志写的长而空的文章 战争时期经改写后短而精粹的文章	

（同桌交流，共同填表）

生：我们聚焦的是第二排的对比内容，李氏子蟠拜师学习，学的是六艺经传，儒家经典。众人之子拜师学习，学的是句读停顿，于修身无大益。有些同志的“长”报告空洞无物，但马克思的《资本论》长而言之有物。前者的共性是都学习，后者的共性是文章都写得长。但这种共性带有蒙骗色彩，因为他们学的东西是有本质区别的，他们的长文章有不同的功效与影响。这里的对比论证，是基于表面与内在的反差，让读者一下子就找到症结。

师：表面上是相同，但是内在是有质的区别，就好像大家的学习，有些人是真学习，有些人是假学习，有些人是表演学习，有些人是沉浸学习。看起来都低着头，都动着笔，但当本质被揭露出来时，更触目惊心。而且，这个隐秘的层次也把我们的逻辑变得更严密。最后一组，你来谈谈。

生：我还真想不到还有这重对比，所以也概括不出来。（学生齐笑）

师：那你分析一下具体内容。

生：众人之子小时候从师，学“小学”。但众人之子长大后也会像他们的父辈那样“耻学于师”，代代相传，陷于死局。战争时期有些同志写的长而空的文章，战争时期经改写后短而精粹的文章，前后反差很明显。

师：只要依据文本来分析，我们总是能得到自己的解读。老师借用陶渊明先生的一个表达，这叫作“今是而昨非”的反差，让读者看得清清楚楚，更增强说服力。（播放 PPT 第 8 页，展示表 5）

表5 《师说》《反对党八股》共性的对比论证思维

	反差类型	《师说》	《反对党八股》	论证效果
横向对比	身份与作为的反差	巫医乐师百工办“实”事（拜师学习） 士大夫之族办“虚”事（耻学于师）	大人物写“短”文章（斯大林、毛泽东） 小人物写“长”文章（“有些同志”“我们的老爷”）	突出强调 醒目刺眼
	表同与里异的反差	李氏子蟠拜师学习（学六艺经传） 众人之子拜师学习（学句读停顿）	有些同志的“长”报告空洞无物 马克思的《资本论》长而言之有物	揭示本质 逻辑严密
纵向对比	今是而昨非的反差	众人之子小时候从师，学“小学” 众人之子长大后则耻学于师	战争时期有些同志写的长而空的文章 战争时期经改写后短而精粹的文章	清晰有力 增强说服力

师：通过探究，我们发现古今两篇文本在对比论证应用上保持相对的一致性。对比论证不是简单的结果排列，而是注重过程的推导，从中归纳出一个能证明论点的道理。我们聚焦观点，分别从论证的对象、特征、结果等多维层次，将反差点挖深挖透。

任务四：对比论证说理的片段写作（口头）

师：下面我们趁热打铁，把对比论证说理从课文带向我们的议论文写作。根据材料的启示，按照要求，运用对比论证来进行口头评论。（播放 PPT 第 9 页）

党的十八大以来，习近平总书记发表一系列重要讲话、文章，文风朴实、语言生动，他善于用大白话讲朴素的道理，为全社会树立典范。但网络新闻的文风乱象却不容忽视，“跪求体”“哭晕体”“吓尿体”等浮夸自大文风频现。请结合当下文风的建设情况，针对部分网络自媒体的文风乱象，运用对比论证，口述一段300字左右的议论。

（学生独立思考，酝酿）

生：随着社会的不断发展，网络出现了诸如“跪求体”“哭晕体”等文风，它们大多辞藻华美，用词夸张。看似高级的语言表达，在朴实生动的大白话面前，张牙舞爪，横行霸道。但是这种文风实则言之无物，无的放矢，经不起深层次推敲，让人细读下来不知所言，从而阻碍了思想的交流，文化内容的传递。反观习近平总书记在大会中的讲话，虽然朴实无华，但贵在通俗易懂，听众容易领会精神，从而让语言的教化作用得以尽情发挥。当下文风之建设，要充分考虑受众对象，让人民群众从一言一语中吸收信息，获得滋养，这才是纠正文风的真正意义。浮夸自大文风乱象应休矣！

师：评论非常完备，内容详实且充分，请自评你对对比论证的运用。

（学生齐笑）

生：我这里有三处对比论证。一处对比论证是"跪求体""哭晕体"等和朴实生动大白话之间的表面的反差形成对比，同时还用另外一处对比论证来进行补充，就是它们的内容和影响，最后一处对比论证是从读者意识来对比，就是从写文章的目的来对比，从而完善我的整个议论说理的过程。

师：特征的区别、影响力的区别、服务对象的区别，形成了对比论证的一个基本的闭环，非常机智。下位同学来分享你的对比论证。

生：同样的现象，相同的道理，表达方式却大相径庭，聚焦民生民计，习近平总书记在讲话时总能简明扼要地抓住重点，提纲挈领，深入问题本身探究，进而得出真知灼见，回归服务民生的目的。而众多自媒体同样是探讨社会现象，但多用浮夸风进行叙述，时时刻刻不放弃炫技的表达。读者在接收信息时，往往会因为这些浮夸浮华而虚假的文字而偏移方向，只能"不明觉厉"。这样的文风本身就背叛了写作目的，无法使读者快速获得观点，接受真知。毕竟再华丽的文辞也不如直白朴素的叙述，毕竟高效的表达取决于内容的建设，真诚平实是文风建设的唯一出路！

（学生赞不绝口）

师：好思路，好表述，好语言。对现象的深入思考分析，让对比论证的广度与深度，在行云流水的表达里得以实现。最后，我们一起总结在议论文写作中使用对比论证说理的注意事项。我认为对比论证和其他论证方式一样，始终要为观点服务。你们说说。

生：对比论证需要抓住这对比事物的不同之处，让各自的特点更加突出鲜明，从而制造更好的说理效果。

师：捕捉差异点是一种发现的能力。

生：我觉得学到一点很重要的是我们在应用对比论证的时候，要学会从多个角度多个维度来进行对比。平常写作的时候，可能大家会为了对比论证去写很多个对比论证，但实际上写那么多，其实还是那一个东西。所以我们在进行对比论证的时候，要学会从不同的方面去写，从而使说理文章更加充实完整。

师：横向、纵向，处处皆是对比论证的学问。

生：对比论证，它不能只是一个简单的结果排列，而要注重它的过程，聚焦它是怎样的来去。

师：推导过程，本身就是逻辑思维的建构。

生：对比论证不能只浮于现象的不同，而应该深入这个现象背后探究它的成因。

师：归因永远是思维品质里迷人的一环。谢谢大家的精彩分享，今天大家对于对比论证说理解读得深刻，我再留一道课外练习题给你们，请看 PPT。（播放 PPT 第 10 页）让我们在课后继续与对比做朋友，与对比论证说理做知音！下课！

《师说》主要采用对比论证方法，《反对党八股》除了对比论证外，还融合多种论证方法。请结合你的个人阅读体验，对比分析这两种写法的高下。

【教学反思】

统编高中语文必修上册第六单元以“学习之道”为主题，选入两篇古文和四篇现代文。一般教学选择将《劝学》《师说》联读。但本篇聚焦在《师说》《反对党八股》的对比论证，也是一次大胆尝试。下面结合本次教学相关情况，反思如下：

1. 以专题撬动多篇文本

专题的提炼就是多篇文本联读的密码，这需要教师专读文本、细读文本、厚读文本，才能发现多篇文本的有效关联，进而提炼为专题。只有把文本放在专题的视野内研究，来考量文本的教学价值，才能更好地理解编者的匠心，才能在教学中找到撬动文本的支点。结合《师说》和《反对党八股》多处运用对比论证手法，笔者将两篇文本整合为一个教学专题，并从横向及纵向的角度，以图表形式，条分缕析，深度解剖文本，准确精当表现对比论证的效果。

2. 在文本里“摸爬滚打”才有多维高质量对话的可能

问题意识基于文本，思路推导基于文本，结论生成基于文本。在这个过程中，教师要具备全面研读文本的能力，教师研读文本的深浅度对课堂教学的质量起着决定性作用，教师深入挖掘和准确把握文本，才能更好地引导学生实现与文本、与老师高质量的对话。在教学过程中，笔者设置了四个循序渐进的学习任务，层层深入，试图通过多种形式去引导学生解读、揣摩、体验和领悟，内化与运用文本知识，在师生的对话过程中，使学生的独特体验与文本的价值取向互存和共生。

3. 语文课堂要实现听、读、说、写的多管齐下

阅读有一个重要的任务，就是表达，也就是“说”和“写”，这也是语文学习的根本目的。受限于课堂时间，我们要提高对“说”的品质要求。围绕中心口述比较长的一段话，是对写作的有效帮扶，充分体现学生的思维品质和语言品质。教学过程中，笔者联系当下，关联社会，举一反三，对比习近平总书记朴实生动的文风和网络上浮夸自大的文风，让学生运用本课学到的对比论证手法谈谈利弊，匡正自媒体浮夸自大、华而不实、装腔作势的文风，落实“短、实、新”的文风要求，崇尚风清气正。

有的放矢：论述的针对性

执教/宁波市效实中学　蒋文杰

本课课件

【专题目标】

联读《拿来主义》《反对党八股》两篇文章，了解论述针对性的四种意识，学习两篇文章是如何有效地进行论证的，体会其说理艺术。学以致用，面对实际问题，通过微写作方式显示自己的思考能力和论证能力。

【预习任务】

利用表格形式，设置和论述相关的比较项目，梳理两篇文章的基本信息：主要包括写作时间、观点（反对、提倡）、文体、对象、语言等。阅读《反对党八股》的八条罪状，《拿来主义》第一至三段，举例说明两篇文章是如何进行有效论证的。

【教学实录】

师：先请大家来看看这个谜语，猜猜谜底。“上些上些，下些下些；左些左些，右些右些；正是正是，重些重些——打一日常行为。”（播放 PPT 第 1 页）

生（喧哗）：打球、拍苍蝇、擦窗……

师：谜底是“挠痒痒”。（生笑）不要小看它，挠痒之，你必须挠准了，挠到位。写文章也是这样：一要“挠准了”，就是“有的放矢，论述要有针对性”；二要“挠到位”，就是有效解决问题。（播放 PPT 第 2 页）

师：同学们，我们正在学习的第六单元是以说理为主要目的的单元，跨越古今中外，主要涉及的话题是——（播放 PPT 第 3 页）

生：学习。荀子劝学，韩愈说要拜师学习（生笑），一个说读书重要，一个说图书馆重要。

师：阅读很到位，“挠准了”。那么还有两篇呢？（播放 PPT 第 4 页）

生：鲁迅讲的是“拿来主义”，毛主席的就是反对党八股。

师：说得好。

任务一：论述文针对性的四种意识

师：首先，我们用对比的方式来梳理一下《反对党八股》《拿来主义》两篇文章。我们先看观点——（播放 PPT 第 5 页，展示表 1）

表 1

观点	毛泽东	鲁迅
反对		
提倡		

生：鲁迅提倡“拿来主义”，反对“送去主义”“送来主义”。嗯，“抛来”“抛给”，都可以加“主义”两个字。

师：毛主席提倡什么？

生：最后一段“采取生动活泼新鲜有力的马克思列宁主义的文风”。

师：有的放矢第一条，问题意识。讨论问题有正反两方面，论述文也分立论、驳论，树立正确的观点，批驳错误的观点。从现有题目来看，一篇反对党八股，一篇提倡“拿来主义”，文章针对性进一步提高了。这两篇文章的写作目的是什么？（播放 PPT 第 6 页）

生：当时的党内有一些不良的作风，《反对党八股》目的就是批评他们。（有议论声）哦，不只是批评，是为了树立马列主义文风，帮助进步。1941 年延安这个整风运动开始。鲁迅的目的就是提倡“拿来主义”。

师：观点是观点，目的是解决现实问题，《反对党八股》是要帮助革命干部提升自己的思想水平。这就是有的放矢第二条，现实意识。问题来源于现实，也要回到现实中去解决。“拿来主义”不就是解决现实问题的方法吗？我们要把现实、问题、目的、对象、立场综合起来看。

生：当时的社会现实是中国进入了半殖民地半封建社会，帝国主义侵略我们国家，是生死存亡的关头。所以，鲁迅批判的是卖国贼，是崇洋媚外的那些人，是国民党反动派。鲁迅提倡“拿来主义”，是对爱国人士说的，尤其是对青年学子们说的，就是让他们不要害怕。

师：表面看，也像个学习问题，学习西方，学习中国文化传统中的精华部分，但实际上是个现实问题——信心。鲁迅还写过一篇文章，叫《中国人失掉自信力了吗?》。

生：毛主席《反对党八股》的写作对象和立场是一致的，都是自己人（师：革命同志）；所以这个“反对”党八股，可以看作我们经常说的“自我批评”。鲁迅这篇文章的写作对象其实有两个。一个是批判的对象，卖国者、投降者；一个是鼓励的对象，清醒着的青年人。

师：第三条，读者意识。读者，即写作对象，还会影响到语言。

生：当时的延安，很多革命同志是工农出身，文化水平不高，甚至都不识字，所以这篇文章写得比较简单。

师：换个词，不叫“简单”，叫“深入浅出，通俗易懂”。

生：鲁迅是发表的文章，看报的人文化水平比较高，所以……

生：讽刺，幽默，尖酸刻薄……

师：换个词“一针见血”。这篇文章从文体上讲是杂文，特点是“像匕首与投枪”，这是鲁迅独特文风的典型体现。

师：这是有的放矢的第四条，语言意识。无论怎么讲，文章到最后就是个表达问题，最终还是要“写作文”。（生哀叹）

任务二：论述文写作的基本策略

师：请看党八股的八条罪状，就这些标题或者说分论点，谈谈对语言表达的启示。（播放PPT第7页）

生：对仗工整，朗朗上口，条理清晰，观点深刻。

师：对仗有更严格的标准，这里只能说句式整齐。遣词造句上还有什么值得推崇的？

生：还有修辞手法的运用。“像个瘪三”用了比喻。

师：“瘪三”是什么意思？用自己的话说。

生：“瘪三”是上海方言，指贫穷的、底层的小混混。这里是说语言无味，没味道，是干瘪的、干巴巴的。

生：用的四字短语像“无的放矢”“装腔作势”等，都是成语，概括很到位。

生：形象直白。“甲乙丙丁，开中药铺”很形象，不难懂。有读者意识。

师：活学活用。讲话、演讲，当然要更通俗一些，好懂。我们不能只是套用知识，还应该注意知识的具体使用。

师：我们还要进一步分析，还有哪些维度帮助我们认识这党八股的罪状？比如看看这里的分类，你有什么发现？（播放PPT第8页，展示表2）

表2

序号	角度	分类：共性
①		言之无物、语言无味、空话连篇
②		装腔作势、像个瘪三、不负责任
③		不看对象
④		借以吓人
⑤		到处害人、流毒全党、妨害革命、祸国殃民

生：“不看对象”，是在分析原因。

生：“借以吓人”，是目的，这是不对的，要以理服人、以德服人。

生：⑤是党八股会造成的危害，并且危害会越来越大，后果越来越严重，层层递进。

师：①②放到一起比较呢？

生：①更像有些人说话的样子，②更像说他们人到底是怎样的。

生：②还可以细究，“不负责任”是点到了某一类人的本质。

师：总结一下，我们在有针对性地分析问题并且形成文字时，可以从多样的角度，如外在形象、内里本质、原因、结果、目的、动机等，这将大大提高我们分析与写作的能力。

师：最后还有一点，请大家说说对题目的看法。从《反对党八股》说起。

生：八股文又臭又长，这是一种比较和暗示。是模仿。

师：这也叫“戏拟”，充满了讽刺味道。鲁迅也是如此。

生：那么多“主义”，除了题目中明确提到的“拿来主义”之外，很多动作都可以加上“主义”两个字。

师：对，这些“某某主义”一点都不高深莫测，特别接地气，而且天生长着一副反讽脸。和讽刺的文风很契合。这种表达充满了戏谑。

任务三：基于仿写的实战演练

师：有点印象，有点粗略的收获，下面就要请大家来学着写一写。（播放 PPT 第 9、10 页，央视公益广告《节约无小事：餐馆篇》）请同学们模仿《反对党八股》，列举“罪状”。要求句式整齐。

（两位同学写在黑板上）

生：故作大方，剩菜倒光；公款报销，菜多为妙；面子主义，浪费随意；挑三拣四，溺爱孩子。

生：多多益善，故作大方；公款消费，肆无忌惮；死要面子，拒绝打包；溺爱孩子，高兴就好。

师：为什么笑？好不好？

生：读了以后才知道是押韵的，都是四四这样的对联结构。写得也不错，既分析了原因，为面子，也说到了实质，不是真大方……

师：这个假大方，我们还可以说，花的是公款，是慷他人之慨，本质上都是——

生：既虚伪又自私。

师：同学们，老师有意识地选择了这两位，是因为他们写得相似，结构上都完全仿照《反对党八股》，有没有大胆突破的同学讲一讲自己拟的提纲？

生：我写的是“大方、面子、高兴、报销”。

师：这位同学概括得好。原因有二，一是，突破模仿对象，模仿不必是一模一样的；二是——哪位同学来说说？（播放 PPT 第 11 页）

生：黑板上写的都是按照视频的四个场景来分类、概括“罪状”的，但这位同学不是按照“罪状”来写的，也是一种突破。

师：写作是一种自由的创作，展现的是“我”对一种社会现象的审视、分析以及说明能力。

师：接下去，请同学们学习《拿来主义》，写一段驳斥文字。要求具有讽刺性。（播放 PPT 第 12 页）

生：中国人向来是注重“面子主义”。为了面子而铺张浪费是理所当然的事，尤其是情侣之间，不点一桌满汉全席而倒掉近一半不足以体现热情与豪爽，打包了的饭菜也因妨碍逛街被一对对爱美女性所鄙弃——这当然又是为了面子。而若是打着公家报销的旗号，那同事聚餐之时更是要点到菜盆近乎溢出桌面;有时大人惯纵孩子时也会如此点菜,至于剩下多少菜,似乎不在考虑范围内。几十年前的“粒粒皆辛苦”,似乎到现在变得一文不值,毕竟饭菜早不稀缺,似是可以不必节约了,这又是情有可原的。(生笑)

生:模仿《拿来主义》第一段,模仿得很像。

师:缺点也要说。

生:还是太像了,没突破。将四个场景串起来,语言上虽很讽刺,但也就是描绘了画面场景,没有深度。

师:是的,很有趣,但又少了点深度。回忆一下刚才播放的视频,能不能从四个意识的角度谈谈?(播放 PPT 第 13 页)

生:现实意识,生活中浪费现象挺严重的。食堂里剩菜剩饭情况多,光盘行动还是很有必要的。

师:不只谈到了抽象的浪费问题,还结合了现实中的观察。还有吗?难道不想一想这三年来的日子?

生:这几年疫情,吃饭都要隔座,还有隔板,还要用公筷。

师:虽然有点偏题,但是以“饮食”作为关键词,观察现实中的相关现象,也可以做一篇文章。

生:我说说“读者意识”,这里的几个场景生活中都挺常见的,看的人肯定都碰到过,有共鸣,感同身受。这说明选材很成功。

生:发现了浪费的问题,其原因是好面子,还有是不花自己的钱,本质是自私。

师:且不谈语言,看视频肯定比看文字受欢迎。那么,我们能不能在现有的基础上做进一步的有针对性的提升、聚焦?比如,换个思路,“罪状”不要那么多条。

生:前面几个对着自己的女朋友、老同事、老同学,都是装阔气、爱面子;最后一个是对孩子的溺爱。其实就是两个原因——面子、溺爱。

师:概括简洁有力,体现了同学的压缩功力。那么是什么原因造成的呢?我们换个思路,得到了面子,失去了——

生:“里子”。

生:“失真”。溺爱孩子叫“失度”。

师:再聚焦,怎么解决?提出问题、分析问题,还要解决问题。比如第三、第四两个场景。

生:打包就行,不浪费。或者少点一点,够吃就行。

师:有其他不同见解吗?突破。第四个场景解决问题了吗?孩子满意了吗?看出同样的做法,在两个场景中起到的作用是一样的吗?

生:第三个场景有用,第四个,孩子肯定不喜欢,应该让他点菜。

师:也就是说,刚才“打包”这一做法属于事后补救,亡羊补牢。但点菜适量,是事前的做法。

师:解决的方法可以很多,思考问题也可以做些突破。四个场景在探讨节约的同时,还在探讨什么问题?

生:公款吃喝,违法了;溺爱孩子,是教育问题;朋友关系,好面子吧。

师:总结得很到位,这些都是在节约这个话题基础上,进一步挖掘内涵,使问题的讨论更有效，更深入，更具有现实意识。

师：我们这堂课的目的是通过课文学习有针对性地表达观点的方法，通过微写作训练从合适的角度用恰当的语言表达自己的观点和态度，进一步提升了自己思考问题的能力。回家作业是请同学们对学校的“垃圾分类”情况做一个调查，根据自己的调查，以“发现问题”为导向，为主题班会写一篇演讲稿。（播放 PPT 第 14 页）

下课！

【教学反思】

基于新课标、新教材的理解运用，基于大单元微专题、情景性活动化的教学，进行了这样的教学探索。

1. 教学内容的确定

部编版教材必修上册第六单元是论述文单元，文章选择涉及古今中外，大约可以分成三类：第一类是古文，需要优先会解决字词疏通的问题；第二类两篇，偏向于散文、随笔，表达自由化；第三类就是今天课堂上进行的群文阅读的两篇，适合作为议论文写作范文。同时本单元的最终指向是写作，课堂微写作也就成了可以选择的一种手段。

2. 教学设计的架构

本课开始之前，对两篇文章都做了单篇教学。本课的教学设计大致可以分成两个板块。第一个板块是对课文的梳理。在观点、时代等倾向上面做信息梳理，是为了在更宽广的背景层面上引导学生了解两篇文章的写作背景和写作特征；同时因文章内容繁杂，特意选择了党八股的八条罪状作为核心内容，指导学生学习论述文写作的针对性问题，概括为四种意识。第二个板块的内容是模仿写作与思考延伸。选择视频的目的是降低文字干扰、设置情境。任务的目的还是要落到学生的写作上来。写作的重点是仿写，引导学生做进一步的探索，同时养成习惯，能运用疏通课文时学到的四种意识。

3. 课堂呈现形式多样化

本节课的核心，是以四种意识为代表，提升学生的讨论能力和写作修改能力。教学过程中使用了预制的课件，配合以板书“四个意识”，既有师生交流，也有学生探讨，既有纸面写作，也有板演呈现，还有教学视频辅助，形式多样。

要注意课堂形式的多样化得建立在聚焦本课核心问题的学习上。课文是载体，知识是客体，语言的表达与写作的落实是课程的主体。

阅读微专题

笔调与旨趣:随笔的表达

执教/浙江省余姚中学　姜宁宁

本课课件

【专题目标】

联读《读书:目标和前提》《上图书馆》,比较不同类型随笔的笔调以及旨趣的异同,感受随笔自由灵活的笔调,体悟优秀随笔丰富、深刻的旨趣,并进一步探究其笔调与旨趣之间的关系。

【预习任务】

1. 自读课文,梳理两篇随笔的行文思路,明确其结构特征,在预习任务单中画出两文的思维导图。

2. 组建学习小组,细读文本,分工合作,比较两文在笔调与旨趣上的异同,并完成表1、表2。

表1

篇目	表现形式				笔调特征	
	行文结构	遣词	造句	表达方式	异	同
《读书:目的和前提》						
《上图书馆》						

表2

篇目	表达对象	表达缘由	表达目的
《读书:目的和前提》			
《上图书馆》			

【教学实录】

任务一：咬文嚼字析概念

师：（播放 PPT 第 1 页）同学们，你们热爱阅读吗？

生（七嘴八舌）：爱，很爱，非常爱。

师（笑）：听到这个答案，老师深感欣慰。毛姆曾经说过，"阅读是一座随身携带的避难所"。（播放 PPT 第 2 页）阅读可以庇佑心灵，抚慰精神，塑造人格。今天我们要学习两篇关于阅读的文章，我把这节课的主题定位为笔调与旨趣。这里有两个关键词，分别是"笔调"和"旨趣"。那么，问题来了，何谓笔调？何谓旨趣？请同学来做个解释。

生：我觉得笔调就是风格，旨趣就是主旨。

师：你的答案已经很接近《现代汉语词典》中对笔调和旨趣的解释了。（播放 PPT 第 3 页）《现代汉语词典》将笔调定义为文章的格调。而格调，又是指不同作家、不同作品艺术特点的综合表现。至于旨趣的定义，则是主要目的和意图。这里我们可以将其界定为文章的目的和意图。那么，《读书：目的和前提》以及《上图书馆》这两篇文章的笔调和旨趣又有哪些异同呢？

任务二：求同探异辨笔调

师：我们先来探究两者笔调的异同。要辨别笔调的异同，就必须透过现象看本质。此处的"现象"指的是笔调的表现形式，也就是文本的结构、遣词、造句和表达方式等技法。上课之前，同学们已经用表格的形式梳理过两篇文章在行文结构、遣词、造句和表达方式上的异同了。（播放 PPT 第 4 页）下面我们就以小组为单位，来交流预习成果。首先有请结构小组的组长来展示小组学习成果。

生：我们小组认为，这两篇文章的结构都比较松散自由。但是，又有各自的特点。

师：PPT 上的思维导图是你们小组绘制的吧。（播放 PPT 第 5、6 页，展示图 1、图 2）

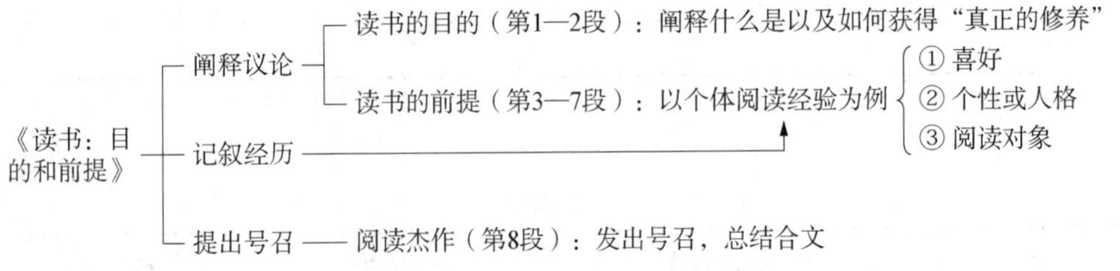

图 1

生（点头）：是的。

师：你可以结合这两幅思维导图来具体谈谈两篇文章各自的行文结构吗？

《上图书馆》
- 上图书馆之乐：引出上图书馆之乐（引用名言）（第1—3段）
- 上图书馆经历（第4—9段）
  - 中学阶段 —— “公书林”
  - 大学阶段 —— 清华图书馆
  - 留学期间 —— 包德林图书馆、英国博物馆圆形图书馆
- 图书馆有奇趣：上图书馆也有奇趣（第10段）

图 2

生:《读书:目的和前提》先阐释道理，然后介绍了个人阅读经验，最后又提出对策。(见图 1)有点像议论文中的逻辑顺序。而《上图书馆》是以时间为线索展开的，主要讲了自己在不同图书馆中读书的经历。(见图 2)

师:梳理得不错！所以，它们结构上的共同点是自由灵活，不同点是一个按逻辑顺序组织行文，一个按时间顺序架构全篇，对吗?

生:是的。我们小组认为，从结构的角度来说，虽然两者都自由灵活，但前者更接近议论文的结构，更严谨、理性一点，后者更接近叙事散文的结构，更松散、感性一点。

师:我赞同你们的观点。感谢组长的分享。接下来是第二小组，你们可以围绕遣词，说说两篇文章的相同或差异吗?

生:我们小组比较了两篇文章的遣词，发现黑塞的《读书:目的和前提》中有很多关联词，王佐良的《上图书馆》则没有那么多关联词。

师:你们的目光很敏锐。能围绕文本举例，说明这些关联词的表达效果吗?

生:比如《读书:目的和前提》的第二段有一句话，“对于我们来说，问题不在于尽可能地多读、多知道，而在于自由地选择我们个人闲暇时能完全沉浸其中的杰作，领略人类所思、所求的广阔和丰盈，从而在自己与整个人类之间，建立起息息相通的生动联系，使自己的心脏随着人类心脏的跳动而跳动”。这里用了“不在于”“而在于”“从而”这些关联词，先用“不在于”否定了错误观点，然后用“而在于”提出了正确观点，最后用“从而”展示了这样做的结果。用了关联词以后，文章就显得严谨了。《上图书馆》则没有那么多关联词。

师:是的，有了关联词以后，句与句之间的黏合就更紧密了，作者的观点就更鲜明了，文章就更警策了。除了关联词，还有其他遣词方面的特征值得比较吗?

生:还有就是黑塞的文章中多用书面语，而王佐良的文章中有不少口语。

师:这倒是一个独特的发现，请你结合文本中的实例来论证你的观点。

生:在黑塞的文章中，我们看到了“共振”“闲暇”“戕害”“卷帙”“涉猎”等书面语，另外还有很多的成语。王佐良的文章中也用了一些成语，但是有很多词语较为口语化，比如“闪着光”“进入了”“吃力”“神气”等。

师:那么，它们各自给你什么样的感受?

生:我觉得前者的词汇比较丰富，后者比较质朴。

师:语感不错。我也觉得，从遣词上看，前者确有丰赡的特征，后者则较为淳朴。不仅如此，老师还发现，有一个动词两位作者都在各自的文章中使用过，慧眼如炬的你们发现了吗?

生（寻找片刻后，七嘴八舌地回答）：消磨。

师：同一个词在不同句子中的含义相同吗？请同学为大家朗读这两句话，并联系上下文的语境说一说两位作者分别要通过这个词传达什么。

为数甚多的年轻人，似乎觉得舍弃愉快的生活而埋头读书，是既可笑又不值得的；他们认为人生太短促，太宝贵，却又挤得出时间一星期去泡六次咖啡馆，在舞池中消磨许多时光。

当时《中学生》杂志正在介绍斯蒂文生的小说《宝岛》，我读得有趣，对作者的其他小说也产生了好奇心，果然在"公书林"里找到了书架上一排斯蒂文生的书，拿下来翻了几本，虽然只记得了它们的书名，那个下午却是消磨得很愉快的。

生（朗读）：两个"消磨"的含义不一样。黑塞认为，为数甚多的年轻人在舞池中消磨许多时光，这里的"消磨"含贬义，有批评的意味；王佐良说，那个下午却是消磨得很愉快的，这里的"消磨"含褒义，有赞美的意味。

师：前者你用了"批评"这个词，我觉得很贴切，这是一种严肃的批评。而后者确实是褒义的，但用"赞美"来概括，似乎不大妥帖，能不能再想想？这句话的主语是谁？要表达什么情感？

生（恍然大悟）：哦，主语是"我"，后者应该是抒情，抒发忘我的、沉浸式阅读时的愉悦。

师：所以从笔调特征上来说，前者和后者有什么区别？

生：前者更理性，因为背后是深邃的思考；后者更感性，更活泼轻松，更充盈着个人情感。

师：很好！为你深刻的洞见点赞。（其他学生鼓掌）那么从"造句"上来看，有什么特色呢？造句小组请陈述你们的观点。

生：我们小组认为，这两篇文章的句式都较为自由灵活，都以散句为主。但是《读书：目的和前提》中有很多较长的复句，比如第一段中的第二句话。《上图书馆》并没有那么多复句，看起来句子比较短，比如第六段的开头，"后来我上大学进了清华"，第七段的第一句"真实的世界却在暗淡下来"。

师：你从句式特征的差异背后感受到了什么？

生：黑塞侃侃而谈，似乎在雄辩；王佐良娓娓道来，好像在回忆。

师：你们组的想法惊艳到了我，"侃侃而谈""雄辩""娓娓道来""回忆"，这些关键词真是言简意赅，一针见血！好，轮到技法小组了。

生：我们小组关注的是表达方式。从表达方式上看，黑塞的文章主要是议论、记叙，王佐良的文章主要是记叙、描写和抒情。

师：对，两者都有记叙。追问一句，记叙在两篇文章中的地位旗鼓相当吗？

生（思考片刻）：不一样，黑塞的文章中，记叙是为议论服务的，作者记叙自己的读书经历是为了论证如何阅读。而王佐良的文章以记叙为主，记叙了个人上图书馆的经历。

师：的确如此。那么，你能结合文本，分别谈谈两者隐含在记叙这种表达方式背后的笔调特征吗？

生：一个有激情，一个含深情。比如，《读书：目的和前提》第六段"从此我便孜孜不倦地搜寻大厅中那一个个高高的书架，经常在扶梯顶上一坐就是几个钟头”，这个叙述中充满了对读书的热爱，充满了热情、激情。《上图书馆》第二段的叙述中也充满了感情，但跟黑塞的激情不同，那是一种深情的缅怀。

师：“激情”“深情”，这两个词精辟地点出了两者笔调的差异。由此，我们可以将刚才的小组发言综合一下，归纳两者笔调特征的异同。谁愿意做一个整合分享？

生（举手）：两者的笔调都是自由灵活、自然率性的。相对而言，《读书：目的和前提》警策、丰赡、激情、理性，是侃侃而谈的雄辩文，而《上图书馆》轻松、淳朴、深情、感性，是娓娓道来的回忆录。

师：一针见血，要言不烦，感谢你的分享概括。（其他学生鼓掌）

任务三：寻根溯源探旨趣

师：那么为什么两者的笔调会呈现出如此这般的差异呢？笔调和什么有关？

生（举手）：和作者本身有关。查阅资料后，我发现，黑塞出身于传教士家庭，传教士的职责是说服人们信仰宗教，他们擅长用现身说法来说理和规劝，黑塞可能受了家庭的影响吧，黑塞的笔调比较有激情，能侃侃而谈，有雄辩的味道。而王佐良是一位翻译家，翻译家一般会忠实地传达原文的内容，所以比较淳朴，能够娓娓道来。

师：你的发现很有价值！笔调的确和作家的身份出身、气质禀赋、学养人格等相关。你课后可以再钻研这个问题，下回我们也可以专门开一节课，探讨笔调和作者的关系。除此之外，作者的笔调还与文章要表达的旨趣密不可分。接下来，我们将围绕表2，从表达对象、缘由、目的三个方面来探讨文章的旨趣，并进一步深研笔调和旨趣之间的关系。（播放PPT第7页）首先，请同学们比较《读书：目的和前提》以及《上图书馆》的表达对象。

生：我觉得《读书：目的和前提》的表达对象应该是当代年轻人，因为文章最后提到了“为数甚多的年轻人”。而《上图书馆》我好像看不出是在对谁表达，有可能表达对象也是年轻人吧。

生（举手）：我有不同的看法。我赞同刚刚同学所说的，前一篇文章的表达对象是当代年轻人，但是后者似乎并不是特意写给某些年轻人的。感觉《上图书馆》有回忆录的性质，作者可能就是在自言自语，追忆在图书馆度过的美好时光。所以，有没有一种可能，作者的表达对象是他自己，或者年轻时候的自己？

师：你真是慧眼独具，透过层层迷雾，让我们看到了隐含的表达对象。英雄所见略同，我也有这样的感觉。（其他学生鼓掌）那么，两篇文章的表达缘由是否相同？它们针对的是怎样的社会现实背景？

生：不同，前一篇针对当今之世对书籍已经有些轻视的现象，第二篇我看不出很强的现实针对性。

师：很好！你帮我们解决了表达缘由，也就是为什么要表达这个问题。接下来我们要比较的是表达目的，或者我们也可以理解为作者写作该文要达到什么样的效果。

生：《读书：目的和前提》的表达目的在于规劝年轻人多读书，《上图书馆》的表达目的应该是为了记录这段美好的记忆吧。

师:这个回答过于简单,能不能更具体一点?

生(思考):前者试图从教育和修养两个方面探索人性,希望年轻人通过读书提高修养,达到心灵和个性的自我完善。后者的目的在于与青年时的自己对话,探寻自己热爱读书的源头,同时也表达了对阅读的热爱。

师:不错,同学们已经能够透过现象看本质,寻根溯源探旨趣了。

任务四:由此及彼建关联

师:但是,笔调和旨趣有什么内在联系呢?请同学们结合《读书:目的和前提》或者《上图书馆》的笔调和旨趣来思考这个问题。给大家一些时间,同桌之间互相讨论,准备发言。

(同桌之间开始讨论,教师巡视并参与讨论)

师:讨论到此为止,接下来请同学展示讨论的成果。

生:我和我的同桌都认为,旨趣决定笔调,笔调反作用于旨趣。譬如《读书:目的和前提》,作者针对当代年轻人对书籍已经有些轻视的现象来写作,希望年轻人通过读书提高修养,达到心灵和个性的自我完善。因为要说服年轻人读书,所以他的笔调必须是警策、丰赡、激情、理性、侃侃而谈的,否则很难说服他人。

师:是的,你为我们解决了旨趣决定笔调这一问题。但是,你刚刚又说,笔调反作用于旨趣,怎么理解?

生:笔调可以更好地表现旨趣吧。但我表述不出来。

师:有同学可以帮助他吗?

生(举手):笔调能够更好地表现旨趣,体现在《读书:目的和前提》中,作者的笔调警策而又丰赡,可以让文章更有说服力,激情又不失理性,可以让文章更有感染力。侃侃而谈的雄辩,客观上又更好地表达了旨趣,驱动年轻人去读书。这就是笔调表现主旨吧。

师:补充得真好!综合两位同学的发言,我们可以得出一个结论——旨趣决定了笔调,笔调表现了旨趣。(播放 PPT 第 8 页)同学们,你们知道这两篇文章是什么文体吗?

生(齐声回答):随笔。

师:根据我们刚刚的分析,大家可以告诉我,随笔有什么特点吗?

生:随笔的笔调自由灵活、自然率性,随笔的旨趣丰富深刻。

师:是的,概括得非常准确、精当。正如其定义——随笔是一种散文体裁,篇幅短小,表现形式灵活自由,可以抒情、叙事或评论。今后同学们在写作随笔的过程中,一定要记得,旨趣决定笔调,笔调表现旨趣。这正是内容决定形式,形式表现内容!好的,我们这节课就上到这里。

任务五:举一反三巧迁移

师:课下给同学们留一个作业。根据我们课堂上的内容来举一反三,比较林语堂《读书的艺术》和老舍《读书》的笔调和旨趣,完成表 3。(播放 PPT 第 9 页,展示表 3)

表3

笔调和旨趣	笔调						旨趣		
篇目	表现形式				笔调特征		表达对象	表达缘由	表达目的
	行文结构	遣词	造句	表达方式	异	同			
林语堂《读书的艺术》									
老舍《读书》									

【教学反思】

本教学实录以必修上册第六单元的两篇自读课文——《读书：目标和前提》《上图书馆》为载体，以随笔的笔调与旨趣为抓手，以联读比较为主要学习方法，来探索随笔“怎样表达”以及“表达了什么”。在完成本课的教学后，我认为，该课有如下两点值得记录：

1. 紧扣文本，因体而教

《读书：目标和前提》与《上图书馆》同属随笔范畴，但前者以说理为主，为议论性随笔；而后者以叙事见长，为记叙性随笔。因此，在教学时，我不仅让学生关注到了同为随笔的两篇文章在笔调和旨趣上的共通之处，更着眼于两者作为独特的“这一个”的特性，即笔调和旨趣的差异。当然，该差异不是凭空得出，而是在引领学生深入文本的肌理，字斟句酌，咀嚼涵泳，辨别体悟后逐渐明确的。譬如，在课堂上，我通过让学生比较两篇随笔中都出现过的“消磨”一词，使其感受同一个词在不同语境中的用法差别，从而得出二者在笔调上的差异之一——理性和感性之别。这一课堂细节是对“紧扣文本，因体而教”理念的实践。

2. 贴合学情，以生为本

作为自读课文，《读书：目标和前提》与《上图书馆》的理解难度并不大，高一的学生能够凭借自身的阅读经验读通、读懂。至于如何读全、读透、读深刻，还需要教师的点拨和引领。因此，在预习任务单中，我设计了两张表格，为学生提供了随笔笔调和旨趣的比较角度，引导其围绕表格中的角度展开思考，并且组建学习小组，进行讨论。课堂上，我尽量把解读文本的权力还给学生，让他们充分地思考、探讨、发言。回顾本课的教学过程，有一些“旁逸斜出”的发言惊艳到了我，比如一位学生提出笔调和作者本身有关。他进一步阐释，黑塞出身于传教士家庭，受了家庭说理氛围的感染，因而其笔调呈现出激情而理性的特征。虽然此番发言和我的答案预设不同，虽然偏离了“旨趣”这条教学主线，但是我还是充分肯定了这个有价值的发现，鼓励其课后继续探究。尽管这是本堂课的小插曲，然而这个插曲却让我收获颇丰，也再一次印证了践行“以生为本”的理念，必定会让课堂如源头活水一般，充满生成的乐趣。

当然，教学永远是遗憾的艺术。因为教学时间有限，未能让学生对笔调和旨趣的关系展开充分的研讨。期待能够在今后的教学中切磋琢磨，精益求精，将课堂打磨得更加完美。

以书会友:我的阅读体验分享会

执教/宁波滨海国际合作学校　宋登水

本课课件

【专题目标】

感受第六单元黑塞和王佐良笔下的读书场景,利用互联网查找其他阅读者的读书经验,联系个人最难忘的读书经历,提炼出适合自己的个性化读书经验,理性思考名著阅读方式,树立终身阅读理念。

【预习任务】

1. 写一则关于名著的推荐语,150 字以内。
2. 说一段自己的阅读故事,2—3 分钟。
3. 讲一条自己的阅读经验,2—3 分钟。
4. 就“更喜欢纸媒阅读,还是数字阅读”话题提出自己的观点,说明理由。

【教学实录】

任务一:我的阅读推荐

师:(播放 PPT 第 1、2 页)在绍兴三味书屋,有这么一副对联“至乐无声惟孝悌,太羹有味是诗书”,下联讲的就是读书的滋味。很多人生体验我们无法从生活中直接获得,但可以通过阅读来感受。

黑塞在《读书:目的与前提》中有这样的阐述,我们一起读一读。(播放 PPT 第 3 页)

> 让我们每个人都从自己能够理解和喜爱的作品开始阅读吧!但单靠报纸和偶然得到的流行文学,是学不会真正意义上的阅读的,必须是杰作。杰作常常不像时髦读物那么适口,那么富于刺激性。杰作需要我们认真对待,需要我们在读的时候花力气、下功

夫。我们先得向杰作表明自己的价值，才会发现杰作的真正价值。（黑塞《读书：目的和前提》）

师：这是黑塞给我们的建议，这节课我们所说的阅读对象是杰作，或者叫名著。爱默生也说过类似的话，“如果你遇到一个有才华的人，应当问他读的是什么书”。（播放 PPT 第 4、5 页）今天，我想问问同学们，有才华的你们都读过什么书呢？请向大家做一个推荐。

生：明日隔山岳，世事两茫茫。张爱玲笔下的《半生缘》就像微秋里的冰饮，令人感到薄凉。十四年前的回忆，十四年后的重逢，恋爱里罗曼蒂克的幻想，不过是平平淡淡活下去的支撑。每个人都试探着走下去，就像书里说，“人生太长，我们怕寂寞；人生太短，我们怕来不及”。这本书，适合在人生的不同阶段，看一遍又一遍。围炉煮酒，小酌慢饮，趁心头温存尚在，与书里的他们次次相遇。（鼓掌）

师：请说说你为什么会推荐这本书吧！

生：我第一次看《半生缘》还是在初二，那个时候有点看不太懂，不太明白书中的一些感悟。前不久又温习了一遍，发现自己好像更加能理解书中人物的选择，所以推荐这本书。

师：不同的阶段读出不同的感悟，非常好！名著之于生活，恐怕就是这样常读常新的。下一位同学来推荐吧！

生：红是希望，黑是绝望；红是爱情，黑是现实；红是革命，黑是保守。法兰西正处于历史的岔路口，而一名农村青年于连正在这十字路口张望。他怀着一颗桀骜不驯的内心，一套逆天改命的想法，他要让荣耀为他俯首，让历史为他书写。我推荐阅读《红与黑》。

师：说说你为什么推荐《红与黑》吧！

生：我喜欢于连这个角色，作为农村青年，按理说可能默默无闻跟着父亲学木匠，但他没有屈服于现实，而是努力学习，改变自己的命运。

师：于连历来是个颇具争议的人物。每个人都能读出不一样的于连。

任务二：我的阅读故事

师：中华民族自古热爱读书，前有孙敬悬梁、苏秦刺股、匡衡凿壁，后有闻一多“醉”书、华罗庚猜书……每个人都有自己独特的读书故事。你有什么精彩的读书故事呢？请说出来与大家分享。（播放 PPT 第 6 页）

生：去年读《复活》，主要利用零碎时间看，又想着做其他事情，看一点就放下了。过了些天再次拿起这本书，翻到上次结束的那一页，竟想不起来前面的内容，于是决定从头读起，几天后又被事情耽搁了。第三次拿起这本书与第二次相同。几个月后，我依然停留在故事的前半段，看着已经重复无数遍的文字，突然提不起兴趣，失去了耐心。我感觉自己没有阅读的毅力。

师：相信听了这个故事，大家都想起《红楼梦》的阅读经历吧，高一上布置阅读《红楼梦》，有些同学将前五回看了好几遍，一直走不下去。王佐良先生为我们提供建议，请看 PPT。（播放 PPT 第 7 页）

“公书林”的房子也宽敞，舒服，而且环境优雅，至今我都记得馆外的一片绿色和馆内的幽静整洁。我在那里翻阅了许多英文小说，当时我的英文程度很有限，多数原著是我看不懂的，但是仅仅摸着那些书，看看它们的封面、目录和插图之类也使我高兴。（王佐良《上图书馆》）

生：初中毕业前夕，奶奶去世了，接下来一段时间我很伤心。偶尔读了《摆渡人》，感觉得到一点安慰。很多瞬间我在迪伦身上看到了自己的影子，一个人在关系中真正看到或者接受的是实现自我成长，磨炼自己的人生。在一个黑暗环境里，只要你能看到光和希望，总有崔斯坦来到你身边，也总能完成自我救赎。忧伤、焦虑、恐惧、悲痛，这些负面情绪，都是黑暗中的亡灵，我们被别人摆渡的同时，也摆渡着别人，最后，我们成为自己的摆渡人。

师：阅读让人产生困惑，也能缓解我们的负面情绪，抚慰心灵。每个人都有自己的阅读经历，比如熬夜在宿舍里看小说的故事，你有吗？（同学在窃笑）一起谈论某个小说的情节，做出自己的评价，你会吗？（同学点头认同）

一个人的阅读史，就是他的精神成长史。《平凡的世界》中孙少平也酷爱阅读，他阅读《白轮船》时，有怎样的感受呢？请大家看 PPT。（播放 PPT 第 8 页）

回到“新居”以后，他点亮蜡烛，就躺在墙角麦秸草上的那一堆破被褥里，马上开始读这本小说。周围一片寂静，人们都已经沉沉地入睡了。带着凉意的晚风从洞开的窗户中吹进来，摇曳着豆粒般的烛光。

孙少平一开始就被这本书吸引住了。那个被父母抛弃的小男孩的忧伤的童年；那个善良而屡遭厄运的莫蒙爷爷；那个凶残丑恶而又冥顽不化的阿洛斯古尔；以及美丽的长角鹿母和古老而富有传奇色彩的吉尔吉斯人的生活……这一切都使少平的心剧烈地颤动着。当最后那孩子一颗晶莹的心被现实中的丑恶所摧毁，像鱼一样永远地消失在冰冷的河水中之后，泪水已经模糊了他的眼睛；他用哽咽的音调喃喃地念完了作者在最后所说的那些沉痛而感人肺腑的话……

这时，天已经微微地亮出了白色。他吹灭蜡烛，出了这个没安门窗的房子。（路遥《平凡的世界》）

师：我们在成长过程中，应该像孙少平一样热爱阅读。

任务三：我的阅读经验

师：2022 年 4 月 23 日，以“阅读新时代，奋进新征程”为主题的首届全民阅读大会在北京召开。习近平总书记特致贺信，信中说“阅读是人类获取知识、启智增慧、培养道德的重要途径，可以让人得到思想启发，树立崇高理想，涵养浩然之气。中华民族自古提倡阅读，讲究格物致知、诚意正心，传承中华民族生生不息的精神，塑造中国人民自信自强的品格”。（播放 PPT 第 9 页）

师：请跟大家分享你的阅读经验吧！

生：我读名著时常常联系自己的经历，阅读过程中，我会问自己——在这种情景下我会怎么做？这种情况下我会说些什么？《飘》的主人公郝思嘉表达对黑人保姆的依恋，而美国北方人却十分反感黑人，我感触颇深，我想如果自己生活在这个环境中该怎么走出来？我会大声呼喊吗？还是进行诉讼，或向政府请愿？我发现根本找不到出路。经过一番思想自由旅行，再重新回到书中，也就理解了书中描写的困境。我与书时刻在交流，我希望自己能与名著产生共鸣。（鼓掌）

生：名著大多比较厚，有的还有上下两册甚至多册，所以我喜欢在阅读之前先看书的前言或作者的话。特别是外国名著，它所描写的时代、社会生活与我相差甚远，如果我不去先翻一遍，直接看它的故事，可能无法理解人物的所作所为。在前言或序言中，可以读到作者写作的用意。如果是编者或者译者写的，他也会对作者的生平和写作背景有一些简要的叙述。

生：如果我喜欢某个作者，我比较喜欢顺着他的作品往下读，比如读陀思妥耶夫斯基的《白夜》，很有感触，就接下去读《罪与罚》《卡拉马佐夫兄弟》等。也有顺着某个主题往下读的，比如想了解反乌托邦文学，我就读了《1984》《我们》《美丽新世界》，从而形成相对全面的看法。（鼓掌）

生：我并不是很喜欢沉浸式阅读，把自己想象为主角，更喜欢成为主角家里吊灯上的一颗螺丝，观看全局。对于主角的表现，我可以有自己的理解，或认同，或反对，或认为值得商榷。对于作者的写法，我也会有自己的意见，在情节设置、人物表现、艺术手法方面，我更喜欢以批判性态度来阅读名著。

师：同学们都给出了很好的经验，值得我们好好借鉴，认真尝试。或许因为这些尝试，我们产生新的阅读兴趣，找到新的阅读方法，达到新的阅读境界。

任务四：我的阅读思辨

师：阅读，是一种充盈生活、塑造心灵的生活方式。与书为伴，颇有一种岁月静好的感觉。随着互联网的发展，人们的阅读方式发生很大的变化，数字阅读已为越来越多的年轻人接纳。但也有很多人依旧喜欢纸媒阅读，喜欢那种墨香气。你阅读名著时，更喜欢采用纸媒还是数字媒介呢？请阐述自己的观点，并说明理由。（播放 PPT 第 10 页）

生：我喜欢用纸媒阅读。数字阅读包括使用电子书、手机等，那上面有很多别人阅读的痕迹，会影响自己阅读判断。我喜欢通过纸媒阅读，形成自己单纯的想法。

生：我喜欢数字阅读。正是因为数字阅读可以有多人参与，我才真正喜欢。可以找到观点相同的读者分享阅读的愉悦，也可以跟不同观点的读者做一番辩论，通过辩论更深入理解名著的内涵。数字阅读突破了纸媒阅读的孤独感，所以我喜欢数字阅读。（鼓掌）

师：两位同学为我们打开了谈论的话题，都很有理由，其他同学怎么看呢？

生：如果需要交流阅读心得，我们完全可以线下交流，未必非要数字平台不可。只有静下来阅读，才能读得深入，才能发现自己的影子，喧嚣的阅读只能走马观花。

生：我认为数字阅读具有纸媒阅读所有的优点，还能克服纸媒阅读存在的不足。数字阅读一样可以让人静下心来，可以选择关闭所有交流，它是一个能进能退的工具，不是阅读的累赘。此外，数字阅读还可以突破阅读感官的限制，通过有声书籍、视觉影像进行阅读，它的便利性远远超过纸媒。

生：阅读名著需要思考，它不是快餐阅读。拿一本书，可以长时间进行阅读，对视力伤害不大。数字阅读却不然，对眼睛的伤害很大，对人体也有一定的辐射作用。即使通过技术的更新，伤害越来越小，但毕竟一直存在着，纸媒阅读能给人安全感。

生：数字阅读确实让人有损害视力、辐射损害身体的担忧，纸媒同样有伤害眼睛的弊端。长时间阅读，不管采取哪种方式，都会损害视力，这一点不能仅仅怪罪于数字阅读。纸媒还有油墨等化学物质的污染。但这些都是媒介中存在的小缺点，不值一提。关键看哪种阅读方式能带来更多好处，无论是携带方面，还是使用方面，数字阅读的便利性远远超过纸媒。（鼓掌）

生：大家都在谈论阅读方式问题，从便利性来说，数字阅读远远超过纸媒，这一点我非常认同。但我们要注意的是，对于名著这个客体就未必了。名著是什么？是醇香的美酒，是浓郁的蜂蜜，岂能每天通过字数阅读来感受？名著一定要通过纸媒阅读才有味道，并且要找一个特殊的时间，在一块安静的地方，细细品味。这就是名著的魅力，它需要仪式感。（鼓掌）

生：阅读名著需要沉浸式，需要尊重和仪式感，这是非常难得的。实际上，我们在这个社会里奔波，课业会占用一些时间，以后工作也会占用一些时间，家庭琐事还会占用一些时间，一天被分割成一个个的碎片，很难像古人那样煮茗添香夜读书。适合现代社会的仪式应该是在每一个碎片的时间里，尽快让自己静下来，让疲惫的灵魂得以休憩。这样名著不再是高高在上的神灵，而是融入大众内心的良药，这难道不是更好发挥名著的社会功能吗？（鼓掌）

师：两位同学的观点我都非常认同，静下来慢慢读可以提升个人修养，将名著阅读化整为零则能促进社会普及。不管是纸媒，还是数字媒介，终归只是一种阅读的方式，我们多数时候是综合各种阅读方式来接近名著，希望名著能在我们心中生根发芽，开花结果。

杨绛先生说，读书不是为了拿文凭或者发财，而是成为一个有温度、懂情绪、会思考的人。给大家推荐一本书《以书会友：十八世纪的书籍社交》，有空可以阅读，体会十八世纪欧洲通过书籍进行社交的文化，更有利于我们产生阅读兴趣，热爱阅读。（播放 PPT 第 11 页）

今天的学习就到这里，下课，同学们再见！

【教学反思】

鸟欲高飞先振翅，人求上进先读书。阅读是语文课堂的必然使命，更应该是每个公民的终身习惯。统编版高中语文教材必修上册第六单元选录了黑塞《读书：目的和前提》和王佐良《上图书馆》两篇文章，它们谈论的话题都是阅读。单元课后学习任务中要求：“本单元的一些文章描述了作者读书求学的经历，如黑塞在祖父的巨大藏书室中捞取‘珍珠’，王佐良在清华大学的图书馆感受‘新世界’，这些场景带给你什么样的感受？你有过哪些难忘的读书经历？请跟同学分享一下。”新课标提出“整本书阅读”任务群，要求学生“在阅读过程中，探索阅读整本书的门径，形成和积累自己阅读整本书的经验”。所以选择阅读名著的主题进行综合实践活动，组织学生分享阅读故事和阅读经验，助力高中生阅读学习是非常必要的。基于此，才有了这堂课的初步构思。

本堂课以任务活动的方式展开，整个学习过程以同学分享为主，老师只是起着组织引导作用。任务分为四个板块，即我的阅读推荐、我的阅读故事、我的阅读经验和我的阅读思辨，亮点之一在于立足“我”开展讨论，让每个同学都有话可说，也能说出自己真切的体验。这样的课堂才有无限的可能性和创造力，恰如设想一样，整堂课下来，气氛热烈，学生妙语不断，真正将课堂还给学生。亮点之二在于最后的小辩论环节，同学们就喜欢通过纸媒还是数字媒介来阅读名著展开小辩论，各抒己见，从辩论的思想来看，同学们做了比较充分的准备，思考层层深入，现场非常热闹，高潮迭起，直到下课仍未尽兴。

如果要进一步优化这堂课，可以考虑从以下方面进行改进：第一、小辩论的话题可以更加丰富。其实在课前准备时，我还设想了好几个关于名著的辩题，比如“我们更应该阅读名著还是流行文学”，这个辩题比较传统，学生可以找到很多资料；再比如现在有很多“三分钟带你读懂一本书”“五分钟学习名著”的小视频，可以考虑设置“我们更应该阅读原著还是观看短视频学习名著”的辩题，它有一定的争议性；还可以结合网络上“带你读名著”“读书打卡”等活动，设置“是否应该打卡读名著”的辩题；甚至可以考虑讨论“我们应该‘孤独’读名著，还是社交式阅读名著”。选择什么样的辩题主要看学生喜爱和关心哪方面。第二、学习成果太丰富，没能及时让更多学生展示自己，由于课堂时间限制，每个环节浅尝辄止，不能让更多同学发言，可以考虑课后将同学们的优秀作品集中展示或结成小集，算是课堂学习的物化成果。第三、课堂虽以“我”来串联，由感性到理性，但中间环节过渡不太自然，没有行云流水的感觉，需要在以后教学中加以润色。

三问四有明针对，巧论妙证铸华章：议论文写作指导

执教/浙江省余姚中学　姜宁宁

本课课件

【专题目标】

通过分析“病文”，找到问题症结；利用范文引路，明确论证的针对性，学习论证的方法。举一反三，学以致用，为写作议论文服务。

【预习任务】

阅读下面的材料，根据要求写一篇不少于800字的文章。

因父亲总是在高速路上开车时接电话，家人屡劝不改，女大学生小陈迫于无奈，更出于生命安全的考虑，通过微博私信向警方举报了自己的父亲；警方查实后，依法对老陈进行了教育和处罚，并将这起举报发在官方微博上。此事赢得众多网友“点赞”，也引发一些质疑，经媒体报道后，激起了更大范围、更多角度的讨论。

对于以上事情，你怎么看？请给小陈或老陈写一封信，表明你的态度，阐述你的看法。

要求：综合材料内容及含义，选好角度，确定立意，完成写作任务。明确收信人，统一以“明华”为写信人，不得泄露个人信息。

【教学实录】

任务一：望闻问切诊病因

师：（播放PPT第1页）同学们，阅读了大家的习作，老师发现了一些典型“病例”。下面我们就来进行“名医会诊”，为这些“病文”诊断病因，开具处方。请大家分组讨论，找出三个语段中的弊病。（播放PPT第2页）

语段一

小陈：

你好！你为了道德和法律，大义灭亲，令人尊敬。而作为一名司机，一位父亲，老陈你开车接电话，尤其是在高速公路上接电话，真是危险至极。

语段二

尊敬的小陈：

君之所为，可谓君子。

眼见至亲以轻薄之举，屡置生命于险境。何等忧患！君不顾世俗阻遏，大义灭亲，此实顾道德、亲情于两全。

语段三

小陈：

你好！我对你的做法表示很赞同。俗话说“虎毒不食子”，曹植也说过“本是同根生，相煎何太急”。对比众人的不作为，你的大义灭亲显得可歌可泣。

（学习小组讨论，教师巡视并参与讨论。）

师：第一小组的代表请告诉我，语段一有什么问题。

生（第一小组）：我们小组认为，这个语段的论述对象不明确。一开始说的是大义灭亲的小陈，而后又开始说以身犯险的父亲，乍一看不知道这封信要写给小陈还是老陈。

师：是的，中途易辙导致本文的言说对象不明确。第二小组呢？你们发现第二个语段的问题了吗？

生（第二小组）：这个语段文绉绉的，有卖弄文采的嫌疑。小陈应该不会喜欢这样古奥生僻的文字。

师：的确，这段文字不像是写给小陈这位大学生的，倒像是写给某位老学究的。就语段二，本组组员还有补充吗？

生（第二小组）：书信的称呼也有问题。用“尊敬”来形容“小陈”似有矛盾。

师：你的感觉很敏锐。这里谦称、敬称混用了，不合常理。接下来请第三小组代表发言。

生（第三小组）：语段三的论证方式也有问题。“虎毒不食子”形容父亲太夸张了，怎么能说老陈是老虎呢？（笑）另外，“众人不作为”的说法，也不合情理。

师：很好。那么，同学们能归纳出三个语段的共性吗？

生：都没有重视议论对象，导致论证方法和语言风格出现了问题。

师：这位名医真是慧眼如炬。既然病因已经找到，那么接下来我们就需要提出改进的办法了。（播放 PPT 第 3 页）

问题共性：不注重议论的针对性，未明确写作对象，导致论证方式和语言风格失当。

方法：“三问四有明针对”。

操作：

“怎么了”，关注现实，找出身边存在的问题——问题意识。

“怎么办”，明确议论的目的——目的意识，提出解决的对策——对策意识。

“怎么说”，在行文结构、论证方式、语言风格上下功夫，让读者更容易接受——读者意识。

师：这个办法，我称之为“三问四有明针对”。这里就涉及议论的针对性。议论要有针对性，必须解决三个问题。“怎么了”，关注现实，找出身边存在的问题，要有问题意识。“怎么办”，明确议论的目的，提出解决的对策，这就要有目的意识和对策意识。“怎么说”，在行文结构、论证方式、语言风格上下功夫，让读者更容易接受，要有读者意识。

任务二：范文引路寻良方

师：好，我们通过一篇范文，来寻找医治“议论没有针对性”的良方。请同学们围绕表1，讨论学案中的范文。（播放PPT第4、5页，展示表1）

春风化雨，润法融情

亲爱的小陈：

你好！

我是明华，是一名普通的高中生。最近我了解了关于你的新闻，不由感慨良多。

我明白，生命如此珍贵而脆弱，生而为人，我们应该对自己和他人的生命安全负责。你的初衷是正确的，但同时我觉得，你可以采取一种更温和的方式来劝说你的父亲。

首先，法律和规则的确是有用之物。吴兢曾言：“法，国之权衡也，时之准绳也。”法律如天平，称量着国人的善恶美丑；规则似绳墨，规约着时人正道直行。若二者缺位，整个社会便会陷入一片混沌的泥沼。当他人对违法行为视而不见，当家人对违规行为劝而不止，你选择了诉诸法规，向警方举报了父亲开车打电话的行为。我明白你的无奈和担忧，钦佩你的公正和无私，也知晓这是一条可行之路。但，这么做的话，会不会太不人性化？会不会将家庭问题上升到社会层面，从而引起不必要的“围观”？

五千年的华夏文明，塑造了中国人含蓄、委婉、重整体、讲人伦的民族性格。故事“证父攘羊”中讲的就是，楚国有个自称叶公的高官对孔子说：“我们这里有个能行‘直道’的人，他的父亲偷了别人的羊，他去告发了。”孔子说：“在我们这里直道与此不同，父为子隐，子为父隐，直道才在其中。”其实，父为子隐，子为父隐，说的是父子亲情，这种亲情始于血缘，终于人伦。一味奉行“直道”，并不能让这个社会充满温情，而我们的社会之所以温暖，其中最重要的原因是有了情感的调剂和人伦的滋养。一个社会中有了讲求人伦的氛围，那些有意犯罪或犯了罪的人才会真正生出羞耻之心，才能真正荡涤社会风气。所以小陈，难道你的“大义灭亲”之举真的是最佳方案吗？

其实在欧美的法律中，也有沉默权和至亲家眷不用相互举证的规定。这个规定不是担心串供，而是希望不要伤害到家人间的亲情。当社会没有人伦之情做基础，举报之风盛行，连身边的亲人都无法信任时，法律的严明也就失去了它本来的意义。

小陈，我不是说亲人之间一定要姑息纵容彼此的罪行，而是认为举报这种手段不应该被用于此处——亲密的父女关系间。我认为，你完全可以采用更温和的手段，春风化雨般，调和法与情之间的矛盾。比如寻求调解或者坐下来，一条条地为父亲列出开车分心的风险和危害。

孔子曾说："道之以政，齐之以刑，民免而无耻。道之以德，齐之以礼，有耻且格。"我希望，我们能用春风化雨的方法将问题妥善地解决。

祝：

万事顺遂！

明华

2021年4月8日

表1

针对性	怎么了	怎么办	怎么说		
	现实与问题	目的与对策	言说对象	语言风格	论证方式
《春风化雨，润法融情》					

（学习小组开始讨论，教师巡视并参与讨论）

师：请第一小组解决"怎么了"的问题，探究本文所面对的现实与问题。

生（第一小组）：老陈在高速上打电话，女儿小陈向警方举报。

师：好，言简意赅！"怎么办"组，请问，本信写作的目的和对策是什么？

生（第二小组）：目的是向小陈提出建议。对策是用比较理性、温和的方式劝说父亲，既明义理，又顾人情。

师：确乎如此，本文的目的和对策都是明确的。接下来我们看看本文是"怎么说"的。其言说对象、语言风格和论证方式分别是怎样的？

生（第三小组）：本文的言说对象是小陈，语言风格是亲切自然而又诚挚中肯，论证方式有对比论证、举例论证、引用论证、比喻论证和因果论证。

师：非常好！通过范文，我们看到，一篇优秀的议论文除了要明确现实与问题之外，还要提出目的和对策。然后针对言说对象，选用合宜的语言风格和恰当的论证方式。（播放PPT第6页，展示表2）

表2

针对性	怎么了	怎么办	怎么说		
	现实与问题	目的与对策	言说对象	语言风格	论证方式
《春风化雨，润法融情》	老陈高速路开车打电话，女儿向警方举报	向小陈提出建议。用更温和的方式劝说，明义理，顾人情	小陈	亲切自然、诚挚中肯	对比论证、举例论证、引用论证、比喻论证、因果论证

任务三：对症下药疗文疾

师：有了支架以后，我们不妨回头看看刚才的三段“病文”。它们针对的是什么现实问题？目的和对策又各是什么？

生：针对老陈高速上开车打电话，女儿向警方举报的问题。目的是肯定小陈的行为，对策是阐明孝和义的关系。

师：好，“症状”是明确了，然后要“对症下药”了。给大家一点时间，修改三个语段。

（学生修改，老师巡视指导）

师：三个语段修改好了吗？

生（七嘴八舌）：修改好了。

师：哪一位同学先来展示你对第一个语段的修改？

生（举手）：第一个语段的言说对象中途易辙了，所以我把言说对象都改成了小陈。我是这么改的，“小陈：你好！为了道德和法律，你大义灭亲，令人尊敬”。

师：很好，经你一改，言说对象就明确而统一了。所以，我们在写作时，要“找准靶子定对象”。接下来，有请第二位同学来修改语段二。

生：我改成了，“亲爱的小陈：你好！对于你举报父亲高速违章之事，我深表赞同。当看到父亲屡屡置自身和他人的安全于不顾时，你毅然向警方检举了父亲。乍看来是大义灭亲，但我更能从中窥见你对父亲的爱。可以说是兼顾了道德与亲情”。我觉得这样比较通俗易懂。

师：是的，你一改，文章就不再佶屈聱牙，我们的大学生小陈也能够读懂了。这给了我们一个启示，在写作时，我们必须“斟酌语言虑文风”。第三位同学展示他的成果之前，我们先来回顾本单元的一篇课文《反对党八股》，请同学依据表3中的例句来谈一谈，常见论证方式的作用及需要规避的失误。（播放PPT第7、8页，展示表3）

表3

论证方法	例证	作用	需要规避的失误
	今天开的干部大会，这“干部”两个字，就是从外国学来的		
	鲁迅曾经批评过这种人，他说“辱骂和恐吓决不是战斗”		
	懒婆娘的裹脚，又长又臭		
	斯大林的演说——官老爷的文章		

生：第一句是举例论证，它能够让论证更具体、形象，增强说服力。需要规避的失误有例子太长，叙述的文字太多等。

师：这里，我还要做一点补充，我们写作时要选用恰当的例子来论证论点，当然叙述例子的时候宜精简，不能太冗长。好，那么第二句呢？

生：引用论证，毛泽东引用了鲁迅的话。引用论证，特别是引用名人名言可以增强说服力，让文章更有文采。我个人运用引用论证的时候，往往会有光引用不论述的毛病。

师:你所说的毛病具有普遍性。好多同学都面临着引用不自然,引用与论点的衔接不紧密等问题。那么第三句呢?

生:比喻论证。它可以使论证更浅显易懂。失误主要有比喻不恰当等。

师:是的。另外,有些同学所用的比喻十分生僻,不够形象、浅显。所以,我们在用比喻论证时要极力规避这两种失误。请说说第四句吧。

生:对比论证。我认为运用这种方法可以让论证更明确,赞成什么,反对什么,更加清晰。但是有些同学所用的对比论证缺乏典型性,导致对比不强烈、不鲜明。

师:你说得真好!我们从范文中习得了常见的论证方式的作用以及需要规避的问题。(继续播放 PPT 第 8 页,展示表 4)

表 4

论证方法	例证	作用	需要规避的失误
举例论证	今天开的干部大会,这"干部"两个字,就是从外国学来的	具体有力地证明论点,增强说服力	举例不恰当、叙例不简等
引用论证	鲁迅曾经批评过这种人,他说"辱骂和恐吓决不是战斗"	增强说服力,使文章更有文采	引用不自然、引用与论点衔接不紧密等
比喻论证	懒婆娘的裹脚,又长又臭	使论证的道理更加浅显透彻,易于读者接受	喻体生僻,比喻不贴切等
对比论证	斯大林的演说——官老爷的文章	突出强调,使论点更鲜明	对比不强烈等

师:下面,你来说一说对语段三的修改吧。

生:我是这么改的,"小陈:你好!我对你的做法表示赞同。对比那些'唯父母是从'的愚忠愚孝,在你身上,我看到了'父母有过,下气怡色,柔声以谏。谏若不入,起敬起孝,说则复谏'的决心"。

师:真好!你改进了论证方法,颇有"点铁成金"的效果。当然,写作是一个"如切如磋,如琢如磨"的过程。接下来我们来切磋琢磨本组同学的习作。请同学们找出小组同学习作的问题所在,并进行修改。接下来,我随机找同学发言。(播放 PPT 第 9 页,展示表 5)

表 5

不当语句	失当原因	修改语句

生:我们小组同学的作文中有一句话是"法律是推动社会发展的阳光"。我认为这个比喻不妥,阳光不能推动社会发展,所以我改成了"法律是推动社会发展的引擎"。

师:你的修改十分妥当熨帖。还有同学对同伴的语段做出修改的吗?

生(举手):我同桌在作文中举了这样一个例子,"说到开车打电话,我的母亲也曾有过类似的经历。她也经常在开车时使用微信聊天。有一天,在经过一个没有红绿灯的十字路口时，她依旧我行我素地和客户聊着业务，丝毫没有减速的迹象。突然，一辆电瓶车从她的车前经过，她也因为分心所以没有刹住车。只听‘砰’的一声，电瓶车被撞出了几米远，电瓶车车主也因此受了伤。经过这件事以后，母亲便不敢在开车时使用手机了”。在我看来，这个例子太长，对母亲经历的叙述过于详尽，语句比较啰嗦，另外，重心不明，不明确举这个例子是要论述什么问题。我改成了，“我的母亲也有类似的经历，开车聊微信让她无法集中精神，撞上了一辆电瓶车。痛定思痛，她改正了这一陋习”。

师：特别好！删繁就简，突显中心。还有同学来分享吗？

生（举手）：某位同学在作文里写道，“罗曼·罗兰说，‘真正的英雄主义就是在认清生活的真相之后仍然热爱它’。您在高速上接电话这一行为，无疑是在拿自己的生命开玩笑。”我认为，引用论证与后文脱节。所以，我修改成了“罗曼·罗兰说，‘真正的英雄主义就是在认清生活的真相之后仍然热爱它’。无数人在看清了生活的真相后，依然负重前行，成了真正的英雄。疫情期间那些逆行者即如此，他们敬畏生命，热爱生命。而您的行为，恰恰与之相反。”

师：这个修改，让引用和论证环环相扣，为你“点赞”！刚刚同学修改润色了小伙伴的语段，接下来我们不妨自己动笔写一写，用多种论证方式来阐释老陈应“敬畏生命，律己虑人”。

（学生动笔写作）

师：时间关系，我们就请一位同学来展示他的大作吧。

生：我们要敬畏自己的生命，且不论“职业是生病，业余是写作”的史铁生如何用纸笔将生命谱成华章，也不说海伦·凯勒如何渴望用三天的光明体认世界。单看芸芸众生中拼命活着的平凡的你我，就知道人生不易。而敬畏，是对这不易人生最基本的态度。您高速路上开车打电话的行为，暴露出您对自己生命的不负责。除了敬畏自己的生命，敬畏他人的生命，亦是十分必要的。您的一个小小的行为，也许会威胁他人的生命安全。因此，请您以法律为准绳，以规则为尺度，敬畏生命，律己虑人。

师：旁边的同学来点评，你觉得这段文字写得如何？

生：超级好！（其他同学鼓掌）这段文字中，他综合运用了引用论证、举例论证、对比论证和比喻论证。并且，这些论证方式都能为论点服务，很好地论证了中心论点。所以我觉得这段文字特别好！

师：是的，我们英雄所见略同，老师也很喜欢这段文字。我们在日常写作议论文的过程中，就可以像这样选择合适的论证方法，并加以综合运用。

任务四：积微成著勤总结

师：课堂到了这里，也就到了尾声。下面请同学来总结一下本课的收获。

生：我们在写作议论文的过程中要问自己三个问题，分别是“怎么了”“怎么办”和“怎么说”。

师：很好，这三个问题是我们写作的出发点。还有补充吗？

生：写作时要关注现实与问题、目的与对策，也要根据言说对象选择合适的语言风格和论证方式。

师：看来你收获颇丰，老师再把你的收获概括一下，我们写作中需要具备问题意识、目的意识、对象意识、读者意识，这样才能让文章更有针对性。还有吗？

生：写作时还要综合使用举例论证、引用论证、比喻论证、对比论证等多种论证方法。

师：是的。三问四有明针对，巧论妙证铸华章。（播放 PPT 第 10 页）这就是我们学习本课最大的收获。希望同学们可以知行合一，学以致用，为写作议论文打下坚实的基础。

任务五：举一反三试牛刀

师：布置一个课外作业，期待大家运用所学，举一反三，触类旁通。请同学们小组合作，完成表 6，并从表 6 三个角度中任选一个，给警方、媒体或网友写一封信，表明态度，阐述看法，不少于 800 字。（播放 PPT 第 11 页，展示表 6）

表 6

针对性	怎么了	怎么办	怎么说		
	现实与问题	目的与对策	言说对象	语言风格	论证方式
执法依法，讲求方法			警方		
传正能量，树新风气			媒体		
认清方向，明辨是非			网友		

【教学反思】

本实录是依据必修上册第六单元的单元任务“议论要有针对性”而开设的一堂写作教学课。在完成课堂教学后，我将本课的教学反思陈述如下，以期为后来的实践者提供助益。

1. 基于学情，聚焦问题

课前，我给学生布置了一篇作文，即 2015 年高考新课标卷 1 的作文。在批阅学生的习作后，我发现，学生的作文中普遍存在“议论的针对性不强”的问题。具体表现在论述对象不明确、语言风格不合宜、论证方式不恰当等方面。而产生这些问题的根源就在于缺少四种意识——问题意识、目的意识、对策意识及读者意识。于是，我将本课的教学目标定位为：通过病文分析，找到问题症结；利用范文引路，明确论证的针对性，学习论证的方法。最终学以致用，为写作议论文服务。

2. 回扣课本，搭建支架

语文必修上册第六单元的议论文，如《劝学》《师说》《反对党八股》《拿来主义》等，均为议论文的典范，为学生的议论文写作提供了模板。在本次写作教学中，我让学生回扣课本，设计了一明一暗、一小一大两个支架。“明支架”也即小支架，在论及论证方法时，以《反对党八股》为范例，通过回顾文中语句，让学生分析常见论证方法的作用及需要规避的问题。“暗支架”也即大支架，也就是“三问”和“四有”——“怎么了”“怎么办”“怎么说”，以及问题意识、目的意识、对策意识、读者意识。事实上，在之前的阅读课上，我已经带领学生分析了《反对党八股》和《拿来主义》的议论的针对性，为本课的教学做好了铺垫。由此，学生获得了写作议论文可供借鉴的支架。在此后的语段修改和语段写作中，他们充分利用了这些课本中的支架，引类连譬，举一反三。

3. 任务引领，读写结合

本课的教学设计充分贯彻了“任务引领”的策略，五个任务——“望闻问切诊病因”“范文引路寻良方”“对症下药疗文疾”“积微成著勤总结”“举一反三试牛刀”，环环相扣、层层递进，既符合学生的认知规律，也能激发学生学习的原动力。另外读写结合也是本课的一大举措，通过阅读范文，学生寻找方法；通过修改病文，学生规避讹误；通过文段写作，学生融会贯通。

当然，本课也存在教学内容紧凑、教学任务繁杂等弊病。在此抛砖引玉，以期后来者改进完善。

第七单元

人格化的自然：景因人而显，人与景共生

执教/宁波市镇海区龙赛中学　虞晓婧

本课课件

【专题目标】

联读《故都的秋》《荷塘月色》《我与地坛》三篇现代写景散文，分析三位作家笔下景物的不同特点，探究人与景之间的关系，体会人与景共生的同一境界。

【预习任务】

1. 搜集郁达夫、朱自清、史铁生的生平资料和三篇文章的写作背景，教师提供相关参考书目和文献资料；

2. 根据搜集到的资料，选择其中最喜欢的一位作家，为他设计制作一张个性化的人物名片；

3. 阅读《故都的秋》《荷塘月色》《我与地坛》第一部分，分别找出描写的自然景物，概括其特点。

【教学实录】

师：今天我们学习《故都的秋》《荷塘月色》《我与地坛》这三篇散文，把握写景散文中“景因人而显，人与景共生”的紧密联系。（播放 PPT 第 1 页）

任务一：景因人显，人景共生

师：（播放 PPT 第 2 页）1972 年，21 岁的史铁生，结束了三年痛苦而漫长的治疗，开始了自己的轮椅生涯。失魂落魄的他摇着轮椅，无处可去，无意间进入了一座古园……这座古园是什么地方呢？

生：地坛。

师：史铁生说自己进入古园之后，就一直没有离开过它。十五年间，他在古园里或是看书，或是想事，他思考了三个问题。请同学们从课文第五、六、七段中找出史铁生在地坛中思

考了哪三个问题。（播放 PPT 第 3 页）

生：第一，关于死的事情；第二，为什么要出生；第三，怎么活的问题。

师：地坛中的景物，有没有为他做出回答呢？先看第一个问题——关于死的事情。在文中，初入地坛的史铁生是什么样子的？他看到了哪些景物呢？请阅读文章第三段，找出答案。

生：他看到了剥蚀了古殿檐头浮夸的琉璃、淡褪了门壁上炫耀的朱红、坍圮了一段段高墙、散落了的玉砌雕栏、祭坛四周的老柏树、到处的野草荒藤。

师：他看到了琉璃、朱红、高墙、玉砌雕栏，这些景物都代表着曾经的地坛是什么样的？

生：繁盛、繁华的。

师：那现在变成了什么样子？

生：现在只剩下苍幽的老柏树和野草荒藤了，变得荒芜冷落。

师：那此时的史铁生是什么样子的呢？从第三段中找出一句话来概括残疾对他造成的打击。

生：一个失魂落魄的人。

师：当时的地坛因遭到毁弃及疏于管理，变得荒芜冷落。（播放 PPT 第 4 页）一个活到最狂妄的年龄上忽地残废了双腿的失魂落魄的人，遇到了荒芜冷落的地坛。史铁生觉得地坛仿佛是为了等他，而历尽沧桑在那儿等待了四百多年。这是人物和景物之间，第一次产生了情感的共鸣。

师：（播放 PPT 第 5 页）第二个问题——为什么要出生？地坛又是怎么回答的呢？在哪些段落有哪些景象集中表现？

生：第五段。作者看到的景象有蜂儿、蚂蚁、瓢虫这些小昆虫，以及树干上留着的蝉蜕、露水。

师：你觉得这些景象和刚才第三段中的景象是一样的吗？

生：不一样，这些景象非常有生机。

师：哪里能看出这样的“生机”？

生：“蜂儿如一朵小雾”，表现出蜂儿的轻盈；“蚂蚁摇头晃脑”“转身疾行而去”，表现出蚂蚁行动迅速、有生命力。

师：在这些景物中，有一处是比较特别的，“树干上留着一只蝉蜕，寂寞如一间空屋”。这处描写充满生命的活力吗？还是有些落寞呢？

生：这里的蝉蜕表现了新生命，我们可以想象蝉这时已经在枝头歌唱了。这也是一种生命的活力。

师：回答得非常好。还有“摔开万道金光”“窸窸窣窣”的声音，都表现出“生机”。让我们带着这种生命的旺盛感，一起来读一下这段描写，从“蜂儿”读到“片刻不息”。

（学生朗读课文）

师：这些生命呈现出地坛另一面，来回答关于“为什么要出生”的问题。地坛中，肯定会有飞鸟、小猫、小狗等其他景物，为什么史铁生不去描写那些景物，偏偏选择这些微小的昆虫、转瞬即逝的露水呢？

生：通过园子中最微小的事物，由小见大，感受到这园子是荒芜但并不衰败的。

师：请设想一下史铁生当时的心情，他会把自己当作是什么呢？

生:我认为他在经历变故之后,看到了自己在整个世界之中也是极其微小的,明白了有些事情不是自己能够主导的。

师:是的,他看到了和小昆虫一样极其微小的自己。小昆虫可以这样张扬生命的活力,那么他呢?

生:他从小昆虫身上得到了一种生的希望。

师:所以,史铁生是在告诉自己,也告诉每一个遇到挫折、身陷困境的人,即使是最卑微的生命,只要积聚力量,也能演绎生命的辉煌。(播放 PPT 第 6、7 页)

师:关于生和死的问题,有必要去探讨"为什么"吗?在第六段中,哪一句话给出了最准确的回答?请大家把这句话读出来。

生:"一个人,出生了,这就不再是一个可以辩论的问题,而只是上天交给他的一个事实;上天在交给我们这个事实的时候,已经顺便保证了它的结果,所以死是一件不必急于求成的事,死是一个必然会降临的节日。"(教师播放 PPT 第 8 页)

师:这段话体现出了史铁生怎样的生死观?

生:死是一件很自然的事情,他对死看得非常豁达。

师:生命的起点和终点已经无需考虑了,我们只需去考虑生命的过程。带着这种豁达的生死观,来回答第三个问题——怎么活的问题。他再去看地坛落日,又是怎样描写的?

生:"譬如祭坛石门中的落日,寂静的光辉平铺的一刻,地上的每一个坎坷都被映照得灿烂。"

师:"落日"通常用来象征什么?

生:落寞、衰亡。

师:但在史铁生的眼中,他看到了什么?

生:新生、希望、灿烂。

师:是的。史铁生在《我与地坛》的第七部分中曾这样写,"但是太阳,它每时每刻都是夕阳也都是旭日。当它熄灭着走下山去收尽苍凉残照之际,正是它在另一面燃烧着爬上山巅布散烈烈朝辉之时"。(播放 PPT 第 9 页)史铁生还写了哪些景象,能够让他在废墟中看到重生,于残躯中找到希望?

生:雨燕、孩子的脚印、苍黑的古柏、草木和泥土的气味、或飘摇歌舞或坦然安卧的落叶……

师:很好,落叶坦然安卧的姿态也呈现出一种希望。就让我们带着这种渴望重生、充满希望的心情,来读一读这"六个譬如"的排比句。

(学生朗读课文)

师:在这人物和景物的三问三答之间,那个被破坏的荒芜冷落的地坛,已经不再是每个人眼中的地坛了,已经成为谁的地坛了?

生:史铁生的地坛,"我"的地坛。

师:从"地坛"到"'我'的地坛",告诉我们在写景散文中,可以通过人去认识这些景物,而这些景物可以因为人得以彰显。(播放 PPT 第 10 页)

师:但是后来,史铁生搬离了那里。史铁生又在《想念地坛》中这样写道,"我已不在地坛,地坛在我"。(播放 PPT 第 11 页)这句话该怎样理解?

有人跟我说，曾去地坛找我，或看了那一篇《我与地坛》去那儿寻找安静……不必再去地坛寻找安静，莫如在安静中寻找地坛……我在地坛吗？还是地坛在我？现在我看虚空中也有一条界线，靠想念去迈过它，只要一迈过它便有清纯之气扑面而来。我已不在地坛，地坛在我。（《想念地坛》）

生："我"的身体已经不在地坛了，但是地坛依然留在"我"心中。"我"已经从地坛中得到了答案，它已经成为"我"的一部分，成为"我"的精神家园。

师：从"'我'的地坛"到"地坛在我"，人物与景物的关系进一步得到了升华——人与景共生。（播放 PPT 第 12 页，展示图 1）

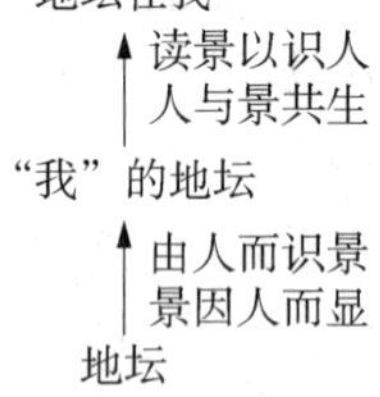

图 1

师：就让我们带着这样的一种思路，来分析一下另两篇文章是如何建构的。

任务二：比较阅读，实践运用

师：1934 年 8 月，漂泊半生的郁达夫不远千里从杭州，辗转青岛，来到北平，只为饱尝这故都的秋味……请坐在左边的两组同学，以四人小组为单位讨论一下，在郁达夫的笔下，故都的秋呈现什么样的特点？从课文第三段到第十一段，选取任意一处景物，来回答这处景物描写是如何呈现这种特点的。（播放 PPT 第 13 页）

时光再往前穿梭，也是在北平，1927 年 7 月的一个晚上，心里颇不宁静的朱自清，带上门出去寻觅一片荷塘月色……请坐在右边的两组同学，也是以四人小组为单位，讨论在朱自清的笔下，这一片荷塘月色是什么样的。研读课文第四段到第六段，选取任意一处景物描写，来回答这处景物描写是如何体现这种特点的。（播放 PPT 第 14 页）

（学生讨论约 5 分钟）

师：下面请四人小组各派代表来回答一下。先来看看《故都的秋》。

生：第四段中的秋槐。但作者关注的不是在树上的那些花，而是落蕊，体现出他内心的悲凉。清晨扫街后，灰土上留下扫帚的丝纹让作者觉得清闲，潜意识下还觉得有点落寞。"清闲"体现了"清""静"，"落寞"体现了"悲凉"。

生：我选择的景物是牵牛花。原文中写"以为以蓝色或白色者为佳，紫黑色次之，淡红者最下"。这几种颜色都是偏冷色调的，"疏疏落落的尖细且长的秋草，使作陪衬"写出了秋的"悲凉"。

生：我们选择秋雨。下秋雨时，都是"在灰沉沉的天底下"，还伴随着"一阵凉风"，体现出层层凉意。

师:为什么故都的秋在郁达夫的笔下是“清”“静”“悲凉”的呢?

生:在郁达夫的生平经历中,他饱尝战乱辗转之苦,当他 1934 年来到北平时,北平也时刻受到战乱的威胁,漂泊无依的悲凉感让他写出这样的景物。

师:1934 年,郁达夫已经 38 岁了。早已过了而立之年的郁达夫,面对着满目疮痍的国家,他的内心当然是悲凉的。除了悲凉,还有眷恋,课文中哪句话最能体现出这种眷恋呢?

生:“这北国的秋天,若留得住的话,我愿把寿命的三分之二折去,换得一个三分之一的零头。”

师:(播放 PPT 第 15 页)连留住北国秋天的方式,都是用寿命去换的,这正是骨子里刻着忧伤悲凉的人才会使用的表达方式。

师:请同学们仿照《我与地坛》中的板书,“地坛→‘我’的地坛→地坛在我”,拟写《故都的秋》的板书。

生:北平的秋→郁达夫的秋→故都的秋。(教师播放 PPT 第 16 页,展示图 2)

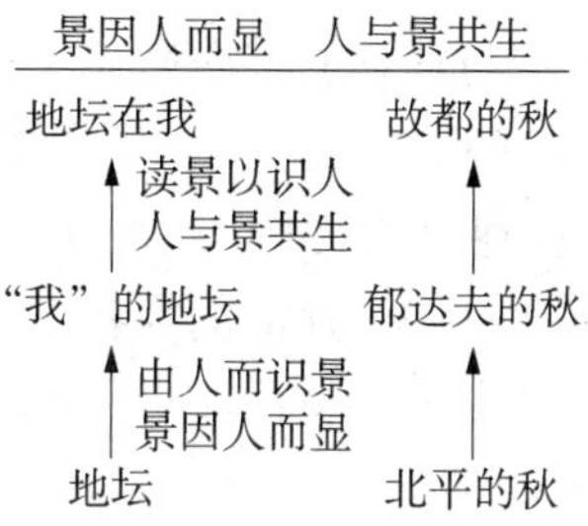

图 2

师:我们再看看《荷塘月色》。

生:第五段中,“仿佛在牛乳中洗过一样”,月光是皎洁的,“又像笼着轻纱的梦”,月光又是朦胧、梦幻的。

生:我们选取的是杨柳。在朱自清的笔下,杨柳“乍看像一团烟雾”,弯弯的、稀疏的,体现出一种风姿,与他为了得到内心的宁静而来到荷塘的心情是相符合的。

师:这位同学不仅回答了景物的特点,还回答了景物和人物的关系。朱自清是一个“求宁静”的人,在荷塘中求得了宁静。

生:我们选取的是荷叶。“出水很高,像亭亭的舞女的裙”,写出了荷叶的恬静、淡雅、优美。还有“缕缕清香,仿佛远处高楼上渺茫的歌声”,写出了香味虽不清晰但朦胧美好,也说明作者求得了宁静。

师:哪句话最能说明朱自清身处在这片荷塘月色中“暂得宁静”了呢?

生:“这是独处的妙处,我且受用这无边的荷香月色好了。”(教师播放 PPT 第 17 页)

师:请同学们仿照《我与地坛》和《故都的秋》的板书,拟写《荷塘月色》的板书。

生:清华的荷塘→朱自清的荷塘月色→独享的荷塘月色。(教师播放 PPT 第 18 页,展示图 3)

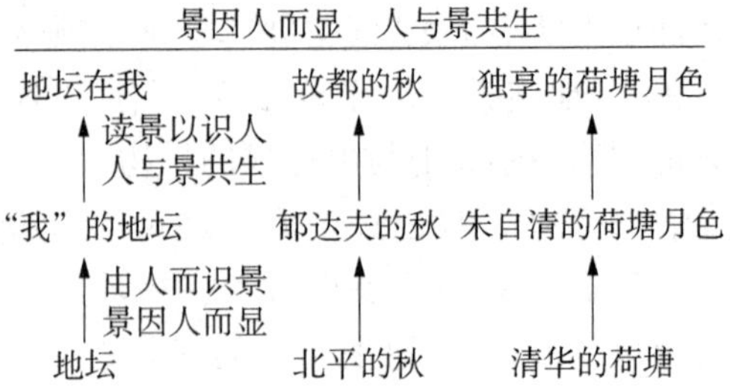

图 3

任务三：拓展阅读，写作练习

师：这三篇写景散文，都可以这样去阅读——客观的景物，融入了人的主观情感，人与景得以共生。

杰出的写景散文，从来都是人物与景物的美丽邂逅。这样的作品还有梭罗笔下的《瓦尔登湖》，瓦尔登湖原本只不过是美国康科德镇上的一片小湖，当梭罗在这里春观冰融，夏赏花开，秋望红叶生，冬看野兽藏。还有利奥波德的《沙乡年鉴》，我们一起来读一下这段文字，“自然力的忧伤和静谧沉重地堆积在每一个存活的生物上。尽管如此，我的每一棵松树却都背负着沉重的积雪，一排排笔直矗立着，岿然不动……此时此刻，我便觉得自己全身充满了勇气。”（播放 PPT 第 19 页）

我们不仅可以带着这样的思路去阅读写景散文，还可以去创作写景散文。活在这珍贵的人间，太阳强烈，水波温柔，一定有那么一处地方，那里的景物或是曾经激励过你，或是曾经治愈过你，或是曾经感动过你。选一处在你的生命中最有意义的地方。以“我与________”为题，写一段写景散文。（播放 PPT 第 20 页）

【教学反思】

统编语文教材必修上册第七单元选编了《故都的秋》《荷塘月色》《我与地坛》三篇现代写景抒情类散文。本次教学意在层层深入地去解读此类散文描写景物的特点和独特的人物情感，最终提升学生的阅读鉴赏能力和语言建构运用能力。

1. 从文本细读，得见人景关系

从单篇文本细读的角度来说，这三篇散文中的任意一篇都可以作为细读文本，引导学生解读个性景物，窥得人物心情。在《我与地坛》的第一部分中，在初入地坛时，失魂落魄的史铁生的眼中只有荒芜冷落的景象。朱自清在《荷塘月色》中直接交代了“颇不宁静”，想要求得宁静的心情，决定了他笔下的荷塘月色必然是幽淡宁静的。在忧郁的郁达夫眼中，只看到秋雨愁人、秋槐落蕊，在忧郁的郁达夫耳中，只能听到秋蝉残声、驯鸽飞过。作家的人生经历使其形成自己独特的写作个性，作者人物性格的开朗与沉郁、人物情感的喜悦与忧愁决定了他笔下景物的乐与哀。

2. 从单篇精读，迁移群文联读

本次教学选择以《我与地坛》的第一部分为切入口，在“景因人显、人景共生”的逻辑框架中，紧扣人物与景物的关系，形成“地坛→‘我’的地坛→地坛在我”的板书，引导学生认识客观情境、感知主观情境、体悟共生情境，再迁移到另外两篇散文。同时突破教材选文的局限，指导学生阅读其他同类型散文，如梭罗的《瓦尔登湖》、利奥波德《沙乡年鉴》。

3. 从阅读鉴赏，扩展练习写作

在《普通高中语文课程标准（2017 年版 2020 年修订）》中，明确地将“审美鉴赏与创造”列为语文核心素养之一，要求通过审美体验、评价等活动形成正确的审美意识、健康向上的审美情趣与鉴赏品位，并在此过程中逐步掌握表现美、创造美的方法。在课堂的最后部分引用海子的诗《活在珍贵的人间》，设计了“写一篇以‘我与________’为题的写景散文”的任务，让学生在提升阅读鉴赏能力的同时，建构语言运用机制，增进语文学养。

人格化的自然：自然之美，各美其美

执教/余姚市梦麟中学　沈丽丽

本课课件

【专题目标】

联读五篇写景散文《故都的秋》《荷塘月色》《我与地坛》《赤壁赋》《登泰山记》，重点赏读每个文本的写景段落，感知大自然之景，各美其美，比较发现美的不同风格。

【预习任务】

联读五篇散文，完成以下预习任务：

1. 整体把握五个文本中的写景内容，在自己欣赏的景物描写的语句边写下旁批，并把自己最喜欢的景物描写语句和相应的旁批展示在预习任务单中。
2. 选择自己喜欢的景物描写段落，有感情地大声朗诵。
3. 根据自己喜欢的景物描写段落，展开想象，置身其境感知美景，用文字形式呈现。
4. 从描写对象、氛围意境等角度比较景物之美的风格差异。

【教学实录】

任务一：旁批入境，初识其美

师：（播放 PPT 第 1 页）今天很高兴和同学们一起走进散文的美景里去欣赏大自然之美。在预习时，同学们已经对景物描写的语句做了旁批。现在我请几位同学来分享他们的旁批。

生：（播放 PPT 第 2 页）“说到了牵牛花，我以为以蓝色或白色者为佳，紫黑色次之，淡红者最下”，此处作者看似用色丰富，实则只选蓝、白两色，作者偏用冷色调，与文首的“北国的秋，却特别地来得清，来得静，来得悲凉”所构意境相适，表现了故都秋的清、静特点，此中也暗含着作者内心的一些悲凉。

师：老师发现，这位同学对色彩的感知很敏锐，对色彩的冷暖色调也有一定的了解，从牵牛花的蓝白两色就感受到了故都清、静、悲凉的秋味。

生:(播放 PPT 第 3 页)“曲曲折折的荷塘上面,弥望的是田田的叶子。叶子出水很高,像亭亭的舞女的裙。层层的叶子中间,零星地点缀着些白花,有袅娜地开着的,有羞涩地打着朵儿的;正如一粒粒的明珠,又如碧天里的星星,又如刚出浴的美人。”这一段中用了大量的比喻修辞,将叶子比作舞女的裙,形象生动地写出了荷叶的舒展;用比喻、拟人的手法描写白花,既形象生动地写出了花朵点缀在荷叶上的形态,又表现了白花的美丽。

师:你在旁批里谈到作者通过比喻、拟人写出了荷花的美。你能具体说说这种美吗?

生:“明珠”“星星”“美人”,这些事物都很美。“明珠”和“星星”给人感觉是明亮的,可能是作者想要表现月光下白色的荷花,在微风的吹动和绿叶的衬托下,所呈现出来的忽明忽暗的感觉。“出浴的美人”就是比一般的美人更美的感觉。

师:其实在翻看大家的预习任务单时,老师发现喜欢这几句的同学很多,我们再请其他同学来分享一下他们的旁批。

生:“明珠”晶莹剔透、饱满,可能表现的是月光下荷花含苞欲放的形态,还有“出浴的美人”给人感觉不仅仅是美,还有纯洁、洁净。

师:这让我想到一个词“纤尘不染”。

生:拟人修辞写出了多种姿态的荷花,“袅娜”这个词描绘出来的是荷花绽放的姿态,“羞涩”这个词描绘出来的是荷花含苞待放的姿态。

师:通过这几位同学共同的解读,我们更深入地感受到了朱自清笔下荷叶荷花的美。

生:(播放 PPT 第 4 页)“蜂儿如一朵小雾稳稳地停在半空;蚂蚁摇头晃脑捋着触须,猛然间想透了什么,转身疾行而去;瓢虫爬得不耐烦了,累了,祈祷一回便支开翅膀,忽悠一下升空了;树干上留着一个蝉蜕,寂寞如一间空屋”,作者摇着轮椅,正值惆怅惘然不屑人生之时,来到荒芜的地坛,见到一派毫不衰败、生机勃勃的景象,用拟人手法赋予昆虫不一样的生机,显示出生命与生命的活力。

师:这位同学感受到了地坛中的生命力,在作者笔下,各个小生命都在自由自在地繁衍生息,地坛是各种生命的乐园,呈现在我们面前的是在荒芜表面掩盖下的自然生命之美。

生:(播放 PPT 第 5 页)“清风徐来,水波不兴”,写水兼写风,“徐”字从触觉写清风之柔缓,“不兴”从视觉写风之轻柔,描绘出秋江的澄净,这也是内心的写照。

师:对文字解读非常细致,从这八个字感受到了风的轻柔。“不兴”这个词,刚才这位同学认为是写出了江的澄净,我觉得倒不如说是描绘了江的静谧。

生:(播放 PPT 第 6 页)“极天云一线异色,须臾成五采。日上,正赤如丹,下有红光动摇承之,或曰,此东海也。回视日观以西峰,或得日或否,绛皓驳色,而皆若偻”,这里的“偻”字用得极好,“偻”在文中引申为鞠躬的样子,原因是周围的山都比日观峰低,十分形象。这句写的是作者观日时的场景,描绘了壮美绚丽的日出之景。

师:你觉得“绚丽”体现在哪里?

生:“极天云一线异色,须臾成五采”,日出时从天边的一线异色顷刻间变成五光十色,再到后面的“正赤如丹”“绛皓驳色”,这个色彩的变化就很绚烂奇丽。

师:刚才你在旁批中还用了“壮美”这一词,为什么?

生:旭日东升,还有大海承托着它,给人一种红日升空、君临天下的磅礴气势,所以这种美是很壮阔的。

师：绚丽、壮美、雄伟，我想很多同学都已经被这样的日出之景震撼了。

师：刚才分享的这几份旁批，鉴赏的句子来自不同的文本，它们展现了大自然中不同的景象。我们发现，大自然的景果真是各美其美。今天的课堂，我们就以文学的形式开启一趟美的旅程。

任务二：听读美文，品味其美

师：我根据大家的旁批，在每篇课文里选了一段大家比较喜欢的文字。每个语段都给我们描绘了一幅非常美的画面。这么美的画面，这么美的文字，我想请同学用优美的声音来读一读。在读之前，老师提一个小小的建议，大家在读和听的时候可以展开想象，想象自己来到了那个自然之景，置身其境地去感知它的美。现在就开始我们的朗诵。（播放 PPT 第 7 页，配乐《秋日的私语》）

> 不逢北国之秋，已将近十年了。在南方每年到了秋天，总要想起陶然亭的芦花，钓鱼台的柳影，西山的虫唱，玉泉的夜月，潭柘寺的钟声。在北平即使不出门去吧，就是在皇城人海之中，租人家一椽破屋来住着，早晨起来，泡一碗浓茶，向院子一坐，你也能看得到很高很高的碧绿的天色，听得到青天下驯鸽的飞声。从槐树叶底，朝东细数着一丝一丝漏下来的日光，或在破壁腰中，静对着像喇叭似的牵牛花（朝荣）的蓝朵，自然而然地也能够感觉到十分的秋意。说到了牵牛花。我以为以蓝色或白色者为佳，紫黑色次之，淡红者最下。最好，还要在牵牛花底，教长着几根疏疏落落的尖细且长的秋草，使作陪衬。（《故都的秋》）

（一名学生朗诵）

师：读得真好，这位同学的朗诵，确实能让我们有身临其境之感。坐在一椽破屋的院子里，听着驯鸽的飞声，欣赏着破壁腰中的牵牛花，感受着故都的秋意。不过，有个别读音，需要同学们留意下——潭柘（zhè）寺、一椽（chuán）破屋。接下来，让我们一起前往朱自清笔下的《荷塘月色》。（播放 PPT 第 8 页，配乐德彪西的《月光》）

> 曲曲折折的荷塘上面，弥望的是田田的叶子。叶子出水很高，像亭亭的舞女的裙。层层的叶子中间，零星地点缀着些白花，有袅娜地开着的，有羞涩地打着朵儿的；正如一粒粒的明珠，又如碧天里的星星，又如刚出浴的美人。微风过处，送来缕缕清香，仿佛远处高楼上渺茫的歌声似的。这时候叶子与花也有一丝的颤动，像闪电般，霎时传过荷塘的那边去了。叶子本是肩并肩密密地挨着，这便宛然有了一道凝碧的波痕。叶子底下是脉脉的流水，遮住了，不能见一些颜色；而叶子却更见风致了。（《荷塘月色》）

（一名学生朗诵）

师：我想请同桌来评价一下这位同学的朗诵。

生：我觉得她读得特别好，荷叶舒展，荷花纤尘不染、晶莹剔透，感觉整个荷塘都是纯净而又宁静的。所以，我总觉得这段文字由女孩子来读的话，会更有感觉。再加上我同桌的音质本身就比较干净清澈，我就觉得特别合适，在她的朗读声中，似乎我们的心也跟着沉静下来了。

师：读的同学表现得很棒，声音也特别好听，评价的同学结合了文本和同桌的音质特点，评价细致也很到位。接下来，请同学用声音带我们走进史铁生的《我与地坛》。（播放 PPT 第 9 页，配乐《仙境》）

“蜂儿如一朵小雾稳稳地停在半空；蚂蚁摇头晃脑捋着触须，猛然间想透了什么，转身疾行而去；瓢虫爬得不耐烦了，累了，祈祷一回便支开翅膀，忽悠一下升空了；树干上留着一个蝉蜕，寂寞如一间空屋；露水在草叶上滚动，聚集，压弯了草叶，轰然坠地，摔开万道金光。”“满园子都是草木竞相生长弄出的响动，窸窸窣窣窸窸窣窣片刻不息。”这都是真实的记录，园子荒芜但并不衰败。（《我与地坛》）

（一名学生朗诵）

师：我也请一位同学来点评一下。

生：整体读得还是不错的，在这位同学的朗读声里，感受到了这些小生命的活泼可爱、自由自在，感觉这不是一个荒芜的地坛，像是一个充满了趣味的乐园，确实读出了生机勃勃之感。但是，这位同学有个读音需要纠正一下，“树干上留着一个蝉蜕（tuì）”。

师：这位同学评价得很全面，也请大家留意这个容易读错的读音。剩下的两个语段，就让我们一起来朗诵。（播放 PPT 第 10 页，配乐古筝版《雨碎江南》）

壬戌之秋，七月既望，苏子与客泛舟游于赤壁之下。清风徐来，水波不兴。举酒属客，诵明月之诗，歌窈窕之章。少焉，月出于东山之上，徘徊于斗牛之间。白露横江，水光接天。纵一苇之所如，凌万顷之茫然。浩浩乎如冯虚御风，而不知其所止；飘飘乎如遗世独立，羽化而登仙。（《赤壁赋》）

（教师播放 PPT 第 11 页，配乐《龙泉府》）

戊申晦，五鼓，与子颍坐日观亭，待日出。大风扬积雪击面。亭东自足下皆云漫。稍见云中白若樗蒱数十立者，山也。极天云一线异色，须臾成五采。日上，正赤如丹，下有红光动摇承之，或曰，此东海也。回视日观以西峰，或得日或否，绛皓驳色，而皆若偻。（《登泰山记》）

（师生共同朗诵）

师：读这两段文字时，除了把握语调、语速等朗读技巧，也需要注意个别字的读音——冯（píng）虚御风、樗（chū）蒱（pú）、绛（jiàng）皓驳色。

任务三：置身其境，再现其美

师：通过朗诵，我们在想象中感受到了大自然之景。现在我们是否可以尝试着用文字的形式来呈现它的美。请同学们挑选一个听读时想象中最喜爱的美景，参照“我来到了______

__，仿佛看到了（听到了/闻到了）……这真是一幅________的画面”这样的结构，来呈现你感受到的美。（播放 PPT 第 12 页）

生：我来到了地坛，仿佛看到了蜂儿于空中飞翔，蚂蚁在地上或行或止，瓢虫从草叶上忽地一下飞起，树干上留着蝉的痕迹，露水在草叶上滚动，聚集，坠落。这真是一幅生机勃勃的画面。

师：这位同学通过一系列动词，展现了地坛中的生命搏动。

生：我来到了赤壁，仿佛看到了澄澈优美而又辽阔的江面，这是一幅多么令人沉醉的画面。

师：这位同学惜字如金啊！有没有其他同学同样选择这一美景的，来和大家分享你的文字？

生：我来到了赤壁，仿佛看到了月光洒落江面，与水雾浸润相融，月色笼水，水波含月，使整个世界笼罩在一派缥缈朦胧的水光月色之中。这真的是一个物我两忘、悠然自得的人间仙境。

师：相比前一位同学，这位同学对于赤壁之景，描绘得更加细腻，而且语言凝练，给我们呈现了一个人间仙境。

生：我来到了月夜下的荷塘，仿佛看到了田田的荷叶和洁净的荷花，仿佛闻到了花、叶的清香。这是一幅幽静淡雅的月下荷塘的画面。

师：你能把荷叶和荷花描绘得更具象一些吗？

生：我来到了月夜下的荷塘，仿佛看到了密密挨着的荷叶，似乎都没留下一丝缝隙。荷花姿态各异，美态纷呈，有的已经完全绽放，有的含苞欲放，随风摇曳，一阵阵荷香扑鼻而来，淡淡的清香，若隐若现，这真是一幅幽静淡雅的月下荷塘图。

师：经过修改，这位同学所呈现的画面更加生动形象，令人向往。

生：我来到了北国的秋天，来到那一椽破屋，仿佛看到了院中的老槐树，阳光斑驳，树影婆娑，破壁腰间绽放着朵朵蓝色的牵牛花，好似一个个高高擎起的喇叭。这是一幅清新而又淡雅的画面。

师：破屋、老槐树、牵牛花，这些景物一下子就把我们带到了故都的秋天。

生：我来到了日观亭，仿佛看到了高耸入云的山峰开始泛白，天边出现了一丝奇异的色彩，须臾间，天空变得绚烂绮丽，五彩斑斓。当我们还沉浸在这美景中，太阳已经喷薄而出，染红了天际。这真是一幅奇丽雄浑的画面。

师：这位同学对色彩变化的描写非常的细致，日出的那一幕景象似乎就在我们眼前。

师：我相信，每个同学都用自己的文字呈现了最美的画面。课后，同学们可以互相分享交流自己笔下的美景。

任务四：比较鉴赏，各美其美

师：通过刚才的朗诵、想象，我们已经感知到自然之美，美得各具千秋。那么，它们的美，又有着怎样的不同？让我们一起来做一个小小的探究。把五个语段放回文本中，联系文中其他写景段落，再来比一比每篇散文所呈现的美景有着怎样的不同。请大家以小组合作的形式讨论，四人一组，一位同学负责记录，并推举一位代表发言。（播放 PPT 第 13 页）

师:为了让大家能更好地完成这个任务,老师先给同学们做个示范。通过课前的预习、刚才的朗诵,我们已经清楚,《故都的秋》这篇散文中,描写对象主要有破屋、牵牛花、落蕊、秋蝉声、秋雨、秋果等,通过这些景物,营造出清、静、悲凉的意境氛围,最后呈现在我们眼前的是一种"悲凉之美",或者我们可以称之为"物哀之美"。(播放 PPT 第 14 页,展示表 1)

表 1

篇目	描写对象	氛围意境	景物之美 (风格)
《故都的秋》	破屋、牵牛花、落蕊 秋蝉声、秋雨、秋果	清、静、悲凉	物哀之美 (悲凉之美)
《荷塘月色》			
《我与地坛》			
《赤壁赋》			
《登泰山记》			

生:什么是"物哀之美"?

师:"物哀"是源自日本的一个文学理念,与我们所熟悉的"悲与美往往是相通的"这一理念是相似的。

师:为了更具针对性,我把任务分配得更明确些,第一、第二组同学负责《荷塘月色》与《我与地坛》的比较,第三、第四组同学完成《赤壁赋》与《登泰山记》的比较。

(学生讨论时间约五分钟,教师可以在一旁提供适当的帮助)

师:现在请各小组来展示成果。先请负责比较《荷塘月色》与《我与地坛》的小组。

生(第一小组):《荷塘月色》写了叶子、白花、荷塘、杨柳,体现了荷塘的清新自然,是一种自然之美。《我与地坛》里,有一段文字写到琉璃、门壁、高墙、雕栏玉砌,但是使用的动词给人一种荒芜、衰败之感。

师:你所说的动词是指哪些?

生(第一小组):比如第三段中"剥蚀""淡褪""坍圮""散落",这些动词让人感觉到这个园子已经荒废很久,所以,我们觉得有一种荒芜之感。下文苍幽的老柏树和野草荒藤又给人一种幽静的感觉,整体呈现的意境,我们组认为是荒芜幽静,是一种荒芜之美。

师:一为自然之美,一为荒芜之美,其他同学是否赞同呢?或者有否补充?

生(第二小组):我不认同。《我与地坛》中的景,看似荒芜,但里面的那些小昆虫,像蜜蜂、蚂蚁之类的,展现了可爱又富有生机的情态,所以,我们觉得是生机之美,就如文中所说"荒芜但不衰败"。

师:荒芜当中也充满生命力。对于《荷塘月色》,你们小组是否还有补充?

生(第二小组):《荷塘月色》确实是一种自然之美,同时,它也展现了幽静之美。

师:请你跟大家说说,你是如何感受到这种幽静之美的?

生(第二小组):描写荷花荷叶时,层层叶子中的荷花,姿态各异,静静地展现自己的美,就能让人感受到那种幽静清幽之美。

师：第二小组的这位同学发表了不同的意见，你要反驳吗？

生（第一小组）：我赞同他的观点，他比我读得更全面，我们小组在讨论《我与地坛》时，主要关注了第三段，所以，我们认为是荒芜的。但是就整篇文章而言，我认为刚才同学的回答更合理，应该是生机之美。

师：看来，对于《荷塘月色》与《我与地坛》的比较，同学们已经达成了一致。接下来就请负责比较《赤壁赋》与《登泰山记》的小组来展示成果。

生（第三小组）：《赤壁赋》里，描写的主要对象有小船、江面、白露、明月、清风，营造了优美澄澈的意境，整体的风格是柔和之美。《登泰山记》里主要是积雪、山峰、日光等比较壮丽的景象，营造出一种壮美、绚丽的意境，整体的风格是壮丽之美。

生（第四小组）：老师，我想做个补充，《赤壁赋》中所呈现的美除了柔和之外，我觉得还有一种朦胧的美，有白露、水光，画面应该是缥缈朦胧的。还有，这段文字中人物活动很自在悠闲，是不是有一种自在不羁的美？

生（第三小组）："自在不羁的美"，这种说法是不恰当的，我们讨论的是赤壁之景的美，应该是这种美让人自在不羁，不能说赤壁之景的美是一种"自在不羁的美"。

生（第四小组）：我的概括确实不准确，但是，我总觉得柔和、朦胧不足以概括赤壁之景的美。

（同学们开始了小声的讨论，有人说"广阔"，有人说"清幽"，有人说"幽深"……）

师：老师想到了一个词——空灵，大家觉得如何？

（同学们都表示赞同）

师：那我们暂且用"空灵、柔和、朦胧"这些词来概括赤壁之景的美，关于《登泰山记》，第三小组的同学概括为"壮丽之美"，大家似乎没有什么意见。

师：刚才同学们展示了讨论成果，现在老师也想呈现下我的思考成果。（播放 PPT 第 15 页，展示表 2）《荷塘月色》中，通过荷塘、月色、树等景物，营造了宁静自在的意境，是一种朦胧之美；《我与地坛》中，地坛、草木和各类小生命，喧嚣不已，生生不息，确实呈现出一种生机之美，但老师选用了"深沉"这个词，因为在这里作者对生命生活有了深刻的思考；《赤壁赋》通过江、水、月等景物，营造了清幽深远的意境，至于美的风格，老师在思考的时候，和大家一样，想过"柔和"，想过"广阔静谧"，想过"朦胧缥缈"，最后我选择了"空灵"这个词；《登泰山记》，我们的观点不谋而合——壮阔之美。

表 2

篇目	描写对象	氛围意境	景物之美 （风格）
《故都的秋》	破屋、牵牛花、落蕊、秋蝉声、秋雨、秋果	清、静、悲凉	物哀之美 （悲凉之美）
《荷塘月色》	荷塘、月色、树	宁静、淡雅、自在	朦胧之美
《我与地坛》	地坛、草木、各类小生命	喧嚣不已、生生不息	深沉之美
《赤壁赋》	江、水、月	清幽深远	空灵之美
《登泰山记》	雪、日、峰	瑰丽、雄浑	壮阔之美

师:这是老师的成果,但它不是唯一的答案,对这个问题,同学们可以在课后再去探讨一番。

师:在这节课上,我们一起徜徉于大地山川、风物美景,感受到自然之美,各美其美。但我们必须明白一点,大自然美的不同,既源于景物本真之美不同,更因为观景人之不同。美景的呈现往往跟观景人的经历、生活态度、审美倾向有着分不开的关系,就如王国维所说,"一切景语皆情语"。这堂课上,我们一起解读了景语,至于情语,就需要大家课后去做进一步思考和探究了。(播放 PPT 第 16 页)

【教学反思】

写景抒情散文,作者往往通过大篇幅描写大自然中的美景来抒发内心无法安放的情感。它最突出的特点是写景状物的生动性和抒情的强烈性。王国维在《人间词话》中指出,"一切景语皆情语"。可见,读懂景语是打开写景抒情散文的一把钥匙。这堂课把教学内容设计为"读懂大自然之美",一方面,培养了学生对散文语言美和意境美的感知力,另一方面,也为后续读懂"情语"奠定了基石。

这次课堂教学有优点也有不足,对此做如下总结和反思:

1. 课堂亮点

第一,内容集中,重点突出。虽然写景抒情散文中的景往往离不开人和情,但是本次课堂的目的是让学生感受大自然不同的美,所以教学重点始终立足于"自然之美"。第二,循序渐进,张弛有度。学生对自然美景的品味,从最初的旁批入手,到沉浸式感知,再到之后发现不同美的风格,实现了感性到理性的升华。这一层进式教学,不仅培养了学生对美的感受力,更提高了学生对美的鉴赏水平,实现了真正意义上"美的熏陶"。第三,形式多样,激发兴趣。课堂教学上,设计多样化的活动——"旁批入境""配乐朗诵""美景再现"等,以学生熟悉又易学的方式展开,激发学生学习兴趣的同时,也让学生深入文章肌理,有利于教学目的的达成。

2. 存在问题

最后一个任务"比较鉴赏,各美其美",出现了时间不够、概括不准确等问题。这张表格的梳理,不仅考查学生对语篇的整体理解能力,更侧重考查学生的发散性思维能力和严密的逻辑推理能力。说实话,对高一的学生而言,是有一定难度的。如果想要达到更好的效果,除了预习充分,还应在平时注重培养学生的概括能力和思维逻辑能力。

3. 建议

第一,给学生足够的预习时间,教师精心设计预习任务单,为课堂做好架构。第二,配乐朗诵环节,如果上课教师具备一定的朗诵水平,可以示范朗诵,也许会达到更好的效果。第三,在"置身其境,再现其美"任务中,学生展示时,最好能够涉及每一篇文章,这样,更有利于学生感受大自然的各种美景,也更利于最后一个任务的展开。

人格化的自然：自然，自我的印记

执教/宁波市效实中学　潘瑶菁

本课课件

【专题目标】

联读《故都的秋》《荷塘月色》《登泰山记》《我与地坛（节选）》《赤壁赋》，发现古今写景名篇中自然的人格化，体会自然与自我的通融。

【预习任务】

1. 分别将《故都的秋》《荷塘月色》《登泰山记》中的自然景致根据相应的特点分类，并概括各自对应了作者什么样的性情、心境和境遇；

2. 罗列《我与地坛（节选）》《赤壁赋》中作者对同一自然景致在不同阶段的描写或认知，并总结各自对应了作者怎样的心境和心情。

以上预习都可以通过表格来完成。

【教学实录】

师：（播放 PPT 第 1 页）各位同学，这个秋天，你们近距离观察或感受过哪些自然景物？

生：校园里的银杏树金黄的树叶开始凋落了。

生：足球场上的草也由绿转黄了。

师：状态的变化、颜色的变化。我因为要给小孩自然教育，去四明湖看了水杉林，去天童寺在经过三个山门的路上听树顶的鸟鸣，去茅镬村看了黄菊花。当然，更多风景在身边，比如我小区的银杏，我还留了一片飘进窗里的落叶。在《故都的秋》《荷塘月色》《登泰山记》中，也有不少这样的自然景致。（播放 PPT 第 2 页）这是同学手绘的三个场景，大家可以猜一下，三幅画分别对应哪一篇课文？

生：图 1 对应《故都的秋》，图 2 对应《荷塘月色》，图 3 对应《登泰山记》。

师：其中有些看似很客观的景色，其实反映了作者主观的性情、心情或境遇，我们来一起发现这三篇中自然和作者自我的关联。

图1

图2

图3

环节一：《故都的秋》《荷塘月色》《登泰山记》中的自然与自我

师：在秋天读《故都的秋》，可能会有更多感触，请同学朗读下第三至六自然段。

（生读语段）

师：槐树落蕊、秋蝉、秋雨和牵牛花、秋草的共同特点是什么？

生：它们都出现在北国的秋天，都有一种凋零凄美的感觉。日本文学中也很崇尚这种美感，郁达夫曾在日本留学，应该受到了影响。

师：有一个词用来形容这种美，叫"物哀"之美。周作人曾说"永井荷风仿佛郁达夫"，我们来看下这"仿佛"体现在哪里。

雨夜啼月的杜鹃、阵雨中散落的秋天木叶、落花飘风的钟声、途中日暮的山路的雪，凡是无常无告无望的，使人无端嗟叹此世只是一梦的，这样的一切东西，于我都是可亲，于我都是可怀。（[日]永井荷风《江户艺术论》）

师：有没有发现这些物象和《故都的秋》的物象的关联？第一段中有没有形容词也可以用在这里？

生（齐声）：清、静、悲凉。

师：所以站在这些景色之中的郁达夫，比起“落寞”和“伤秋”来，更多的是“喜欢”和“享受”物哀之美。（播放 PPT 第 3 页，展示表 1）

表 1 《故都的秋》

自然景致	特点	对应的作者性情
蓝白牵牛花、枯草、落蕊、秋蝉、秋雨	清、静、悲凉	享受物哀之美

师：郁达夫是从哪里看到这些景致的？

生：北平皇城边租来的破屋。

师：这间破屋是真实的还是虚构的？

生：“即使”“就是”“也能”“最好”“教长着”，这里的很多描述都是假想状态下的。

师：这些场景更多的是郁达夫为我们描绘的、呈现他性情的“画境”。同样在北平这个故都，在不大的清华园里，有一片小小的荷塘。《荷塘月色》中，朱自清在去荷塘之前，是什么心情？

生：第一段里说了，“颇不宁静”。

师：正是有这个“颇不宁静”的底色，才会有清冷甚至阴森的景象，有孤独感。未进荷塘的朱自清和进入荷塘的朱自清仿佛判然两人，我们来揣摩一下“平常的自己”是怎样的自己，“这个世界”是怎样的世界。

生：“平常的”朱自清也会和平常人一样，为尘世中烦琐的事情忧心。

师：不同学者对他的“颇不宁静”有不同解读，孙绍振就认为作为父亲、丈夫的朱自清肩负着重重责任，“妻子儿女一大家，都指着我活”，带来“颇不宁静”的是家业的负担。钱理群认为诗人朱自清和他的朋友在认真讨论“大时代”里，自己该往“哪里走”，带来“不宁静”的是政治上的迷惘。不管什么原因，朱自清都在这方荷塘中得到了暂时的宁静，虽然仍觉寂寞。（播放 PPT 第 4 页，展示表 2）

表 2 《荷塘月色》

自然景致	特点	对应的作者性情
荷花、月色	静美	不宁静→宁静
蝉声、蛙声	热闹	寂寞

师：之前我们讨论了破屋的真实性，现在我们来看一则材料——据人回忆，当年清华园确乎有一个荷塘，可是此地杂草丛生，断砖残瓦，冷落凄凉，而朱自清不仅看到了那么静美的荷塘，还想到《采莲赋》《西洲曲》那样的风流旖旎，所以这是一个什么境？

生：我想到的是幻境或者仙境。

师：没错，但更贴切的可不可以是“梦境”？我们一起来看看文本中出现的有关梦和睡眠的字词。

生：在散文开头写到妻子“迷迷糊糊地哼着眠歌”，结尾回到家里，“妻已睡熟好久”；行文中又不断以“笼着轻纱的梦”“酣眠”“小睡”“渴睡人的眼”作比。

师:这都是在刻意营造梦一般的氛围与意境,突出现实世界与梦的世界的对立。古今文心往往相通,接下来让我们一起看两百多年前的一场泰山日出。知人论世,这是姚鼐写作这篇《登泰山记》之前的经历。

自乾隆三十六年(1771),姚鼐先是被推荐为记名御史,后又荣入四库馆。但姚鼐信奉程朱理学即宋学,被以戴震为核心的四库馆汉学派排挤。乾隆三十九年(1774)秋天,姚鼐毅然作别官场,借衰病养亲之名辞去刑部郎中及所任纂修官。

师:所以《登泰山记》的背后是仕途不顺的姚鼐。请朗读第三段,思考这个"登泰山而小天下"的景致和他此时的境遇有没有呼应。

(学生朗读《登泰山记》第三段)

生:他自己处在一个被众人排挤的人生阶段,却站在最高的山峰之上。

师:这壮丽的日出之景,是发生在哪一天?能不能具体到年月日?

生:"戊申晦",十二月的最后一天。

师:十二月三十,除夕,姚鼐选择了这辞旧迎新的一天去看泰山日出。在人生低谷的日子里,在一年中时间意义上的高潮,他要去看那么盛大的新气象。(播放 PPT 第 5 页,展示表 3)

表 3 《登泰山记》

自然景致	特点	对应的作者性情
日观峰、西边群峰	傲立、若偻	被四库馆汉学派排挤
日出	盛大新气象	辞官回乡

师:但我想继续分享姚鼐低谷之后的人生。姚鼐次年初回京整理行装,举家南归。之后四十余年,孜孜不倦于教育、写作、治学,终成"桐城派"古文的集大成者,成就了"桐城家法,至此乃立,流风作韵,南极湘桂,北被燕赵"的局面——泰山日出是给他继续前行的力量的"胜境"。

师:现在我们总的来看一下,这三个人为什么去看这样的景致?是以怎样的心态离开的?(播放 PPT 第 6 页)

(小组讨论)

生:《故都的秋》里郁达夫不远千里赶来,对北平的秋的留恋、痴迷到可以用寿命交换,不愿意离开。

生:《荷塘月色》里朱自清"忽然想起日日走过的荷塘,在这满月的光里,总该另有一番样子",暂时离开这个不宁静的世界到那个宁静的世界,释然了一些,但是不得不回。

生:《登泰山记》里姚鼐为了跟过去告别,冒着风雪穿谷越界,在人生低谷时,抛下人世的蝇营狗苟去看泰山日出。

师:《故都的秋》里自然和自我是彼此呼应、一体的、契合的,故都是郁达夫的生命理想。《荷塘月色》《登泰山记》中的自然和自我是互补的,前者是短暂的慰藉,后者成为滋养和力量。

环节二：《我与地坛》《赤壁赋》中变化的自然与自我

师：我们刚才讨论了人与自然相关联的两种状态，但人的心境会有变化。一颗变了的心，会不会让双目所见变得不同？（播放 PPT 第 7 页）接下来让我们从这个角度进入下两篇。先让我们再次回到北京走进地坛，史铁生《我与地坛》中对草木不同时间段的描写分别对应了怎样的心境？

生：一开始草木荒芜、树干上蝉蜕"寂寞"、草叶上露水决绝，是因为他一直在思考"关于死"的问题。

师：作者处于一种失魂落魄的心境。但在之后的十五年中，草木的气味有没有变化？请朗读前后关于气味的句子。（生读语段）

生：暴雨中，草木和泥土的气味"灼烈而清纯"；秋风里，"满园中播散着熨帖而微苦的味道"。

师：同样的草木，不同的气味、不同的模样，就像开头说的，之后是在思考"怎样活"。我们还要注意到结尾"安详的落叶"和母亲逝世后树林"安静"的安然的共通，他从只看到自己的苦到看到母亲的苦，领悟到"众生皆苦"，在这个充满苦难的世界，如何勇敢地活下去。（播放 PPT 第 8 页，展示表 4）

表 4 《我与地坛》

自然景致	特点	对应的作者性情
最初几年	荒芜，树干上蝉蜕寂寞，草叶上露水决绝	失魂落魄
十五年中	古柏镇静，落叶飘摇、安卧，味道清纯、熨帖	安然自适
母亲逝世后	树林安静、落叶安详	彻悟母亲的苦难与伟大

师：心境不同，不仅所见不同，哪怕见的是同样的东西，认知也会不同。苏轼面对月光下平静阔远的江面，饮酒乐甚，是一个"乐"的状态，正如孙康宜所评点的，"江与浪皆代表他拟逍遥自在的冲动；词人所想捕捉的是一个'比生命还大'的灵视。倘若生命的现实面充满了提心吊胆与压抑，则惟有逝水能使词人超拔出尘世之外"。那他的由乐转哀又是因为什么呢？在他眼里，长江的"无穷"仍然只是空间上的无穷吗？

生：客如怨如慕、如泣如诉的洞箫声，以及感慨时光易逝，英雄不再，人生短暂，苏轼感到了悲凉。

师：江和月是长存的，人之生却短暂，从空间上的无穷，到时间上的无穷，苏轼完成了情绪的转变，有了与"羡"对应的"哀"。紧接着苏轼又是怎么重新回到喜乐的状态的？

生：我觉得是"逝者如斯""盈虚者如彼"这几句。

师：我不这样认为，这几句和第二层没有太大区别，我们一起来看一下第四自然段，有没有更合适的新认知？他突然有了什么样的新领悟？

生：是对自然的重新认知，风声必须入耳才得以成为风声，月色要入眼才得以成为月色。

师：在宏大的宇宙里，人的淋漓生气就出来了。长江再无穷，明月再长终，都需要"得""遇"，有人才可以"共适"。在困顿处境中要善于处穷，越是在现实中穷困潦倒，精神层面就

越是超脱，这就是所谓境随心变。（播放 PPT 第 9 页，展示表 5）

表 5

时间	对水月的认知		心境
客吹洞箫前	万顷茫然	空明流光	乐
客吹洞箫后	羡无穷	不得长终	哀
主客问答后	耳得为声	目遇成色	喜

师：我们今天看到了三种自然与自我的可能性，契合、互补、境随心变。你们有没有阅读过类似的散文，能体现这三种可能性之一的？（播放 PPT 第 10 页）

生：在《岳阳楼记》“去国怀乡”一段中，景物随着作者心情的低落而阴沉起来，其后又随着他的思考而明朗开阔。

师：很好的例子，所以我们以后在阅读中，要意识到景物可以是主观的、人格化的，是作者自我的印记，注意人物和景物内在而深刻的诸般关联。（播放 PPT 第 11 页）

【教学反思】

群文教学对联读的要求较高：两个文本最值得对读的点是什么？是不是能做到兼顾？大单元教学则更具挑战，如何避免篇目之间看似有关实则无法勾连的困境？如何以比较文学的方式打通整个单元？如何实现知识迁移，对学生以后品读另一组群文有所启发？写景散文是独特的文学类型，有独特的言说对象、情感抒发和言语表达，相应的散文教学也应创设合宜的情境，引发学生的多元体验，呈现散文分析的规律性。针对这五篇写景抒情散文名篇，我尝试把“自然和自我”作为切入口，引导学生在自然风物中看到那个有独特人格的作者。

为了完成这种大串联的尝试，本课的第一个用心之处是“调动生命经验的整体导入”。面对适合用同一切口串联的大单元诸篇，导入也不应是局部的。因此我从唤起学生自身对周边景致的感知入手，以便引导学生发现五篇的共性：个体生命与自然的彼此认同。此外，我还提前让擅长绘画的同学以尽量相同的风格手绘散文中的景物，完成对文本景致的整体视觉化呈现。

第二处巧思是“体现内在一致性的串联”。在联读过程中，表格往往有便利性，在一致的横向条件下，各篇有着怎样相同或相异的特质一目了然。于是本课的主体设计选取了表格这一形式，但又针对具体篇目进行微调，并不强行要求一致。前三篇表格的立足点是有些看似客观的景色，其实反映了作者主观的性情、心情或境遇，教学中用问题“为什么去”“以怎样的心态离开的”串起这三颗“珠子”，和学生探讨后得出它们分别是作者描绘的“画境”“梦境”“胜境”；后两篇表格的设计出发点是人对景色认知的变化往往显现了心境的变化，一颗变了的心，会让双目所见变得不同。

在实际的教学实践中，学生基本能够在课堂上既做到深入各篇又彼此串联。但是小部分学生预习不够的情况还是存在，哪怕做了预习作业，仍然对文本较为陌生，不论是单篇细读还是群文联读的效果都不甚理想。在这种大单元教学的课堂上，如何保证学生在课前大量而充分的阅读，是值得继续探究的问题。

文学化的自然:屐痕处处话风格

执教/浙江省宁波中学　俞　宁

本课课件

【专题目标】

联读《故都的秋》和《我与地坛(节选)》,关注自然书写背后个性化的语言表达,领略现当代文坛两位大家的不同的语言风格。

【预习任务】

1. 根据阅读经验,向大家推荐一个你喜爱的作家,并介绍他/她的语言风格。
2. 阅读《故都的秋》《我与地坛(节选)》,选择喜欢的写景语段,并进行点评,相互交流。

【教学实录】

任务一:点评交流,感知语言风格

师:(播放 PPT 第 1 页)同学们,作家的语言往往拥有自己的质地和风格。文学史上有“韩潮苏海”“柳泉欧澜”之说,其中“韩潮”说的是苏洵评价韩愈的文章“韩子之文如长江大河,浑浩流转”。陶渊明的诗歌《归园田居》给大家怎样的感受?

生:特别恬淡。

师:很好的概括。朱熹这样评论,“渊明诗平淡,出于自然”,在那样一个追求华丽文风的时代,胡应麟在《诗薮》中说他“开千古平淡之宗”。苏东坡的词,“大江东去浪淘尽”,又给大家怎样的一种感受呢?

生(齐):豪放、旷达。

师:但是,苏轼也曾写下非常凄清、委婉的诗句,比如“十年生死两茫茫,不思量,自难忘”,作为婉约派的代表词人李清照,也写下慷慨大气的词句,比如“至今思项羽,不肯过江东”。(播放 PPT 第 2 页)可见作家的风格也不是一成不变的,我们还是要回到具体的文本去细细品读。这节课,我们的任务就是通过《故都的秋》和《我与地坛(节选)》来探索作家在特

定时期典型的语言特征和风格。我们先一起来读一读这段《故都的秋》。(播放 PPT 第 3 页)

北国的槐树,也是一种能使人联想起秋来的点缀。像花而又不是花的那一种落蕊,早晨起来,会铺得满地。脚踏上去,声音也没有,气味也没有,只能感出一点点极微细极柔软的触觉。扫街的在树影下一阵扫后,灰土上留下来的一条条扫帚的丝纹,看起来既觉得细腻,又觉得清闲,潜意识下并且还觉得有点儿落寞,古人所说的梧桐一叶而天下知秋的遥想,大约也就在这些深沉的地方。

(生齐读)

师:这段话郁达夫是如何描写落蕊的?

生:写落蕊落在地上,用气味、触感来描写落蕊。"声音也没有,气味也没有,只能感出一点点极微细极柔软的触觉",让我感觉有一点点悲伤,因为槐花的落蕊没有留下浓重的痕迹。我觉得郁达夫写得很细腻。

师:对生活的场景有细腻的体悟,《我与地坛》也给你这样的一种感受吗?

生:是的。

师:《我与地坛》在描写景物的时候也是非常细腻的,那么,在具体的语言运用上有没有不同?我给大家五个语段,请大家一起来探究作者是如何运用语言的。哪些字、词、句引起了你的注意?尝试写一写语段微点评。(播放 PPT 第 4—12 页)

语段 1

在北平即使不出门去吧,就是在皇城人海之中,租人家一椽破屋来住着,早晨起来,泡一碗浓茶,向院子一坐,你也能看得到很高很高的碧绿的天色,听得到青天下驯鸽的飞声。从槐树叶底,朝东细数着一丝一丝漏下来的日光,或在破壁腰中,静对着像喇叭似的牵牛花(朝荣)的蓝朵,自然而然地也能够感觉到十分的秋意。说到了牵牛花,我以为以蓝色或白色者为佳,紫黑色次之,淡红者最下。最好,还要在牵牛花底,教长着几根疏疏落落的尖细且长的秋草,使作陪衬。(《故都的秋》)

语段 2

"蜂儿如一朵小雾稳稳地停在半空;蚂蚁摇头晃脑捋着触须,猛然间想透了什么,转身疾行而去;瓢虫爬得不耐烦了,累了,祈祷一回便支开翅膀,忽悠一下升空了;树干上留着一只蝉蜕,寂寞如一间空屋;露水在草叶上滚动、聚集,压弯了草叶,轰然坠地,摔开万道金光。""满园子都是草木竞相生长弄出的响动,窸窸窣窣窸窸窣窣片刻不息。"这都是真实的记录,园子荒芜但并不衰败。(《我与地坛》)

语段 3

可是啊,北国的秋,却特别地来得清,来得静,来得悲凉。我的不远千里,要从杭州赶上青岛,更要从青岛赶上北平来的理由,也不过想饱尝一尝这"秋",这故都的秋味。(《故都的秋》)

语段 4

四百多年里,它一面剥蚀了古殿檐头浮夸的琉璃,淡褪了门壁上炫耀的朱红,坍圮了一段段高墙，又散落了玉砌雕栏，祭坛四周的老柏树愈见苍幽，到处的野草荒藤也都茂盛得自在坦荡。这时候想必我是该来了。（《我与地坛》）

语段5

譬如祭坛石门中的落日，寂静的光辉平铺的一刻，地上的每一个坎坷都被映照得灿烂；譬如在园中最为落寞的时间，一群雨燕便出来高歌，把天地都叫喊得苍凉；譬如冬天雪地上孩子的脚印，总让人猜想他们是谁，曾在哪儿做过些什么，然后又都到哪儿去了；譬如那些苍黑的古柏，你忧郁的时候它们镇静地站在那儿，你欣喜的时候它们依然镇静地站在那儿，它们没日没夜地站在那儿，从你没有出生一直站到这个世界上又没了你的时候；譬如暴雨骤临园中，激起一阵阵灼烈而清纯的草木和泥土的气味，让人想起无数个夏天的事件；譬如秋风忽至，再有一场早霜，落叶或飘摇歌舞或坦然安卧，满园中播散着熨帖而微苦的味道。味道是最说不清楚的，味道不能写只能闻，要你身临其境去闻才能明了。味道甚至是难于记忆的，只有你又闻到它你才能记起它的全部情感和意蕴。所以我常常要到那园子里去。（《我与地坛》）

（小组交流，学生展示）

生（第一组）：语段1中有两个“破”字。我们体会到两个“破”字营造出一种衰败的沧桑感，庭院的破败显示出北国的萧瑟落寞之感，正是这种残破才有了残缺的美感。“破”字也能体现出作者因为当时国内白色恐怖的威胁而苦闷，所以字里行间都体现出落寞的情感。（老师肯定学生的充分预习，并强调语段中“破”字的运用）

生（第二组）：我们小组关注到的是色彩。作者说牵牛花“蓝色或白色者为佳”，且要在“破壁腰中”对看，蓝色和白色是冷色调，而房屋更是破败，他却说“为佳”，表现了诗人内心非常的忧郁、深沉，当然也体现了作者笔下孤独之秋的深沉之感。（老师点明郁达夫此文中对冷色调的青睐，强调色调的选择和整体的意境相统一）

生（第三组）：我们关注了量词。文中说“泡一碗浓茶，向院子一坐”，和后来的“细数着一丝一丝漏下来的日光”，从这“一碗”“一坐”“一丝一丝”中，可以感受到作者是非常悠闲的，也能感受到郁达夫细腻、古典、诗意的语言风格。（老师肯定学生细读文字的功力，并联系第一小组的“破”字赏读，带领学生感受郁达夫以质朴为美的审美意趣）

生（第四组）：语段2中，“蚂蚁摇头晃脑捋着触须”“瓢虫爬得不耐烦了”，还有后面“草木竞相生长弄出的响动”，可以看出这个园子充满了童趣，写出了园子很有生命力和活力，可以反映出作者其实对生命还是充满了希望。我们从比喻来看，就是用“雾儿”来比作蜜蜂，写出了蜜蜂的轻小，蜜蜂“停在半空”，飞舞的姿态生动表现出它振动翅膀的美感。（老师追问“蜂儿”和“雾”的相似特征，进一步引导学生感受史铁生眼中具有生命力量的地坛动物，强调点评要贴近文本）

生（第五组）：文章描绘了蚂蚁、瓢虫、露水、草木这些弱小生命，用了拟人的手法，写他们在荒芜的园子里顽强地生活着，比如说，蚂蚁它摇头晃脑，然后突然疾行而去，蚂蚁是非常弱小的一种生物，咫尺之距或许就会让它们迷茫，但它们有顽强的生命态度。最后“园子荒芜但并不衰败”，从中可以联想到作者本身，他虽然双腿残疾了，但他对生活还是很积极的，他借此来激励自己，即使残废了，也要绽放出生命的光芒和力量。（老师和学生齐读此段，并总结——修辞不仅是一种形式，也是一种和情感相对应的哲理表达）

生（第六组）：我们选择的是语段4。这段话正常的语序应该是古殿檐头浮夸的琉璃剥蚀了，门壁上炫耀的朱红淡褪，可是，在作者的笔下呈现的是“它一面剥蚀了古殿檐头浮夸的琉璃，淡褪了门壁上炫耀的朱红”。作者就是将正常语序颠倒，可以从看似平淡的语气中体现出景物随时间的变迁，写出了地坛的沧桑。（老师肯定学生敏锐的语感）

生（第七组）：我们组选择的是语段3。先是第一处“来得清，来得静，来得悲凉”，作者运用了排比的手法，使语言更加流畅，他用两个单音节词在一个双音节词后结尾，使句子变得抑扬顿挫。（老师通过还原文本，再次引导学生品读反复带来的音节顿挫和眷恋之情，并总结——修辞、字词、句式本身的变化，都能表达情感）

生（第八组）：我们组讨论了语段5。作者用了六个“譬如”，也罗列了非常多的景象，从地坛中的小事物逐渐扩大，比如说一群雨燕、孩子的脚印、苍黑的古柏等，从写短短的日升日落变为四季转换，通过时间以及四季的变化，体现出作者认为生命中有些事物应该是亘古不变的。结合前面几组同学的探究，还有作者的生平，他因为在地坛多年，而且在他最有活力的一个阶段残废了，但是他还是依然深爱着地坛，是因为地坛中的生机给他带来了快乐，让他感悟到生命其实是永恒不变的，由景物上升到了精神的层次，所以我认为作者一直坚定着永恒生命的信念，还有对生命的热爱。

师：不仅是地坛中的生机，而且是自然事物的永恒，给史铁生生命的启示。

生（第九组）：我们组讨论的感受是史铁生的语言细腻中蕴含着厚重，厚重里又显露出纯粹。首先，语段5最瞩目的手法是排比，中间有一长段的排比，提到了落日、雨燕、脚印、古柏等意象。看似杂乱无章，但实际都反映了地坛中那些存在过抑或是存在着的事物，暗含着时光易逝，但总有某些事物长存的哲理。其次，本段有许多感官描写，综合了视觉、听觉、嗅觉多种感官，更赋予了读者一种身临其境的真实感，还运用了拟人、比喻，细致入微而富有生机。以上的手法，都反映了作者残疾后逐渐沉静下来思考人生的心，原本的不安与痛苦在地坛的抚慰之下沉淀了许多。（生鼓掌）

师：真好啊！你的微点评详细、丰富，你的表达也很细腻。能不能选择一句你觉得最有感触的话给大家读一读呢？

生（第九组）：我最有感触的话是“譬如那些苍黑的古柏，你忧郁的时候它们镇静地站在那儿，你欣喜的时候它们依然镇静地站在那儿，它们没日没夜地站在那儿，从你没有出生一直站到这个世界上又没了你的时候”。

师：大家来看，其实在刚刚同学读的那一段话中，是不是也进行了这种重复？这种有意味的重复本身也蕴含着生命的永恒、自然的永恒和渺小的我。

任务二：品读借鉴，提炼语言风格

师：刚才是微点评的交流，接下来我们尝试总结一下，用两个字或者是四个字来概括作家的风格，并摘引能体现这种风格的语句，完成表格。（播放PPT第13页，展示表1）

表 1

	语言风格概括	典型语句举例
《故都的秋》		
《我与地坛》		

生：从郁达夫的“北国的秋，却特别来得清，来得静，来得悲凉”可以看出他的语言风格是浪漫感伤的。

生：我从“四百多年里，它一面剥蚀了古殿檐头浮夸的琉璃，淡褪了门壁上炫耀的朱红”看出了史铁生的语言风格是凄美、沉郁的。

生：我从史铁生《我与地坛》看到，“它为一个失魂落魄的人把一切都准备好了”，他的语言风格是庄重的。

师：“庄重”这个词很好。

生：从《故都的秋》中“向院子一坐，你也能看得到很高很高的碧绿的天色”，可以看出郁达夫的语言风格是诗意的。

生：从史铁生所写的“味道是最说不清楚的，味道不能写只能闻，要你身临其境去闻才能明了。味道甚至是难于记忆的，只有你又闻到它你才能记起它的全部情感和意蕴”，看出他的文字是富有哲思的。

师：这里，我也摘录了几位名家的论说，给大家提供一些思考。（播放 PPT 第 14 页）

王乙：“如诗如画，清新幽微”，从极细极微处，而开拓出扩大的感性天地，譬如《故都的秋》，他的细腻是双重，既是事物的细枝末节，也是内心的幽微感受。一个感伤的江南才子，一个充满古典趣味的士大夫，郁氏文心，让人百读不厌。

孙绍振：他的语言，既有古典诗文的典雅，又有现代白话文的通俗……诗意的话语中穿插平民的俗语……郁达夫却在这里构成了和谐的统一情调，就是把大雅和大俗融为一体。

陆天明：他的文字特别隽永，那是沉静的力量。这份虔诚、沉静、思索的文学精神，在当下社会尤其可贵，我们不应忘记他，也不可能会忘记他。

陈剑晖：《我与地坛》的语言表面上看朴素无华，不动声色，它的内蕴却十分丰富。那是一种带着生命的本真、感情的原色，又有几分静思玄想的语言，也是一种从灵魂深处流出来的“心里话”。而它在叙事、描写和抒情时的那种舒徐平缓、绵长而柔韧的语感语调，是它质地的纯净。

任务三：知人论世，探究语言风格

师：散文是作者人心的呢喃，不知道大家是否思考过这样的一个问题，你觉得作家风格的形成和哪些原因有关呢？（播放 PPT 第 15 页）

生：我认为语言风格的形成和人生经历以及生活环境都有关系。比如说，郁达夫曾经在日本留学，深受日本文化的影响，使之笔下的所感之物都融入了一层迷蒙哀婉忧愁的情绪，加上作者本身抗日志士的身份，这哀伤忧愁，比起无病呻吟，更多了一份家国之哀。

师：同学刚才所说的是，第一，作家风格的形成和他的人生经历有关；第二，作家的风格的形成可能和背后整个时代的风雨动荡有关。

生：史铁生在最渴望成功的年纪，双腿残废，遭受了人生的打击，他找不到工作，也找不到去路，走进了地坛，再加上他的母亲后来也是比较早去世了，我觉得他写作风格的形成也是跟他的人生经历有一定关系。

生：我想说郁达夫。作者的写作风格的形成不仅跟他个人的人生经历有关，我觉得跟时代的大背景也是有关的。郁达夫出生在中国非常动荡的时期，所以他的作品中可能总是有一种哀伤的情调。

生：郁达夫回国以后颠沛流离，所以他来到故都就更感到人生愁苦。

师：好，包括那个时候郁达夫已人近中年了。我们可以看到，知人论世是非常好的品读文章的方法，但是我们也可以反过来通过作家笔下的文字来反窥他的人生道路，这就是我们所说的风格的背后，可能就是这个人本身。这里我也补充一个原因，作家的作品风格的形成，可能跟文章写作的时间也有关。史铁生的《我与地坛》写于 1989 年，其实那个时候离他在最狂妄的年龄，残废了双腿已经过去 17 年之久了，所以他的写作可能不仅仅有一种对生命的思考，而且更是对过去经历的一种回望和总结，情感仍是很激荡的，但在语言表述上多了一分沉静和平静。（播放 PPT 第 16 页）

风格即人

郁达夫：

① 童年、少年时期(1896 年—1912 年)：郁达夫出生在浙江富春江畔，幼年丧父，家境窘迫，形成了忧郁敏感的性格，酷爱古诗和小说，有深厚的旧体诗文的功底。

② 异国经历(1913 年—1922 年)：17 岁，郁达夫与兄长留学日本，“受东洋气”，深受日本物哀文化的影响。

③ 回国经历(1923 年—1938 年)：祖国的疮痍、谋生碰壁、各地奔波，郁达夫不免陷入心情的颓废和苦闷。1933 年，郁达夫由上海移居杭州，创作了大量的山水游记和诗词。1934 年写下《故都的秋》。

史铁生：

① 1967 年毕业于清华大学附属中学，1969 年去陕北插队。

② 1972 因双腿瘫痪回到北京。1974—1981 年在北京新桥街道工厂做工，后患肾病并发展到尿毒症，需隔日透析以维持生命。2010 年 12 月 31 日，突发脑溢血去世。

在最狂妄的年龄忽地双腿残疾了，误打误撞中用笔闯开一条写作之路。1989 年，史铁生写下《我与地坛》。

任务四：风格鉴赏，写作颁奖词

师：最后我们尝试用自己的话来鉴赏一下作家的风格，这是 2003 年“华语文学传媒大奖”给予余光中先生的颁奖词（播放 PPT 第 17 页）

余光中的散文雍容华贵。他的写作接续了散文的古老传统，也汲取了诸多现代元素。感性与知性，幽默与庄重，头脑与心肠交织在一起，构成了他独特的散文路径。他渊博的学识，总是掩饰不了天真性情的流露，他雄健的笔触，发现的常常是生命和智慧的秘密。他崇尚散文的自然、随意，注重散文的容量与弹性，他探索散文变革的丰富可能性，同时也追求汉语自身的精致、准确与神韵。

师：请同学们也选择一位作家，根据我们今天课堂的探究，从语言方面为他拟写颁奖词。

生：我写的是史铁生先生。他的文章厚重而富有哲思，21 岁双腿残疾，他用了十几年的时间沉淀心绪、磨炼心智，更让他的文笔蕴含了更深刻且真实的情感。他笔下的动物灵动活泼，他笔下的植物恣意生长，他在每一个细节中倾注了他的感情，他沉稳的笔触背后是他在时间里悟出的人生真谛，字浅情深，他用华丽的语言、用纯粹的情感向我们展现了他广博而丰富的内心世界。（老师肯定学生对此文意蕴的把握和语言的精练，并总结重点——哲思的意味和厚重的表达出于沉淀和心智的磨炼）

生：我写的是郁达夫。他的散文浪漫诗意，他的散文明快与流畅，散发着如诗般的节奏感和韵味。秀丽的语言、典雅的风格，以及在他热情坦诚的文字下，无不流露出他在旧社会压迫下的苦闷。富有才情的他用笔展现出一幅幅感伤而又不缺诗意的画面，他淡淡道来，用淡雅的笔触为我们留下他独特的影子。

师：作为读者，你最大的感受是郁达夫的浪漫和诗意，让我们读者想象出一幅幅北平秋色图，更从中看到一个独特的江南文人。同学们，两位同学在有限的时间内给我们做了示范，你们也可以在课后继续修改自己的颁奖词。读一篇文章，每一个读者起初都会产生直觉性的感知，但是要鉴赏风格，并用文字条分缕析地表达，需从语言细处着手，关注其中字、词、句和语言表达的形式，也要看到作者的人生轨迹、创作背景和审美取向等。正如我们开篇所说，语言拥有自己的质地和风格，成熟的作家往往具备自己的风格，而专业的读者也可以与他共鸣，发现他的独特之处，希望大家可以成为专业的读者！

【教学反思】

成熟的作家往往有自己鲜明的风格，但如何把风格讲给学生听，让他们关注、感知作家个性化的表达，继而鉴赏风格，备课时感到压力颇大。作家个性的提炼始终需要学生的广泛涉猎为基础，试教中也反映出阅读量对于风格感知的直觉性影响。最终，选择了语言风格有较大差异的两篇《故都的秋》和《我与地坛（节选）》作为教学内容，相关反思如下：

1. 群文联读需充分预习

这节课探究的重点是散文的语言，教学点是风格，在课前需要学生对文章的景、境、情有基础梳理，并完成预习作业。简而言之，群文联读课需要有充分的预习，这节课我试教了两次，第一次的课前准备是完成预习案，第二次是在预习案的基础上，同时完成单篇教学，后一次的效果更好。若是确定的教学点是提升性、综合性的，可以根据学情，放在单篇教学之后进行。

2. 散文需坚持诵读

散文语言直觉的获得，还是来自朗读文章，所以在第一环节介绍“韩潮苏海”“柳泉欧澜”的风格之说后，让学生在有限的课堂中朗读《故都的秋》选段，在微点评环节中再次让学生选择性地朗读自己点评的语句，把诵读意识传递给学生。语言的建构与运用依靠文学理论的学习，从每一处字、词、句中寻找形式奥秘，从而训练学科关键能力，也需要重视散文语言鉴赏中的整体感知、直觉性的品读情感，两者相融，趋向语文核心素养的提升。

3. 教学点的序列延伸

群文教学让我尝试了一些新的教学点，很有探究的价值，但正因其“新”和“难”，教师往往浅尝辄止。预习任务中有推荐作家及风格一题，如果能结合平时的阅读课展开，形成作家风格专题教学或分享序列，相信学生对此命题有更深的理解。

阅读微专题

文学化的自然：繁简得体，各臻其妙

执教/宁波市第二中学　查婺波

本课课件

【专题目标】

联读《赤壁赋》和《登泰山记》，涵泳品味文学作品对自然的描写，品赏语言特色，比较写景文字，领略散文语言"艺术化"的文学技巧和魅力。

【预习任务】

可独立完成，也可自由组合小组完成以下任务：

1. 单篇精读，疏通文意，积累字词。
2. 圈点勾画两篇文章写景语段。
3. 查找资料，初步了解"赋"这一文体的语言特点。
4. 阅读桐城派集大成者姚鼐散文创作的理论和主张。
5. 涵泳诵读，初步感受语言之美。

【教学实录】

师：（播放 PPT 第 1 页）同学们，今天我们一起来探讨《赤壁赋》《登泰山记》两篇文章文学化的自然表达。我们知道，这个单元中所有的自然之景并非纯粹的自然，赤壁江月、泰山风雪，它们既是作者展开对话的对象，也是其传情达意的符号。山水无言，意蕴悠远。不同的言说让它们各具特色；不同的语言，成就了"这一篇""这一人"。

任务一：寻觅自然之景，感受语言之美

师：我们一起来回顾赤壁江月、泰山风雪。（播放 PPT 第 2 页）清代著名文学批评家金圣叹评价《赤壁赋》"此赋通篇只说风月"，以景贯串，作者就是借助"风月"来行文；《登泰山记》主要集中在两幅图景——泰山夕照和山顶日出。（播放 PPT 第 3、4 页，展示表 1、表 2）

表1

《赤壁赋》	赤壁之水月	历史之水月	哲理之水月
集中写景的文字或段落	① 清风徐来,水波不兴。 ② 月出于东山之上,徘徊于斗牛之间。 ③ 白露横江,水光接天。 ④ 桂棹兮兰桨,击空明兮溯流光。 ⑤ 浩浩乎如冯虚御风,而不知其所止。	① 月明星稀,乌鹊南飞。 ② 挟飞仙以遨游,抱明月而长终。	① 客亦知夫水与月乎?逝者如斯,而未尝往也;盈虚者如彼,而卒莫消长也……惟江上之清风,与山间之明月,耳得之而为声,目遇之而成色…… ② 相与枕藉乎舟中,不知东方之既白。

表2

《登泰山记》	泰山夕照(极顶远望)	山顶日出	沿途自然与人文景观
集中写景的文字或段落	苍山负雪,明烛天南。望晚日照城郭,汶水、徂徕如画,而半山居雾若带然。	亭东自足下皆云漫。稍见云中白若樗蒱数十立者,山也。极天云一线异色,须臾成五采。日上,正赤如丹,下有红光动摇承之,或曰,此东海也。回视日观以西峰,或得日或否,绛皓驳色,而皆若偻。	山多石,少土。石苍黑色,多平方,少圜。少杂树,多松,生石罅,皆平顶。冰雪,无瀑水,无鸟兽音迹。至日观数里内无树,而雪与人膝齐。

(生齐读)

师:《文心雕龙·感物》中说,“岁有其物,物有其容;情以物迁,辞以情发”。夜游赤壁,雪中登山,景本无心,感物及情。说说你感受到的融入作者真情的文学化的自然。

生:月夜赤壁美好、空灵。与历史相联系的水月充满诗意和哲思。泰山日出宏阔壮丽,苍山负雪特别有画面感。

师:这是你的感受。那么同桌呢?

生:赤壁之景和泰山之景比较,前者被描写得很详细,也就是很细腻的。而《登泰山记》就把日出之景描写得比较详细,其他地方就大概地描写了下,淡淡的。

生:赤壁之景是壮观华丽的,而《登泰山记》的语言很朴实。

师:大家表达出了自己的看法,且大家的看法又很独特,这很好。认识文章中传递出的自然之美,既是为了用欣赏的目光看待自然,热爱自然,也是为了理解自然景色与主观感情的关系。我们通常有哪些路径可选择?

生:词语的选择。

生:还有句式。

生:还有手法。

师:看来大家都是行家,自然山水,观照人生。我们一起循着这几条路径触摸眼中之景,感悟心中之情。

任务二：比较遣词用字，体会手法之别

师：后世对《赤壁赋》的评价为画意、诗情、哲理交融一体。我们从语言表达角度探究本文景物描写是如何体现诗情画意的。（播放 PPT 第 5、6 页，展示表 3）

表 3

角度	示　　例	呈现效果
用词	“清风徐来，水波不兴”	
	“白露横江，水光接天”	
句式	“举酒属客”“少焉”“月出于东山之上，徘徊于斗牛之间”“惟江上之清风，与山间之明月，耳得之而为声，目遇之而成色，取之不尽，用之不竭”	
	“诵明月之诗，歌窈窕之章”“挟飞仙以遨游，抱明月而长终”“清风徐来，水波不兴”“白露横江，水光接天”	
修辞	“月出于东山之上，徘徊于斗牛之间”	

师：大家可以选择示例进行赏析，也可以自己选择鉴赏点。

生：我想说一说“白露横江，水光接天”这两句中的“横”和“接”。“横”说明水汽之多。

师：“多”这个词不够精准，不如用“弥漫”。这背后又传达出什么？

生：天气很冷了。

师：“白露”虽常见，“白露横江”的景象却不是人人都见过的，一个“横”字写尽秋意之浓。那么“接”呢？

生：“接”字表现了水面和天空连接着，表现出很朦胧的感觉。

生：我不赞同。作者应该想表现江水之多。

师：看来大家对“多”字情有独钟。如果秋水只有“一点”“一滴”“一汪”，够吗？

生：秋水很旺，溢出了江面，亦真亦幻。

师：这就是画面感。虽未“身临”却在“其境”。

生：“徐”字表现风吹来是慢慢地、柔和地，写出了作者的闲适。

师：你的语言品读力很不错。还有吗？

生：明月清风，澄澈水面，两两对仗，读着很舒适。接下来几句却不对仗，正是自由的句式才能让情感得以自由抒发。

师：是的，不仅有对称的工稳，也有长短的错落。《赤壁赋》作为文赋代表作在自由挥洒与规矩法度之间张弛有度。

生：我想说“月出于东山之上，徘徊于斗牛之间”这句修辞。月亮在“斗”“牛”之间既没有急剧上升也没有急速下落，作者感觉此时的时间是缓慢的。“徘徊”用得很好，表示犹豫彷徨，带有一种摇摆之感。

师：还有要补充的吗？

生：我看着月，月也望着我，我觉得写出了对月亮的留恋、不舍。

师：摇来摆去，浓浓眷恋。“我”对月深深依恋，“我”与月彼此生情。（播放 PPT 第 7 页，展示表 4）

表 4

角度	示例	呈现效果
用词	“清风徐来，水波不兴”	“徐”字写出了清风给人的闲适、柔和的感觉，可谓秋气爽朗；江面“不兴”，谓之明澈平静
	“白露横江，水光接天”	“横”可见雾气弥漫，秋意之浓；“接”描绘出秋水之旺，水色天光相连一片，呈现亦真亦幻的朦胧美
句式	“举酒属客”“少焉”“月出于东山之上，徘徊于斗牛之间”“惟江上之清风，与山间之明月，耳得之而为声，目遇之而成色，取之不尽，用之不竭”	整句和散句交错使用，错落有致。整饬中见参差，整齐中显自由
	“诵明月之诗，歌窈窕之章”“挟飞仙以遨游，抱明月而长终”“清风徐来，水波不兴”“白露横江，水光接天”	文中多用对偶句、对称句和四字短句，读来节奏鲜明、朗朗上口，极富音韵美、诗意美
修辞	“月出于东山之上，徘徊于斗牛之间”	“徘徊”一词尤为生动形象，用拟人的手法描绘了月亮缓缓升起、脉脉含情之态；柔和的月光一如多情徘徊之人，似对游人极为依恋

师：大家对华丽繁复的赤壁之景深有体会。刚才我记得一位男生说，只对泰山日出有印象，其他景致都忘记了。为什么“泰山夕照”被我们忽视了呢？姚鼐是桐城派代表人物，桐城辞章追求“雅洁”，反对“芜杂”。雅洁就是“多一字则繁，少一个则简”。接下来我们一起细品泰山之景。（播放 PPT 第 8 页，展示表 5）

表 5

角度	示　例	呈现效果
用词	“自京师乘风雪，历齐河、长清，穿泰山西北谷，越长城之限，至于泰安”	
	“苍山负雪” “明烛天南” “晚日照城郭”	
	“道中迷雾” “半山居雾若带然”	
句式	“多石”“多平方”“多松”；“少土”“少圜”“少杂树”；“无瀑水，无鸟兽音迹”“无树”	
修辞	“望晚日照城郭，汶水、徂徕如画，而半山居雾若带然”	
	“日上，正赤如丹，下有红光动摇承之……”	

生："自京师乘风雪，历齐河、长清，穿泰山西北谷，越长城之限，至于泰安"这句告诉我们登山的地名和登山过程。

师：此句简写从京城到泰安的路途，还未写登山。

生：之前在预习中知道姚鼐是在除夕欢聚之时和朋友一起去登山的，一激动混淆了赶路和登山过程。

师：但这一过程很有意味，"乘""历""穿""越"四个动词表达精简，内涵丰富，你读出了什么？

生：作者心情急切，旅途也很艰辛。

师：除了急切之外，还读出了什么？

生：坚决、激动。

师：用笔简省，不是一味为了追求字少，而要讲求精准，要有内涵。接下来几句请小组合作品析。

生："苍山负雪"中"苍"是青黑色，雪是洁白的，好似一幅水墨画。

生："负"是背负的意思。

师：没有了吗？为何不是雪"盖"着山呢？

生："负"有一种苍山主动去接纳雪，两者融为一体的感觉，体现了一种生命力。

师：如果山是笔挺的，能负雪吗？还写出了什么？

生：山的蜿蜒、坡度。

师：那如果只有一点两点几片雪，能叫"负"吗？

生：还写出了积雪之广。

师：这正体现了雅洁。

生：一"烛"一"照"是光的强弱不同。

生："半山居雾若带然"中，"居"是停留，描绘了半山腰云雾缭绕的感觉。

师：我请"只对泰山日出有感觉"的同学来品读最后一句。

生：太阳从海平面升起，底下的波涛似乎是捧托着初升的太阳。

师：是的，"承"字细腻地表现出东海捧托旭日的深情。（播放 PPT 第 9、10 页，展示表 6）

表 6

角度	示例	呈现效果
用词	"自京师乘风雪，历齐河、长清，穿泰山西北谷，越长城之限，至于泰安"	赶路的艰辛在姚鼐笔下简化为"乘""历""穿""越"系列动词，使读者体会到了作者顶风冒雪、不远千里前来登山的急切和坚决。"乘"字含主动意，极言作者游兴之浓；河用"历"，山谷用"穿"，长城用"越"，用字准确，生动传神
	"苍山负雪" "明烛天南" "晚日照城郭"	不言白雪覆盖着青山，却说青山背负着白雪，一个"负"字，不仅写出泰山的坡度、山峦的层次、积雪的厚重，还赋予"苍山"以蓬勃生命，化静为动，境界全出。一个"烛"字描绘出苍山上的雪反射的光照亮了天南之景，极写夕阳壮丽，把雪的光亮透彻写得活灵活现 写傍晚雪景是"明烛天南"，而写夕阳余晖则是"晚日照城郭"，一"烛"一"照"，很细致地区分出光亮的强弱

（续表）

角度	示例	呈现效果
	“道中迷雾” “半山居雾若带然”	同是山间云雾，登山时因身在其中，“迷”字写出了它茫茫飘忽、捉摸不定的特征。到达日观峰后，因已远在其上，所以又称之为“半山居雾”，“居”字从整体角度显示了雾气相对停滞的静态一面。细微差别，精准贴切
句式	“多石”“多平方”“多松”；“少土”“少圜”“少杂树”；“无瀑水，无鸟兽音迹”“无树”	“三多”“三少”“三无”这样一组以反义词为核心构成的两三字对比短句，明净简洁，无废词冗句，简练之中含几分平静；然一“多”一“少”，正反相对，形成了巨大的语言张力
修辞	“望晚日照城郭，汶水、徂徕如画，而半山居雾若带然”	比喻生动巧妙。徂徕群山在夕阳的映衬下宛然一幅柔美雅致的山水画，又有环绕山腰的云雾既停且动的绝妙之景
	“日上，正赤如丹，下有红光动摇承之……”	用一“承”字细腻地描摹出日出时东海翻腾闪烁的红色波光捧托旭日的景象，显得极富深情

任务三：发现语言“指纹”，鉴赏繁简之妙

师：月下赤壁浓墨繁笔、行云流水，雪中泰山淡墨简笔、雅致洁练，“以我观物，物皆着我之色”，烙上“我”之色彩的自然之景投射着作者藏而不露的性情。我认真阅读了每位同学的预习作业，下面我们一起来交流。（播放 PPT 第 11—13 页）

生：苏轼望着奔流不息的长江，想到自己的人生而无限惆怅，但水月之喻又透着豁达。

师：层次清晰地表达了你所体会到的作者的情感。苏轼泛舟赤壁，把酒言欢，心境舒畅；悠悠天地，浩浩江水的不羁洒脱之情腾跃而出。但理想和现实的鸿沟又使其不禁悲从中来，最后从水月之“变”中走向生命的开阔。（播放 PPT 第 14 页）

生：从用淡墨渲染主体色彩的山水到蓬勃的旭日，作者借此表达自己内心从纠结到宁静再到热烈，好像找到了人生的方向。

师：你的表达雅洁、要言不烦，你读出了情感的转变。文中一共有七处对风雪的描述，分别是“自京师乘风雪”“道中迷雾冰滑，磴几不可登”“苍山负雪，明烛天南”“大风扬积雪击面”“绛皓驳色，而皆若偻”“冰雪，无瀑水，无鸟兽音迹”“至日观数里内无树，而雪与人膝齐”。作者虽未做情绪上的渲染，这些风雪却是人生难行之困局的写照，是现实重压重重的隐喻。日出的光亮、旭日，这些似乎都有着隐喻的色彩，是风雪掩盖下的人生突围。（播放 PPT 第 15 页）

任务四：把握语言“脉搏”，探析繁简之因

师：本堂课我们还有最后一个任务。同为落寞逆境寄情山水之作，同在自然山水中获得人生启迪，《赤壁赋》和《登泰山记》笔下的自然为何繁简有别？可以从哪几个角度去考虑？（播放 PPT 第 16、17 页）

生：作者不同的性格、气质。

生：写文章时候的处境，时代背景。

师：很得法。还有吗？

生：还有派别。

师：你很有学究气质。姚鼐是桐城派的，他的文章就要体现这一流派的审美品格。

师：那你们倒来说说你所了解的两位作者的气质禀赋。

生：苏轼是豁达、乐观、洒脱的。

生：《赤壁赋》是苏轼被贬黄州时写的，和之后相比，环境还是相对宽松的，所以心境洒脱。

师：寄情山光水月，获取人生慰藉，流淌出行云流水般的诗画语言。

生：《赤壁赋》是文赋，讲究辞藻，但散文化的趋势又使得句式参差，形式自由。

师：正如章培恒、骆玉明所言，“苏轼能找到最佳的语言形式表现他在具体环境中的具体感受。”接下来小组合作完成《登泰山记》的梳理。

（学生讨论、交流。教师播放 PPT 第 18 页，展示表 7）

表 7

角度	比　较
文体特征	《赤壁赋》为赋体。赋者，铺也，讲究辞藻、体物铺陈，有着整饬之美。桐城派山水游记文字素朴雅正，用笔俭省精练，行文通畅清顺。
文学流派	赋体讲究铺陈、排比，形成整饬之美。桐城派美学风格追求“雅洁”：胸中波澜，眼底丘壑，笔下平淡。要言不烦，惜墨如金。
行文特色	《赤壁赋》从多角度、多层次进行铺排描写，极力排叠、铺张、渲染；句式上以长句为主，偶散结合，长短错落，尽显参差和谐之美。《登泰山记》分角度、分过程对日出过程进行描绘。用词不追求华丽、渲染，句式多用两三字短句，力求简洁、传神。

【教学反思】

1. 紧扣单元，聚焦专题

教材的选文体现了编者的意图。统编高中语文必修上册第七单元选录《故都的秋》《荷塘月色》《我与地坛》《赤壁赋》《登泰山记》五篇文章，所要传递的教学重点与核心价值在于单元的人文主题“人与自然”的关系。赤壁之江月，泰山之风雪，这些景物中人与自然是相融共

生、和谐统一的。赤壁江月、泰山风雪并非纯粹的自然之景，它们是作者与外部世界展开对话，与人的精神世界建立联系的媒介，也是作者传情达意的符号。山水无言，意蕴悠远。不同的言说让它们各具特色；不同的语言，成就了“这一篇”“这一人”。让学生体会、发现烙上“我”之色彩的“第二自然”的必由路径便是语言鉴赏。以语言品鉴为杠杆，撬动学生语言训练和思维训练。将《赤壁赋》和《登泰山记》的教学点聚焦于“文学化的自然”，立足言语实践，引导学生探究繁简不一的自然之景中藏而不露的性情，深入领悟作者隐藏在字里行间的情感，并深入探究同为落寞逆境寄情山水之作的《赤壁赋》和《登泰山记》中的自然为何繁简有别。

2. 基于特色，驱动任务

新课标背景下的语文教学和传统语文教学最大的区别就是任务驱动，但任务驱动的本质是语言活动。《赤壁赋》语言散文化，不仅在于句子长短不齐，整散并存，相得益彰，还在于用散文句法从容地描绘景致，自由地抒发情怀。姚鼐的《登泰山记》对“辞章”刻意关注，惨淡经营，必须让学生沉潜于文本的“语辞世界”，才能从语言揣摩品味中把握作者的心灵脉搏。我在学习活动设计上做足功课，向学生提供有价值的学习支架，设置了四个任务驱动逐步探究语言要义：一、寻觅自然之景，感受语言之美；二、比较遣词用字，体会手法之别；三、发现语言“指纹”，鉴赏繁简之妙；四、把握语言“脉搏”，探析繁简之因。在课堂教学过程中，任务二到任务三的推进显得生涩。因为活动设计的主导是教师，学生更多的是被动参与。比如，任务二“比较遣词用字”，学生按部就班依照“用词”“句式”“修辞”三条路径进行赏析，缺少自我品鉴角度，课堂动态生成欠缺。

3. 立足语言，撬动整篇

从学生言语素养发展来看，为学生建构起文言文学习的实践平台，发展学生的言语表达能力，才能让学生真正获得言语能力的生长。本堂课从“探究繁简不一的自然之景中藏而不露的性情，深入领悟作者隐藏在字里行间的情感”走向“同为落寞逆境寄情山水之作，同在自然山水中获得人生启迪，《赤壁赋》和《登泰山记》笔下的自然为何繁简有别”的探究，是在引导学生关注语言和情感之间的关系，思考这样的情感为什么要用这样的语言来表达，思考作者如何能找到最佳的语言形式表现他在具体环境中的具体感受。在任务四中，笔者让学生从文体特征、文学流派、行文特色角度择其一二加以探究，并且这个学习流程不是封闭的，而是开放的，不是确定的，而是不确定的，学生确定的能力在不确定的、开放的学习中慢慢形成。

文化视域中的自然:探寻自然背后的文化哲思

执教/浙江省丽水中学　潘大伟

本课课件

【专题目标】

精读《故都的秋》《荷塘月色》《我与地坛(节选)》《赤壁赋》四文,从文化视域的角度整合四篇散文中出现的重要景物,体悟景物中蕴含的审美意蕴、人生哲思等,理解“自然”中蕴含的作者独特的思想和情感。

【预习任务】

通过圈点勾画的方式,细读四篇散文,完成课前任务单上的预习任务:

1. 借助网络,按时间、年龄和生活的地点,梳理作者生平;
2. 使用表格分类列出四篇散文中的景物,逐段概括景物特点;
3. 圈画《故都的秋》《荷塘月色》景物描写的语段,体会作者的审美追求;
4. 探究《我与地坛(节选)》《赤壁赋》中“地坛”“赤壁”引发作者的人生感悟和哲学思考。

【教学实录】

第一课时

师:(播放 PPT 第 1、2 页)同学们,大自然中草木荣枯、季节变化深刻影响着人们的生产生活以及文学作品,久而久之,自然成了人类心灵的寄托,自然成为了文学永恒的母题。今天,我们将开启一次发现“自然”之旅,在四篇写景抒情的名篇中,探寻作家用独特的艺术手法打造的一个个别样的“自然”天地。

师:朱自清先生在《荷塘月色》第三段说,“这一片天地好像是我的;我也像超出了平常的自己,到了另一世界里”。大家说说这里“天地”“世界”是何意?

(生查词典后,举手)

生:(1)天和地,指自然界和社会;(2)比喻人们活动的范围;(3)指天地之间,自然界;

(4)犹境界,境地。

师:能主动地查词典,回答得很全面。叶圣陶先生曾说,“文字是一道桥梁。这边的桥堍站着读者,那边的桥堍站着作者。通过这道桥梁,读者才和作者会面。不但会面,并且了解作者的心情,和作者的心情相契合”。我们可以凭借景物构建的“自然”天地的桥梁,走进作者的审美和哲思的“世界”。请同学们分组浏览《故都的秋》《荷塘月色》,在文本中圈点勾画出作者眼中和心中的“自然”天地,并以“________天地”命名。

环节一:眼前天地

师:作者在文中写到了所见到的哪些天地?请看投影,请同学们深入阅读文本,试着填写表1。(播放PPT第3页,展示表1)请荷塘月色小组的同学回答和补充。

表1

作品	眼前的天地(可用文本词语填写)	主要景物
《荷塘月色》		
《故都的秋》		

生(《荷塘月色》小组):第三段,自由天地(荷塘小径);第四段,美丽天地(月下荷塘);第五段,和谐天地(塘上月色);第六段,宁静天地(荷塘四周)。(生轮流回答及补充)

师:能用段落中的形容词来准确命名,概括得很到位。在《故都的秋》中又有哪些天地呢?请故都的秋小组的同学回答及补充。

生(《故都的秋》小组):第三段,秋意天地(破屋小院);第四段,落寞天地(秋槐落蕊);第五段,衰弱天地(秋蝉残声);第七至十段,悠闲天地(秋雨话凉);第十一段,金黄天地(清秋盛果)。

师:在两个小组多位同学的合力下,我们在两篇文本中找全了作者眼中的一方方“天地”。谁能结合文本,来说说该如何欣赏这些眼前的天地?

生:可以从多种感官去欣赏,如视觉、触觉、嗅觉等,关注作者看到的荷花、树影、牵牛花,嗅到的荷花的花香,触碰到柔软的秋槐落蕊。

师:还有一种特殊的修辞,能把不同感官的感觉沟通起来,比如,借助联想,用视觉写听觉。你知道这是什么手法吗?

生:通感。

师:正确。请看课文,“微风过处,送来缕缕清香,仿佛远处高楼上渺茫的歌声”(生齐读),这里便运用了通感的修辞手法,荷香本来是嗅觉,作者把它比喻成“歌声”,将其转化为听觉形象,这种把一种感觉转化为另外一种感觉形象的写法,在修辞上称为“通感”。运用这种修辞手法,可以扩大意境,启迪读者更加深远的想象和联想。《荷塘月色》还有一处使用通感修辞的句子在哪儿?

生:“塘中的月色并不均匀;但光与影有着和谐的旋律,如梵婀玲上奏着的名曲。”

师:朱自清先生还用了哪些手法描写景物?

生：比喻，拟人，运用叠词，整散结合……

师：朱自清先生调动各种感官，运用多种修辞描写眼前的荷塘月色，语言清新隽永、优美动人，《故都的秋》描写的语言是否也一样呢？（板书：清新隽永、优美动人）

生：读来感觉朴实得多，但同样感觉很美。

师：是啊，《故都的秋》没有文字雕饰的痕迹，但每个词语、句式，好像未经“炉火”的反复锻打，却到了“纯青”的程度。如在选择搭配词语上，作者似乎是很洒脱地从生活中拣来的，平凡极了；可是它们又是那样精当，搭配在一起就再也无法拆开了。比如，“芦花”“柳影”“虫唱”“夜月”“钟声”“日光”“蓝朵”等体现秋色、秋声的名词，搭配得匀称和谐。这些景物的声色，本是现实中无处不有的，但被作者随意拣来搭配在一起，就产生了特别的美感，使人感觉语言格外的清新典雅、精练含蓄。（板书：清新典雅、精练含蓄）

环节二：心中天地

师：刚才我们一起赏析了两位散文大家眼前的天地，现在我们继续阅读文本，一起走进他们心中的天地。《荷塘月色》中，朱自清眼前的荷塘是朦胧、宁静、淡雅、柔和的天地，先生心中想到的天地是文本中哪个天地？

生：江南采莲的天地。

师：心中所想的采莲的天地是一幅怎样的图景？（播放 PPT 第 4 页，展示表 2）

表 2

作品	心中的天地及特点	审美追求
《荷塘月色》		
《故都的秋》		

生：由第七段可以发现采莲的天地是热闹风流的天地。

生：在第八段点明了这是嬉游有趣的天地。（板书：采莲嬉游）

生：在第九段的《西洲曲》可以看出采莲的天地令人神往。

师：令人神往的采莲天地，作者为何说“这真是有趣的事，可惜我们现在早已无福消受了”？

生：因为作者离开了江南。

师：好的。作者由眼前的天地联想到故乡的天地，但现实羁绊又令他无法回到江南，作者惦着美丽的江南了。心中热闹的采莲天地和眼前独自一人的荷塘月色相联系会产生怎样的表达效果？

生：热闹的采莲场面和现实的孤独形成对比，使作者心情更复杂了。

师：记忆中采莲的热闹与当下赏荷的孤独形成对比，以此衬托内心的天地。热闹和孤独本是矛盾，在荷塘月色下却又如此和谐。这样看似矛盾的和谐还体现在文本中的哪些方面？（生沉思）比如作者的情感世界或者对自然的描写。

生(举手):作者一开始“心里颇不宁静”到月下散步,欣赏荷塘,流露出淡淡的喜悦、淡淡的伤感,再到想起令人向往的采莲天地,看似矛盾但又和谐。

师:这位同学找到了作者情感喜与悲的和谐。还有吗?

生:“我爱热闹,也爱冷静;爱群居,也爱独处”体现了作者看似矛盾,但又和谐的生活习惯与个性。

生:荷塘与月色是和谐的,光和影是和谐的,但其中也有“峭楞楞如鬼一般”看似不和谐的景物描写。

师:是的,文本中有很多看似矛盾而又和谐的存在,这些都表现了作者面对现实生活的压抑与烦闷,以及对心中宁静、美好、自由和快乐的生活的向往。我们可以把这样杂多或对立的因素和谐统一的审美称为“中和之美”。(板书:知识分子审美,中和之美)中和之美突出了审美过程中主体与客体、人与自然、感性与理性及各种美的元素的和谐统一,给人以愉悦、轻松的审美快感。朱自清先生打造了一方令人向往的采莲天地。那么,郁达夫先生在文末说的“这北国的秋天,若留得住的话,我愿意把寿命的三分之二折去,换得一个三分之一的零头”,他心中的天地是怎样的天地?

生:文本最后三段里,可能是引发文人诗人颂赞或悲啼的秋意的天地。

生:北国的秋。

师:哦,郁达夫先生心中的天地既是故都的秋,又是北国的秋,更是文人的秋。这文人的秋有何特点?

生:文本中有概括——深沉、幽远、严厉、萧索。

师:是的,文本里有提示,我们齐读这几句话——(播放 PPT 第 5 页)

足见有感觉的动物,有情趣的人类,对于秋,总是一样地能特别引起深沉、幽远、严厉、萧索的感触来的。不单是诗人,就是被关闭在牢狱里的囚犯,到了秋天,我想也一定会感到一种不能自已的深情;秋之于人,何尝有国别,更何尝有人种阶级的区别呢?不过在中国,文字里有一个“秋士”的成语,读本里又有着很普遍的欧阳子的《秋声》与苏东坡的《赤壁赋》等,就觉得中国的文人,与秋的关系特别深了。可是这秋的深味,尤其是中国的秋的深味,非要在北方,才感受得到底。

自古逢秋悲寂寥,中国文人悲秋情结源远流长,秋天的草木凋零,山河寂寥仿佛象征着他们的人生已然迟暮却一无所获,自我生命从生长到消亡正与四季相对应,而四季循环,人的生命却只有一次;秋天虽气象凛冽却仍有果实收获,文人穷尽一生大多难以收获理想的果实……

(生读)

师:“北国的秋,却特别地来得清、静、悲凉”,郁达夫先生是以什么样的身份观察眼前的秋景,品味心中的秋意的?

生:读书人,知识分子……

师:是啊,身份不同,看到的景物也不同,他以一个传统的知识分子的眼光来观察和体验故都之秋,他笔下的秋味、秋色和秋意,都笼罩着一层浓厚的传统文人的色彩。例如,写“租人家一椽破屋来住着”“在破壁腰中，静对着”蓝色的牵牛花，从寻常景象甚至破败景象中看出、体验出美来；写北国槐树的落蕊，“脚踏上去，声音也没有，气味也没有，只能感出一点点极微细极柔软的触觉”，写“灰土上留下来的一条条扫帚的丝纹，看起来既觉得细腻，又觉得清闲，潜意识下并且还觉得有点儿落寞”。这些细腻而独特的感受、忧郁而优美的情怀，恐怕只有郁达夫这样一个具有士大夫倾向的读书人才能体验得到，才能表现得这样细腻而深刻。“清”“静”“悲凉”是对眼前客观景物特点的描写和总结，更是作者心中的主观感受。（板书：传统士人审美，文人秋味）

环节三：审美天地

师：无论是眼前的故都秋景，还是眼前的荷塘月色，其背后都有一方作者向往与追求的天地，这方天地中可见他们的审美追求。如文中所说“租人家一椽破屋来住着”“在破壁腰中”，“人家”即寻常人家，显示作者追求的闲适，两个“破”字尽显了北平古城的历史感、沧桑感、厚重感和衰败感，自然充满一种“悲凉”。其实古代士大夫也有类似的审美追求，请看投影，说说这是一种怎样的审美喜好。（播放 PPT 第 6 页）

刘禹锡《陋室铭》：“斯是陋室，惟吾德馨”；
孟郊《秋怀（十一）》：“秋至老更贫，破屋无门扉”；
陶渊明《归园田居（其一）》：“户庭无尘杂，虚室有余闲”。

生：喜好幽静恬适、清贫高远的美。

师：牵牛花颜色越浅越好，“以蓝色或白色者为佳”，能看出作者怎样的审美心理？

生：喜好清淡朴素、闲适自然的美。

师：回答得很准确。同学们还能不能再找到一些这种传统文人审美喜好的体现？

生：“零星地点缀着些白花”“淡淡的云”也是类似的清淡朴素的传统审美心理。

生：秋蝉“衰弱的残声”，则以秋蝉这一生命短暂的秋虫，引发人的思绪，叩击人的心扉，萧瑟的氛围笼罩故都，不禁让人顿生凄凉之感。

师：秋蝉的残声可以联系骆宾王《在狱咏蝉》中的“西陆蝉声唱，南冠客思侵”和柳永《雨霖铃》所吟咏的“寒蝉凄切，对长亭晚，骤雨初歇”一起体会这样的美。“残声”表现了中国文人共同的审美心理——凄凉悲惨、人生苦短。两位先生的这片审美天地是否有人能懂得？谁能懂？妻子，闰儿，闲人，抑或我们？

生：应该都没法完全懂得，只有先生自己明白。

师：好的，那我们联系作者生平，用知人论世的方法来理解，谁来说说作者生平？

生（举手）：《故都的秋》创作于 1934 年 8 月，国家处于内忧外患之时，执政府对外妥协，对内镇压，可谓连年战乱，民不聊生。此外，郁达夫幼年丧父，从小体验了生活的艰辛，养成忧郁、沉寂的性格。写作此文时，他已迁居杭州，生活虽然闲散安逸，但思想苦闷，创作枯竭。

生（举手）：《荷塘月色》创作于 1927 年 7 月，用北大退休教授钱理群先生观点，朱自清先生当时正处于国家动荡，找不到出路而“颇不宁静”的愁思中，可能也有其家庭的因素，如父

子、夫妻关系不是很和谐等。(众生笑)

师:是啊,“闲言碎语”“闲心愁思”“闲话风”成为20世纪二三十年代文人创作散文的主导话语方式。作家性情、家庭因素、文化传承,尤其是社会现实往往会影响作家的审美追求。这两篇散文描绘的都是同一座城市的景物,却展现出了截然不同的特点,郁达夫笔下的秋景清、静、悲凉,朱自清笔下的荷塘优雅、朦胧。《故都的秋》和《荷塘月色》由于写作时代以及写作方法相似,可以作为比较阅读的对象,前者描写的景物虽然有淡淡的悲凉,但作者对其的喜爱之情溢于言表,后者描写的景物细致精巧,作者的情感克制地隐藏在景物之后,为的是寻找自己内心片刻的宁静。

回顾我们的学习内容,可以发现一个规律——眼前天地由审美天地而引发,心中天地由眼前天地而凸显,审美天地又随着眼前天地和心中天地的变化而起伏,情由心生,而随景移,景因情而着色。希望课后大家运用自己学到的“三个天地”解读《我与地坛(节选)》《赤壁赋》。我们以诗意仿句作结。(播放PPT第7页)

今晚若有采莲人,
这儿的莲花也算得“过人头”了;
只不见一些流水的影子,
是不行的。

今天若有知音人,
这片审美天地也算得“惹人怜”了;
若真见得心中那片天地,
那是极好的。

师:下课!

第二课时

师:(播放PPT第8页)上一节课我们从“眼前天地”“心中天地”“审美天地”解读了《荷塘月色》的中和之美,品味了带有士大夫审美追求的《故都的秋》,今天我们继续开启品读“自然”的发现之旅,学习《我与地坛(节选)》《赤壁赋》。史铁生和苏轼眼前的天地即文题中的什么?

生:“地坛”和“赤壁”。

师:他们所见的眼前之景和前两文带有淡淡悲凉和喜悦的景一样吗?

生:说不太清楚,好像不一样,但似乎也有一点点悲凉和喜爱。

环节一:眼前天地与心中天地

师:感知很敏锐,其实文人审美是有一定共性的。我们先一起还原两位大家眼前的地坛和赤壁之景,请同学们深入阅读文本,试着填写表3。(播放PPT第9页,展示表3)

表3

作品	眼前的景物及特点	景物之美
《我与地坛(节选)》		
《赤壁赋》		

（学生思考，交流2分钟）

生：第三段，剥蚀的琉璃、淡褪的朱红、坍圮的高墙、散落的雕栏、苍幽的老柏树、茂盛的野草荒藤、夕阳散发着沉静的光芒，呈现出古老、荒芜、冷落、沉寂的样貌。这个场景比较适合残废后作者衰颓的心境。

师：找得很准确，“剥蚀了古殿檐头浮夸的琉璃，淡褪了门壁上炫耀的朱红，坍圮了一段段高墙”，强调地坛主动地褪去了身上“浮夸”“炫耀”的人工雕琢，磨灭了身上的浮华，地坛主动地把残破的本真展现给先生，也让先生和地坛有了一种宿命的味道。还有补充吗？

生：第五段，“蜂儿如一朵……片刻不息”，这里的景物充满生机，正如先生所说的这些景物“荒芜但并不衰败”。

师：荒芜但并不衰败的景物，让作者眼前的天地和心中的情感天地融合在一起。还有补充吗？

生：第七段，“十五年中，这古园的形体……微苦的味道”，这里的景物是富有力量感的，（生思考后补充）充满了生命的力量感。

师：这段六个“譬如”之前，作者写到“幸好有些东西是任谁也不能改变它的”。哪些东西是不能改变的？

生：生命力不能改变，古园的形体随着时间的流逝可以被人为地改变，但它内在的灵魂与古园里的一切有生命力的东西是不会被改变。（板书：富有生机的美）

师：地坛的景物越来越人格化了，或者说“史铁生化”了。在史铁生看来，地坛的每一个生命都有自己的困惑、辛苦、挣扎、修行和顿悟，“虫生”不易，人生亦如此。这些不仅写出了他对地坛的观察，更写出了他对地坛景物的思考。这种思考和道家的以大自然为道，在大自然中顿悟，效法大自然类似，这种行为在道家叫什么？

生：师法自然，道法自然。（板书：道法自然）

师：好的，“道法自然”语出《老子》。史铁生先和地坛的景物产生宿命般的情感共鸣，然后感受到永远不变的生命力。冥冥之中，距今九百多年前，苏轼在赤壁的大自然中看到了什么？有何感受？请《赤壁赋》小组回答及补充。

生（《赤壁赋》小组）：《赤壁赋》的景物是比较集中的，主要是第一段的江水、明月、清风这三种景物。这些景物宁静、朦胧而苍茫，令人心情闲适而潇洒。（板书：宁静苍茫的美）

师：是的，作者在第一段交代了夜游的时间、地点、人物、活动后，开始写景。诗人泛舟江上，正是初秋时节，柔柔的秋风徐徐吹来，摆弄着诗人的衣角头发，吹走恼人的暑热，大江江面，水波不兴，风平浪静。在写了和客人饮酒咏诗之后，诗人再写月出后的赤壁江景——白茫茫的薄雾在宽阔的江面上浮起，在皎洁的秋月照射下，江面水天相接，晶莹透明。“少焉，月出于东山之上，徘徊于斗牛之间”，“徘徊”二字写出了什么情感？

生:写出了月对游人极为依恋和脉脉含情。

师:月有情,实则人有意。夜游于赤壁,苏轼自是赞美这宁静苍茫的自然,后来主客的感情发生了哪些变化?

生(翻找课文):先由清风明月之美写玩赏之乐,再以主客问答写历史人物的兴亡和现实苦闷的“悲”。

环节二:哲理天地与文化情怀

师:从眼前天地而生发情感,因情感变化而深思“自然”,于是又产生“哲理天地”,请同学们分组填写表4。(播放PPT第10页,展示表4)

表4

作品	心中天地(有何可赏?)	哲理天地(何理?何情怀?)
《赤壁赋》		
《我与地坛(节选)》		

师:苏轼由眼前风月天地而喜后,又因历史兴亡和现实苦闷而悲,尤其是当时苏轼正遭遇贬谪,他就更感“哀吾生之须臾,羡长江之无穷”了。第四段在心中所思所感的天地里,水月的描写有何可赏?

生:把万物比喻为水月?(生显不自信,沉默,同桌补充)

生:应该是将世间万物和人生比喻为水月。

师:说得不错。在第四段,苏轼避开人生短促的悲观情怀,道法自然,以“江”“月”作比,世间万物皆既有变的一面,又有不变的一面。从变的角度看,天地万物连一眨眼的工夫都不能保持不变;从不变的角度看,万物和人类都是永久存在的,不必羡慕长江的无穷和明月的永不增减,不必感怀人生的短促,而应保持豁达乐观的态度,阐发了变化与永恒的辩证哲理。身处黄州赤壁的作者在政治上失意彷徨,精神上孤独苦闷,但是生性旷达的他在老庄、佛禅和山水之乐中求得了解脱。我们一起读一下叶嘉莹的解读。(播放PPT第11页)

叶嘉莹:(苏轼)把儒家用世之志意与道家旷观之精神,做了极圆满之融合,虽在困穷斥逐之中,也未尝迷失彷徨,而终于完成了一己的人生之目标与持守。

师:(板书:变与不变、逝与不逝)身处地坛的史铁生也遇到他的苦难,按照预习任务,哪位同学按时间、年龄及地点的顺序,梳理下史铁生的苦难人生?

生(举手):史铁生,1951年生于北京;1969年,18岁,在延安插队;1972年,21岁,瘫痪回京;1981年,30岁,患上肾病;1998年,47岁,确诊为尿毒症;2010年12月31日,凌晨3点46分,突发脑溢血去世,享年59岁。

师:梳理得简洁明了。史铁生在地坛,除了观察到眼前天地,如富有生机不断轮回的蜂儿、蚂蚁、瓢虫、蝉蜕、露水、古树等动植物类的自然以外,他还在地坛观察到了什么?

生(齐)：母亲。

师：只有母亲？

生：在其他章节里，还写了恩爱的中年夫妇，真正懂得喝酒的老人、爱唱歌的小伙、最有天赋的长跑家、捕鸟的汉子、漂亮的小姑娘……

师：地坛的景和地坛的人构建起一个属于史铁生的“大自然”，史铁生在这个“自然”中感悟了哪些人生哲理？请《我与地坛》小组展示学习成果。

生(《我与地坛》小组)：在四季景物中感悟了生命的困难及意义。

生(《我与地坛》小组)：在母亲身上感悟了生命的坚韧和感念母恩。

生(《我与地坛》小组)：恩爱的夫妻激发了作者对爱情的渴望。

生(《我与地坛》小组)：最有天赋的长跑家寓指生命如长跑，充满了无常及无奈，生命的意义在于追求的过程，而不仅仅是结局。

师：在地坛的那15年，先生细心观察地坛的一切，关注一年四季的变迁，特别是人。母亲、中年夫妇、一个真正喜爱喝酒的老人、爱唱歌的小伙、最有天赋的长跑家、捕鸟的汉子，平凡的他们能乐观面对生活的挫折与不顺，每一个人都体现一种生命的意义，给先生启发和鼓舞，也使地坛从封闭的空间有了社会的影子，扩大了作品的内涵。在苏轼赤壁的“水月”天地中有道家的道法自然的释然与旷达。同样，谁能在地坛“自然天地”中找出其他文化情怀呢？

生：同样有道家的“道法自然”，任何生命都应该遵循其生长的规律，不必急于求成。

生：地坛中不同的人、不同的经历组成了地坛的“社会天地”，让作者感悟到每一个生命都是独特的、唯一的存在，有点敬畏生命的意味。

师：是啊。史铁生说，“所有的人都一样健康、漂亮、聪慧、高尚，结果会怎样呢？怕是人间剧目就全要收场了，一个失去差别的世界将是一潭死水了，是一块没有感觉没有肥力的沙漠”。是的，我们必须承认人是有差别的，这种差别是与生俱来的，所以不必为此丧气，抛开自己所有不自信的想法，扎扎实实为自己而打拼。一切命运的救赎之路掌握在自己手中，最后史铁生先生走出了人生困境，实现了他的什么人生梦想？（播放PPT第12页）

生：写作，成为作家。

师：是的，先生最后成为一位耀眼而独特的作家。在地坛的那15年，先生细心观察地坛的一切，关注一年四季的变迁，特别是人。在形形色色的人中，他参悟了很多人生哲理，也看到了很多活着的美好。他热衷于写作，热衷于写下生活中的一切，他的文字忠于自己的内心。苏轼和史铁生两位大家虽然所处时空不同，人生际遇不同，但是他们走出人生困境的途径如出一辙，那就是什么？

生：观察眼前的天地，如赤壁美景、地坛之景……

师：只有观察眼前之景吗？在他们心中，还思考了什么？

生：思考了人事，如曹操的英雄事迹、地坛的人与事。

师：补充得很好，眼前的景和心中思考的人与事构建起一个属于作者的“大自然”。在这个“自然”天地，还要加之于一种怎样的情怀方能疗治作者的创伤？

生：儒道文化情怀。

师：师法自然，以文化情怀思考“自然”与“人事”，从自然走向社会，从封闭走向开放，从黑暗走向光明。这里的文化情怀富含道家、佛家、儒家的各种文化思想。

环节三：文化视域中的“天地”

师：我们每一个人都可能是史铁生（或苏轼），在面对巨大而难以承受的痛苦时，往往渴望得到精神的救赎。当这些困境自己难以面对和解决时，我们可以在文化视域下，运用先贤的人生哲思，在自然中感恩命运，超越苦难。这时，自然不再是简单的自然，而是“人格化”的自然，是“心灵化”的自然，是赋予了哲思和文化意味的自然。假若你是史铁生（苏轼），请你给在座的同学写一写让你感受最深的地坛（赤壁）的景物及其引发的思考。下课！

（附学生作业示例）

示例1 《我与地坛》

那是正值最狂妄年龄的我，忽地残废了双腿，是那样的迷惘与无助。在荒芜的地坛中，最令我难以忘怀的是太阳。在我看来它每时每刻都是夕阳，也都是旭日。当它熄灭着走下山去收尽苍凉残照之际，正是它在另一面燃烧着爬上山巅布散烈烈朝辉之时。“落日”在常人心中象征落寞与衰亡，但是在我眼里还看到了新生和希望——从一端落下一定会在另一端升起。

示例2 《赤壁赋》

那是正值最失意落寞的我，遭逢“乌台诗案”，被逮下狱，贬谪黄州。在别样的赤壁，令我感慨至深的是那茫茫江月。宁静、柔和的水月引发我畅想三国的水月，是那么的沧桑、悲凉。历史中的英雄人物而今安在哉？在理想与现实的矛盾中，我只能用释道的思想来观照宦海沉浮和人生得失，顿悟“苟非吾之所有，虽一毫而莫取”。在困顿处境中要善于处穷，越是在现实中穷困潦倒，精神层面就越是要超脱。心在境前，“此心安处是吾乡”。

【教学反思】

这个单元是统编必修教材中唯一一个专门的散文单元，属于学习任务群中的“文学阅读与写作”。这一任务群的主要学习目标和内容是精读古今中外优秀的文学作品，使学生在感受形象、品味语言、体验情感的过程中提升文学欣赏能力。能根据不同文学体裁、不同的艺术表现形式，从语言、构思、形象、意蕴和情感等多个角度欣赏作品，获得审美体验，认识作品的美学价值，发现作者独特的艺术创造。执教时以“文化视域中的自然：探寻自然背后的文化哲思”为议题，围绕眼前天地、心中天地（情感天地）、审美天地、哲理天地展开分析，立足文化视域，整合四篇课文，带领学生领略了一番散文大家的人生智慧。整个教学过程，获益良多。

1. 依据文体，以景物自然为依托

本单元选文皆是写景抒情散文，聚焦“自然”进行教学是写景抒情散文教学中常用的教学手段。以《故都的秋》为例，其文字的细腻描绘足够让我们展开想象，形成眼前自然天地的画面。然后由“眼前天地”寻找作者“心中（情感）天地”，正如刘勰在《文心雕龙》中说，“春秋代序，阴阳惨舒，物色之动，心亦摇焉”，人的情感随外物的变化而变化，春景使人畅怀，暮景使人感伤。紧接着引领学生由“心中天地”品味“审美天地”，最后让学生思考作家的“哲理天地”，从感性的认知走向理性的思考，思考其中蕴含的思想与哲理。这种由表及里、由浅入深的思维方式符合学生的思维逻辑。

2. 关注语言，以文化视域为学习支架

群文阅读教学强调以议题统领下的学习任务为驱动，创设能够引导学生广泛、深度参与的学习情境，转换角色促使学生在阅读中比较、分析、整合与思辨，进而激发阅读兴趣，拓展阅读视野，发展阅读素养。通常，感知文化情怀及士大夫审美是在单篇教学中不涉及的教学内容，但以文化视域为学习支架，引入古代士大夫诗文作品中同类景物，学生可以主动去发现其中的独特审美意蕴。而散文的美是通过语言表达的，“文学是语言的艺术”。艺术语言是最能反映作家的创作个性的。因此，引领学生品读四篇散文的优美语句，达到“于我心有戚戚焉”的审美境界，对增强语言表达能力，提高写作水平，充实文学素养，都是大有裨益的。

3. 由篇及类，重视深度学习的迁移

语文教学要重视变式训练和迁移运用，让学生从概括“眼前天地”，感知“情感天地”，到品味“审美天地”，进而探究“哲理天地”，这是举“一”。把“一”做足，后面反“三”的迁移运用也就水到渠成了。第一课时用三重“天地”教学《故都的秋》《荷塘月色》，并布置学生课后以同样方法梳理《我与地坛》《赤壁赋》，将一篇文章的解读方式延伸到一类文本的解读中去。通过这样的迁移运用，学生对知识进行了内化，第二课时，大多数学生就能主动构建形成较为稳固的解读写景抒情散文方法的知识体系，从而使得深度学习得以实现。

“声临其境”:散文音乐短片发布会

执教/宁波市李惠利中学　康剑娜

本课课件

【专题目标】

精读第七单元5篇散文,选择每篇散文中一段优美的文字,进行研读、朗诵、配乐和插图,最后制作成散文音乐短片,在班级进行发布。

【预习任务】

1. 因人识文,整理资料卡片:了解“蛰居古都的郁达夫”“清华园里的朱自清”“地坛中的史铁生”“游赤壁的苏东坡”及“登泰山的姚鼐”;整理特定环境中的作者境况,熟悉写作背景。

2. 徜徉文海,欣赏自然之美:调动各种感官,体会故都秋日“清”“静”“悲凉”的物哀之美;沉浸荷塘月色,品味“另一个世界”的优雅、朦胧、幽静之美;走进地坛,感悟“荒芜但并不衰败”的生命之美;泛舟赤壁,登临泰山,感受物我合一的开阔与旷达。通过研读文本,领略文字背后的自然之美和人情之美。

3. 准备媒介,丰富学习手段:精选散文片段,利用“为你读诗”APP、“酷狗音乐”等媒介,找到适合文字的背景音乐,搜索“百度图库”,找到适合文字的背景图片。进录音棚进行录音,学习视频剪辑,将音频和图片合成散文音乐短片,上传至班级公众号,让大众点评。

【教学实录】

生(主持人):(播放PPT第1页)敬爱的老师们,亲爱的同学们,大家下午好!在今天这样一个寒风作响的午后似乎特适合开启一场明媚而又温暖的散文之旅。现在,我宣布2302班的散文音乐短片发布会正式开始!第一个呈现给我们的作品是《荷塘月色》。(电教委员播放PPT第2页,展示音乐短片1)

生(解说人):(播放PPT第3页)大家请看我们组的朗读者,他戴着一副黑框眼镜,面容清瘦,声音温文尔雅,仿佛青年朱自清就在眼前。朱自清先生是怀着淡淡的忧伤走进这片荷塘月色的,我们的朗读者很好地把控住了从忧伤到平静的情感变化。为了贴合主题,我们组选择了大量荷塘夜景的图片放入视频中作为朗读背景,用以渲染出一种宁静美好的氛围。

（播放 PPT 第 4 页）此外，我们还精心挑选了一曲悠扬的小提琴曲——《牧歌》来烘托这种如梦如幻的夜景，再配上朗读者深情的演绎，一幅自由的、美好的、宁静的荷塘月色就展现在了我们的眼前。可见，我们的音乐短片声音美、画面美、音乐美，如此精美的音乐短片，请大家一定要支持我们组的制作。（掌声）

生（主持人）：感谢《荷塘月色》组为我们带来的音乐短片。接下来我想采访一下在座的同学们，请问音乐短片哪个方面特别打动你？（观众举手）请这位同学来谈谈。

生（观众）：我觉得朗读者的演绎特别打动我。他的声线慵懒又温柔，读出了由淡淡的哀愁慢慢过渡到淡淡的喜悦的那种心境，我听得非常入迷，仿佛我也身临其境，走入荷塘卸去一身世俗疲倦。

生（主持人）：感谢这位同学，接下来要展示的第二个音乐短片是史铁生的《我与地坛》。（电教委员播放 PPT 第 5 页，展示音乐短片 2）

生（解说人）：初听这段朗读时，内心感到的是深深的悲戚和迷惘。《金色叶子》（"Glod Leaves"）忧郁的琴声响起，一抹深刻的惆怅直入人心；背影萧瑟的史铁生，摇着轮椅轧过苍青色的小道，他不断地自问，我该怎么活？我该去哪儿？作者感性，朗读者也感性。读到"不明白为什么要来这个世界"的时候，声音低落迷惘；读到园中蜂儿、蚂蚁、瓢虫、露水的时候，朗读者情随事迁，语调新奇多变，伴着高低起伏的音乐，带领观众进入童话般的世界。在制作音乐短片前，我们放弃了荒芜冷落的秋景，特别挑选了一些富有生机和意趣的图片来作为朗读的背景，以此再现"园子荒芜但并不衰败"的画面。（播放 PPT 第 6、7 页）史铁生正是在这些渺小而伟大的自然事物中解决了内心疑惑。不知道大家能否在音乐短片中感受到生命的纤弱和伟大呢？如果你感受到了，请一定要投我们组的音乐短片一票。（掌声）

生（主持人）：感谢解说人。我想采访一下朗读者，请问你在朗读这段文字的时候遇到过什么困难吗？

生（朗读者）：对史铁生境遇的理解。初读时，我很难进入角色。我正值青春、双腿健全、生活在幸福的家庭中，从未想过史铁生思考的生死问题。为此，我反复地诵读作家的文字，查阅大量的资料，与老师畅谈交流，想象我人生中可能遭遇的各种困境，才一点一点走近他笔下那些纤弱而伟大的生命，有了今天差强人意的作品。

生（主持人）：感谢你分享自己朗读作品的心路历程。文字总是能带给我们神秘的力量，能让我们穿越时空与伟大的灵魂共同对话。接下来，请大家继续欣赏第三个作品《赤壁赋》。（电教委员播放 PPT 第 8 页，展示音乐短片 3）

生（解说人）：（播放 PPT 第 9 页）我很喜欢苏轼那种听任自然、豁达洒脱的生活态度，也曾读过不少关于他的故事，所以我毫不犹豫地加入了《赤壁赋》音乐短片的制作。（播放 PPT 第 10 页）其实我们组的朗读难度比前面两组更高，一方面是这篇文章文体特殊，对如何将赋这种文体的音韵之美恰到好处地呈现在朗读中没有太多的经验借鉴；另一方面是文中蕴含的复杂儒道思想的理解和演绎。我们的朗读者三进录音棚，精益求精，不断攻克朗读难关，将儒者情怀和道家仙风尽现在朗读中。（播放 PPT 第 11 页）另外，我们组还独具匠心地将赵孟頫的书法作品引入音乐短片中，随着朗读依次呈现。《阳关三叠》的配乐、赵孟頫的书法、朗读者的倾情演绎，不知道有没有将你带到赤壁一游？希望能够惊艳到大家！请大家为我们的音乐短片投上一票。（掌声）

生(主持人):这位同学你喊的“惊艳”最响亮,请你来谈谈什么惊艳到了你?

生(观众):我认为“东坡”两个字就是惊艳的代名词。他的文学造诣已然十分惊艳,但我真正欣赏的是他才华之外精神上的富有。今天我们的朗读者,将苏轼的精神富有演绎得淋漓尽致,苏轼一生几经沉浮,但从未妨碍他的潇洒出尘!如果下次还有机会,我也要配乐朗读一下《赤壁赋》,太畅快了!(掌声)

生(主持人):接下来,让我们从东坡的飘然仙境中出走,走进郁达夫的别样秋思。请大家欣赏今天的第四个作品《故都的秋》。(电教委员播放 PPT 第 12 页,展示音乐短片 4)

生(解说人):(播放 PPT 第 13 页)我特别欣赏郁达夫“曾因酒醉鞭名马,生怕情多累美人”的潇洒不羁。在选拔朗诵者的时候,我们组一下子被柯同学悠缓而沉郁的声音给征服了,他绝对是朗读《故都的秋》的“天选之子”。在制作音乐短片的过程中,我们遇到的最大困难就是背景音乐的选择,但是最终这个最大障碍成了音乐短片最大的优势。我们查询了郁达夫的年谱,发现他曾经有 10 年留学日本的经历,想必日本的物哀美学肯定影响了他后来的创作。(播放 PPT 第 14、15 页)于是,我们以此为切入点,找到了日本作曲家创作的钢琴曲——《火宵之月》。有人这么评价这首钢琴曲,“疏疏落落,清清浅浅,仿佛有些许色彩浮光掠过,一帧一帧,浸透着深植在日本传统文化骨血中的沉香气味,弥散,久远”。这不就是我们寻寻觅觅中最佳的配乐吗?那么,请在场的观众为我们这文质兼美的音乐短片投上宝贵的一票吧!(掌声)

生(主持人):在班级海选的时候,这位朗读者的声音收获了很多女“粉丝”。现在,让我来采访一下这位女同学,你觉得他的声音适合朗读《故都的秋》吗?

生(观众):适合,我觉得他的声音很好听。他只要一发出声音,已然有了播音主持的范儿,深情大气,非常适合朗读《故都的秋》。

生(观众):不适合,我觉得他在《故都的秋》的朗读当中,声音过于洪亮了,如果能读得再清、静、悲凉些,也许更符合郁达夫本人所特有的忧郁气质,也更适合郁达夫想要表达的意境。

生(主持人):感谢以上两位同学。登临泰山一贯是中国文人墨客的传统,今天最后一个作品《登泰山记》请您一起欣赏。(电教委员播放 PPT 第 16 页,展示音乐短片 5)

生(解说人):(播放 PPT 第 17 页)首先,我觉得我们组的朗读者是无法被超越的;(播放 PPT 第 18 页)其次,我们组的背景图片也是最有诚意的;最后,配乐《渔樵问答》更是恰到好处。随着朗读者的声音,我们穿越 200 年,这里有不远千里的欢欣期待,也有旅途的艰险曲折。让我们一起冒着风雪,登临泰山,静候日出,看“苍山负雪,明烛天南”,感受姚鼐在泰山山顶的顿悟。如果你们也能感受到这一场登临之美,请一定要投我们一票哦。

生(主持人):感谢解说人,大家看这个音乐短片最突出的特点是什么?

生(观众):朗读者就是学播音主持的,在音乐短片中充分展示了他朗读的专业性。

生(观众):手绘姚鼐登泰山的景象太让人喜欢了。他把登临泰山的游踪和登顶泰山看到的壮阔的日出景象画得清晰可见,让我们产生了一种身临其境的感觉。而且将实物图和手绘图呈现在同一帧画面中,造成视觉冲击,仿佛时空穿梭,让人流连忘返。

生(主持人):其实这几幅手绘图是我花了两天时间才完成的。绘画时,我不仅要遵循文字表面的客观性,还要斟酌文字背后的言外之意,将登临之兴致盎然和旅途之艰难险阻用线条勾勒出来。然而,我的手绘只是音乐短片的很小的一部分,以上呈现的视频都是我们组同学——七八个人共同努力的成果。所以在这里,让我们再一次将掌声送给参与音乐短片制作的同学们。(掌声不断)

生(主持人):接下来,马上就要进入激动人心的投票环节了。请台上评审团同学亮出我们今天的评分标准。(播放 PPT 第 19 页,展示表 1)请大家看评分标准,拿出你手中的平板电脑,投上你宝贵的一票。如果现场的老师们也想参与投票的话,也可以打开微信搜索"康康的少年们"的公众号进行投票。

表 1

评价项目(要求)	优秀(10 分)	良好(8 分)	合格(6 分)
文本选择(典型性)			
朗读情感(充沛且符合语境)			
插图(准确性)			
配乐(协调性)			

生(主持人):好,已经有现场学生观众的投票结果了。我们有请评审团团长给我们宣布本次投票的结果。

生(评审团团长):大家好!现在我将投票结果公布如下。场外投票结果——《荷塘月色》381 票,《我与地坛》610 票,《赤壁赋》825 票,《故都的秋》323 票,《登泰山记》895 票。场内投票结果——《荷塘月色》7 票,《我与地坛》8 票,《赤壁赋》6 票,《故都的秋》9 票,《登泰山记》7 票。(播放 PPT 第 20 页)综合以上数据,我宣布获得"最佳媒介达人奖"的是《登泰山记》,获得"最佳人气奖"的是《赤壁赋》。

生(主持人):恭喜以上获奖的小组。下面我们有请本次活动的总策划康老师为我们获奖小组颁奖并给予点评。

师:恭喜获奖的同学们。事实上,五组作品都达到了较高的朗诵水平,然而也存在些许值得商榷的地方。首先,插图方面。谈一谈取景,比如"弥望的是田田的叶子"若能配一幅全景图,可能比特写图更符合"弥望"两个字。相对比之下,《我与地坛》的地坛中这一片荒芜但并不衰败的景,采用特写图片再现这些小生物的生命力和情趣就非常贴切。再谈配色,比如《故都的秋》第一幅图片色调过于明艳了些。郁达夫在散文中写到喜欢的牵牛花"以蓝色或白色者为佳……最好,还要在牵牛花底,教长着几根疏疏落落的尖细且长的秋草",可见他的审美倾向是冷色,淡雅者为上,也更符合故都的秋清、静、悲凉的特点。然后,谈谈创意,《登泰山记》别出心裁,手绘登泰山的游踪,结合文字让人如入其境。《赤壁赋》也在插图上追求新颖,但是字字句句从书法大家赵孟頫的书法作品中硬抠出来,破坏了原作的生动气韵。可见,配图切忌生搬硬套。其次,配乐方面。对于非艺术专业的学生来说,寻找合适的配乐并非易事,但是只要掌握一个意境和谐的原则,大体上不会出纰漏。比如,日本动漫《火宵之月》的钢琴曲,旋律清静,初听似浮光掠影,再品情思绵长,就非常适合给《故都的秋》做配乐,仿佛就是一曲物哀秋思的赞歌。吕思清小提琴曲《牧歌》,演奏出的不仅仅是眼前的牧歌景象,更是一曲心灵牧歌。《荷塘月色》用词典雅清丽,造境朦胧宁静,那片荷塘就是他心灵的牧场，自由的栖息之地。虽然散文和乐曲的表达方式和描述场景不一，境界却非常相似，由此及彼也相得益彰。最后，朗诵方面。进入录音棚录音，选择自己喜欢的文字，揣摩作家的创作心理，通过自己独特的声带、音色将自己的理解转化为声波、电波传递给他人，本身就是一个审美过程。此次音乐短片发布会，只是一个开端，漫漫文学之路还等待着我们继续去探索。今天你们表现得都非常棒！继续加油，去开启一次又一次的跨媒介盛宴，走上一段又一段美的历程！

生（主持人）：感谢老师给我们的点评和鼓励！如果您喜欢我们的音乐短片作品，请继续关注我们班级的公众号“康康的少年们”，未来内容将持续更新。今天 2302 班的音乐短片发布会到此结束，感谢现场的老师和同学们！（鞠躬）

【教学反思】

本专题注重“贯通式活动，整合化学习”，将“跨媒介阅读与交流”任务群贯穿在“文学阅读与写作”的任务群中，建设跨媒介学习共同体，用制作音乐短片的形式丰富抒情散文的学习手段。试图将学生置身于乐学的语文能量场中，提高散文教学的课堂效率。

以下是几点活动建议：

1. 活动准备要充分

活动需要分阶段进行。第一阶段：设计宣传方案，为发布会造势，可以利用班级公众号或者校园电台。第二阶段：举行诗歌朗诵会，选拔散文朗读者。第三阶段：运用多种媒介，制作散文音乐短片。在制作音乐短片前，不妨先带领学生熟悉几种主要媒介类型，从影视、游戏、绘画、音乐等发现各种媒介所具有的审美功能、探索功能、益智功能和娱乐功能。然后再录制朗读音频，挑选插图、配乐，运用视频制作软件，将朗诵音频、背景音乐、插图合成为音乐短片。第四阶段：准备解说词，形成“媒介小达人”量化评价表。第五阶段：讨论发布会流程，设置“媒介小达人”投票通道。第六阶段：培训主持人，发问要有针对性。主持人的提问不应该是随性而为，而是要有一定的目标指向，指向朗读者的体验、观者的体验、视频的特点等。

2. 活动反馈要精准

发布会结束时，教师应该对五组作品给出自己的评价和改进意见。从插画、配乐、朗诵三个方面给出切实有效的意见，达到丰富散文学习手段的目的，发挥散文音乐短片制作的语文力量。帮助学生认识到网络“新集体生活”的学习方式。比如，利用班级公众号，把散文学习成果搬到互联网中，让更多的人参与散文的学习，将学习共同体扩展到课堂之外，实现抒情散文的集体化共读。此外，引导学生认识到“学习共同体”的真正意义，不仅是分工和合作，更是相互推动，从而在促进深度阅读的同时又形成融洽而又乐学的氛围。

写作微专题

融情寓理，妙笔生花：写景散文的写作指导

执教/宁波市鄞州高级中学　陈文娟

本课课件

【专题目标】

探讨如何在写景中“融情寓理”，归纳出具体的方法，当堂依照方法修改预习作业，组合之后，形成一套校园特色明信片。

【预习任务】

精读第七单元三篇现代散文，对摘引出的三个写景段落，从景、情、理、法四个方面做简单的赏析。

片段1

北国的槐树，也是一种能使人联想起秋来的点缀。像花而又不是花的那一种落蕊，早晨起来，会铺得满地。脚踏上去，声音也没有，气味也没有，只能感出一点点极微细极柔软的触觉。扫街的在树影下一阵扫后，灰土上留下来的一条条扫帚的丝纹，看起来既觉得细腻，又觉得清闲，潜意识下并且还觉得有点儿落寞，古人所说的梧桐一叶而天下知秋的遥想，大约也就在这些深沉的地方。(《故都的秋》)

片段2

月光如流水一般，静静地泻在这一片叶子和花上。薄薄的青雾浮起在荷塘里。叶子和花仿佛在牛乳中洗过一样，又像笼着轻纱的梦。虽然是满月，天上却有一层淡淡的云，所以不能朗照；但我以为这恰是到了好处——酣眠固不可少，小睡也别有风味的。月光是隔了树照过来的，高处丛生的灌木，落下参差的斑驳的黑影，峭楞楞如鬼一般；弯弯的杨柳的稀疏的倩影，却又像是画在荷叶上。塘中的月色并不均匀；但光与影有着和谐的旋律，如梵婀玲上奏着的名曲。(《荷塘月色》)

片段3

“蜂儿如一朵小雾稳稳地停在半空；蚂蚁摇头晃脑捋着触须，猛然间想透了什么，转

身疾行而去；瓢虫爬得不耐烦了，累了，祈祷一回便支开翅膀，忽悠一下升空了；树干上留着一只蝉蜕，寂寞如一间空屋；露水在草叶上滚动，聚集，压弯了草叶，轰然坠地，摔开万道金光。”“满园子都是草木竞相生长弄出的响动，窸窸窣窣窸窸窣窣片刻不息。”这都是真实的记录，园子荒芜但并不衰败。(《我与地坛》)

1. 感觉到作者写了怎样的景？
2. 感受到了他抒发了什么样的情？
3. 感悟到其中蕴含了什么样的理？
4. 具体使用了什么手法抒情说理？
5. 选择一张校园图片，写一段 300 字左右的文字。

【教学实录】

任务一：草木入眼相为珀芥

师：(播放 PPT 第 1—3 页)同学们，如果要给外校的同学写一张明信片，描绘我们中学的风光，应该怎样来进行文字创作呢？在预习作业当中，大家从景、情、理、法四个角度对我所摘取的三个段落进行了梳理。(播放 PPT 第 4 页)今天这一节课，我们再来读一读这些经典的语段。请全班同学齐读片段 1，思考这段文字写了哪些景，融合了作者怎样的情感，其中蕴含了什么理，使用了哪些手法。(播放 PPT 第 5 页)

(学生齐读段落 1)

生：这段文字写了落蕊，体现了作者细腻清闲落寞的情感，其中蕴含了古人所说的梧桐一叶而天下知秋的遥想，使用了触觉、视觉、嗅觉、听觉描写相结合的手法。

师：非常好，这位同学从四个方面做了简洁准确的梳理。郁达夫先生面对这北国槐树的落蕊，调动各种感觉，传递出了一种“细腻清闲落寞”的情感，这是主观的、个性的，有属于郁达夫的自我印记，有他自己的心灵寄托。见落蕊、见落蕊被扫去后留下的扫帚痕迹，想起“见一叶落而知岁之将暮”的传统文化中的理，郁达夫在心灵深处联系了“秋士文化中的时间意识”，这更是郁达夫先生的文学素养与文化传承的一种体现。(播放 PPT 第 6 页)

那么我们用同样的方法，来梳理一下荷塘月色中的这段文字。请我们班的女生来读一下，然后请男生回答问题。(播放 PPT 第 7 页)

(女生朗读段落 2《荷塘月色》片段)

生：这段文字写了月光。

师：写了荷塘上的月光。

生：融合了作者淡淡的喜悦之情。

师：有一种淡淡的喜悦，淡淡的喜爱。

生：对，其中蕴含了这句“酣眠固不可少，小睡也别有风味”的理。

师：那使用了什么方法呢？

生：使用了侧面描写，比如说叶子和花“仿佛在牛乳中洗过一样”，写出了月光的柔和，还有直接描写，如“月光如流水一般，静静地泻在这一片叶子和花上”。

师：作者用了正、侧面描写写月光，当然还运用了一定的修辞手法，如比喻、通感。朱自清先生同样把属于个人的、烙印着自我印记的独特的心灵的感受，寄托在这同样客观真实的荷塘月色上，浅浅的云、淡淡的月色恰好地慰藉了他那颇不宁静的心绪，带来了一种淡淡的喜悦之情。联系起中庸思想中的兼容并包，不是月色朗照不美，而是，于先生而言，今夜的月色浅淡恰恰好，是一种属于文学的精妙表达。（播放 PPT 第 8 页）

师：感受到了那满园涌动的生命的力量，就让我们班男生也把《我与地坛》中的这种生命的力量感读出来吧。请女生来重新思考梳理一下。（播放 PPT 第 9 页）

（男生朗读段落 3《我与地坛》片段）

生：这段文字写了园中景物，融合了作者对卑微小生命的蓬勃生命力的喜爱羡慕与敬佩，其中蕴含了园子荒芜但并不衰败的理，使用了夸张、比喻、拟人的修辞手法。

师：非常好，你感受到了“卑微的生命律动”。扶轮问路的史铁生，在园里，长达十几年，叩问命运、叩问生死，在这满园卑微却涌动着生命旋律的景物中得到了自己的心灵启迪。“荒芜但并不衰败”，这是生命哲思中的苦难意识的辩证理解。感动，很多时候，就源自一处景、几行文字传递出的文化。（播放 PPT 第 10 页）

师：当然我们需要学习经典，致敬经典，也要比较经典。这三段文字在融情寓理的写作方面，有什么共同点和不同点？

生：他们的共同点是，都通过写景物来抒发自己的感情，并且引出他们自己的理。不同的是，《故都的秋》是以写槐树的落蕊开始，它抒发的理是“梧桐一叶而天下知秋”，主要运用的是听觉、触觉、视觉、嗅觉描写；《荷塘月色》描绘月光下的荷塘，感叹了“酣眠固不可少，小睡也别有风味”的浅淡之美，是运用通感，正、侧面描写相结合来书写的。

师：他们所写的景是不一样的，他们个人的经历也是不一样的，他们所阐发的和联想的理呢？

生：理是不一样的。

师：（播放 PPT 第 11 页）作者把自己的文化素养寓于生命的感觉中，并且将这独特的属于自我的、富有自我印记的生命感觉融入所写的景物中去。虽然描绘的不是什么名胜古迹，但是“草木入眼相为珀芥”，即便是细小平凡的景色，只要入眼入心，把自己的文化素养寓于生命感觉中，并将这独特的生命感觉融入所写的景物，就容易写出好的文字。（播放 PPT 第 12 页）从赏读到写作，我们可以从“写出贴切的景”“写出个性化带有自我印记的景”“联想景物背后的文化内涵”这三方面努力。

任务二：斟酌词句写贴切景

师：我们不妨来看一看学校的这一处风景。（播放 PPT 第 13 页，展示校园银杏树的照片）这一棵银杏树。很多同学的预习作业中写到了这一棵银杏树。（播放 PPT 第 14 页）

教学楼旁有一棵银杏树。夏日里，它的叶子是绿色的，树枝不粗，细细长长地伸向高处，远看好像一位亭亭玉立的女子；近看，像扇子一样的叶片随风飘动，发出窸窸窣窣的响声。等到了秋天，银杏叶变黄了，落叶飘落在地，成为地面上的点缀，别有一番风味。每天走出教学楼都能看到这棵银杏树，给人无限生机。（熊添怡《银杏树里生机藏》）

师：这段文字的题目是“银杏树里生机藏”，那么这位同学描写的银杏树能贴切地体现出生机吗？

生：不能。

师：可以从哪些角度写出银杏树的无限生机呢？

生：我会写春天那种蓬勃的样子，不太会选择写秋天。

生：写夏天，因为那时候树叶最多而且是绿色的，给人一种生机蓬勃的感觉。

师：应该通过叶子描摹其繁茂和绚烂的生命姿态；应该通过树干描绘其昂扬挺拔的生命冲劲；通过果子密密匝匝，状写其孕育生命的蓬勃姿态；应该联系历史——银杏是石炭纪时期就存在的树种，是地球的“活化石”、植物界的“大熊猫”，赞叹其生命的绵延与珍贵。

那么老师就抛砖引玉一下，选择了她所写到的叶子进行改写。（播放 PPT 第 15 页）

夏日里，它的叶子是绿色的，层层叠叠，像一把撑开的绿绒大伞，茂密的枝叶遮天蔽日，火辣辣的阳光被遮挡得漏不下一丝丝的光线；秋风起，银杏树更是开始了一年中最华丽的篇章，它的叶片没有像旁的树一样变黄、卷曲、枯萎，而是变成了金灿灿的黄色，即便是飘落的旅程，也是曼妙轻盈，像玲珑的精灵，从秋日漫游到冬日，给世人以属于美和生命的畅想。无论何时，银杏总是以其独特的姿态矗立于大地，不卑不亢，充满活力，向人们展现出自己的风采。

师：添怡同学这段文字中的景，有生机，但是景和后面的这个情并不是特别贴切。所谓“贴切”是要紧密地联系着这一种情而写，斟酌词句使表情达意集中匹配。景物是客观存在的，由于所要表达的情不同，而具有了不同的主观色彩。因此，写景时一定要细致观察，抓住贴合情感需要的景物特征来描写。（播放 PPT 第 16 页）

任务三：自我印记融入性情

师：再来看一位同学的习作，她的这棵银杏树有她自己的存在了，我们看看是不是还可以做一些别的修改？（播放 PPT 第 17 页）

校园中有一棵银杏树，它站在楼道旁，就像值周老师一样，关注着上下学的我们。银杏叶，像小扇子似的，夏天与风一起带来凉爽，秋天则纷纷落下，绘成一幅美丽的秋景。秋天，不仅是旧叶的凋零，还是新果的到来。银杏果，我不太喜欢它。晚秋银杏果落下，同学们一踩一踏，这个地方就充满了一股令人不悦的气味，将一天的好心情全部磨灭。银杏树很安静，我有时会坐到对面的亭子里，凝望银杏树的身姿，有时，我甚至觉得它也在

看我，很可能是因为它摇晃着树枝同我问好。与它一起的时光，总是令我愉悦。（邵丹宁《李中的银杏树》）

师：前面的男生，你们在这一棵银杏树下找到“我”了吗？

生：在春夏秋的时候，“我”在银杏树下观察着银杏，如好友般凝望着他。

生：我觉得写银杏树像值周老师一样关注着上下学的我们，就感觉银杏树是亲切的老师一样，我们像尊重老师一样尊重它、感恩它。

生：“同学们一踩一踏，这个地方就充满了一股令人不悦的气味”，就带有了她自己的感觉。写银杏果散发的气味比较特别，虽有个人的情感在里面，但感觉有些突兀了。

师：假想你在凝望银杏树，用语言或动作或神态同它问好，你会用什么样的语言？

生：我觉得银杏树更像是那种朝夕相伴的好友，是亲切的、随和的，我会轻轻抚摸一下它，如我最亲切的同桌一样的。

生：我会抬头仰望它，因为它陪伴着我们学校已经很多年了，然后我也像对待老师一样对待它，对待这位长辈。

生：我会有点怜悯它吧。它一直站在学校的教学楼前陪伴着我们，守护着我们，像一个天使一样吧，但是每当晚秋银杏果落下时，同学们并没有特别珍惜它，而是就直接踩在它的果实上，我觉得这个就有点可悲。

师：好，太好了，这棵银杏树其实是我们学校的一种文化了。如果我来添加一个神情，可能会用“会心一笑”。（播放 PPT 第 18 页）

校园里有一棵银杏树。

她静静地站在楼道旁，迎风送雨，像师长般守护着我们。折扇形的叶子，苍翠丝滑，合着夏天清晨的风一起带来凉爽；秋天蝴蝶般自由自在飘飞的叶子，把大地绘成一幅美丽的画卷。银杏树很安静，我有时会坐到对面的亭子里，凝望银杏树的身姿，有时，甚至觉得她也在看我，轻晃着枝丫同我问好，如老友久不相见，但是重逢后会心一笑，便心意相通了。与她一起的时光，总是令我愉悦。

师：当人在景中融入了自我的时候，这个景就有了人的情感和情绪了。我们说情感是抒情散文的灵魂，富有自我印记的个性化情感的表达更真实，而真实的情感令散文呈现出迷人的个人气质。比如轻轻的一抚摸、会心的一笑、拾起那一颗银杏果子，这些都是你的情感，是你和这棵银杏树之间的关系。（播放 PPT 第 19 页）

任务四：联系文化寓理深刻

师：当然我们的同学可不一般，我们来看一下这位同学的习作。（播放 PPT 第 20 页）

一阵风拂过，满树的银杏叶随风飘舞，霎时，成了叶的海洋，黄绿交织，伴着“沙沙”的响声，令人赏心悦目。内心的忧伤杂念似乎在那一瞬间，失去了踪影。来到树下，举起双手，一片银杏叶正好飘落在我掌心，青色的叶片中夹杂着丝丝黄色，平整的叶片让人感受到生命的凋零。“落红不是无情物，化作春泥更护花”，即便在生命凋落的时候，也无怨无悔，为着下一次的绽放而默默付出。（刘思琪《银杏叶》）

师：我们来问一下作者本人，你当时写这段文字的时候，写到“默默付出”的“无怨无悔”时，可曾想到什么传统文化？

生：就是想到了无私奉献这种传统精神。

师：你写这片银杏叶掉落在土地上的时候，来年依然滋润着这一片土地，滋养着这一棵银杏树。你在潜意识当中其实已经调动了一种文化的联系，这种奉献像极了父母，像极了人类绵延的一代又一代。给大家链接一下银杏文化——

银杏是坚毅与奉献的生命象征。银杏树冬日光秃无叶，春节时便开始发芽长叶，从年头长到年底，叶片由绿色慢慢变成黄色，最终在冬日随风而落。它凄美的一生就是在希望中酝酿着肃杀的秋，在肃杀的秋日里等待着春的希望，它具有坚毅的精神和永恒奉献的生命之美。

师：银杏的文化还包括，它是爱情的象征、长寿的象征、儿孙满堂的象征。能探究自然景观中文化意义，是一个人的文化素养的体现。在写景的时候，联系文化，把深刻的道理寓于其中，依靠大量的阅读积累和丰富的生命经历。借助这样的写作思路，我们可以写出非常贴切的景，这些景是准确的，是和“我”的情相融合的，可以写出具有“我自己”个性的情，联系文化，寓以深刻的道理，写出富有层次的写景文字。（播放 PPT 第 21 页）

任务五：实践应用提升能力

师：在学习了这些之后，我们再来修改一下所写的这段文字，让校园文化中有我们的印记，有文化的思考。请同学修改自己预习案中的文字。（播放 PPT 第 22 页）

师：请 15 号同学来分享一下你的思考。

生：我觉得要把自己的经历联系上去。

师：好，那读一读你修改以后的文字好吗？

生：我就在后面加了一段，“其实我们也不过是一片花瓣，随着风儿匆匆地飘来飘去，从没有一个地方我们可以称之为永远，但总会有那么一个地方是我们的清秋。人间最美是清秋，静对月光静听风雨，走过秋风树叶的窸窣、桂花落满地的微音，寻找自然的天籁，内心的梵音”。

师：太好了，你不仅再一次深刻地融入了自己，而且能够从这桂花上面找到生命的意义所在。人生的美好，就在于存在过的每一个瞬间是吧？再请 42 号同学来分享一下，你现在觉得自己的这段文字有什么要修改的吗？

生：可能就是描写这个小枝杈过少了。

师：那你把修改以后的段落读一下，好吗？

生：一个枝杈从大树的腰间冲出，冲破阻碍冲向蓝天，虽然与大树相比它太过瘦弱，那稀疏的枝条，零星的叶片，都无法与饱经风霜的大树相媲美，但在那弱不禁风的外表下，有着一颗不向命运低头的心，我每次经过那里时都会为之感动，它有着这样的勇气去与命运搏斗。有着这般勇气，即使失败又何妨呢？

师：我太喜欢你的这句话了，即使失败又何妨呢？努力过、证明过、生长过，不一定能变得粗壮，但是“我”生长了，“我”就找到了自己的价值了，对吗？谢谢你，可能下一次，当我们心灵感觉到有点疲惫的时候，不妨去操场的那个角落那棵大树旁，看一看那个顽强的，从树的腰中生长出来的小枝杈吧！相信大家，在经过刚才的深入思考之后，写出来的文字肯定都变了样了，我们在这里就不一一地呈现了。

师：（播放 PPT 第 23 页）对于一段景，王国维说，“境界不为景物也，喜怒哀乐亦人心第一境界，能写真景物，真感情者为之有境界”。张耒说，“观天地之道察万物之理，以究道德之微妙”。在景中融入情，在景中寓以理，当我们去静观万物的时候，我们自己的心灵会受到启迪的。请同学们给你初中的同学写张明信片，就校园风光，精选图片，配一段文字。一切景语皆情语，静观万物皆自得。下课！

【教学反思】

本专题教学是要学生掌握融情寓理的写作手法，且从学生身边的景物入手，结合课文，以明信片的方式进行写作，能非常有效地帮助学生理解核心概念并加深印象，优化知识结构。以下是结合本次教学所做出的教学反思：

1. 立足文本，精耕细作

立足教材，节选三段具有代表性的文字作为切入点，最后将“融情寓理”的这个主题引出，实现课堂结构和时间的良好安排。融情寓理是很多文学作品中常见的写作手法，本单元精读的三篇文章都有借自然事物抒发内心情感的部分，本专题教学精耕细作其中有代表性的段落，引导学生感悟情、景、法、理的内在逻辑，从而更好地理解作者、文章主旨并在以后自我写作的实践中加以应用。

2. 问题引导，渐入佳境

课前预先设置了一份预习任务，从五个方面，深入浅出地帮助学生把握“融情寓理”的要旨。在实际的学习过程中，学生对第一、第二个任务的把握还是比较到位的，但是在阐述文段中关于“理”的部分时，遇到了些许困难，可能是学生生活体验不足，难以较好地将自己的想法表达出来，这也提醒教师，在日常的教学中应当鼓励学生进行日常生活的感悟和实践。任务四在任务三的基础上完成得尚可，这可能说明学生明白一篇文章的写作手法是什么，但是要结合“理”来表达，仍有困难。第五个任务学生的总体完成度较高，但是在没有进行课堂学习前无法较好地做到情、景的结合，课程教学进行中，修改的环节设置较好地解决了这个问题。总体来看，学生已经能够较好地领悟“融情寓理”的写作手法并能进行一定程度的实践应用，课堂教学大体上行之有效。

3. 学以致用，触类旁通

统编高中语文教材中比较强调的一点就是要学以致用。本课教学中特别选择了让学生制作明信片的方式，突破了以往高中语文教学中简单枯燥的“老师教，学生听”的单向知识输送，让学生真正地参加进课堂的学习中来，转被动式教学为主动式学习，甚至是双向式学习。本次阅读写作课很好地让学生掌握了“融情寓理”的写作手法，并在课堂尾声让学生立即应用修改习作加深加固印象。这样的学习引导学生从课本课文这个小小的“点”，慢慢转向阅读、理解、写作的“面”。这样，学生对于这些核心概念有了更加系统、深入的理解，面对日常生活中的景物也就不再只是简单地感受，而是真听、真看、真感受，真正做到用心灵谛听万物律动的声音。

第八单元

语林漫步：感受成语和热词的魅力

执教/浙江省慈溪中学　欧阳凯

本课课件

【专题目标】

收集整理和理解运用具有丰富表现力的成语和反映时代生活的热词，探索和掌握积累词汇的办法，培养积累各类词语、梳理语言现象的习惯，不断扩充自己的词汇库，感受祖国语言的魅力。

【预习任务】

1. 小组分工合作，逐课搜集、整理统编教材必修上册中的成语。然后，分别以“成语中的求学之道”“成语中的青春精神”“成语中的表情世界”为主题给成语分类；

2. 梳理课外积累的成语，按其所反映的传统文化进行分类，比如“成语中的玉文化”；

3. 搜集3个左右的时代热词，尝试给它们制作“词语档案”，说说它们的含义和用法。

【教学实录】

（教师播放《了不起的李健系列——成语合集》[1]视频，视频内容是歌手李健在几个节目中说了90多个成语的画面剪辑）

师：（播放PPT第1页）同学们，李健被誉为“音乐诗人”，大家应该听过他的《风吹麦浪》《贝加尔湖》《父亲写的散文诗》等金曲。看了这个视频，你对李健又有了什么新的印象？

生：学霸就是学霸！我知道他毕业于清华大学，是歌手中的学霸！

生：太有才了！一个歌手，竟然这么会用成语！

师：的确，他“博古通今”“满腹经纶”，真让人“相形见绌”！他说的90多个成语中，你能挑一两个给大家解说一下吗？（播放PPT第2页）

① Nixinixiiii：《了不起的李健系列——成语合集》，https://www.bilibili.com/video/BV1Tt411v7zM/，2018－12－18。

了不起的李健系列——成语合集

通今博古；大同小异；脱胎换骨；一脉相承；肆无忌惮；精雕细琢；相提并论；日臻完善；应运而生；方兴未艾；了然于心；针砭时弊；经久不衰；信手拈来；面目全非；有迹可循；门庭若市；耐人寻味；另当别论；殊途同归；津津乐道；身陷囹圄；满腹经纶；乏善可陈；如虎添翼；浅尝辄止；碌碌无为；推波助澜；道貌岸然；聊以自慰；喜闻乐见；浮光掠影；顾名思义；顺理成章；相去甚远；无可厚非；委曲求全；稍纵即逝；无人问津；默默无闻；执迷不悟；一劳永逸；老生常谈；人云亦云；不谋而合；举步维艰；夸夸其谈；纸上谈兵；力不从心；喜闻乐见；春风得意；捷足先登；举步维艰；路漫漫其修远兮；浓墨重彩；轻描淡写；黯然神伤；恰如其分；花若芬芳，蜂蝶自来；一家之见；有待商榷；有的放矢；身体力行；昙花一现；翘首以盼；哀兵必胜；寥寥无几；经久不衰；静候佳音；内圣外王；一骑绝尘；相形见绌；心有猛虎，细嗅蔷薇；自惭形秽；诚惶诚恐；随遇而安；非同凡响；大动干戈；独当一面；不寒而栗；出其不意；空前绝后；绝处逢生；珠玉在前；毋庸置疑；百家争鸣；门第之见；家喻户晓；投其所好；心旷神怡；心驰神往

生：“珠玉在前”这个成语，我在网上偶尔看到，大概是说，有优秀的东西在眼前，可以用来作比较。还有一个“心有猛虎，细嗅蔷薇”，也常常看到同学们在用。

师：其实这个不能算成语。这句话出自英国诗人西格里夫·萨松的经典诗句，余光中先生引用后就流传很广了。大家注意，成语是汉语词汇中定型的词。这 90 多个词语中还有一些不是成语，比方说……

生：“路漫漫其修远兮”“花若芬芳，蜂蝶自来”这两个应该是引用诗句，也不是成语。

生：还有“有待商榷”“静候佳音”，应该也不是成语吧？

师：对，这两个是四字习语。成语一共有 5 万多条，其中 96% 为四字格，但不是四字格就是成语。成语是经过长期使用、锤炼而形成的固定短语，它比词的含义更丰富，思想内涵更深刻。同学们，李健说的这么多成语，大多数都很常见，你有没有注意到哪个成语我们最近学的课文中就有？

生：是“心驰神往”吧。这个词在第六单元《读书：目的和前提》中有，作者在表达自己阅读《论语》的感受时，用到了“心驰神往”这个词。

师：你真有心！同学们，有专家研究发现，当一个学生积累了 100 多个寓言，200 多条古今中外名言警句，300 多首古今诗词，1 000 多条成语，才能文笔流畅，出口成章。如果你也想像李健这样“口吐莲花”，你就得有意识地去积累一些成语。

任务一：合作搭建成语“大观园”

师：课前，我安排同学们小组合作梳理各课的成语。下面大家先在组内交流，然后每小组派一位代表向全班展示分享。（播放 PPT 第 3 页）

（各小组组内交流、准备，教师巡视指导）

师：下面，6 个小组各派 1 名代表上台，通过投影机分享一个单元的成语。

（6位代表进行班级交流）

师：看起来各小组整理得比较细致全面了，但是不是就没有遗漏呢？谁来补充？这是考验功夫和眼光的时刻了。

生：第二单元，有一个重要的成语不该遗漏——“格物致知”。同学们大概以为这是引用，不算成语吧。我查了一下《成语词典》里是有这个成语的。《以工匠精神雕琢时代品质》这一课还有很多成语，“技进乎道”应该也是成语吧？

师：这个词出自魏源，原话是“技可进乎道，艺可通乎神”，意思是当某项技艺达到巅峰后，再进一步前进便接触到了“道”。是不是成语，前面我们讲到过两种标准，一是“国产”，二是“固定”。这个词语还不能算成语，因为它并没有得到长期而固定的使用。

生：第三单元《琵琶行》中也有很多成语，“司马青衫”和“整衣敛容”，我查了一下，都是成语。

生：我也发现课本上的古诗文中很多词语都变成了成语，比如第六单元《劝学》《师说》中“驽马十驾”“术有专攻”“择善而从”“传道授业”都是成语。

生：《赤壁赋》中也有很多成语遗漏了，比方“一世之雄”“横槊赋诗”；还有一个成语“飘飘欲仙”也应该是从这篇课中来的。

师：经过上面的“拾遗补阙”，我们便相对全面地搜集了必修上册全书中的成语了。（播放PPT第4、5页）大家看，一册课本中，居然有这么多成语，俨然就是一座成语的“大观园”。这提醒我们，日常要注意搜集，不断积累，以丰富自己的词汇。

第一单元：青春

峥嵘岁月　风华正茂　书生意气　指点江山　理直气壮

瞻前顾后　昂首阔步　心不在焉　和和气气　磨磨蹭蹭

第二单元：劳动

身心俱疲　义无反顾　亦步亦趋　不敢越雷池一步　自给自足

熙熙攘攘　不约而同　和颜悦色　无缘无故　全神贯注　翻来覆去

跌宕起伏　包罗万象　得意扬扬　量身定制　戛然而止　正心诚意

出类拔萃　巧夺天工　冰心一片　物我两忘　雷打不动　脚踏实地　格物致知

第三单元：人生

对酒当歌　慨当以慷　去日苦多　天下归心　山不厌高

千呼万唤　窃窃私语　珠盘玉落　整衣敛容　秋月春风

暮去朝来　门前冷落　杜鹃啼血　司马青衫　嘈嘈切切

摧眉折腰　江山如画　雄姿英发　羽扇纶巾　灰飞烟灭

人生如梦　金戈铁马

第六单元：学习

青出于蓝　锲而不舍　积善成德　积水成渊　驽马十驾

术有专攻　择善而从　传道授业　三人行必有我师

以毒攻毒　空话连篇　言之无物　装腔作势　实事求是
莫名其妙　轻重倒置　祸国殃民　礼尚往来　残羹冷炙
勃然大怒　望洋兴叹　孜孜不倦　心驰神往　相反相成
各得其所　牵强附会　气象万千

第七单元:自然

自然而然　一叶落知天下秋
没精打采　蓊蓊郁郁　隐隐约约
摇头晃脑　身临其境　心神不定　声名狼藉
沧海一粟　横槊赋诗　取之不尽,用之不竭　如泣如诉　一世之雄
遗世独立　飘飘欲仙　余音袅袅　不绝如缕　沧海一粟　杯盘狼藉

任务二:现场演绎《成语英雄》

师:成语,是历史文化之浓缩,是哲人思想之珠玑。前些年,河南卫视曾推出过一档很受欢迎的节目,叫《成语英雄》。节目设置了三位重量级“成语先生”——钱文忠、蔡志忠、陈琨,他们讲述成语故事,解析成语奥义,让观众们深深地感受到了成语的迷人魅力。今天,我们也试着演绎我们的《成语英雄》。(播放 PPT 第 6 页)下面,请杨同学来主持。

生(杨同学):同学们,课前我已找好了三位“成语先生”——柯同学、周同学、奕同学,请三位一起上台。白居易在写到琵琶声时用到“珠盘玉落”,这个成语不仅形象地写出了琵琶声的圆润悦耳,而且反映了中国的玉文化。那么,首先我们就来聊聊成语中的“玉”文化。(播放 PPT 第 7 页,展示表 1)

表 1

成语	含义	出处
抛砖引玉	比喻先发表粗浅的意见或文章,以引出别人的高见或佳作	《景德传灯录》
①	形容操行清白、品格高洁,也可以比喻官吏办事清明公正	《新论》
怀瑾握瑜	②	③
金科玉律	④	《剧秦美新》
⑤	比喻非常宝贵的劝告	《西厢记》
金玉满堂	⑥	《老子》
珠圆玉润	⑦	《咏水诗》
⑧	指出身皇族的后代、王孙公子或出身高贵的公子小姐	《古今注》
⑨	指华丽的衣服,精美的食品,形容奢侈豪华的生活	《魏书》
⑩	形容女子身材颀长秀美或花木形体挺拔俊秀	《公祭祁夫人文》

生(杨同学):请三位“成语先生”填空,或说出成语,或解释意义,或说明出处。

生(周同学):①是“冰清玉洁”;⑤是“金玉良言”;⑩是“亭亭玉立”。

生(杨同学):你专填成语,有点“拈轻怕重”哦。⑧⑨是什么? 奕同学说说看。

生(奕同学):⑨是“锦衣玉食”,⑧应该是“金枝玉叶”?

生(杨同学):看来也有点拿不准。

生(柯同学):没错,是“金枝玉叶”,它的原意是形容花木枝叶美好,后多指皇族子孙,现也比喻出身高贵或娇嫩柔弱的人。

生(周同学):那我就迎难而上,再来填几个空吧。②大概是比喻“人具有纯洁优美的品德”;③处应该填《楚辞》,我记得是屈原表现自己高洁的品德时说的;④应该是一个贬义的意思,指不可改变的条规。

生(柯同学):其实“金科玉律”原来是形容法律条文尽善尽美,后来慢慢就有贬义倾向了。

生(奕同学):⑥这个词义也有变化,原是指占有很多财富,后比喻人很有才能,学识丰富;⑦应该是两用义成语,既可以形容歌声委婉动听,又可以形容文字自然流畅。

生(杨同学):大家能不能再补充几个“玉”文化的成语?

生(柯同学):我来补充几个不是四字格的成语,比如“化干戈为玉帛”“宁为玉碎,不为瓦全”“金玉其外,败絮其中”。

生(杨同学):好啊。我们梳理“玉”文化的成语,是为了“抛砖引玉”,大家觉得还可以梳理哪些文化主题的成语?

生(周同学):前面说到“锦衣玉食”,我们组觉得可以梳理反映服饰文化的成语,如峨冠博带、长袖善舞、冠冕堂皇、披发左衽、量体裁衣、衣冠楚楚。

生(柯同学):刚才梳理“玉”文化成语时,我想到了“琼楼玉宇”,现在我们组就干脆梳理了几个反映建筑文化的成语,如登堂入室、分庭抗礼、门当户对、光耀门楣、美轮美奂、鳞次栉比。

生(奕同学):就前面我们整理的必修上册而言,我觉得也能整理“学习”文化的成语,比方“术有专攻”“择善而从”“三人行必有我师”“锲而不舍”“脚踏实地”“格物致知”“全神贯注”“实事求是”。

生(柯同学):给我很多启发! 我想,必修上册中也可以梳理出反映“青春精神”的成语,比方“峥嵘岁月”“风华正茂”“书生意气”“雄姿英发”“青出于蓝”“锲而不舍”“积善成德”“择善而从”“脚踏实地”。

生(杨同学):的确,这些成语分别表达了古人关于学习、关于青春的思考,至今仍闪烁着智慧的光芒。同学们,成语的魅力正在于其丰富的思想意蕴、深厚的历史文化,可谓是言简意赅、奥妙无穷。今天的《成语英雄》到这里就结束了,再见!

任务三:时代热词“对对碰”

师:同学们,接下来我们换一个视角来积累语言。(播放 PPT 第 8 页)语言,不仅是古代文化传承的重要载体,也是折射时代生活的重要窗口。每年,都会出现许多热词新语,反映着社会热点和时代变迁。如2020年《牛津英文词典》就选出像“黑人的命也是命”这样反映这一年世界“精神、情绪或关注点”的词汇；而我国的《咬文嚼字》编辑部也会发布年度十大流行语。你知道这一类热词吗？

生：我收集了一些，比如“飒”“后浪”“神兽”“直播带货”“内卷”……

师：真不错！下面，我们来玩一个课堂游戏——新词对对碰。规则就是每个小组轮流分享一个新词并为它造一个句子，一组一个，看哪一个组分享得最多。

生：内卷——我们一味刷题，这种学习方式太“卷”了！

生：烟火气——电视剧《人世间》很受观众喜爱，很重要的原因就是它有“烟火气”！

生：飒——我们的数学冯老师虽然喜欢穿裙子，但做事情干脆利落，很飒。

生：逆行者——疫情中的白衣战士、火灾中的消防战士、抗洪一线的解放军战士是最美逆行者。

生：沉浸式——我常看到班中的学霸们沉浸式刷题，完全不受干扰，令人敬佩。

师：“沉浸式”原本是指一种有代入感的虚拟体验，现在一般指全身心地投入某项事情中，不被外界干扰。这种状态确实令人赞赏，这个词也特别有表现力。

生：摆烂——我们讨厌内卷，也反对“躺平”，尤其不能“摆烂”。

师：你一下子用了三个热词，而且逻辑关系很清楚！

任务四：寻味热词品魅力

师：“从前阅文章，后来读段子，现在看热词”，一位资深媒体人如此概括人们记录社会事件方式的变迁。也有人说现在我们已经进入了一个“词时代”。下面，我们聚焦“小镇做题家”“天选打工人”这两个热词，一起来感受和探究热词的魅力究竟来自哪里。（播放PPT第9页）前段时间，有一个很火的视频在各大视频网站传播，题目是“一口气看完李贺一生，小镇做题家，最倒霉考生，他依然是天才！”对此，你怎么看？

生：我觉得用得蛮好的，一下子就让李贺这个古人，贴近了我们，仿佛成了同时代的人。

生：我看过这个视频，我觉得这个词用在李贺身上，很贴切，概括了他在诗歌创作上的呕心沥血。

生：我觉得这样说，还让今天的许多观众有了精神的共鸣，我们与他一样都有一点无奈。

师：大家的体会是一致的，这个词具有丰富的意味和强大的表现力。“天选打工人”呢？

生：我知道“天选打工人”这个词来自疫情期间，表示没有被封控依旧正常上班的人。

生：但这个词近来似乎还有人在用，凑巧前段时间我看了篇文章说“大肠杆菌生长速度快、培养成本低，不仅吃得少，活干得还多，这不妥妥的‘天选打工人’？”最初它有些调侃的意味，现在好像是褒义词了。

师：是的，从中也可以看出，热词的意义和用法并未定型。那么这两个热词有没有共性呢？

生：我想，共性是这些词都有些调侃的意味，与那些满满正能量的话比较起来反而更符合普通人的心声，所以它们就“火”起来了。

生：这些词常常与具体的事件有关，“小镇做题家”原来说的是一个211高校学生的命运陷阱。我觉得这些热词就像古诗中的“典故”，让人会联想到它背后的故事。当然，与典故不同的是，你即使不知道也可以用，也能听懂。

师：同学们，成语让我们联通着中华文化的传统，而热词又让我们把握了时代的脉搏。希望大家养成积累词语的好习惯，让我们的语言鲜活起来！

【教学反思】

统编教材必修上册第八单元“词语积累与词语解释”提出了三项学习任务，包括“举办一次‘领略成语魅力’的主题活动”的建议。本课例就是基于这一建议开展教学实践的成果。教学中的主要体会是：

1. 要重视培养习惯，指导方法

一直以来，尽管我们都在提倡学生要自主积累词语，但缺少引导、计划和督促，真正养成积累语言习惯的学生不多。新课标为此专门安排了“学习任务群 4 语言积累、梳理与探究”，统编教材也专门安排了相应的教学单元，无疑将语言的积累提到了前所未有的高度。对照课标和教材的具体要求，我们组织学生从梳理必修上册课本上学过的成语入手，既有效地指导了学生积累成语的主要路径和基本方法，也有助于他们在今后的学习中养成向课本学习、自觉积累语言的良好习惯。

2. 要重视梳理，理性建构

新课标反复强调“梳理”“观察”“探索”语言现象，加以“理性认识”，“体会汉字、汉语与中华传统文化的关系及汉语的民族特性”。这就意味着，我们要引导学生在收集语言现象之后，还要学会对其进行分析归纳，以总结规律、探究特点。为此，在这堂课中我们安排了“合作搭建成语‘大观园’”“现场演绎《成语英雄》”两个任务，由课内到课外，由用法到文化，由浅入深，由易到难，引导学生不断进行梳理，逐步构建起有关成语的必备知识体系。

3. 要重视典型，发展语感

就中学生而言，语言积累的关键在于加强对语言的敏锐感受能力，以形成个体的言语经验，为在具体的语言情境中正确运用语言进行沟通打下坚实基础。因此，应不追求知识点的全面与系统，切忌生硬灌输语言学的术语和条文。本堂课尽量减少对静态的语言知识的传授，也不刻意追求学生对词语含义的准确解释，而突出培养学生对成语和热词的敏锐感知、正确理解和恰当运用的素养。

休叹时光换，堪比造化工：词语家族的演变

教学设计/北京一零一中学　刘丹妮　北京师范大学　韩彩莹
执教/首都师范大学　禚　敏

本课课件

【专题目标】

关注古今词义发展演变现象。自主梳理词语的古今演变过程，探究词语发展和运用的规律。增强自身对词语演变及其文化内涵的认识，把握语言流变与社会发展的深刻关联，感受中华文明绵长强劲的生命力。

【预习任务】

1. 阅读教材，了解词义演变的主要方式，完成阅读笔记。

示例：

(1) 词义的扩大

如：江——专指长江——泛指大河

(2) 词义的缩小

如：子——儿子和女儿——专指儿子

(3) 词义的转移

如：涕——眼泪——鼻涕

2. 查阅相关资料，梳理词义演变的其他方式，完成阅读笔记。

示例：

(1) 虚化：有些词语由实词变成虚词

如：相——动词(省察)——副词(相互)

(2) 简缩：双音节(或多音节)词或词组，用其中一个或两个字来表达

如：学生——生

(3) 深化：词义外延不变，内涵从简单到丰富

如：云——山川气也——由水滴、冰晶聚集形成的在空中悬浮的物体

3. 了解古今词语变化的基本特征后，完成表1。

表 1

词语	原始义	演变后	演变类型
响	回声	声音	
宫	房屋	皇帝的房屋	
兵	武器	持兵器的人	

【教学实录】

师：(播放 PPT 第 1 页)在日常生活中，语言无时无刻不发生着变化。明代学者陈第有言，“时有古今，地有南北，字有更革，音有转移，亦势所必至”，从古至今，人们普遍认识到语言发展变化的多样性。大家举例说说语言的哪些方面产生了变化。(播放 PPT 第 2 页)

生：字音。

师：是的。我们今天所使用的语音相较于古代人民使用的语音发生了很大的变化，但各地的方言还存留了一些古代语音的痕迹。

生：表达交流所使用的词汇和它们的意思。

师：没错。在漫长的语言发展史中，词汇遵循的内部规律不断产生和消失，词义也不断演变。请大家说说词义演变的主要方式有哪些。

生：有词义的扩大、词义的缩小、词义的转移等。

生：我查阅过相关资料，还有虚化、简缩及深化。

师：看来大家预习得不错。但面对词义演变的诸多方式，我们难免迷雾遮眼，看不清词语的本质。今天我们要尝试通过绘制思维导图，探求词语的产生与演变。

任务一：词语演变思维导图绘制

师：(播放 PPT 第 3、4 页)现在给大家几分钟的时间，请各小组内部确定一个词，绘制思维导图。具体要求和活动建议如下。(播放 PPT 第 5 页)

1. 熟悉和了解思维导图的不同形式，掌握中心词、各级分支的关键词的选择，从词义的角度分析同一词语不同含义的变化历程。
2. 对重点词汇的讲解进行设计，可采用电脑制图，也可以使用手绘形式。
3. 小组内部交流展示思维导图。
4. 通过分析词义演变的思维导图，来分析词义在演变过程中折射出的造词依据及文化背景。

师：在绘制思维导图之前，请大家认真查询资料，说说思维导图有多少种样式。

生：我查到了十种，有辐射状导图、右侧导图、树形导图、组织结构图导图、时间线、流程图、概念导图、维恩图、洋葱图和漏斗图。

师：好的，比较全面。请大家简单了解思维导图的基本样式，并选择其中一种绘制，五分钟后找两个小组的代表为大家展示小组成果。

（小组讨论，绘制思维导图）

师：经过小组意愿和任务完成度的双重考量，我们请一组同学派代表上台展示思维导图。（播放 PPT 第 6 页，展示图 1）

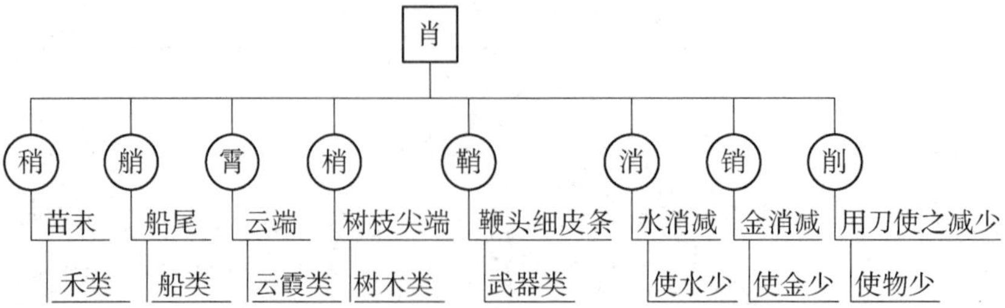

图 1

生：我们小组选择的是“肖”字。大家可以看到我们用的是“组织结构图”导图样式，主要是向下分类。我们找到了以“肖”为构件的词，发现了它们之间不仅有共同的结构，词义也有共通之处，如“稍”“艄”“霄”“梢”“鞘”虽然意思不同，但是都有“尖端”“末梢”的意思。“消”“销”“削”都有使某物缩小的意思。

师：可以展开说说吗？

生：例如剑鞘的“鞘”字，在《说文解字》中的解释是“鞘，刀室也。从革，肖声”，由此可知，“肖”是“鞘”的声符。同时，在查资料的过程中，我们小组发现“鞘”与“箫”同音，“鞘”有弓末梢的意思，其中包含了“小”义。在含有“使某物缩小、减少”意思的字中，我对“消”字进行说明。《说文解字》中言明，“消，尽也。从水，肖声”，它的本义是冰雪融化，有使水少的意思。

师：从思维导图中可见，“稍”“艄”“霄”等字都是由“肖”衍生而来，那么作为词源的“肖”的本义是什么呢？

生：我可以做出解释。从结构上看，“肖”字由“小”与“月”两部分构成，分别是它的声符和形符。《说文解字》中说，“肖，骨肉相似也。从肉，小声”。它的本义是相似、相像。

师：很好，这一组同学总结了以“肖”为源衍生的一些词语，我们可以直接看到它们产生的路径，并认识到同源词具有音近义通的关系。这组同学在探讨中，运用了一种重要的辅助方式。有同学注意到吗？

（学生略作思考）

生：查询资料。

师：是一些什么资料呢？

生：我觉得是文字学的资料。

师：这些资料在哪里查询？

生：从古至今，应该留下了不少文字学史的资料，主要存在于民族文化典籍中。

师：嗯，是的。比如刚刚提到的《说文解字》就是东汉文字学家许慎编撰的工具书，这本书系统地分析了汉字字形，为我们探求汉字的本义提供了重要依据。除此之外，我们还能运用什么资料？

（学生沉思片刻，一些微弱的声音响起）

生：一些普通的书籍。

师：大家指的是普通的典籍著作吗？

生：是的，词语出现并被运用的痕迹就存留在古典作品中，我们在研读中可以关注到词汇的发展变化。

师：眼光独到！我们发现了探究词语演变路径的另一种方式。恩斯特·卡西尔曾言，“如果我们想要发现把语词及其对象联结起来的纽带，就必须追溯到语词的起源，必须从衍生词追溯到词根，必须去发现词根，发现每个词的真正的和最初的形式”。我们只有回溯词语本身，才能产生正确的认识。

任务二：器物字的演变——为博物馆展品撰写解说词

师：（播放 PPT 第 7 页）刚刚我们从词源入手，认识到从古至今的词语会在使用过程中不断发生变化，“词语家族”也随之壮大。一个个词语跃然纸上，它们是充盈的、具象的，社会生活及思维方式的变化也助推着词语的流变。当然，器物字也不例外。现在，学校给予我们高一年级的同学们去博物馆游学的机会，要求大家担任博物馆的义务讲解员，帮助低年级的同学们认识器物字的演变及其背后的社会意义与内涵。具体要求和活动建议如下。（播放 PPT 第 8 页）

1. 具体要求：选择博物馆任意一件器物展品，结合时代特征及器物形制，具体分析器物字，梳理器物字的演变过程，解说其所蕴含的社会文化信息。

2. 活动建议：

(1) 首先考虑选择古代常见器物。

(2) 功能分析与字形分析结合。

(3) 可查询相关文献，以保证解说词的科学性。

师：请大家以小组为单位，利用五分钟时间查询资料并思考，之后派代表发言。

（学生讨论）

生：我们组选择的是“鼎”。

师：简单说说选择它的理由。

生：我们认为博物馆陈列的器物中，鼎是我们最熟悉的，“鼎”这个词在我们语言中的使用率非常高，如“三足鼎立”“鼎盛时期”“一言九鼎”等。

师：有道理，我们大家期待你们关于“鼎”的解说。

生：好的。各位同学好，我们是解说员团队，合作为大家讲解博物馆中的“鼎”之内涵。我们将从“字形特征”“功能效用”“衍生意义”三个方面进行解读。（播放 PPT 第 9 页）首先，请一号解说员为大家介绍关于“鼎”的字形特征。

生：在古老的造字传说中，仓颉“观鸟迹虫文始制文字”，即依照现实事物形状造字。总而言之，先民造字体现“依类象形”的特点，“鼎”也不例外。甲骨文中的“鼎”字（见图 2）就犹如我们所看到的现实中的鼎一样，突出了器物三足、两耳、圆腹的外形特点。接下来，请二号解说员为大家介绍“鼎”的功能效用。

图2

生：大家看到“鼎”的形状，不难猜出它有存放东西的功能。《说文解字》这样写道，“（鼎）和五味之宝器也”。鼎是殷商时期常见的烹饪用具，其主要功能是烹饪肉类、温热食物，使用者身份高贵，地位显赫。殷商时期也将肉块放入鼎中，以此来祭祀先祖，期望获得祖先的庇佑。除了用于烹饪和祭祀，鼎也是政权的象征。史学家司马迁曾言，“鼎之所在，国都定焉”。鼎是皇权的象征，鼎上的各式纹路是人与神灵沟通的媒介，只有有德之君方能沟通天地，使社会安宁。下面，请三号解说员为大家介绍“鼎”的衍生意义。

生：刚刚我们已经从字形和最初的史料中获知“鼎”的本义。随着人类交往日渐复杂，在语言沟通方面产生新的需要。“鼎”字也衍生出了很多新的意义——依据“鼎”的形状而产生的象征三方对峙的“鼎足之势”；依据鼎“大”的特征而产生的“鼎力支持”；依据鼎可指帝王之业的特征而产生的“鼎命”“鼎业”；依据鼎可指王朝而产生的“鼎革”等。谢谢大家，本次解说到此结束。

师：好的，感谢这组同学的精彩解说。他们通力合作，有条不紊地为我们说明了“鼎”这一器物字的字形特征、功能效用及在语言演变中产生的衍生义。现在，想问一问各位“听众”，这一小组的解说是否完美，有无需要改进的地方？

生：我觉得非常完整，结构逻辑也很清晰，但还不够精细。我对鼎的纹路与先民文化之间的具体联系很感兴趣，这部分的内容却很少提及。

生：由于解说内容容量不够，没有给大家具体呈现各式纹路所代表的不同先民文化，但是我收集了这部分资料。如果你感兴趣的话，我们可以交流探讨。

师：非常好，合作学习往往能带给我们全新的体验和更加丰富的收获。还有其他同学想表达意见吗？

生：我认为这组同学的解说比较细致，但有可以改进的地方。我认为他们对鼎所代表的烹饪文化、祭祀文化、皇权文化描绘太少，不够完善。比如同样是鼎，为什么既能烹饪，代表俗世生活，又能祭祀，代表至高无上的皇权象征？两者是否冲突？

生:这也是一种演化吧?我不太清楚。

师:是的,这其实也代表了一种演化过程。在不同的时代,器具的作用也发生了改变。其实最早的鼎是陶制的,与灶组合,主要用作烹饪。到了夏代,鼎已是重要的礼器,后来又因夏禹曾收九牧之金铸九鼎于荆山之下以保护百姓的传说,成为传国重器。希望感兴趣的同学能够进一步探索研究。

师:到此,我简单地做个小结。基于文字学的相关资料,我们可知汉字在构型上与图画有相似之处。讲解小组从"鼎"的字形入手,联系客观史料,将其意义与字形相勾连,并梳理"鼎"实际功能的转变以及这一器物字的意义演化,明晰其折射的先民文化智慧、传统礼制及思维方式,引起我们无限追探与深思。

任务三:公益广告中的词语演变

师:之前,我们与博物馆中的器物字共赴一场跨越千年的文化之约,了解它们的历史发展沿革,感受到其延续的蓬勃生命力。现在我们回归当下,看看我们当代公益广告中词语的运用产生了哪些变化?给大家几分钟时间,请大家收集并梳理近40年来具有代表性的公益广告,我们一会儿一起交流分享。

生:我找到的是央视往年的公益广告,如"从垃圾桶里拾回您的公德心""水是生命源泉,节约用水,人人有责""有时间做志愿者,有困难找志愿者""无偿献血,从我做起"等。

师:不错,还有想要补充的吗?

生:"低碳生活,从现在开始""发展慈善事业,构建和谐社会"。

生:"盘光知粒粒辛苦,光盘道百年新风"。

师:好,相信大家都做了充足的收集工作。但是,在同学们的回答中,公益广告的发展脉络还未得到梳理。哪位同学能对近40年广告语的发展进行说明?

生(小声):好像跟时代的主题有关系?

师:我同意你的看法,我们知道公益广告是社会价值观的缩影,必然与不同时期人们的价值追求息息相关。接下来,我带领大家简单梳理近40年公益广告的发展脉络。1986年,中国媒体发布了现代意义上的第一条公益广告,即贵阳电视台播出的"节约用水"广告。1987年,央视节目《广而告之》诞生,着眼于规劝人们的不道德行为,引领公益广告快速成长。20世纪90年代至今,我国公益广告获得长足发展,创作极具自觉性,针对社会问题或大事件及时进行创作,使公益广告如雨后春笋般迸发。正如大家所说,每一时期的公益广告的内容不一,所使用的词语必然也有变化,请大家梳理公益广告中出现的新词。

生:"光盘行动""献血""志愿者""慈善""环保"等。

师:非常善于总结和思考!但是,这些词语是否有自己的"原型"呢?也就是说,这些新词在以前是不是也存在,且有着古汉语的表达呢?

生:我认为有"原型"。以新词"光盘行动"为例,最早是由一群想要减少食堂浪费的志愿者提出,宗旨是鼓励大家"珍惜粮食,拒绝浪费"。这一行为得到从政府到民众的支持,成为2013年最知名公益品牌之一。"光盘"虽是一种新颖的表达,但绝不是第一次出现的概念。早在唐代,李绅就在《悯农》中指明"谁知盘中餐,粒粒皆辛苦",当时的官民已然认识到"光盘行动”的重要性。

师：见解深刻，关注到了词语古今意义的勾连，虽然词语表达形式改变，但意义未变。那我也为大家分享一下“志愿者”一词的变革发展吧。新词“志愿者”并非本土词汇，是源自拉丁文“意愿”的舶来品，与西方宗教性的慈善活动息息相关。虽然我国古代没有这个词汇，但是其理念精神早已存在，在我国典籍中也有类似“志愿者”的表达，如“善人”“仁者”“侠义之士”等。

生：原来每一个词都有属于它古今变革的“故事”。

师：（播放 PPT 第 10 页）的确，不起眼的公益广告也蕴含着大学问。为了加深对它的认识，我们来举办一场公益广告时间匹配比赛。具体要求如下——（播放 PPT 第 11 页）

（1）各自组队，每队十人，形成 A、B、C、D、E 五队。

（2）每队自选主题，如诚信、节约、环保、保护野生动物、抗击疫情、反诈骗、禁毒、食品安全、交通安全、保护文化遗产等。

（3）每队分为出题组和答题组（各五人）。出题组选 5 个年份，每个年份收集 10 条所选主题的公益广告。

（4）比赛时须将年份纸条贴在相应广告下方，对应数量多者，即为获胜者。

生（出题组）：我们小组选择的主题是“抗击疫情”。“你是拯救生命的方舟……你们是最美战‘疫’逆行者。”

生（答题组）：猜测是 2021 年。“逆行者”是对不惧凶险、不论生死、驰援武汉的医护人员的敬称。

生（出题组）：分食分餐早推行，公筷公勺更传情。

生（答题组）：对应 2020 年。因为广告语中出现了“分食分餐”“公筷公勺”，所以比较容易猜到是疫情期间对文明就餐的呼吁。

师：好的，这一小组收获不小，分数也很可观。但需要注意的是，“逆行者”一词最早出现在 2015 年，指的是在天津滨海新区危险品爆炸事故中逆行进入火场的消防英雄们，并不是疫情出现的新词汇。面对这种情况，我们要从广告的内容和社会背景来判断其年份。从广告词提到“你是拯救生命的方舟”“你是逢山开路遇水架桥的先锋”可知，该则广告是在疫情之下推出的，赞誉医护工作者的崇高精神。其实，古代也有“逆行者”，所谓“时势造英雄”，他们被统称为“英雄豪杰”，所指范围更广一些。

师：今天我们通过绘制词语演变的思维导图、为器物字演变撰写解说词以及参加公益广告时间匹配比赛三个任务，认识到了词语古今演变的奥义。希望大家沿着我们追本溯源的路径继续探究下去，切身感受中国语言文字的无穷魅力。（播放 PPT 第 12 页）词语变化无时无刻不在发生，请同学们课后任选一词，以调研报告的形式描绘其发展演变的路径，不少于 500 字。

【教学反思】

上完“词语家族的演变”这节综合实践活动课后，我有以下三方面的思考：

首先，我认为这节课最出彩的地方是三个实践活动设置合理，相辅相成，让学生思维能够顺利过渡，我与学生的配合也较为默契。一开始，我本着对词语追本溯源的原则，引导学生任选一词绘制思维导图。在小组同伴以及资料工具的帮助下，他们对词语的演变路径有了初步的了解和认识。接下来第二个任务从器物字的演变入手，剖析一个个书面词语背后丰富的意义世界。第三个任务聚焦当代生活，引导学生重新认识与日常生活息息相关的词语。三个实践活动的勾连，使学生认识到古今汉语的联系与差异，对博大精深的汉字文化也多了一分崇敬与认同。

其次，本节课也有很多遗憾。我对课容量欠考虑，活动多也意味着课堂上耗费的时间多。为了追求完整，所以课堂节奏较快，一定程度上限制了学生的自由思考空间。在互动方面，关注了一部分小组对古今词语演变的认识，没有做到与各个小组深入交流，在今后的教学中我会不断改进。

最后，根据我的授课经历给一线老师提供一些小建议。第一，在上这一类实践活动课时，要注意创设真实的语言情境。学生在真实情境下不断变换角色、变换视角，着力解决实际问题，这对于学生真正走入语文世界尤为重要。第二，要关注实践活动下本身蕴含的知识性。尽管本节课是综合实践活动课，但其蕴含的丰富的文学常识、深远的文化背景都值得细细品味。否则，实践活动便空有热闹，缺乏意义。第三，明确师生角色，保护学生的思考空间。在实践活动课中充分放手，教师应做好支架引领学生思维进阶，既把握教学主线，使课堂沿主线进行，又保护学生"旁逸斜出"的思维闪光点，恰当处理，启发教学。

神针定海，柳曳清风：语境对词义的影响

执教/宁波滨海国际合作学校　郑义广

本课课件

【专题目标】

通过具体的语言实践活动，探究语境影响词义的几种境况，明白语境既可以制约词义的多解性，避免歧义，也可以使其产生耐人寻味的临时意义，从而提升对汉语词汇的感知能力和使用水平。

【预习任务】

1. 以小组为单位查阅《现代汉语词典(第7版)》，或上网搜集资料，梳理常见的多义词，尝试从中总结出一定的规律。
2. 整理常见修辞中的“双关”手法，在学过的课文和其他经典文本中找到相关用例。
3. 收集现代汉语中带有明显感情色彩的词语，按照褒贬进行分类整理，思考：这些词语的感情色彩是固定不变的吗？

【教学实录】

环节一：词义的确定

师：(播放PPT第1页)汉语是一门极具生命力的语言，源远流长，历久弥新，这与它强大的词义生成能力是分不开的。汉语在其发展过程中，不断与时俱进，通过各种形式来拓展表情达意的功能。课前让同学们利用工具书和网上资源分组梳理常见的多义词，大家有哪些发现？

生：我们小组发现，有些日常用到的成语不止一个义项，而我们很多时候只知其一不知其二。比如说，“平易近人”不仅可以指人态度温和，也可以指文字浅显易懂；“秀色可餐”不仅可以指风景优美，还可以指女子姿容美丽；“短小精悍”不仅可以形容文章、戏剧等篇幅短而有力，也可以形容人身材矮小而精明强干。

师：不错，成语的多义现象的确值得关注，这对我们的阅读与写作都很有帮助。

生：我们小组重点研究了多义词各个义项之间的内在联系，比如说“兵”，原本的意思是“兵器”，引申为拿兵器的人，也就是“士兵”，又引申为士兵的群体“军队”以及与军队密切相关的“军事、战争”等。

师：是啊，就像老子说的“一生二，二生三，三生万物”，词汇的内涵也是通过不断的引申、假借而变得越来越丰富的。在外国人眼中，汉语是一门非常难以掌握的语言，这与它的词汇内涵复杂多变是密不可分的。讲到这里，我想到两个有趣的例子，大家来看。（播放 PPT 第 2 页）

> 请说出下列句中加点字的不同含义：
>
> (1) 路上多亏跑了两步，差点没上上上上海的车。
>
> (2) 校服上除了校徽别别别的，否则被发现肯定要挨批评。

师：第一个句子中四个“上”字，以及第二个句子中三个“别”字含义相同吗？

生（笑，齐答）：不相同。

师：显然是不相同的。那具体该怎么解释呢？

生：第一个“上”是“坐上、乘坐”的意思，第二个“上”表示动作的结果，第三个是“去、前往”的意思，第四个“上”与后面的“海”在一起组成地名；第二句中第一个“别”意思是“不要”，第二个“别”是动词“卡住、插住”的意思，第三个表示“其他”。

师：非常准确！大家有没有想过，这几个一模一样的字排在一起，我们是怎样确定每个字的含义的？

生：根据上下文之间的关系。

师：不错！很多词语都有丰富的义项，如何确定它在某个特定句子中的具体内涵，上下文语境是不可或缺的抓手。关于这一点，我们再来看两个例子。（播放 PPT 第 3 页）

> 请添加适当的语境来消除下列句子的歧义。
>
> (1) 山里有很多杜鹃。
>
> (2) 小明借我一本书。

师：首先请大家说说，这两句话的歧义在哪里？

生：“杜鹃”有“杜鹃花”和“杜鹃鸟”两个意思，而不管是前者还是后者，都能在山里被看到，搞不清楚这里讲的究竟是什么；“借”有借给别人和从别人那里借来两个义项，单看这句话很难判断。

师：解释得很到位，那么我们怎样来消除歧义呢？

生：可以在句子后面适当增加一点内容。

师：比如？

生：比如第一句后面加上“开得非常漂亮”，那肯定就是指“杜鹃花”了，第二句后面加上“到现在还没有还给我”，那肯定就是“我借给小明一本书”了。

师：很好！添加前后文语境，词语的意思乃至整个句子的意思就非常清楚了。

环节二：双关的产生

师：特定的语境不仅能使词语表达更加具体、明确，如果使用得巧妙，有时还能产生含义叠加效果，从而使得意思的表达更富有层次感和蕴藉美，传统的“双关”修辞法便是这样产生的。“双关”主要有“谐音双关”和“语意双关”两种，同学们学过哪些比较经典的用例？

生：南宋林升的《题临安邸》中说，“山外青山楼外楼，西湖歌舞几时休？暖风熏得游人醉，直把杭州作汴州”。我记得初中老师说过，这里的“游人”和“暖风”一语双关。前者表面指普通游客，实际上特指那些忘记国耻、偏安江南、寻欢作乐的南宋统治阶级；后者既指自然界的春风，又指当时社会上的浮艳淫靡之风。

师：温故而知新，非常好！

生：南朝民歌《西洲曲》中有这样几句诗，“低头弄莲子，莲子清如水。置莲怀袖中，莲心彻底红”。其中的“莲子”和“莲心”原指“莲”这种植物的不同部位，结合语境，又可理解成“怜子”“怜心”的谐音双关，表达女子与男子之间的纯洁爱情和女子对他的深长思念。

师：这个例子也十分恰当。（播放 PPT 第 4 页）类似的例子还有很多，比如大家都很熟悉的“春蚕到死丝方尽，蜡炬成灰泪始干”“东边日出西边雨，道是无晴却有晴”，其中的“丝”和“晴”也都用到了双关的手法。

下面我们来欣赏南宋邓剡的这首小词，看看能否用我们今天学的知识来解答。（播放 PPT 第 5 页）

唐多令

〔宋〕邓　剡

雨过水明霞。潮回岸带沙。叶声寒、飞透窗纱。堪恨西风吹世换，更吹我、落天涯。

寂寞古豪华。乌衣日又斜。说兴亡、燕入谁家？惟有南来无数雁，和明月、宿芦花。

上片中“堪恨西风吹世换”一句运用了什么修辞手法？请结合诗句简要分析。

注：邓剡，字光荐，号中斋，文天祥的同乡和朋友。本词为南宋灭亡之后，邓剡被俘，过建康（今南京）所写。

师：理解是赏析的前提，大家首先看一下这首诗表达了怎样的情感。

生：从“天涯”“明月”和“芦花”等意象来看，我觉得这首词表达的是对自己孤独寂寞、漂泊无依的哀伤之情。

师：从意象入手把握情感是赏析诗歌的正途。

生：结合注释给出的写作背景以及词中引用的“乌衣巷”典故，我认为诗歌也有对南宋灭亡的哀叹。

师：你关注到了注释提供的重要信息，这是一种很重要的解题素养。综合两位同学的回答，本诗既有对南宋灭亡的感叹，也有对自己沦落天涯的哀伤。这样一来，我们再来看上片中“堪恨西风吹世换”一句，大家觉得它运用了什么修辞手法？

生：双关。

师：具体说一说。

生：这句话中的“西风”不仅指人们感受到的自然界的风，也指异族的侵略势力。

师：很好！所以说，“西风”更换的不仅是季节时序，更是人世沧桑。想到这些，又怎能不让人“怅恨久之”呢！

环节三：色彩的变化

师：要想准确理解和运用词语，除了关注词语的多义性之外，还要关注它们在感情色彩方面的不同与变异。课前让同学们收集一些带有感情色彩的词语，大家有哪些斩获？

生：我发现很多词语只有一字之差，感情色彩却截然不同，比如说“不负众望”是褒义，“不孚众望”则是贬义；“一挥而就”是褒义，“一蹴而就”则是贬义；“不忍卒读”是褒义，“不堪卒读”则是贬义；等等。

师：的确如此，这正体现了汉语的微妙之处，有道是“差以毫厘，谬以千里”，不可不慎啊！

生：还有一些词语也很有趣，它们本身就有褒贬不同的两种含义，怎么用都是对的。像“左右逢源”，既可以作为褒义词用，比喻事情无论怎么做都很顺利，也可以做贬义词用，比喻人办事圆滑；再比如“奇文共赏”，既可指新奇美妙的文章共同欣赏，也可指对错误观点或荒谬的文章大家一起来分析和批判，含讽刺意味；还有“如虎添翼”“龙飞凤舞”等也是这样。

师：确实很有意思！我这里再补充几个，比如“瞻前顾后”“规行矩步”“按图索骥”“四平八稳”等，大家课下查一查它们的含义和感情色彩。再看一看还有哪些像这样的词语，将其作为一个类别整理记录下来。从刚才两位同学的发言中可以看出，大家对词语的感情色彩问题还是很感兴趣的，也做了一定的功课，下面老师再来考考大家，你们觉得这四个句子中哪个加点的成语用得是正确的？（播放 PPT 第 6 页）

下列各句中，加点成语使用恰当的一项是（　　）

A. 年轻的科学家们以无所不为的勇气，探索大自然的奥秘，取得了丰硕的成果。

B. 这篇论文观点新颖，论证严密，实属不刊之论，编辑果断决定予以发表。

C. 战士们奋战了许久，吃不上饭，喝不上水，但是他们忘乎所以，继续与山火搏斗。

D. 张某和贺某囊空如洗，于是，他们同心同德，入室盗取了工厂电缆等物品。

生：我觉得 A 项是正确的，“无所不为”感觉有种一往无前的大无畏精神。

师：成语保留了很多古代文化的信息，因此在理解时不能只看字面意思，还要考虑到它的典故出处以及其中某些字的古音古义等，否则很容易出错。A 项这个成语最早出自《孟子》，孟子说，如果不给老百姓一些固定的产业，他们就没办法常怀善心，就会干各种坏事，原文是“放辟邪侈，无不为已”（板书）。后来的《三国志・张温传》中正式用了“无所不为”这样的四字表达，同样指的是“什么坏事都做”，这个意思一直沿用至今。我们来看，A 项显然是赞美科学家的褒义语境，用这个贬义词不妥。

生：我猜应该选 B，我知道“忘乎所以”是贬义词，“同心同德”是褒义词，都不合语境，但是“不刊之论”不知道具体是什么意思。

师：选 B 是对的，“不刊之论”意思是“不能刊削、更改的言论，也就是权威的、有价值的言论”，放在这个句子中，意思和感情色彩都能对得上。刚才提到，成语中保留了一些古音古义，我们不能以今度古，否则就会闹笑话。大家课后可以在网上收集一下容易望文生义的常用成语，做点积累，我在这里就不展开了。

师：我们说，词语的感情色彩基本是固定的，但也并非一成不变，在特定的语境中，褒词贬用或贬词褒用也时有发生，用得好的话，还能产生意想不到的效果。我们来看这样两个句子（播放 PPT 第 7 页），你们能找出其中感情色彩临时发生变化的词语吗？

指出下列语句中感情色彩发生变化的词语，并赏析它在句中的表达效果。

(1) 也有解散辫子，盘得平的，除下帽来，油光可鉴，宛如小姑娘的发髻一般，还要将脖子扭几扭。实在标致极了。（鲁迅《藤野先生》）

(2) 我用儿童的狡猾的眼光察觉，她爱我们，并没有存心要打的意思。（魏巍《我的老师》）

生：第一句话中的“标致”是褒义词贬用，表现了鲁迅先生对那些留学生的鄙视与反感。

师：说得很好！“标致”这个词原本是夸人姿容美丽，比如《红楼梦》中王熙凤第一次见林黛玉就极力夸赞她说，“天下真有这样标致的人物，我今儿才算见了！”鲁迅在这篇文章中反其意而用之，以此嘲讽留学生油头粉面、自以为漂亮，实则滑稽之极的形象。

生：第二句的“狡猾”是贬词褒用，主要是为了表现孩子的天真无邪、机灵调皮。

师：你对孩子内心的体察十分细致！除此之外，我们从这个词中还能读出什么？

生：这个词也从侧面展现了老师的温柔与慈爱，反映了师生之间融洽的关系。

师：非常棒！你们看，词语看似不起眼，用得好的话，放到合适的语境中，就像小石子投进一片平静的湖面，会让它泛起层层迷人的涟漪。

师：（播放 PPT 第 8 页）本堂课我们通过“词义的确定”“双关的产生”和“色彩的变化”三个环节的交流探讨，可以清晰地感受到，语境既能像定海神针一样，有效制约词义的多解性，避免歧义的产生，也能像习习清风一样，吹动表意功能强大的汉语词汇如柳枝般摇曳生姿，使其产生诸多耐人寻味的临时含义，从而增强语言的表现力。希望同学们在今后的学习生活中多观察、多思考，发现更多语境对词义产生积极影响的生动用例，有时间我们再一起来分享。今天的课就上到这里，同学们再见！

【教学反思】

语境与词义的关系是一个很大的命题，展开来讲的话，有许多值得研究的内容，但是考虑到学生刚刚迈入高中，受到知识积累、接受能力以及学习时间等诸多现实条件的制约，讲课时不可能也没必要面面俱到。在设计本堂课的时候，我着重思考了如下三个问题：首先是如何找到一个学生感兴趣，对他们又有实际用处的教学点，帮助他们打开语言学习的一扇窗？其次是如何调动学生的已有经验，将新课与旧知建立关联，以便让他们“跳一跳能摘到桃子”？第三是如何拿捏预设与生成的关系，在确保课时进度的同时，给学生提供更多展示的舞台?

基于以上思考,本堂课我最终确定的教学点是"语境对词义的影响"。为了让学生初步感知汉语词汇内涵的丰富性和复杂性,课前我让他们从多义词词性与含义的关系、词的多个义项之间的关联以及词的感情色彩等方面做了一些整理,从反馈的情况来看,同学们对此还比较感兴趣,预习得也很充分,这为课堂的进一步展开提供了有力支持。

具体教学中,我主要设置了词义的确定、双关的产生和色彩的变化三个相互联系的环节,让学生从多个角度认识语境与词义的关系,并通过一些典型、生动的用例将原本抽象、枯燥的语法知识变得更加具象化,更加容易接受。与此同时,每个环节我都安排了学生的预习展示,给他们提供发表观点的机会,增强课堂参与感,从而更好地提升学习效果。

新课标指出,"语文课程是一门学习国家通用语言文字运用的综合性、实践性课程"。反观我们的课堂,文学阅读教学有余,语言文字教学则明显不足;理论上的分析鉴赏有余,综合实践方面的关注则明显不够。本堂课只是做了一点尝试,很多地方都还比较欠缺,教学中我也深刻感受到,学生对语言学习虽然有一定的兴趣和热情,但知识积累还比较薄弱,相应的感悟能力也有待进一步加强,这或许就是教材编写者在高一上册安排这样的语言实践单元的良苦用心吧。

积累与运用：让语言表达灵动而鲜活

执教/阳信县第一中学　董宝礼

本课课件

【专题目标】

积累词语，丰富自己的词汇量，在语言表达的过程中更好地发挥语言的表现力，让语言表达灵动而鲜活。

准确理解古今词语，正确辨析词语的性质和功能，能正确使用词语。

了解积累词语的途径和方法，丰富自己的词语库，并在此基础上能够撰写有关词语积累的途径、方法、措施、类别、成果、运用等方面或其中某一方面探究所得的小论文。

【预习任务】

小组合作，从下列预习任务中选择至少三个任务完成。各小组长对预习情况进行督促检查，确保展示课上所有小组对所有内容都能进行展示或发表意见。

1. 确定一个主题，并据此积累与梳理相关词语。比如搜集有关爱国、民本、诚信、荣辱、世情、师友、读书、谦虚等话题的成语，了解这些成语的来源，知晓其具体的含义，明确其使用的对象或场合等，有能力的同学也可以通过小组合作搜集一些典型例句。

2. 搜集适用于某一话题的成语、惯用语、歇后语、谚语等熟语，分析探究它们之间的共同点和不同点，初步把握熟语的规律和特点。

3. 通过不同渠道、不同方式搜集整理不断涌现的新词汇，特别是近些年来随着社会生活的变化而产生的新鲜词语，明确其具体含义和使用场合，分析探究这些新词语对于丰富我们的文化生活所产生的影响。

4. 就古汉语某一种语言现象，诸如一词多义、通假字、古今异义、词类活用等，从已学过的课文中搜集整理这些知识，从中探寻出规律性的东西，形成自己的结论；也可以就某一篇文本，如《劝学》《师说》《赤壁赋》等，归纳梳理语言现象。

5. 阅读现代经典作品，找出使用精彩的词语，看看如果换成其他词语，比如适用范围、对象、场合、感情色彩、语体色彩相同或相反的词，表达效果如何，从而发现词语运用的要求和技巧。

6. 阅读教材中本单元的"学习资源",初步感知语言类论文的写作思路和表达方式,并尝试列一个有关词语积累的小论文提纲。

【教学实录】

师:(播放 PPT 第 1 页)同学们好!我们从小就学习汉语,积累词汇并运用词语造句、表达、写文章,但十几年来,我发现同学们对于词语的理解和运用能力并不尽如人意,大家觉得呢?

生:的确如此。

师:谁能说说不尽如人意的具体表现?

生:比如作文,我们总是出现用词不当的情况,更多的时候一篇文章一个成语都用不上,语言显得苍白无力,没有文采。

师:这种表现非常常见。还有其他方面吗?

生:我们从小学就开始阅读诗歌、学习文言文,可是现在学习新的古诗文,包括做相关的练习时依然有很多问题,阅读障碍很多。

师:说得很好。今天我们就"词语的积累与运用"这一专题,结合课前大家的预习内容进行一次展示活动,这一节展示课只能算是"点火"行动,要让词语积累与运用的火焰熊熊燃烧,还需要同学们自己的不断努力。大家明白我的意思吗?

生:明白。

师:好。下面我们就开始"点火"。"点火"之前,我们先一齐看一下目标。(播放 PPT 第 2 页)

任务一:"晒晒"你的累累硕果——词语积累成果展示

师:(播放 PPT 第 3 页)上两节课,同学们通过自主阅读、思考,完成了自选的几个预习任务,我发现有的同学把所有任务都完成得很好,这种学习态度值得大家学习。经过小组讨论,成果也趋于成熟和完善,大家讨论得很激烈,想必经过思维的碰撞和密切合作,每个小组都跃跃欲试。那么接下来,请同学们充分展示预习任务 1—5 的成果。(播放 PPT 第 4 页)每个任务我们暂定一个小组发言,其余小组可以提出疑问或补充内容。五个任务五个小组正好一一对应。哪个小组首先展示?

生:我们小组首先展示第四个任务的预习成果。我们整理的是《赤壁赋》中的重点字词。(投影展示)

《赤壁赋》重点字词整理

1. 重点字读音

(1) 壬戌(rén xū)　(2) 举酒属客(zhǔ)　(3) 斗牛之间(dǒu)

(4) 冯虚御风(píng)　(5) 扣舷而歌(xián)　(6) 嫠妇(lí)

(7) 愀然(qiǎo)　(8) 山川相缪(liáo)　(9) 舳舻(zhú lú)

(10) 酾酒临江(shī)　(11) 横槊赋诗(shuò)　(12) 匏樽(páo zūn)

(13) 相与枕藉(jiè)

2. 通假字

(1) 浩浩乎如冯虚御风（“冯”通“凭”，乘）

(2) 山川相缪（“缪”通“缭”，盘绕，环绕）

(3) 杯盘狼籍（“籍”，通“藉”，凌乱）

3. 古今异义

(1) 望美人兮天一方

古义：内心所思慕的人。古人常用来作为圣主贤臣或美好事物的象征。

今义：美貌的人。

(2) 凌万顷之茫然

古义：辽阔的样子。

今义：完全不知道或不知所措的样子。

(3) 徘徊于斗牛之间

古义：斗宿和牛宿，都是星宿名。

今义：驱牛相斗比胜负的游戏；相斗的牛；挑逗牛与牛或牛与人相斗。

4. 一词多义

望：
- 七月既望（农历每月十五，名词）
- 西望夏口（向远处看，动词）

长：
- 抱明月而长终（永远，副词）
- 而卒莫消长也（增长，动词）

然：
- 其声呜呜然（拟声词词尾，表状态）
- 何为其然也（这样，代词）

于：
- 苏子与客泛舟游于赤壁之下（在，代词）
- 月出于东山之上（从，介词）
- 此非孟德之困于周郎者乎（被，介词）
- 于是饮酒乐甚（于是，表示后一件事紧接前一件事，连词）

白：
- 白露横江（白色的，形容词）
- 不知东方之既白（发亮，动词）

歌：
- 歌窈窕之章（唱，动词）
- 歌曰（歌词，名词）
- 倚歌而和之（歌曲的声调或节拍，名词）

5. 词类活用

(1) 羽化而登仙（羽：名词作状语）

(2) 舞幽壑之潜蛟（舞：动词使动）

(3) 泣孤舟之嫠妇（泣：动词使动）

(4) 正襟危坐（正：形容词使动）

(5) 乌鹊南飞（南：名词作状语）

(6) 西望夏口（西：名词作状语）

(7) 下江陵(下:名词作动词)

(8) 渔樵于江渚之上(樵:名词作动词)

(9) 侣鱼虾而友麋鹿(侣,友:名词意动)

生:这是我们组觉得最好的学习成果,不当之处还请老师、同学们指正补充。

师:成果如斯,余甚欣慰;谦虚如是,善莫大焉! 其他组同学有没有需要补充和修正的?

生:我觉得文中的多音字还需要补充一下。比如"属""少""斗""遗"等。

生:"举酒属客"的"属"是不是通假字?

师:有的版本上说是通假字,咱们课本上没有注出。我查阅了一下商务印书馆出版的《古代汉语词典》,上面的解释为"劝请,邀"。所以,在这里不必看成通假字。其他小组还有补充的吗?

生:老师,"徘徊"算不算古今异义字?

师:你说呢?

生:我觉得是。

师:给个理由。

生:"徘徊"在现代汉语中有两个意思,一是来回地走,二是比喻犹豫不决。可我觉得在这里用这两个义项来解释都不太合适。月亮不可能"来回地走",再说这里看不出有比喻的意思。

师:哦? 这还真的是一个重大发现。那你觉得应该怎么解释好?

生:我觉得解释为"慢慢移动"更好。全句解释为"月亮从东山上升起,在斗宿和牛宿之间慢慢移动"是不是更符合自然现象?

师:很有道理。其他同学认为呢?

生:(齐声)是。

师:我也很赞同。看来我们的同学不是在死读书、机械地学习,而是开动脑筋,这非常值得肯定和赞扬。希望同学们都要有这种批判性思维,这也是我们语文学科素养的重要方面之一。不过,这里看作拟人手法,还是可以讲通的。其他小组还有没有需要补充的?

生:我们小组觉得一词多义还需要进一步补充。就这几个词来说,可以联系我们以前学过的文言文,多举几个例子,多积累几个义项。

师:非常好! 请大家好好考虑一下这些意见,再进一步加大词语积累的广度,把词语积累落到实处。

生:我们小组整理的是《劝学》一文的词语。

生:我们整理的是《师说》。

师:好。由于时间关系,这一项任务我们就展示交流到这里。课后,同学们把小组整理的内容交给我,我印发出来供大家交流保存。请下一个小组继续展示。

生:我们想展示预习任务1的学习成果。

师:好!

生：（投影展示）我们积累的是关于“爱国”这一主题的成语。大家请看——（投影展示表1）

表1 “爱国”主题成语整理

成语	含义	出处	例句
尽忠报国	为国家竭尽忠诚，牺牲一切。	《北史·颜之仪传》：“公等备受朝恩，当尽忠报国。”	岳飞精忠报国的故事至今仍深深地印在我的心里。
忧国忧民	为国家的前途和人民的命运而担忧。	《战国策·齐策》：“寡人忧国爱民，固愿得士以治之。”	杜甫忧国忧民的崇高品格成为后杜甫时代的一座不朽丰碑。
匹夫有责	每个人都负有责任。	顾炎武《日知录·正始》：“保天下者，匹夫之贱，与有责焉耳矣。”	国家兴亡匹夫有责，作为新时代的青少年更应关注国家的命运和前途。
以身许国	把身体献给国家。指尽忠报国，临难不顾。	《南史·羊侃传》：“久以汝为死，犹在邪？吾以身许国，誓死行阵，终不以尔而生进退。”	人民战士在祖国解放事业中，不惜牺牲自己的生命，这是一种以身许国的伟大精神。
奋不顾身	奋勇直前，不考虑自己的安危。	司马迁《报任少卿书》：“常思奋不顾身，以殉国家之急。”	在疫情防控期间，共产党员奋不顾身支援疫区，广大群众守望相助。
捐躯报国	舍弃身躯，报效国家。	《元史·王楫传》：“臣以布衣受恩，誓捐躯报国，今既偾军，得死为幸！”	他从小就立下了捐躯报国之志，准备以实际行动来报答祖国和人民的养育之恩。
毁家纾难	捐献全部家产，帮助国家减轻危难。	《左传·庄公三十年》：“斗谷于菟为令尹，自毁其家以纾楚国之难。”	抗日战争期间，毁家纾难的英雄豪杰实在令人敬仰。
救亡图存	拯救国家或民族的危亡，谋求生存。	王无生《论小说与改良社会之关系》：“夫救亡图存，非仅恃一二才士所能为也。”	早在30年代，一大批有识之士就以救亡图存为己任，投身社会变革的洪流之中。
……	……	……	……

生：其实，关于爱国、报国的成语还有很多，我们只能算是抛砖引玉。但在搜集整理的过程中，我们真正感受到了中华民族语言的博大精深与深厚的文化底蕴，收获蛮大的。

师：整理得很好，讲得更好。我想这对大家肯定有着有益的启发。大家说呢？

生：对——

师：好！接下来哪个小组展示？

生：我们小组以“谦虚”为话题，搜集整理的成语、谚语等熟语。（投影展示表2）

表 2 “谦虚”话题词语整理

成语	歇后语	谚语
不耻下问、不骄不躁、谦虚谨慎、移樽就教、功薄蝉翼、虚怀若谷、谦谦君子、黄公好谦、泰而不骄……	(1) 打架揪胡子——谦虚(牵须) (2) 拽着胡子过河——谦虚(牵须)过度(渡) (3) 拽着胡子走路——谦虚(牵须) (4) 儿牵父须过马路——谦虚(牵须) ……	(1) 宁做蚂蚁腿,莫学麻雀嘴。 (2) 骏马当中有骏马,能人里面有能人。 (3) 有花自然香,莫在上风扬。 (4) 天不言自高,地不言自厚。 ……

生:关于“谦虚”这一话题,成语和谚语比较多,这里只展示一部分,仅供大家参考。

师:好。这一任务还有两个要求,就是分析它们的共同点与不同点。你能给大家说说吗?

生:相同点就是这些成语、歇后语、谚语都围绕着“谦虚”这一中心概括的,都表达的是“谦虚”的意思;不同点是它们字数不一样。

师:就这些?

生:基本上是吧。

师:我觉得还应该说得再具体一些。我们是否让其他组的同学帮助概括分析一下?

生:好。

师:那么,哪个小组帮助他们一下?

生:它们相同点除了都围绕“谦虚”这一话题外,还有成语和歇后语从字面上我们基本也能看出“谦虚”的意思来;歇后语和谚语一般都运用了修辞手法。不同点还在于形式的不同——成语一般四个字;歇后语一般包括前后两部分,大多运用双关的修辞手法;谚语一般用比喻的修辞手法。

师:说得非常棒!其他小组还有补充吗?

生:谚语句式也比较整齐。三种形式的词汇还有个共同点是都比较简练。

师:不错。继续下一项任务。

生:我们小组整理的是预习任务 5。(投影展示表 3)

表 3 《荷塘月色》的用词技法鉴赏

词语	作用或效果
曲曲折折	形容词,描摹出荷塘的外形特点。换成“曲折”读起来缺乏音乐美。
弥望	形容词,满眼、充满视野,形容荷叶的茂密繁盛。用“满眼”有点口语化。
田田	形容词,形容荷叶相连的样子。巧用古诗中的词语,增加了文学色彩。
亭亭	形容词,写出了叶茎的高耸直立。比喻手法,使语言生动形象。
点缀	动词,写荷花并不多,但与叶相衬托,和谐而又突出。
袅娜	形容词,写出了荷花开放时柔美的样子。换成“静静”就表现不出柔美的状态。

(续表)

词语	作用或效果
羞涩	形容词,用拟人手法写出荷花含苞待放的样子,形象生动。
泻	化静为动,加强了月光的流动感,写出了月光的轻快。“照”就达不到这样的效果。
没精打采	运用拟人手法,将路灯光人格化,生动描摹出其恹恹似睡的样子。

生:这是我们从《荷塘月色》一文最精彩的三段文字中整理的一部分词语,其实这几段中还大量运用了一些叠词,不但描摹出景物的情态美,还增加了语言的音乐美。不当之处,请老师和同学们帮助修改完善。

生:我觉得还要从作者表达的思想感情方面再进一步分析朱自清用词的精妙之处。

师:这意见非常好。俗话说“词不离句、句不离篇”,词句又离不开作者的情感态度和认识观点。课后再进一步提炼加工一下,好不好?

生:好。

师:最后一个任务,最后一个小组。

生:我们只能展示预习任务 3 了。下面请看我们小组的预习成果。(投影展示表 4)

表 4 新词语整理

新词语	含 义
暗箱操作	指利用职权暗地里做某事(多指不公正、不合法的)。也说黑箱操作。
傍大款	崇拜、追随并依赖有钱人。含贬义。
飙车	飙车是指占用快车道,超速行驶,拔除消音器行驶等行为。
背包党	以背着一个装有假发票、假车票、假证件等物的背包为特征的诈骗团伙。
彩民	指购买各种彩票的人。
传销	指组织者发展人员,通过发展人员或者要求被发展人员以交纳一定费用为条件取得加入资格等方式非法获得财富的行为。
打的	打车。
宽带	从一般的角度理解,它是能够满足人们感官所能感受到的各种媒体在网络上传输所需要的带宽。它也是一个动态的、发展的概念。
奥赛	奥林匹克竞赛的简称,旨在通过竞赛使大多数青少年在智力上有所发展,并为少数优秀青少年脱颖而出,成为人才创造机遇和条件。
街舞	体育与街头表演相结合的舞蹈,它以身体动作舞蹈为基本内容,配合街舞风格的音乐,单人或集体配合,是既有娱乐健身作用,又有表演性的体育运动。
粉丝	原指我们非常常见的一种丝状食物,但在网络上“粉丝”是指崇拜某明星、艺人的狂热爱好者,这些人一般是时尚潮流的年轻人,也叫“追星族”。

（续表）

新词语	含　　义
博客	一种网上的共享空间，以日记的形式在网络上发表自己的个人内容的一种形式。
学霸	指擅长学习，对知识接受能力高于常人，能在学习中发挥巨大优势胜于普通人的人。
盗版	指在未经版权所有人同意或授权的情况下，对其复制的作品、出版物等进行由新制造商制造跟源代码完全一致的复制品、再分发的行为。
……	……

生：其实，这些年新生的词汇比较多，我们在生活中、网络上随时可以看到一些新生的词语，这些词语与时代同步，反映了社会的发展与进步。

师：非常不错。有没有对他们小组的成果提出意见和建议的？

生：我觉得分分类比较好。比如校园生活类、政治类、文化类、商业类等。

师：这个建议很好。这一任务其实有很大的学习空间，希望同学们在平时的学习、生活中多注意观察、搜集、整理，成为一名新生词语的研究专家。

任务二：谈谈你的写作思路——写作技法与写作思路交流分享

师：（播放 PPT 第 5 页）首先我们来分析交流一下本单元“学习资源”中一些论文的写作思路和表达方式，然后请同学们展示交流自己的写作思路与方式。本环节我们采用抢答的方式。哪个小组先来？

生：我们组分析的是吕叔湘的《语言的演变》一文的结构和表达方式。该文在论述“语言的演变”这一问题时，主体部分主要采用的是并列结构。全文两大部分“语言也在变”“词汇的变化”各自成文，两者明显是并列关系。在“语言也在变”部分，结合具体文言语段从词义和用法变化、语法差别两个方面并行论述。在论述词义和用法变化时，又是从“词义不变不能单用”“词义不变但使用受到很大限制”“有的词义不用有的词义还用”三个角度举例论述。所以本文结构严谨，思路清晰，主要采用了举例论证的方法。

师：分析得非常到位，看来你们小组在这一任务上是下了苦功夫的。还有哪个小组想发言？

生：我们分析的是朱德熙的《词义》一文的论证思路和论证方法。论证方法主要是举例论证。在论证思路上采用的是总分的结构形式，在“分”的部分主要列举了运用词语的“两种毛病”，在论述第二个“毛病”时，又是从三个方面举例论证。思路严谨、清晰。

师：谁就这两篇文章的写作思路和表达方式进行一下总结？

生：小论文或札记的写作往往按照一般论述类文本的结构形式行文，但不拘泥于固定的结构形式，在具体手法上有论述，也有说明，多以举例为主。

师：那么哪个小组来分享一下自己小组评选出的最佳写作提纲？

生：我们小组推选的是朱自清先生用词技巧方面的小论文，题目是“朱自清散文用词技巧之我见”。引论部分先介绍朱自清散文在语言方面的主要特点；本论部分从朱自清散文动词的运用、形容词的运用、叠音词的运用等几个方面分别论述其散文用词的技巧和表达效果，选取《荷塘月色》《绿》《匆匆》《春》《背影》中的部分词语作为实例分析论证；结论部分概括其散文用词的高超技法对散文创作的重要影响。

师：大家可就这个小组的成果进行一下点评。

生：我觉得挺好。

生：最后一段，也就是结论部分可否改成朱自清散文用词的特点对我们散文创作的影响？

生：我觉得他们小组的论文算是学术性论文，不必直接联系到我们的写作。

生：这样的话，我认为最后一段直接概括说明高超的用词艺术是朱自清散文取得较高文学成就的原因之一，岂不更好？

师：我也觉得这样更好一些。由于时间关系。其他同学的成果就不再一一展示了。课下同学们可以自由地分享交流一下，完成任务三和任务四。（播放 PPT 第 6、7 页）

学习任务三：写作活动，小试牛刀

1. 在我们以前的学习中，已经积累了大量的词汇，但先前的积累方法是否科学高效？通过本单元的学习活动，你又掌握了哪些积累词汇的方法？请写一段文字，阐述自己积累词语的方法或途径，与大家分享。不少于 800 字。

2. 通过对成语（包括熟语）的积累与梳理，可以发现我国博大精深的成语中蕴含着丰富的文化信息，这些信息是中华优秀传统文化中不可或缺的有机组成部分。请确定一个话题，以“成语中的________文化”为题，写一篇不少于 800 字的学术小论文。

3. 近年来，一些新生词语不断涌现，尤其是大量的网络语言如雨后春笋般涌现出来，有些机构每年还要评选“十大网络流行语”，其中不乏大量公认的优秀词汇，但也有许多词语令人难以捉摸，甚至还有一些不甚健康的词语混杂其中。对于这种现象，你有什么看法或认识？请以“我看新生词语”为题，写一篇不少于 800 字的文章。

4. 鲁迅、朱自清、郁达夫、老舍等我国不少优秀的文学大师创作了大量富有生命力的优秀作品，也形成了他们独具特色的语言风格。请选择你喜欢的一位中国现当代作家，阅读他的部分优秀作品，然后以“试论________作品的用语特色”为标题，写一篇学术小论文，不少于 800 字。

学习任务四：展示交流，评价提升

完成作文后，以小组的形式进行成果展示，评价交流。

每一位学生先将自己的写作成果读给本组的同学听，阐述自己的选题角度和写作思路，并评价自己文章的成功之处以及存在的不足。然后小组内其他人员分析交流，根据评价量规（见表 4）对每一份作文进行量化赋分，并提出修改意见。每一位学生根据大家提出的意见进行修改。课后，班级再成立一个总评小组，对经过修改的文章进行总评。

师：在完成任务四的时候，各小组长要注意组织本组同学用语言小论文评价量规（见表 4）对大家的小论文进行科学评价。（播放 PPT 第 8 页，展示表 4）

表4　语言小论文评价量规

篇名与作者	选题角度切合本次训练要求（10分）	结构严谨、层次清晰（20分）	观点明确，论证严密，有一定学术性（20分）	论证方法恰当，材料充实准确，有说服力（20分）	语言符合文体要求，准确、连贯、规范（20分）	卷面干净整洁，无错别字（10分）	总分（100分）	修改建议

师：好。今天的课就到这里。下课！（播放 PPT 第 9 页）

【教学反思】

统编高中语文教材活动性学习专题的设计，有效地弥补了以往语文文本教学中的一些不足和缺憾，可以更好地解决单凭各种文体的文本学习不能解决的重点问题，并且有利于学生学习积极性、主动性的发挥，使“学生为主体”的教学理念落到实处。

1. 聚焦任务，落实到位

本单元的活动内容为“词语积累与词语解释”，这是新教材为培养学生课程标准中所提出的“语言建构与运用”这一核心素养最重要的活动载体。因此，在本单元教学设计时，主要立足于单元学习活动，精心设计了 6 个的预习任务，这些任务是学习活动的具体化，具有一定的可操作性，便于学生通过对单元学习活动及学习资源的阅读，通过自主学习、小组合作交流，在具体实践中学会积累词语、理解词语并把握词语运用的相关规律。预习任务的前 5 项，均属于词语积累、梳理、鉴赏、运用等方面的内容，分别侧重成语积累与梳理、熟语积累及规律特点的分析研究、新生词汇的积累与理解、古汉语词汇的归纳梳理以及现代经典作品中词语运用技巧的鉴赏，虽然每个任务都提示了一定的范围或话题，但目的是引导学生通过切身体验学习词语积累的方法，提升词语积累与运用的技能。预习任务 6 属于读写结合的学习任务，意在引导学生通过对学习资源相关论文的阅读，了解学术性小论文的写作思路与表达方式等各方面的特点，从而提高学生多文体写作的能力。

课堂预设即立足于对预习任务的展示与交流，从具体课堂教学实践的情况看，学生完成得都比较好，对任务的理解与回答令人满意，课堂气氛也比较活跃，达到了预期的目的。课堂生成的问题也得到了及时而合理的处理。

2. 凸显主体，注重互动

课堂教学要以教师为主导、学生为主体，在新课程标准背景下，更应注重发挥好学生的主体地位。从教材编写的理念和呈现的活动方式看，也非常注重凸显学生的主体地位。在本堂课的教学设计中，无论是课前的预习，还是课堂的展示交流，乃至课后的写作训练与交流，都把凸显学生的主体地位放在首位。单从这一节课来看，无论是学生对预习成果的展示，还是对生成问题的交流，也都以学生为主，把学生的展示、交流、互动作为课堂教学的主要方式，教师只是在引导、评价，就像放风筝的人只是把风筝线牢牢拴在手中，控制着课堂教学的进度与节奏，而怎么展示，对展示内容如何补充完善则由学生们自己做主。这样，不仅可以大大提高学生参与课堂学习的积极性和主动性，同时对训练学生的辩证性思维、批判性思维、口头表达能力、成果展示的方式创新等也有着重要作用。

本节课学生的展示与互动在时间上、作用上都占有极大的比重，这不仅大大提高了课堂教学的效率，同时激发了学生学习语文的兴趣、动力，活跃了课堂气氛。

3. 拓展空间，增加深度

根据党和国家对人才培养目标和语文课程标准的具体要求，学生的学习不但要有广度，更要有深度，这与当前“深度学习”的教育教学理念是一致的。因此，就词语的积累与运用这一学习活动来说，单单积累词语、学会使用词语是远远不够的。因此，必须在此基础上拓展学习的空间，也就是扩展学习内容；增加学习的深度，也就是挖掘知识内容表层下所包蕴的深层次内容。这样，设计必要的语言类小论文的写作就显得非常必要了。

通过小论文的写作，不但可以扩展学生积累并梳理词语的空间，同时也加强了写作能力的培养和提升，可以收到较好的学习效果。

后记　七彩足印

行者常至，为者常成。一个人，在大地上行走，必然会留下脚印。一群人从2016年走到2023年，历时7年，《大单元·微专题——高中语文名师教学实录》就是7年跋涉的最后足印。

相约晚八点

7年前，我还是浙江省名师网络工作室的主持人。那时，新课标的讨论稿已经在网上流传。我首先就被“任务群”这个概念惊艳到了。从1981年从事语文教学以来，我接触过不少版本的教学大纲和课程标准，但从没有见过如此明确的对语文课程内容的表述。于是，我们工作室15位学科带头人，利用暑假研读新课标讨论稿，每个人认领一个学习任务群进行研究。那个暑假的好多个晚上，我们相约晚八点，在网络工作室研讨，有主讲，有对话，有记录。最后，一本厚厚的新课标讨论文稿《相约晚八点》靓丽结集。

永福路的光阴

一次偶然的机缘，我把《相约晚八点》的文集带到上海。何勇先生凭着多年的编辑经验，感觉到这个文集可能对一线教师具有引领和参考的价值，便派易英华编辑参加了我们工作室的研讨活动，此后，易英华编辑多次在沪甬之间奔波，几乎加入了我们的工作。这个外表娇小的美女编辑，却有着宏大的计划，她建议将每个学习任务群的研讨，扩展成一册书。在她的鼓舞下，我策划了全书的框架，形成了以4种核心素养为纲，以18个学习任务群为目，以120个学习专题为实践形式的顶层设计。经过15名学科带头人20多次的研讨和实践，最后，我们在上海永福路上海教育出版社的办公室里定稿杀青。2018年4月，一套16本的“新课标、新语文、新学习”丛书正式向全国发行。回望来路，那时我们就形成了这样的认知，新课标要进入课堂，学习任务群要落实，专题教学是必经之途。

教研基地的封面人物

2017年10月上旬，在蔡可教授和郑桂华教授陪同下，我们邀请到了课标组组长王宁老师。“我是看了一些你的文章，了解了你组织的一些活动后，才答应来的。”这是王宁先生到宁波后说的原话。3位专家经过一天近乎公益性的工作后(非常敬佩、实在愧疚)，高度肯定了我们的工作，并提出了改进建议。王宁先生、蔡可教授和郑桂华教授写的鉴定书，我们至今奉为圭臬。那时候“新课标”还没有颁布，部编教材尚未启动，我们的专题教学已经开始设计，部分专题已经过课堂的实践了。基于此，《语文学习》特地开出专栏，每期一个学习任务群，刊登我们对于18个学习任务群的解读和专题教学的案例。一年后，教育部课程教材发展中心在全国培植国家级的学科教研基地，宁波市的高中语文学科很荣幸地被评定为全国仅有的3个教研基地之一。课程中心的刘月霞主任在常州会议上旗帜鲜明地肯定和表扬我们的实践探索，何成刚处长多次来宁波指导，这些都是我们前进的动力。本人也参加了部编教材的编写工作。根据教材编写的体例，我产生了“大单元统筹、微专题教学”的想法。整整3年时间，我们策划了24次“教材进课堂”系列主题研讨活动，设计了必修100个微专题教学、选择性必修80个微专题教学，其中绝大多数设计经过了课堂的实践。承蒙语文报社的厚爱，必修100个、选择性必修80个微专题教学设计在《语文教学通讯》2021年7、8合刊和2022年1、2合刊，分别推出。语文报社刘远社长亲自顾问，主编王建锋先生和我们多次联络，甚至为学科带头人的一张照片来回反复沟通多次，于是本人那张“老脸”和教学设计的主干力量——三批学科带头人的照片都上了封面。

复盘和反思

从任务群的专题活动策划到新教材的微专题教学设计，再到课堂实践，我们的专题教学从“T形台”走到“常态课堂”——那就跟教材贴得更近了，与教学融得更紧了，对于推广也更具普适价值了。承蒙复旦大学出版社朱建宝和张彦珺两位编辑垂青，催促我们把教学过程记录下来，形成教学实录，让更多教师可以直观微专题教学的原貌。为此，复旦大学出版社副总编辑张永彬教授亲自顾问此事，朱建宝先生多次往来沟通，张彦珺编辑凭着扎实的专业功底和之前从教的教学经验，对全书的每一篇实录，提出精准的审读建议。我们组织了国内120名一线骨干教师——他们多数是名师、特级教师、正高级教师，特别是浙江省内的参与者，很多是面向全国直播过他们的专题教学的——对自己的课堂加以描述再现，反观自照。少部分尚未经过课堂实践的，也重新修改，反复试教，最后完善成教学实录。如今这套《大单元·微专题——高中语文名师教学实录》，就是他们对于教学的复盘和反思。

价值的旗帜在飘扬

不是为了某个人，而是我们有共同的价值判断——这世上，有些事情还是值得一做的。于是地不分南北，人不分老少，很多人参与到此事中来。时任宁波市教育局分管局长的张力鸣先生对项目大力支持，保驾护航，使得探索得以持续。宁波市教研室高中语文教研员毛刚飞老师作为搭档，分担了部分工作，减轻了我的杂务之劳。宁波市几乎所有重点中学都承担过微专题教研活动，从校长到教研组长，从校务会议到会场布置，从教师试教到调试直播，保证了每一次活动都顺利成功。中国教研网的技术人员，往返于甬京之间。每次微专题教学的平均收看人数都在万人之上。还有那些在全国有着一定影响力的名师、特级教师和正高级教师，躬身入局，匠心设计，潜心实践，专心整理，亲自参与实录的撰写。特别是我的三批学科带头人以及相关教师，从“相约晚八点”开始，在专题教学领域“筚路蓝缕，以启山林”，从精美的工作简报编辑到短视频的制作，从专题设计的试教到教学实录的整理和校阅，从PPT制作的辅导到公众号的编辑，始终保持着探索的热情、教学的专注和无私的奉献，使得每一篇实录，都来自课堂，带着名师的“灵气”，透着一线的“地气”。宁波直属高中的十几位优秀青年教师，不顾教务繁忙，多次集中，反复审核、校对样稿，为保证丛书的质量付出了辛勤劳动。尤其是郑义广老师，纯粹厚道，不求名利，不厌其烦地帮我处理杂务，常常工作到深夜。在名师如云的群体中，他默默无闻，只知耕耘，不问收获。

现在我已退休，处江湖之远，未能忘情于语文。每当夜深人静之际，总会回想起那些打磨课例的细节，那些一起感受课堂悲欢的时刻。这七年，我们努力地探索课标进课堂、教材进课堂、评价进课堂，但留下的课例实录难免还有遗憾。那么，就让这套丛书，作为一串坚实的脚印，记录我们的来路，也希望能启示后来者的行旅吧。

褚树荣

2023 年 8 月 21 日

图书在版编目(CIP)数据

大单元·微专题:高中语文名师教学实录:必修. 上册/褚树荣主编. —上海: 复旦大学出版社, 2023. 11
ISBN 978-7-309-16902-7

Ⅰ. ①大… Ⅱ. ①褚… Ⅲ. ①中学语文课-课堂教学-教学研究-高中 Ⅳ. ①G633. 302

中国国家版本馆 CIP 数据核字(2023)第 118360 号

大单元·微专题——高中语文名师教学实录(必修　上册)
褚树荣　主编
责任编辑/张彦珺

复旦大学出版社有限公司出版发行
上海市国权路 579 号　邮编: 200433
网址: fupnet@ fudanpress. com　http://www. fudanpress. com
门市零售: 86-21-65102580　团体订购: 86-21-65104505
出版部电话: 86-21-65642845
常熟市华顺印刷有限公司

开本 787 毫米×1092 毫米　1/16　印张 26. 5　字数 628 千字
2023 年 11 月第 1 版第 1 次印刷

ISBN 978-7-309-16902-7/G · 2504
定价: 80. 00 元